Pascale Schaller
Konstruktion von Sprache und Sprachwissen

Reihe
Germanistische
Linguistik

Herausgegeben von
Mechthild Habermann und Heiko Hausendorf

Wissenschaftlicher Beirat
Karin Donhauser (Berlin), Stephan Elspaß (Salzburg),
Helmuth Feilke (Gießen), Jürg Fleischer (Marburg),
Stephan Habscheid (Siegen), Rüdiger Harnisch (Passau)

309

Pascale Schaller

Konstruktion von Sprache und Sprachwissen

—

Eine empirische Studie zur Schriftsprachaneignung
sprachstarker und sprachschwacher Kinder

DE GRUYTER

Reihe Germanistische Linguistik
Begründet und fortgeführt von Helmut Henne, Horst Sitta und Herbert Ernst Wiegand

Die Druckvorstufe dieser Publikation wurde vom Schweizerischen Nationalfonds zur Förderung der wissenschaftlichen Forschung unterstützt

Publiziert mit Unterstützung des Hochschulrats der Universität Freiburg/Schweiz

ISBN 978-3-11-070955-1
e-ISBN (PDF) 978-3-11-055516-5
e-ISBN (EPUB) 978-3-11-055343-7
ISSN 0344-6778

Dieses Werk ist lizenziert unter der Creative Commons Attribution-NonCommercial-NoDerivatives 4.0 Lizenz. Weitere Informationen finden Sie unter http://creativecommons.org/licenses/by-nc-nd/4.0/.

Library of Congress Control Number: 2018949260

Bibliografische Information der Deutschen Nationalbibliothek
Die Deutsche Nationalbibliothek verzeichnet diese Publikation in der Deutschen Nationalbibliografie; detaillierte bibliografische Daten sind im Internet über http://dnb.dnb.de abrufbar.

© 2020 Pascale Schaller, publiziert von Walter de Gruyter GmbH, Berlin/Boston.
Dieser Band ist text- und seitenidentisch mit der 2018 erschienenen gebundenen Ausgabe.
Dieses Buch ist als Open-Access-Publikation verfügbar über www.degruyter.com.

Satz: Meta Systems Publishing & Printservices GmbH, Wustermark
Druck und Bindung: CPI books GmbH, Leck

www.degruyter.com

Vorwort

Beim vorliegenden Buch handelt es sich um meine Dissertation, die ich im Herbst 2016 an der Philosophischen Fakultät der Universität Freiburg CH eingereicht und Ende 2016 verteidigt habe[1]. Der Publikation ging eine lange Zeit der intensiven Beschäftigung mit der Schriftsprachaneignung von Kindern voraus. Für mich waren es Lehrjahre; geprägt von der Faszination über die kindliche Sprachaneignung ebenso wie von inhaltlichen und methodischen Herausforderungen, die zu meistern wohl eine Hauptanforderung von Dissertationen darstellt. Es gäbe auf die unzähligen Fragen inhaltlicher und methodischer Natur, die sich während des Arbeitsprozesses stellten, mit Sicherheit andere Antworten, als ich sie für dieses Projekt gefunden habe. Insgesamt aber haben sich die vielen Diskussionen und die errungenen Einsichten ausgezahlt und mich gleichzeitig um wertvolle Erfahrungen reicher gemacht. Dazu haben viele Menschen beigetragen, denen ich an dieser Stelle danken will.

Zu besonderem Dank bin ich Prof. Regula Schmidlin, der Betreuerin meiner Dissertation, verpflichtet. Sie war mir während meiner Assistenzzeit eine wichtige Unterstützung und hat mich kritisch, aber wohlwollend darin bestärkt, meine eigenen (Um-)wege durch die behandelten Theorien und erhobenen Daten zu suchen. Ihr Zuspruch und ihr Interesse an meiner beruflichen Entwicklung haben mich gefordert und bestärkt, wofür ich ihr ausgesprochen dankbar bin.

Prof. Martin Luginbühl, den wir als Zweitgutachter gewinnen konnten, sei herzlich gedankt für die aufmerksame Lektüre meiner Arbeit und den anregenden Austausch. Seine Hinweise und Rückmeldungen und speziell auch sein wohlwollendes Interesse an der Diskussion haben mich über die Verteidigung meiner Arbeit hinaus motiviert.

Ohne WeggefährtInnen, die zu ähnlichen Zeiten ähnliche Arbeitsprozesse durchleben, ist ein fachlich und vor allem auch persönlich so herausforderndes Projekt wie eine Dissertation vermutlich kaum zu realisieren. Besonders verbunden ist meine Assistenzzeit mit Dr. des. Alexandra Schiesser. Die gleichermassen kritischen wie freundschaftlichen Diskussionen über unsere eigenen Forschungsvorhaben sowie die gemeinsamen Projekte, die wir in den vergangenen Jahren realisieren konnten, haben meinen Berufsalltag sehr positiv geprägt. Wichtig war mir ebenso der Austausch mit Dr. Marina Petkova, Gerda Baumgartner, Dr. Ingrid Hove und Dr. des. Manuela Guntern vom Freiburger

---

1 Publikationen, die kurz vor oder nach Fertigstellung der Abgabeversion erschienen sind, konnten für den vorliegenden Band nicht oder nur punktuell berücksichtigt werden.

Lehrstuhl für Germanistische Linguistik. Für die gemeinsam durchlebten Kolloquien, Arbeitstreffen und informellen Diskussionen sowie für die kritischen Rückmeldungen zu früheren Versionen meines Manuskripts danke ich ihnen allen herzlich.

Ein Forschungsprojekt, das einen über Jahre begleitet, muss seine Ziele, Hypothesen und inhaltlichen sowie methodischen Fährten im Austausch und in der Rückmeldung anderer schärfen. Diese Möglichkeit boten mir unser regelmässiges Kolloquium am Lehrstuhl unter der Leitung von Prof. Helen Christen und Prof. Regula Schmidlin sowie Arbeitstreffen, Gespräche, Mails oder Telefonate mit Dr. Julia Winkes, Dr. Tamara Carigiet, Dr. Mirjam Weder, Prof. Helmuth Feilke, Prof. Thomas Studer, Prof. Afra Sturm, Prof. Joachim Grabowski, Prof. Rüdiger Grotjahn, Prof. Erich Hartmann, Prof. Kirsten Adamzik, Prof. Walter Haas, Dr. Andreas Behr und Mireille Rotzetter. Ihre wertvollen Anregungen und kritischen Fragen in ganz unterschiedlichen Projektphasen waren enorm wichtig.

Die Dissertation ist im Rahmen des SNF-Projekts „Textproduktionsspezifische Schriftsprachentwicklung bei Kindern und Jugendlichen" (Leitung Prof. Regula Schmidlin) entstanden. Dem SNF sei sowohl für die Finanzierung der Studie als auch für die grosszügige Unterstützung bei der Drucklegung der Publikation gedankt. Die Ausarbeitung des SNF-Antrags wurde vom Forschungspool der Universität Freiburg finanziert. Der Forschungsfonds der gleichen Universität hat es ermöglicht, als Unterstützung für die Datenaufbereitung Hilfskräfte einzustellen. Das waren namentlich Rebecca Minder, Nadine Mathys, Franziska Keller, Adrian Müller, Lara Gobeli und Chantal Ziegler. Prof. Elisabeth Stuck von der PHBern hat mir mit Lukas Buser dankenswerterweise einen Hilfsassistenten zur Verfügung gestellt, der den reibungslosen Ablauf bei der aufwändigen computergestützten Datenerhebung sicherstellte. Dank dem Mitwirken der genannten Personen konnten die Daten überhaupt erst erhoben und für die Auswertung aufbereitet werden. Der Philosophischen Fakultät der Universität Freiburg danke ich für die Auszeichnung der Dissertation mit dem Vigener-Preis 2017.

Es ist mir eine grosse Freude, wurde meine Arbeit in die Reihe Germanistische Linguistik aufgenommen. Den HerausgeberInnen, Prof. Mechthild Habermann und Prof. Heiko Hausendorf, danke ich für die wohlwollende Prüfung meines Manuskripts sehr herzlich. Ebenfalls dankbar bin ich zwei anonymen GutachterInnen, denen die Arbeit zur Begutachtung vorgelegt wurde und die mir wertvolle Hinweise für punktuelle Anpassungen zukommen liessen.

Betreut wurde die Drucklegung von Daniel Gietz, dessen freundliche und kompetente Begleitung ich sehr geschätzt habe. Ihm sowie Albina Töws und Anna Hofsäß vom Verlag De Gruyter Berlin sowie ihren Mitarbeitenden sei für ihre sorgfältige Arbeit herzlich gedankt.

Die Kinder, die an der Datenerhebung teilgenommen haben, erinnern sich womöglich noch an eine Schreibstunde der etwas anderen Art aus ihrer Grundschulzeit. Ihnen sowie ihren Eltern gebührt ein besonderer Dank für ihre Bereitschaft zur Mitarbeit und ihre Offenheit. Besten Dank ebenfalls den verantwortlichen Stellen der Erziehungsdirektion, den Schulleitungen sowie speziell den Lehrpersonen, die die Erhebung unterstützt haben.

Mit der Fertigstellung dieses Bandes findet die wissenschaftliche Beschäftigung mit einem ausgesprochen spannenden Themenbereich für mich einen vorläufigen Abschluss. Das Staunen darüber, wie Kinder zur Sprache kommen, begleitet meinen beruflichen und inzwischen ebenso meinen privaten Alltag weiterhin. Unseren Kindern, die sich in ersten Kontakten mit der geschriebenen Sprache üben, ein herzliches Dankeschön für ihre Flexibilität, mit der sie mir immer den nötigen beruflichen Freiraum ermöglicht haben.

Pascale Schaller, Juli 2018

Inhalt

Vorwort —— V

1 Einleitung —— 1

2 Thematik und Übersicht —— 3

I Forschungstheoretischer Hintergrund

3 **Soziogenese und Ontogenese der Schriftsprache** —— 9
3.1 Entwicklungsdimensionen der Schriftsprache —— 9
3.2 Soziale Dimension der Schriftsprachaneignung —— 12
3.2.1 (Konzeptionelle) Schriftlichkeit versus (konzeptionelle) Mündlichkeit —— 13
3.2.2 Geschriebener Standard und gesprochener Dialekt in der Deutschschweiz —— 17
3.2.3 Normen als soziales Regulativ sprachlichen Handelns —— 21
3.3 Individuelle Dimensionen der Schriftsprachaneignung —— 36
3.3.1 Wissensvoraussetzungen —— 37
3.3.2 Entwicklungsphasen der Schriftsprachaneignung —— 39
3.3.3 Basisqualifikationen der (Schrift-)Sprachaneignung —— 48
3.3.4 Rolle der Selbsteinschätzung —— 51
3.3.5 Der umstrittene Kompetenzbegriff —— 53
3.4 Zusammenfassung Kapitel 3 —— 55

4 **Schreiben als Prozess** —— 58
4.1 Von der Syntax zur Schreibhandlung —— 58
4.2 Prozessaspekte und Modelle des Schreibens —— 60
4.3 Zusammenfassung Kapitel 4 —— 66

5 **Grundlagen und Formen der Sprachbetrachtung** —— 68
5.1 Zweidimensionalität und Doppelfunktionalität der Sprache —— 68
5.2 Bedeutung der Metasprache für die Sprachaneignung —— 71
5.3 Metasprache und Schriftsprachaneignung —— 74
5.3.1 Metasprache versus Sprachbewusstsein —— 74

5.3.2	Einheiten metasprachlicher Reflexion — **78**	
5.3.3	Zwischen implizitem und explizitem Sprachwissen — **80**	
5.3.4	Sprachwissen und Orthographieerwerb — **84**	
5.4	Bestimmungsmerkmale und Referenzbereiche metasprachlicher Äusserungen — **88**	
5.5	Sprachhandeln und Sprachwissen als Kontinuum — **92**	
5.6	Zusammenfassung Kapitel 5 — **95**	
6	**Sprachliche Konstruktionen zwischen Produkt, Prozess und Sprachwissen — 99**	
6.1	Über welche Muster wird Sprache erworben? — **99**	
6.2	Zum Konstruktionsbegriff — **101**	
6.3	Literale Konstruktionen zwischen Prozess und Produkt des Schreibens — **105**	
6.3.1	Literale Prozeduren als transphrastische Konstruktionen — **106**	
6.3.2	Literale Konstruktionen als Regulativ im Schreibprozess — **110**	
6.4	Literale Konstruktionen zwischen Text und Sprachwissen — **111**	
6.5	Zusammenfassung Kapitel 6 — **113**	

II Konzeptualisierung der Untersuchung

7	**Herleitung der Forschungsfragen — 119**	
7.1	Terminologische Differenzierung für die empirische Untersuchung — **119**	
7.2	Konkretisierung der Fragestellung — **122**	
7.2.1	Zur Rolle der globalen Sprachkompetenz — **122**	
7.2.2	Untersuchung der Schreibhandlung anhand von drei Korpora — **123**	
7.2.3	Ausformulierung der Forschungsfragen und Untersuchungshypothesen — **125**	
7.2.4	Funktion der Integration der Altersdimension — **131**	
8	**Operationalisierung der Variablen — 134**	
8.1	Variablen zum Schreibprozess (Teilkorpus A) — **134**	
8.1.1	Umfang der Revisionen: Produkt-Prozess-Ratio — **135**	
8.1.2	Schreibsalven — **136**	
8.2	Variablen zum explizierten Sprachwissen (Teilkorpus B) — **140**	

8.2.1	Referenzbereiche als Grössen metasprachlicher Reflexion —— 140
8.2.2	Herleitung der Codes und Subcodes für die Annotation —— 141
8.3	Textvariablen (Teilkorpus C) —— 145
8.3.1	Positionierungsprozeduren —— 145
8.3.2	Lexik, Grammatik und Orthographie —— 148
8.3.3	Syntaktische Komplexität —— 152

9 Erhebungsinstrumente und Methode —— 154
9.1	Dokumentation der Erhebungsinstrumente —— 154
9.1.1	Erhebung allgemeiner Daten sowie des sozioökonomischen Status —— 154
9.1.2	Erhebung der globalen Sprachkompetenz (C-Test) —— 157
9.1.3	Erhebung der Kompetenz in der Lexik, der Grammatik und der Orthographie —— 167
9.1.4	Erhebung des Textes —— 171
9.1.5	Erhebung des Schreibprozesses durch *Keystroke Logging* —— 173
9.1.6	Erhebung und Aufbereitung der Daten zum explizierten Sprachwissen —— 175
9.1.7	Erhebung des Selbstkonzepts der Kinder —— 178
9.1.8	Erhebung kognitiver Grundfähigkeiten —— 180
9.2	Beschreibung der Datenerhebung —— 181
9.2.1	Rekrutierung der teilnehmenden Kinder und Klassen —— 181
9.2.2	Ablauf der einzelnen Erhebungen —— 182
9.3	Methoden der Datenanalyse und untersuchte Gruppen —— 183
9.3.1	Form und Auswertung der Daten —— 184
9.3.2	Überblick über die untersuchten Probandengruppen —— 184
9.3.3	Übersicht über die statistischen Verfahren —— 185

10 Korpus und Beschreibung der Stichprobe —— 188
10.1	Datenstruktur —— 188
10.2	Charakterisierung der Probanden —— 189
10.2.1	Alter —— 189
10.2.2	Sprachlicher Hintergrund —— 189
10.2.3	Sozioökonomischer Status —— 190
10.2.4	Selbstkonzept —— 192
10.2.5	Kognitive Grundfähigkeiten —— 193
10.3	Kompetenzgruppen als Grundlage für die Datenanalyse —— 195
10.3.1	Clusterbildung aufgrund der C-Test-Werte —— 197
10.3.2	Bildung von Kompetenzgruppen —— 199

III Untersuchungsbericht

11   **Auswertungen entlang der Hauptfragestellungen —— 205**
11.1   Ergebnisse zum Schreibprozess —— 206
11.1.1   Zur Rolle des Selbstkonzepts im Tastaturschreiben —— 206
11.1.2   Überarbeitungsintensität: Produkt-Prozess-Ratio —— 208
11.1.3   Salvenumfang —— 209
11.2   Ergebnisse zum explizierten Sprachwissen —— 211
11.2.1   Deskriptive Kennwerte zu den Referenzbereichen —— 213
11.2.2   Zur Abhängigkeit der Referenzbereiche von der Altersgruppe —— 214
11.2.3   Zur Abhängigkeit der Referenzbereiche von der globalen Sprachkompetenz —— 214
11.2.4   Zum Verhältnis von Normbezug und Schreibhandlung —— 218
11.2.5   Konstruktionen an den Rändern tradierter Normen —— 227
11.3   Ergebnisse zu Positionierungsprozeduren in den Kindertexten —— 229
11.3.1   Positionierungsprozeduren der 4. und der 6. Klassenstufe —— 231
11.3.2   Positionierungsprozeduren sprachstarker und sprachschwacher Kinder —— 234
11.4   Ergebnisse zu Lexik, Grammatik, Orthographie und Syntax —— 236
11.4.1   Lexikalische Varianz —— 237
11.4.2   Grammatische Qualität —— 241
11.4.3   Orthographische Qualität —— 245
11.4.4   Ergebnisse zur syntaktischen Komplexität —— 250

12   **Zusammenfassung und Diskussion —— 255**

13   **Fazit und Ausblick —— 268**

IV Anhang

14   **Bibliographie —— 273**

15   **Abbildungs- und Tabellenverzeichnis —— 293**
15.1   Abbildungsverzeichnis —— 293
15.2   Tabellenverzeichnis —— 294

16	**Erhebungsmaterial —— 296**	
16.1	Fragebogen für die Schüler und Schülerinnen —— 296	
16.2	Fragebogen für die Eltern —— 305	
17	**Exemplarische Auszüge aus dem Datenkorpus —— 311**	
17.1	Textkorpus —— 311	
17.2	Schreibprozess —— 311	
17.3	Gesprächskorpus —— 312	

Register —— 323

1 Einleitung

Kinder lernen spätestens ab dem Schuleintritt schreiben. Sie bauen danach ihre schriftliche Ausdrucksfähigkeit zunehmend weiter aus und legen damit einen wichtigen Grundstein für schulischen und curricularen Erfolg. Diesen Aneignungsprozess durchlaufen nicht alle Kinder gleich erfolgreich. Vielmehr zeigen sich erhebliche Unterschiede darin, wie Kinder schreiben lernen und wie sie mit dem dafür nötigen Sprachwissen umgehen. In der vorliegenden Studie wird untersucht, worin sich sprachstarke und sprachschwache Kinder in der Konstruktion von schriftsprachlichen Äusserungen und sprachlichem Wissen unterscheiden. Mit diesem Fokus auf die globale Sprachkompetenz und ihre Rolle für die Aneignung von Schreibfertigkeiten nimmt sich die vorliegende Arbeit einer Thematik an, die bislang kaum erforscht wurde. Untersuchungen zur Schriftsprachaneignung konzentrierten sich in den vergangenen Jahrzehnten im Wesentlichen auf die Herausbildung sprachlicher Fertigkeiten über das Lernalter hinweg. Das Lernalter wird dabei als zentraler Motor für die Kompetenzentwicklung angenommen. Als Ergänzung zu diesen Untersuchungen erweitert die vorliegende Arbeit ihre Perspektive über die Altersdimension hinaus und zeigt, welche Aspekte schriftsprachlicher Kompetenz und sprachlichen Wissens stärker von der globalen Sprachkompetenz als vom Lernalter der Kinder abhängen.

Der Kontakt mit Sprache in verschrifteter Form, der in der Regel mit dem Schuleintritt verbunden ist, führt bei den Kindern zu einer Restrukturierung ihres sprachlichen Wissens, das in der Mündlichkeit weitgehend ein implizites Wissen darstellt. Während Kinder die mündliche Sprache mit einer erstaunlichen Leichtigkeit erwerben und dafür auf Instruktionen oder explizites Sprachwissen nicht angewiesen sind, wird die Aneignung des Schreibens stark von aussen gesteuert. In der Schweizer Sprachsituation ist dieser Übergang von der mündlichen zur schriftlichen Sprache besonders prägend, da in der Deutschschweiz vorwiegend Dialekt gesprochen, aber in der Standardsprache geschrieben wird. Zeitgleich mit der Schriftlichkeit eignen sich die Kinder damit eine neue Varietät an.

Bereits im Vorschulalter reflektieren und sprechen Kinder über Sprache. In der Schule werden Aktivitäten der Sprachbetrachtung ausgebaut und didaktisch initiiert. Dabei wird das Potenzial der Sprache in ihrer verschrifteten Form ausgenutzt. Das Schreiben stimuliert die metasprachliche Reflexion, weil die geschriebenen Wörter, Sätze und Texte nicht der Flüchtigkeit des mündlichen Ausdrucks unterworfen sind. Neben das bislang weitgehend implizite Sprachwissen der Kinder tritt dadurch ein expliziter Wissensbestand, der im Laufe der Schulzeit ausgebaut wird. Dieses explizite Wissen umfasst zum einen sprachliche Normen wie grammatische und orthographische Regeln oder Konventionen für Formulierungen und Textsorten. Zum anderen bezieht sich das explizite Wissen auf Schreibhandlungen, also darauf, wie beim Schreiben vorzugehen ist. Die vorliegende Studie bezieht die Schreibprozessebene sowie die Ebene sprachlichen Wissens in die Analyse mit ein und ermöglicht so einen differenzierten Einblick in die Schriftsprachkompetenz sprachstarker und sprachschwacher Kinder.

2 Thematik und Übersicht

Schreiben stellt hohe Anforderungen an die Kinder. Es verlangt das Übersetzen gedanklicher Inhalte in sprachliche Grössen, die ihre Funktion ohne nonverbale und paraverbale Mittel der mündlichen Kommunikation erfüllen. Das Schreiben orientiert sich an Normen und Konventionen in Bezug auf die formalsprachlich korrekte Verschriftung und die Bindung an Textsorten und Textmuster, lässt aber gleichzeitig einen potenziell unendlich grossen Spielraum für mögliche Ausdrucksformen offen: Die gleichen Gedanken etwa können auf ganz unterschiedliche Weisen schriftlich ausgedrückt werden. Die Schreibhandlung setzt zudem die Koordination hierarchieniedriger mit hierarchiehöheren Prozessen des Schreibens voraus und wird dabei gleichzeitig begleitet von Planungs- und Revisionsprozessen. Zudem sind die Texte laufend auf ihre Funktionalität als Kommunikationsmittel hin zu überprüfen, was die Fähigkeit zur Perspektivenübernahme voraussetzt. Schreiben zeichnet sich also dadurch aus, Fertigkeiten und sprachliches Wissen in unterschiedlichen Kompetenzbereichen produktiv miteinander zu kombinieren. Das gelingt nicht allen Kindern. Die vorliegende Studie zeigt auf, in welchen Bereichen schriftsprachlicher Kompetenz und sprachlichen Wissens sich Kinder mit unterschiedlicher globaler Sprachkompetenz unterscheiden. Ihren Ausgangspunkt bilden zwei Leitfragen:
1. Welche Rolle spielen die globale Sprachkompetenz und das Lernalter der Kinder für das Schreiben?
2. In welchem Verhältnis stehen implizites, explizites und explizitiertes sprachliches Wissen zueinander?

Im Gegensatz zu bisherigen Forschungsarbeiten erweitert die hier präsentierte Studie ihren Fokus über die Altersdimension hinaus. Sie geht von einer globalen Sprachkompetenz aus, die unterschiedliche Prozesse der Sprachproduktion, der Sprachverarbeitung und des sprachlichen Wissens beinhaltet, und fragt danach, wie sich diese auf die Schreibfähigkeit auswirkt. Schreiben wird damit nicht isoliert von anderen sprachlichen Kompetenzen betrachtet, sondern in seinem Zusammenspiel mit diesen Sprachwissens- und Sprachhandlungsbereichen.

Bislang fokussierten empirische Forschungen zur Schriftsprach- und Textkompetenzaneignung stark die Ontogenese der Schreibfähigkeit. Im Zentrum stehen dabei die Fragen danach, in welchen Erwerbsschritten sich Kinder Schreib- und Textkompetenzen aneignen und wie diese Fertigkeiten über die Zeit hinweg zunehmen. Methodisch wird dabei häufig so verfahren, dass sprachliche Variablen für verschiedene Altersstufen analysiert werden. Das

Lernalter des Kindes spielt zwar zweifellos eine wichtige Rolle für seinen Lernzuwachs. Empirisch ist jedoch ungeklärt, in welchem Verhältnis das Alter zu anderen Einflüssen, etwa zur globalen Sprachkompetenz, steht. Hier setzt das Erkenntnisinteresse der vorliegenden Studie an. Sie kontrastiert den Einfluss der globalen Sprachkompetenz auf das Schreiben mit einer ontogenetischen Dimension. Die globale Sprachfähigkeit der Kinder wird in einem standardisierten Verfahren anhand eines C-Tests gemessen. Die so erhobenen Daten dienen auch als Grundlage für die Bildung der Untersuchungsgruppen und die Einteilung der Kinder in eine sprachstarke und eine sprachschwache Gruppe.

Das Korpus umfasst Daten von zwei Altersgruppen, der 4. und der 6. Grundschulklasse (Harmos 6 und Harmos 8). Die Studie soll so klären, welche Unterschiede im Schreiben zwischen sprachschwachen und sprachstarken Kindern eher mit dem Lernalter der Kinder zu tun haben und welche stärker von der globalen Sprachkompetenz abhängen. Die fokussierte Altersspanne ist für die Aneignung von Schriftsprach- und Textkompetenzen eine besonders wichtige Phase: Basale Grundfertigkeiten des Schreibens sind bis zur 4. Grundschulklasse erworben. Die Kinder bilden danach zunehmend routinierte Schreibkompetenzen aus und erschliessen bis zur 6. Grundschulklasse umfassende Bereiche und Funktionen der konzeptionellen Schriftlichkeit. Gleichzeitig erweitern sich einerseits didaktisch gesteuert das grammatische und sprachkonzeptionelle Wissen der Kinder und andererseits der reflexive Zugang zu Teilprozessen der Schreibhandlung sowie zu Konventionen und Normen in Bezug auf die konzeptionelle Schriftlichkeit.

Die Schreibforschung der letzten Dekaden hat methodisch und sprachkonzeptuell die Konzentration auf den geschriebenen Text als einzige Analysegrundlage überwunden. Sie hat so zu einem Verständnis des Schreibens als sprachlicher Handlung und als Prozess beigetragen. Der fertige Text ist nämlich auf seine sprachliche Qualität und seine Funktionalität hin überprüfbar, ermöglicht aber keine Rückschlüsse darauf, wie er entstanden ist und über welches sprachliche Wissen seine Verfasserin oder sein Verfasser verfügt. Erst wenn der Schreibprozess und die ihn begleitenden unterschiedlichen Sprachwissenstypen miterfasst werden, lassen sich Hinweise darauf finden, warum manchen Kindern das Schreiben guter Texte gelingt und wo andere dabei scheitern. Aus diesem Grund greift die vorliegende Untersuchung auf verschiedene Daten zurück, darunter auf Texte, auf Schreibprozessdaten und auf metasprachliche Kommentare der Kinder. Die Schülerinnen und Schüler haben am PC einen argumentativen Brief an ihre neue Schulleiterin verfasst. Während des Schreibens wurde der Schreibprozess aufgezeichnet. Dieser Schreibprozess wurde einem Teil der Kinder im Anschluss an die Schreibstunde als Film vorgespielt. Die Kinder wurden aufgefordert, sprachliche Handlungen und Revisionen zu beschreiben und zu begründen. Basierend auf ihren Beobachtungen und mit dem Schreibprozess als Ausgangspunkt entwickelte sich ein Gespräch über sprachliche Strukturen, Normbezüge und Entscheidungen, die während des Schreibens zu fällen sind. Die auf diesem Weg erhobenen Kinderkommentare bilden als *expliziertes sprachliches Wissen* einen Teil des Korpus der vorliegenden Studie. Anhand einer standardisierten Sprachstandsmessung wurde das *explizite sprachliche Wissen* der Kinder erhoben, während das weitgehend *implizite sprachliche Wissen* durch das Textschreiben abgebildet wird. Die Schreibprozesse, das metasprachlich explizierte Sprachwissen, die Kindertexte sowie die Sprachstandsmessung bilden das Untersuchungskorpus der vorliegenden empirischen Studie.

Der Aufbau der Arbeit gestaltet sich in drei Teilen: *Teil I* (Kap. 3 bis 6) führt in den forschungstheoretischen Hintergrund der Studie ein. Der Fokus liegt dabei speziell auf dem Zusammenspiel zwischen Soziogenese und Ontogenese des Schreibens (Kap. 3), auf schreibprozessspezifischen Aspekten (Kap. 4), auf möglichen Modellierungen metasprachlichen Wissens (Kap. 5) sowie auf relevanten sprachlichen Konstruktionen, die als Ergebnis und Ausdruck von Sprachwissen den Schreibprozess und das Schreibprodukt miteinander verbinden (Kap. 6). Leitend für die Auswahl der Themen und für die Eingrenzung des Forschungsbereichs ist die Fragestellung der vorliegenden Studie. *Teil II* der Arbeit spezifiziert die Fragestellung anhand der Herleitung von Forschungsfragen und Untersuchungshypothesen (Kap. 7). Die Operationalisierung der Variablen (Kap. 8) schliesst daran an und leitet zum methodischen Zugriff und zur Begründung der Erhebungsinstrumente (Kap. 9) über. Die Präsentation des Korpus und der Probanden (Kap. 10) schliesst diesen Hauptteil ab und führt gleichzeitig in den dritten Teil der Arbeit ein. Der Untersuchungsbericht, *Teil III*, dokumentiert detailliert die Einzelauswertungen zu den verschiedenen Variablen (Kap. 11). Dabei wird Wert gelegt auf eine vollständige und systematische Darstellung der quantitativen und qualitativen Analysen. Die Synthese (Kap. 12) und das abschliessende Fazit (Kap. 13) unterziehen diese empirisch gewonnenen Einsichten einer kritischen Diskussion und decken dadurch Forschungslücken auf. Eine Dokumentation ausgewählter Erhebungsinstrumente ist im Anhang der Arbeit enthalten. Die Kindertexte sowie die transkribierten Gespräche finden sich in einem separaten, nicht publizierten Materialband, werden aber zur Veranschaulichung des Datenkorpus in Auszügen im Anhang dieser Publikation abgedruckt.

I **Forschungstheoretischer Hintergrund**

3 Soziogenese und Ontogenese der Schriftsprache

Das vorliegende Kapitel zu ausgewählten Aspekten der Soziogenese und der Ontogenese des Schreibens arbeitet exemplarisch heraus, was die soziale und die individuelle Dimension der Schriftsprachkompetenz ausmacht. Die Ausführungen sollen gleichzeitig deutlich machen und begründen, warum es für die vorliegende empirische Untersuchung wichtig ist, sowohl soziale als auch kognitive Einflüsse auf die Schriftsprachaneignung zu berücksichtigen: Sie rückt die Schriftsprachkompetenz in ihrer Abhängigkeit von der globalen Sprachfähigkeit ins Zentrum. Beide sprachlichen Kompetenzbereiche sind verknüpft mit individuellen sprachlich-kognitiven Fähigkeiten. Gleichermassen sind sie äusseren sozialen Einflüssen ausgesetzt respektive werden im sozialen Austausch und über den Sprachgebrauch im sozialen Kontext ausgebildet und gefestigt.

3.1 Entwicklungsdimensionen der Schriftsprache

Die Aneignung der Schriftsprache bedeutet für Kinder nicht nur den Erwerb eines neuen visuellen Zeichensystems, sondern den Erwerb einer neuen Sprachvarietät, die die strukturelle Komplexität der Sprache deutlich intensiver nutzt als mündliche Varietäten. Ein erfolgreicher Aneignungsprozess ist biographisch äusserst zentral, weil das Beherrschen der schriftsprachlichen Varietät die Teilhabe an gesellschaftlicher Kommunikation und an gesellschaftlichem Wissen ermöglicht (Ehlich, Bredel & Reich 2008a: 16). Dieser Aspekt wurde nicht zuletzt im Zusammenhang mit den PISA-Studien, den internationalen Schulleistungsuntersuchungen (Baumert 2001), Gegenstand bildungspolitischer und öffentlicher Diskussionen. Die Sprachbarrierendiskussion der 1960er Jahre (vgl. dazu Kap. 3.2.2) kam nach der ersten Erhebung der PISA-Studien (Baumert 2001) und dem darauffolgenden sogenannten PISA-Schock (Huisken 2005; Loeber & Scholz 2000) wieder auf: Es setzte sich insbesondere in Deutschland, aber auch in anderen teilnehmenden Ländern die Erkenntnis durch, dass ein Grossteil der Schüler und Schülerinnen mit ungenügenden Lese- und Schreibkompetenzen aus der Schule entlassen werden. Während die Sprachbarrierendebatte der 1960er Jahre eine sprachliche Benachteiligung auf die Schichtzugehörigkeit zurückführte, wurde rund 40 Jahre später der Migrationshintergrund als Einflussgrösse auf das sprachliche Verhalten und die sprachliche Kompetenz herausgestellt: „Die Reproduktion sozialer Ungleichheit durch die Schule [wurde] nun [...] völlig ihrer schichtensoziologischen Begründung und Einbettung entkleidet und ausschliesslich in Bezug auf den Faktor Migrationshintergrund diskutiert." (Auer 2015: 403) Sowohl die soziale Schichtzugehörigkeit als auch der Migrationshintergrund stehen für die soziale Bedingtheit der Sprache und der Sprachbeherrschung sowie für die Bedeutung sprachlicher Kompetenz für die Teilhabe an der gesellschaftlichen Kommunikation. Das gilt für die Mündlichkeit, aber in einer stark schriftbasierten Gesellschaft speziell auch für die Schriftlichkeit.

Forschungsmethodisch gesehen liegen Forschungen zur (Schrift-)Sprachaneignung im Schnittbereich unterschiedlicher Disziplinen. Zu nennen sind dabei insbesondere die Psychologie, die Linguistik, die Sprachheilpädagogik und die Sprachdidaktik. Forschungsschwerpunkte sind von Fragestellungen und methodischen Zugängen der beteiligten Disziplinen abhängig. So spiegeln auch die Analysen und die vorliegenden Erkenntnisse die Forschungs- und Theoriebildungsinteressen der einzelnen Disziplinen wider. Entsprechend wird denn auch die Frage nach der angemessenen Methodologie für die Erforschung von Schriftsprachaneignungsprozessen verschieden beantwortet (Ehlich, Bredel & Reich 2008a: 22–23). Die unterschiedlichen Konzeptualisierungen von Sprache in den einzelnen Forschungsrichtungen schlagen sich gleichzeitig in unterschiedlichen Termini nieder, mit denen die Sprachaneignung bezeichnet wird: Das Konzept der *Entwicklung* ist eng mit einer quasi-biologischen Sicht auf Aneignungsprozesse verbunden. Der Sprach*erwerb* gehört ursprünglich in ein ähnliches Grundmodell und referiert auf den Nativismus. Wenn indes von Sprach*aneignung* gesprochen wird, „wird sowohl auf die aktive Rolle des Kindes – und seiner Kommunikationspartner – Bezug genommen als auch darauf, dass Sprache als eine wichtige Handlungsressource für die soziale Interaktion des Kindes gesehen wird, die sich das Kind in seinem Sprachaneignungsprozess zu eigen macht" (Ehlich 2009: 15). Auf die semantischen Implikationen, die mit den unterschiedlichen, zwar oft synonym verwendeten, aber eigentlich auf unterschiedliche Aneignungskonzepte zurückgehenden Begriffen verbunden sind, macht auch Baurmann (1994–1996) aufmerksam. Spezifisch auf die Aneignung des Schreibens bezogen, schlägt Feilke (1993) den Terminus *Schreibentwicklung* vor, den er vom *Schriftspracherwerb* abgrenzt. Letzterer umfasse das Erstlesen und Erstschreiben, spezifisch auch den Erwerb motorischer und orthographischer Fertigkeiten. Die Termini illustrieren, wie sich Forschungsparadigmen, aber auch generellere Konzeptualisierungen von Sprache in der Erforschung von Erwerbsprozessen terminologisch niederschlagen. Der Begriff *Schreibaneignung* wäre für die hier präsentierte Herangehensweise am adäquatesten, da sowohl auf eigenaktive Aneignungsprozesse als auch auf die soziale Bedingtheit und die sozial-kognitive Herausbildung derselben fokussiert wird. Die konsequente Verwendung eines einzelnen Terminus liesse sich allerdings in der vorliegenden Arbeit aus praktischen Gründen schwer aufrechterhalten, da die Studien und Modelle, auf die referiert wird, ebenfalls unterschiedliche Termini verwenden. Die genannten Begriffe werden daher synonym verwendet.

Die begriffliche Vielfalt, mit der ein Phänomen konturiert wird, ist im Fall der kindlichen Sprachaneignung Ausdruck verschiedener Konzepte und Untersuchungsansätze, gleichzeitig aber auch forschungsgeschichtlich verschiedener Phasen, die aufgrund spezifischer sprachtheoretischer Annahmen bestimmte Teilaspekte der Schriftsprach- und Textkompetenzaneignung fokussierten. Die verschiedenen Forschungsphasen und die daraus hervorgehende Bearbeitung eines spezifischen Aspekts des Aneignungsprozesses sind im Wesentlichen Ausdruck von Paradigmenwechseln in den beteiligten Disziplinen: Die pragmatische Wende etwa führte auch in der Schriftsprachaneignungsforschung zu einer Erweiterung der Fragestellung um Aspekte der Sprachverwendung in spezifischen kommunikativen Konstellationen. Auf die Interessensverlagerung hin zu kognitiven Aspekten der Sprachverwendung in der Linguistik schliesslich folgte – um ein weiteres Beispiel zu nennen – auch in diesem Forschungszweig die zunehmende Mitberücksichtigung kognitiver Prozesse der Schreibhandlung (vgl. dazu etwa Kap. 4.2). Solche Paradigmenwechsel können gerade in der Spracherwerbsforschung von besonderer Relevanz sein. Der Grund dafür liegt im Besonderen darin, dass an die Spracherwerbsforschung verstärkt die Erwartung herangetragen wird, aus ihren empirischen Ergebnissen seien unmittelbar didaktische oder diagnostische Erkenntnisse und Massnahmen abzuleiten. Mitunter scheint gerade diese Aussicht auf angewandte linguistische Forschungen mit anwendbarem Ergebnis für die Praxis theoretische und empirische Bemühungen überhaupt zu rechtfertigen. Verschiedene Beispiele aus der Praxis zeigen dabei folgende Problematik: Heute stehen diejenigen didaktischen Konzepte stark in der Kritik, die im Anschluss an die Entdeckung eigenaktiver und selbstorientierter Erwerbsprozesse in den Sprachunterricht eingeführt wurden, ohne dass ihre Wirksamkeit – so die Kritik – empirisch geklärt worden wäre (vgl. dazu etwa die Ausführungen zum Spracherfahrungsansatz in Kap. 3.2.2). Lehrpersonen und Kinder müssten so austragen, was zu früh und zu euphorisch didaktisiert wurde. Es wird zu Recht kritisiert, dass Erkenntnisse zu Erwerbsphasen in der Schriftsprachaneignung oder zu Lernprozessen generell nicht die Frage beantworten, wie diese zu steuern oder zu beurteilen sind, sondern erst Hinweise darauf ermöglichen, welche Aspekte in Instrumente zur Beurteilung und Diagnostik von Sprachständen zu überführen sind, an die wiederum angemessene und empirisch zu prüfende Fördermassnahmen zu binden wären.

Die verschiedenen Perspektiven auf die Herausbildung der Schriftlichkeit als spezifisch menschliche Tätigkeit sowie den Vorgang der schriftlichen Sprachproduktion und unterschiedliche an ihm beteiligte Fähigkeiten und Einflussfaktoren schlagen sich in den Termini *Phylogenese, Ontogenese, Soziogenese, Psychogenese* und *Aktualgenese* des Schreibens nieder. Sie sind Ausdruck davon, dass Schreiben Tätigkeiten und Wissensvoraussetzungen ganz verschiedener Art umfasst und verweisen alle auf eine – individuelle oder gemeinschaftliche, diachrone – Entwicklungsdimension der Schriftsprache: Während sich die Schrift als spezifisch menschliche Errungenschaft über die Menschheitsgeschichte hinweg herausgebildet hat und die Mehrzahl von bestehenden Völkergruppen heute mehr oder weniger schriftbasierte Gesellschaften darstellen (Phylogenese), ist die individuelle Aneignung der Schriftlichkeit durch das einzelne Individuum innerhalb dieser Gesellschaft und in Abhängigkeit von ihr (Ontogenese) ebenfalls als Prozess zu begreifen. *Prozesse* stellen ebenfalls die soziogenetische Herausbildung sprachlicher Konventionen und Normen in der Gesellschaft, die kognitive und psycholinguistische Erweiterung sprachlichen Wissens (Psychogenese) sowie die Aktualgenese jeder einzelnen sprachlichen Äusserung – werde sie mündlich oder schriftlich produziert – dar. Die soziale und die individuelle Dimension des Schreibens und ihre gegenseitige Beeinflussung spielen im Kontext der vorliegenden Arbeit eine herausragende Rolle, und zwar speziell in Bezug auf sprachliche Normen: Für die Kinder wird es zur Erwerbsaufgabe und gleichzeitig zum Gegenstand metasprachlicher Auseinandersetzung, schriftliche und mündliche Sprache medial und konzeptionell zu unterscheiden oder Kommunikationsmuster, die ihren Niederschlag in Textsorten, Textmustern, aber auch in spezifisch konzeptionell schriftlichen Prozeduren finden, als sozial gewachsene Konvention zu begreifen. Die genannten Aspekte stellen verschiedene Arten von Normen dar, die sich soziogenetisch aus dem Sprachgebrauch heraus entwickelt haben und die sich jedes Kind individuell aneignen muss. Hier treffen die soziale und die individuelle Dimension der Sprachaneignung zusammen. Die folgenden Ausführungen widmen sich unterschiedlichen Aspekten dieser sozialen und individuellen Dimension. Wenn es dabei vorerst nicht exklusiv um die Schriftsprachaneignung, sondern um Spracherwerbsprozesse im Allgemeinen geht, dann darum, weil es ein Ziel der vorliegenden Studie ist, die Schriftsprachkompetenz in Bezug auf die globale Sprachfähigkeit der Kinder empirisch zu untersuchen.

3.2 Soziale Dimension der Schriftsprachaneignung

In Bezug auf die soziale Dimension des Schreibens sind die Rolle und die strukturellen Merkmale der sprachlichen Produktionsform (schriftlich versus mündlich) sowie die soziale Bedeutung derselben besonders wichtig. Sie werden im Folgenden thematisiert, bevor auf die Funktion und die Ausgestaltung von sprachlichen Normen eingegangen wird, die nicht zufällig die Schnittstelle zur daraufhin thematisierten individuellen Dimension des Schreibens bilden: Normen entstehen im sozialen Austausch gebrauchsbasiert und werden individuell angeeignet. Ihre Diskussion nimmt Aspekte vorweg, die erst in Kapitel 5 ausführlich thematisiert werden. Gemeint ist damit vorrangig der Bereich der Metasprachkompetenz und der Sprachbetrachtung sowie ihr Zusammenhang mit dem sprachlichen Handeln.

3.2.1 (Konzeptionelle) Schriftlichkeit versus (konzeptionelle) Mündlichkeit

Die Schriftkultur ist ein symbolisches System zur Darstellung der Welt und prägt als solches die Perspektive auf die aussersprachliche und die sprachliche Wirklichkeit (Schmidlin 1999: 23). Sie ermöglicht die Verdauerung von Wissensbeständen und wird dadurch zur Grundlage für die kollektive Erinnerungskultur schriftbasierter Gesellschaften (Halbwachs & Maus 1985; Assmann, Assmann & Hardmeier 1983; Assmann 1999). Gleichzeitig bestimmt sie die Kommunikation über das mündliche Gespräch hinaus; Schreibenkönnen ermöglicht und erfordert es, einen nicht anwesenden Leser als Adressaten und als Korrektiv für Formulierungen zu reflektieren, das Hier und Jetzt zu transzendieren und ein Ziel im abstrakten Raum zu verfolgen (Ossner 1995: 43; Schmidlin 1999: 23). Diese Charakterisierung verweist darauf, dass geschriebene Sprache nicht mit verschrifteter mündlicher Sprache gleichzusetzen ist, sondern dass ihr in einer Gesellschaft ganz bestimmte Funktionen zukommen. Ausdruck findet dieser zentrale Aspekt im Terminus der *konzeptionellen Schriftlichkeit* (in Abgrenzung zur *konzeptionellen Mündlichkeit*). Mit dem von Koch und Oesterreicher geprägten Begriffspaar wird dem Umstand Rechnung getragen, dass hinter beiden Ausdrucksformen je spezifische Charakteristika von Kommunikationssituationen stehen, die sich auf verschiedenen Parametern zwischen zwei Polen bewegen: zwischen Nähe und Distanz, zwischen Vertrautheit und Öffentlichkeit oder zwischen Monolog und Dialog (Koch & Oesterreicher 1994–1996). Das Begriffspaar berücksichtigt die Bandbreite möglicher sprachlicher Variation und ermöglicht die Differenzierung zwischen Sprachformen nicht nur in medialer, sondern auch in konzeptioneller Hinsicht. Texte können – wie etwa eine Vorlesung – medial mündlich, konzeptionell aber schriftlich sein, oder – wie es bei Chat-Nachrichten der Fall ist – umgekehrt medial schriftlich und konzeptionell mündlich. Oralität und Schriftlichkeit kommen in konzeptionell schriftlich und in konzeptionell mündlich ausgeprägter Form vor. Die Unterscheidung zwischen medialer und konzeptioneller Oralität verstehen Koch und Oesterreicher als Unterscheidung zwischen Sprache der Nähe und Sprache der Distanz, wobei Nähe und Distanz als physische sowie als soziale Qualitäten gemeint sind

(Koch & Oesterreicher 1994–1996: 588; Koch & Oesterreicher 1985). Ein emotionaler Brief kann konzeptionell schriftlich sein, sich aber durch eine Sprache der Nähe auszeichnen, während ein Gespräch zwischen Arbeitgeber und Arbeitnehmer konzeptionell mündlich, aber der Sprache der Distanz zuzuordnen sein kann. Ein weiterer terminologischer und definitorischer Lösungsvorschlag für das Distinktionsproblem zwischen Mündlichkeit und Schriftlichkeit ist die Unterscheidung zwischen interpersonaler Involviertheit und Informationsgrad, die die weitverbreitete Meinung relativieren will, die geschriebene Sprache zeichne sich durch Kontextunabhängigkeit aus, während gesprochene kontextgebunden sei. Das ist so nicht der Fall: „Involviertheit und die Konzentration auf die interpersonellen Beziehungen sind [...] so wenig intrinsisch an die Oralität gebunden wie ein hoher Informationsgrad und die Fokussierung auf die Botschaft selber an die Schriftlichkeit." (Schmidlin 1999: 29)

Die unterschiedlichen Merkmale, mit denen Schriftlichkeit und Mündlichkeit verbunden werden, betonen deren Gegensätzlichkeit, aber auch gemeinsame Qualitäten. Das gilt für die kommunikative Absicht, zu der Sprache in ihren mündlichen und schriftlichen Erscheinungsformen eingesetzt wird, genauso wie für sprachstrukturelle Aspekte.

Sprachstrukturell ist die Herausbildung der Schriftsprache mit Standardisierungsprozessen infolge der Vergrösserung des Kommunikationsraums verbunden (Schmidlin 1999: 24). Die linguistischen Beschreibungen der Schriftsprache, die zwischen der geschriebenen und der gesprochenen Sprache differenzieren, unterscheiden Merkmale hinsichtlich der Lexik, der Morphologie, der Syntax und der Textebene sowie hinsichtlich des Produktionsprozesses, wie aus Tabelle 3.1 ersichtlich wird.

Die Gegenüberstellung von prototypischer Mündlichkeit und prototypischer Schriftlichkeit liesse sich um verschiedene Merkmale erweitern, die insgesamt dem schriftlichen Text ein Mehr an sprachlicher Komplexität und Information und der Mündlichkeit ein Mehr an Gestaltungsfreiheit zuschreiben sowie die Flüchtigkeit (bezogen auf das Sprechen) respektive Fixierung (bezogen auf das Schreiben) des sprachlichen Ausdrucks betonen. Allerdings greift eine solche Übersicht deutlich zu kurz, da die tatsächliche Fülle möglicher Sprech- und Schreibsituationen unberücksichtigt bleibt. Im Sprachgebrauch sind prototypisch mündliche oder prototypisch schriftliche Texte selten. Der individuelle Sprachgebrauch richtet sich nach der pragmatischen Absicht und nach dem Kontext, wobei bestimmte Muster nicht das Ziel der Sprachproduktion, sondern deren Mittel darstellen (vgl. zur Rolle des Kontextes etwa Östman op. 2015). Ob ein Text geschrieben oder gesprochen wird, ist zweifelsfrei zu bestimmen, die sprachlichen Merkmale hingegen unterscheiden sich graduell. Das Sprachmaterial ist für beide Sprachformen theoretisch das gleiche. Weder

Tab. 3.1: Prototypische Merkmale der Mündlichkeit und der Schriftlichkeit.

	Mündlichkeit	Schriftlichkeit
Lexik	– mehr Repetitionen und Interjektionen – Wörter sind kürzer, mehr Wortfragmente, mehr Substandardwortschatz	– grössere Varianz – mehr Adjektive – mehr Namen (während im Mündlichen der deiktische Pronominalverweis möglich ist) – mehr Nominalisierungen – längere Wörter
Morphologie	– Vergangenheitsform wird typischerweise im Perfekt ausgedrückt	– Konjunktive, Genitive und Imperfekt häufiger
Syntax	– kürzere Phrasen – eher parataktische Struktur – weniger komplex – ellipsenreicher – liberaler in Bezug auf die Wortstellung – weniger Variation in den Satzanfängen	– komplexere Struktur – eher hypotaktische Struktur
Textebene	– freiere Konstruktion – weniger fixe Schemata – weniger Informationen im Verhältnis zur Textlänge – zeitlicher Verweis auf den eigenen Diskurs	– örtlicher Verweis auf den eigenen Diskurs
Produktions-prozess	– Intervention des Gesprächspartners möglich – Prosodie, Mimik und Intonation als Gestaltungsmittel – flüchtig – ungeplant – in einen Handlungskontext eingebunden – Einbezug des Kommunikationspartners	– längere Produktionszeit – permanente Fixierung – Möglichkeit zur nachträglichen Überarbeitung – indirekte und zeitlich verzögerte Kommunikation – ausschliesslich verbale und typographische Ausdrucksmittel (Absatz, Abschnitt, Kapitel, Klammern usw.)

Auf der Grundlage von Schmidlin 1999: 24–25, vgl. auch Schlobinski 2005; Thaler 2007; Adamzik 2016.

ist von einem Lexikon der gesprochenen Sprache auszugehen noch davon, dass Schriftlichkeit ohne Kontext auskommt: Die Differenz zwischen geschriebener und gesprochener Sprache ist nicht auf die materielle Erscheinung und nicht nur auf die sprachlichen Merkmale, sondern auf ihre kommunikative Funktion, auf den Adressaten sowie auf Formalität und Planungszeit des jeweiligen (mündlichen oder schriftlichen) Textes zurückzuführen. Diese Einsicht verdanken auch die Schriftspracherwerbsforschung und die Sprachdidaktik der pragmatischen Wende, die den kommunikativen Zweck sprachlicher Äusserungen als relevante Grösse sowohl in der Sprachvermittlung als auch in der Sprachforschung verankert hat (Günthner 2000: 352). Obwohl eine grosse Anzahl von Textsorten ausschliesslich als schriftkonstituierte Texte vorkommen, „[sind] die kommunikativen Funktionen sprachlicher Äusserungen [...] nicht etwa eine intrinsische Eigenschaft der Modalität, sondern können durch die an die Kodes gebundenen linguistischen Mittel unterschiedlich realisiert werden" (Schmidlin 1999: 27). Der Fluchtpunkt, auf den hin sich die jeweilige mündliche oder schriftliche Textform gestaltet, ist also die kommunikative Absicht, die ihrerseits wiederum bestimmte Konventionen und Normen, darunter etwa eine adressatengerechte Anrede in einem Brief, verlangt. Gleichzeitig auferlegt sie dem Sprecher oder Schreiber gewisse Restriktionen, etwa das Explizitmachen gewisser Informationen mangels deiktischer Verweismöglichkeiten aufgrund der Abwesenheit eines Kommunikationspartners.

Die genannten Dichotomien *(konzeptionell) mündlich / (konzeptionell) schriftlich*, *Sprache der Nähe / Sprache der Distanz*, zwischen deren Polen graduelle Unterschiede in der Ausprägung bestimmter sprachlicher Merkmale anzusetzen sind, haben für Aneignungsprozesse besondere Relevanz, da sich der Erwerb der Schriftlichkeit im sozialen und schulischen Kontext dadurch auszeichnet, diese graduellen Unterschiede angemessen auf die kommunikative Absicht und die üblichen Konventionen hin differenzieren zu lernen und zu üben. Kindern ist die medial wie konzeptionell mündliche Sprache und die Sprache der Nähe vertrauter, da sie im Erwerbsprozess der (konzeptionell) schriftlichen und vor allem der Sprache der Distanz vorausgeht und die Kommunikationssituationen mindestens bis ins Schulalter hinein wesentlich bestimmt. Die Aneignung konzeptioneller Schriftlichkeit geschieht daher vor allem in frühen Erwerbsphasen vorerst über den Rückgriff auf Ausdrucksmittel, die die Kinder aus der Mündlichkeit kennen, also über die Verschriftung mündlicher Sprache. Der Deutschschweizer Sprachkontext stellt für die Kinder hier eine zusätzliche Herausforderung dar: Ungefähr zeitgleich mit der Aneignung erster Schriftzeichen setzt der aktive Gebrauch und die Festigung der gesprochenen Standardsprache als schulische Sprachvarietät ein. Die schriftlichen Texte, die Kinder zu Beginn der Grundschule verfassen, stehen also unter dem

Einfluss der vorwiegend dialektalen Mündlichkeit. Sie sind zudem nicht nur Produkte des Schriftlichkeitserwerbs, sondern ebenso ein Mittel für den Erwerb respektive die Ausdifferenzierung des gesprochenen und geschriebenen Standards. Dieser Aspekt spielt in der Schweizer Sprachsituation eine besondere Rolle, da die Kinder zusammen mit der Aneignung einer konzeptionell schriftlichen Sprache die Standardsprache erwerben und ausbauen.

3.2.2 Geschriebener Standard und gesprochener Dialekt in der Deutschschweiz

In der Deutschschweiz ist die Abgrenzung von Mündlichkeit und Schriftlichkeit mit der Unterscheidung zwischen Dialekt und Standardsprache verbunden. Dabei unterliegt der Dialekt im Vergleich zum gesellschaftlichen Kontext in Deutschland nicht einer negativeren Bewertung als die Standardsprache, sondern beansprucht schlicht einen anderen Geltungsbereich. Panagiotopoulou & Kassis (2016: 155) beschreiben die Deutschschweizer Sprachsituation als „spezifische Form gelebter Zwei- oder Mehrsprachigkeit". Diese „Zweisprachigkeit" verteilt den Einsatz der beiden Sprachformen dabei nicht etwa nach Kriterien des sozialen Status von Produzent oder Rezipient. Ganz im Gegenteil wird Dialekt sowohl mit gesellschaftlich gleichgestellten Kommunikationspartnern wie mit Autoritätspersonen gesprochen. Sein Gebrauch ist also nicht statusabhängig; vielmehr käme die Wahl des Standards im Gespräch einem Verstoss gegen die implizite Norm gleich. In der Sprachsituation der Schweiz – umschrieben mit dem Begriff der Diglossie (Ferguson 1959)[2] – wird die Standardsprache für das Verfassen schriftlicher Texte gewählt, „der Gebrauch des Dialekts [in der Schriftlichkeit gilt] dagegen als ein Verstoss, der einen metaphorischen oder symbolischen Wechsel provoziert" (Christen 2004: 71). Auch wenn insbesondere durch die Neuen Medien dialektale Texte zunehmend häufiger verschriftet werden, oftmals aber konzeptionell mündliche Textformen darstellen, gilt nach wie vor, dass für einen Grossteil schriftlicher Textsorten die Standardsprache als angemessen gilt.

---

[2] Seit Ferguson (1959) wurde der Terminus differenziert. Zu den Merkmalen der Deutschschweizer Diglossie vgl. aktuell etwa Werlen (2004); Petkova (2012, 2013), Luginbühl (2012); Berthele (2014); Hägi & Scharloth (2013). Eine historische Perspektive bietet Ris (1979). Zur Rolle der Sprachsituation für den (vor-)schulischen Unterricht bspw. Kassis-Filippakou & Panagiotopoulou (2015); Burger & Häcki Buhofer (1994); Häcki Buhofer (2002); Häcki Buhofer et al. (1994) oder Studer (2013). Eine kritische Bestandesaufnahme der Rezeption des Diglossiebegriffs für die Deutschschweiz leistet Berthele (2004).

In Deutschland war die Diskussion über das Verhältnis von Standard und Dialekt lange geprägt von weitgehend negativen Vorurteilen gegenüber dem Dialekt. Die späten 1960er Jahre waren fast vollständig durch die Rezeption der Arbeiten Basil Bernsteins (Bernstein 1964, Bernstein 1967, Bernstein 1972) bestimmt. Er vertrat die Ansicht, dass

> bestimmte sprachliche Formen für den Sprechenden einen Verlust oder einen Gewinn an Geschicklichkeiten (sowohl kognitiver als auch sozialer Art) bedeuten, die für den Erfolg in der Schule sowie im Beruf entscheidend sind, und daß die genannten Formen des Sprachgebrauchs kulturell und *nicht* individuell determiniert sind. (Bernstein 1970: 18, Hervorhebung im Original)

Es ist laut Bernstein (1970) also die Sozialstruktur, die unterschiedliche sprachliche Formen oder Codes erzeugt. Diese Codes übermittelten die Kultur und bestimmten so das Verhalten. Der sogenannte restringierte Code der Arbeiterkinder (in Abgrenzung vom elaborierten sozial höherer Schichten) bestimme deren defizitäre Denkweise (Bernstein 1972: 238). Ihnen bleibe der soziale Aufstieg verwehrt, weil sie ihre Sprache trotz guter nonverbaler Intelligenz daran hindere, Denkstrategien zu entwickeln, die der Schule der Mittelschicht entspreche. Das Bernstein-Paradigma war theoretisch insbesondere deshalb höchst problematisch, weil der Zusammenhang zwischen sprachlichen Codes und sozialer Schichtzugehörigkeit eine Annahme ohne empirischen Nachweis war. Zudem verleitete die Defizit-Hypothese Bernsteins dazu, die Sprache der Arbeiterschaft als defizitär einzustufen, was gerade bei Vertretern der politischen Linken auf Ablehnung stossen musste. Die Konsequenzen aus dem Bernstein-Paradigma wurden daher bereits in den frühen 1970er Jahren gezogen (vgl. zur Wirkung Bernsteins etwa Karg 2016: 245 ff.). Die kognitiven Stile wurden als unbekannte Grösse aus dem Modell eliminiert und die soziale Schichtenstruktur wurde direkt mit der negativen Bewertung der sprachlichen Merkmale der Unterschichtkinder durch die Lehrpersonen erklärt (Auer 2015: 388–390).

Mit einem Paradigmenwechsel in der Sprachforschung verlagerte sich der durch Bernsteins Defizit-Hypothese ausgelöste Sprachbarrierendiskurs in den 1970er Jahren von der Frage der sozialen Schichtung hin zu Fragen des Sprachsystems und zur Idee der ‚Fremdsprachlichkeit' des Dialekts: Dialektsprechende Kinder, so nun die Prämisse, verfügten über eine funktionierende Grammatik, neben die durch den Standardspracherwerb in der Schule ein neues System gestellt werde, das zwar zum gleichen Sprachsystem gehöre, nicht aber die eigentliche Muttersprache darstelle (Schmidlin 1999: 55). Die Herausforderungen für den Erwerb seien darum ungleich grösser. Abgeleitet davon wurden Fördermassnahmen im Sinne eines kompensatorischen Unterrichts, der auf der kontrastiven Grammatik aufbaute und dialektsprechenden Angehörigen der

Unterschicht einen besseren Schulerfolg ermöglichen, ihre Integrationsmotivation fördern und ihr negatives Selbstbild abbauen sollte. Die didaktischen Massnahmen scheiterten allerdings und es setzte sich die Erkenntnis durch, dass Schulschwierigkeiten zwar auf einen Schichtenunterschied zurückgehen, aber nur indirekt sprachlich bedingt sind (Schmidlin 1999: 54–57).

Während in Deutschland der Einfluss des Dialekts auf die schulischen (standardsprachlichen) Leistungen insbesondere vor dem Hintergrund der sozialen Schichtproblematik diskutiert wurde, gestaltete sich diese Debatte in der Schweiz anders. Da im Gegensatz zu Deutschland alle Dialekt sprechen, kann daraus keine Benachteiligung oder soziale Diskriminierung geschlossen werden (Schmidlin 1999: 53). Die Befürchtung, der Dialekt wirke sich negativ auf die Standardsprachkompetenz aus, oder gar die daraus theoretisch ableitbare Forderung, zunehmend Standard zu sprechen, ist nicht wie in Deutschland Teil des Sprachendiskurses. Im Gegenteil: In den letzten Jahren wird vermehrt auf die Rolle des Dialekts auch im schulischen Kontext hingewiesen. Die Frage, wann und in welchem Rahmen Schweizer Kinder in der Schule mit dem Dialekt respektive mit der Standardsprache in Kontakt kommen sollen, wird etwa vor dem Hintergrund von erziehungspolitischen Harmonisierungsbestrebungen bezogen auf Lehrpläne und Curricula diskutiert. Das Verhältnis zum Dialekt und zum Standard ist also auch in der Schweiz ein zentraler Diskussionspunkt. Die Auseinandersetzung mit der Funktionalität der beiden Sprachformen gehört denn auch zu den am breitesten diskutierten Themen der Deutschschweiz (Berthele 2004: 115). Allerdings ist die Diskussion nicht soziolektal bestimmt, sondern vor allem vom Diskurs der kollektiven (Sprach-)Identität geprägt. Die Auseinandersetzung mit den Schweizer Dialekten und ihrer kulturellen und sozialen Bedeutung führt in der Schweiz immer wieder auch zu bildungspolitischen Vorstössen. Ein Beispiel dafür stellt die Diskussion über den Gebrauch von Dialekt und Standard im Kindergarten und über die verlangte und in einzelnen Schweizer Kantonen zur Volksabstimmung gebrachte Einführung eines Dialektobligatoriums auf dieser Stufe dar (vgl. etwa die Initiative ‚Ja zur Mundart im Kindergarten'). Weil die Sprachvarietäten und ihre Funktionalität Teil eines öffentlichen Diskurses sind, der zum Deutschschweizer Selbstverständnis zu gehören scheint, machen neuere Sprachlehrmittel die Sprachsituation und das diglossische Verhältnis zum Gegenstand der Auseinandersetzung im Sprachunterricht. So bildet dieser Themenbereich Bestandteil des Lehrmittels *Die Sprachstarken*. Es ist im Kanton Freiburg, in dem die Erhebungen für die vorliegende Studie durchgeführt wurden, das obligatorische Lehrmittel für die Grundschule (vgl. für die Jahrgangsstufe 4 Lötscher et al. 2007).

Die Frage, ob und wie sich der Dialekt auf die Standardsprachkompetenzen von Deutschschweizer Kindern auswirkt, wurde verschiedentlich theoretisch diskutiert und vereinzelt empirisch bearbeitet (vgl. etwa Schmidlin 1999; Burger & Häcki Buhofer 1994; Häcki Buhofer et al. 1994). Es ist grundsätzlich davon auszugehen, dass Schweizer Kinder bedingt durch die funktionale Einschränkung der Standardvarietät weniger problemlos und fliessend Hochdeutsch sprechen lernen als deutsche Kinder. Die insgesamt eher seltene Verwendung ist dabei neben dem normativen Zwang der Schriftsprache ein entscheidender Einflussfaktor. Gerade jüngere Kinder weisen etwa im Bereich der Morphologie, der sich zwischen Standard und Dialekt stark unterscheidet, Merkmale eines Zweitspracherwerbs auf. Bezogen auf den Erwerb und Ausbau des Lexikons hingegen, das sich in beiden Sprachformen zu einem Grossteil überschneidet, ist auch der Standardspracherwerb als L1-Erwerb zu modellieren (Schmidlin 1999: 60). Schmidlin (1999) zeigte in einer vergleichenden empirischen Untersuchung von Schülertexten aus der Deutschschweiz und aus Deutschland anhand ausgewählter Variablen differenziert auf, wie sich deutsche und Deutschschweizer Kinder im Grundschulalter hinsichtlich des Standardspracherwerbs unterscheiden. Die Studie ergab, dass für mündliche standardsprachliche Nacherzählungen bei Deutschschweizer Kindern im Vergleich zu jenen von gleichaltrigen aus Deutschland grosse diglossiespezifische Differenzen festzustellen sind. Die schriftlichen standardsprachlichen Erzählungen allerdings ergaben weit weniger diglossiespezifische Unterschiede. Zudem konvergieren die Werte der schriftlichen Erzählungen mit zunehmendem Alter der Kinder. Die Schweizer Sprachsituation scheint sich für einzelne Bereiche – etwa für den Einsatz *literacy*-spezifischer Konnexionsmittel sowie subordinierender und kausaler Konjunktionen – sogar günstig auf den schriftsprachlichen Ausdruck auszuwirken. Schmidlin (1999: 275–278) vermutet, dass die grössere Nähe zwischen geschriebener und gesprochener Sprache in den Texten der deutschen Kinder dazu führt, dass sie länger in der Mündlichkeit verhaftet bleiben als Schweizer Kinder. Die Unterscheidung der Varietäten und die Festigung varietätenspezifischer sprachlicher Merkmale fallen den Kindern aus der Deutschschweiz aufgrund der funktionalen Trennung möglicherweise leichter.

Auch wenn die Aneignung der Standardsprache in der Schweiz insbesondere durch den schulischen Kontext geprägt ist, kommen auch Deutschschweizer Kinder schon vor dem Schulalter mit der Standardsprache in Kontakt und erwerben sie zu Teilen auch ungesteuert (vgl. hierzu etwa Häcki Buhofer et al. 1994 sowie Landert 2007). Dennoch bildet die Schule einen neuen Rahmen, der den Gebrauch einer bestimmten Varietät explizit vorgibt und die Förderung des Standards im Mündlichen wie im Schriftlichen als Bildungsauftrag umsetzt.

Dem Umstand, dass von Deutschschweizer Kindern das ungezwungene und spontane Sprechen vornehmlich in Dialekt vollzogen wird und die Standardsprache formellen, insbesondere schulischen Kontexten vorbehalten bleibt, trägt die vorliegende Studie in zweifacher Hinsicht Rechnung: Einerseits wurden die Gespräche über den Schreibprozess von der Gesprächsleiterin in Dialekt initiiert, andererseits gibt die Schreibaufgabe die Deutschschweizer Sprachsituation als Thema vor (vgl. für genauere Angaben zum Erhebungssetting Kap. 9.2.2). Die Gesprächsvarietät für den mündlichen Austausch zwischen der Untersuchungsleiterin und dem jeweiligen Kind wurde zwar nicht explizit vorgeschrieben, in aller Regel übernahmen die Kinder sie aber diskussionslos.

3.2.3 Normen als soziales Regulativ sprachlichen Handelns

3.2.3.1 Normen als geronnener Diskurs

Die Herausbildung konzeptionell schriftlicher Merkmale ist ein Resultat der Entwicklung (innerhalb) einer Schriftkultur und einer schriftbasierten Gesellschaft. Die zeitliche Dimension spielt in der Herausbildung konzeptionell schriftlicher Formulierungstraditionen wie in der Etablierung von konventionalisierten Textsorten und Textmustern eine zentrale Rolle: Durch wiederholte Verwendung eines bestimmten Musters durch eine Vielzahl von Menschen etablieren sich Formulierungstraditionen sowohl auf der Ebene sprachlicher Strukturen als auch auf textueller Ebene. Diese Konventionen und Traditionen sind Ausdruck einer (weitgehend impliziten und implizit bleibenden) gesellschaftlichen Übereinkunft betreffend die angemessene und effiziente Art der Verständigung in einem spezifischen Kontext zu einem bestimmten Zeitpunkt[3] Textsorten und -muster finden Ausdruck in Formulierungstraditionen, die sich Kinder zusammen mit der konzeptionellen Schriftlichkeit aneignen und die durch die individuelle Spracherfahrung und den individuellen Sprachgebrauch gefestigt werden.

Sprache wird in einer Gesellschaft nicht ständig anders, sondern regelhaft verwendet. Im sprachlichen Handeln orientieren sich Sprecher und Schreiber dabei (zu einem guten Teil unbewusst) an unterschiedlichen Normen. Unter Normen werden mit Peyer et al. (1996: 10) „Handlungsanweisungen, Richtlinien für das menschliche Verhalten, ‚inhaltlich bestimmte Regulative', allgemein anerkannte, als verbindlich geltende Regeln für das Zusammenleben der Menschen" verstanden. Sie gelten überindividuell und sind abzugrenzen von Regu-

---

[3] Vgl. zur kulturellen Spezifik von Normen im Zusammenhang mit Textsorten Fix (2007, 2008b).

laritäten, die nur individuell gebunden sind. Wenn zum Begriff der Norm wesentlich der Aspekt des Überindividuellen gehört, spielt das Individuelle aber gleichwohl eine Rolle: „Die überindividuellen Normen gehen in die Verhaltensweisen der Einzelnen ein, werden von ihnen internalisiert, und umgekehrt können die individuellen Vorlieben und Besonderheiten profilierter Mitglieder der Gesellschaft in die überindividuellen Normen einfliessen." (Peyer et al. 1996: 10–11) Peyer et al. (1996: 11) machen auf verschiedene Aspekte von Normen aufmerksam, die für allgemeine Verhaltensnormen Gültigkeit beanspruchen, speziell aber auch sprachliche Konventionen erklären können:

- Die Internalisierung von Normen durch den Sprachgebrauch ist kein absoluter Vorgang: Dass sich Individuen in der Regel von Normen leiten lassen, heisst nicht, dass sie nicht punktuell bewusst oder unbewusst gegen sie verstossen können.
- Die Internalisierung von Normen ist kein automatischer Vorgang: Normen müssen (gesteuert oder ungesteuert) zumindest teilweise aktiv erworben werden.
- Die Kodifizierung und Versprachlichung von Verhaltensmustern ist möglich, aber nicht notwendig, damit sie zur Norm werden: Implizite Normen beruhen auf einer stillschweigenden Übereinkunft.
- Norm setzt Varianz voraus, negiert diese aber gleichzeitig, indem von denkbaren Varianten eine (oder alternativ einige wenige) als gültig gesetzt werden.

Die soziale Dimension der Sprache ist für die Herausbildung von Normen das zentrale Moment: Normen entstehen erst aufgrund eines sozialen Bedürfnisses. Umgekehrt wirken sie zurück auf das soziale Verhalten, indem sie den sozialen und auch sprachlichen Austausch regeln und regulieren. Konstruktivistische Ansätze in der Sprachwissenschaft gehen wie die Grammatikalisierungstheorie und die Konstruktionsgrammatik davon aus, dass grammatische Regeln und Konstruktionen „als Nebenprodukt des Sprechens in der sozialen Interaktion entstehen" (Haspelmath 2002: 263) und keine stabilen Entitäten darstellen, die unabhängig von der Sprachverwendung existieren. Diese gebrauchsbasierten (*usage-based*) Ansätze betonen die soziale Ebene der Sprache: Neben Textsorten und Textmustern sowie Formulierungstraditionen betrachten sie auch die Grammatik einer Sprache als *geronnenen Diskurs* (Haspelmath 2002: 270). Die aus dem Sprachgebrauch sich herausbildende Grammatik regelt das sprachliche Handeln und ist gleichzeitig ein Resultat der systematisierenden Beschreibung einer Sprache, die Normen versprachlicht und kodifiziert.

Normen leiten die Sprachproduktion und sind gleichzeitig ausschlaggebend für deren Bewertung: Sie sind die Grundlage dafür, Individuen anhand ihres sprachlichen Handelns einstufen und beurteilen zu können. Das gilt für das unbewusste Qualifizieren sozial angemessenen respektive unangemessenen sprachlichen Handelns ebenso wie für das zertifizierende Bewerten von Schülertexten im schulischen Kontext.

Wie Peyer & Portmann (1996: 11) ausführen, müssen Sprachnormen als Regulativ sprachlichen Handelns von Kindern teilweise aktiv erworben und in didaktischen Settings daher auch vermittelt werden. Das betrifft verschiedene sprachliche Ebenen; die Orthographie gleichermassen wie schriftsprachliche Konventionen in bestimmten Textsorten. Gleichzeitig sind Normen selber Gegenstand eines – insbesondere sprachdidaktisch dominierten – Diskurses, in dessen Kern die Frage steht, *welche* Normen *wie* vermittelt werden sollen. Es ist eine sprachdidaktisch wie linguistisch und entwicklungspsychologisch relevante Frage gleichermassen.

Normen sind als Ergebnis einer diskursiven Herausbildung verhandelbare und ausgehandelte Richtlinien, an denen sich die individuelle und kollektive Sprachverwendung, aber auch deren Didaktik orientieren. Sie bilden die Ausgangslage für die Konzeption von Kategorien und Termini, die als Sprachkonzepte kodifiziert werden und gleichzeitig die Aneignung sprachlicher Normen ermöglichen sollen. In der Sprachwissenschaft und in der Schulgrammatik ist das verbreitetste und am weitesten verallgemeinerte Sprachkonzept das, das auf der traditionellen, griechisch-lateinisch basierten Grammatikkonzeption fusst. Als Schulgrammatik hat es sich nicht nur in der Wissenschaft, sondern weit über diese hinaus etabliert (Ehlich 2007: 16). Die griechisch-lateinisch-basierte Grammatikkonzeption gilt als Lieferant von Kategorien, wie dies etwa bei den Wortarten besonders deutlich ist. Gleichzeitig bietet sie ein Grundkonzept von dem, was Sprache ist: Sie zerfällt in eine Grammatik und ein Lexikon. Die Grammatik wird wiederum in Morphologie und Syntax aufgeteilt. Als Übergang zwischen Morphologie und Syntax wird die komplexere Wortbildung betrachtet. Was an der Sprache über die Grammatik hinausgeht, wird nicht mehr als genuin linguistischer Bereich verstanden und etwa der Stilistik, einem Teilbereich der Rhetorik, zugewiesen (Ehlich 2007: 16, 2016). Diese Grammatikkonzeption lag und liegt Regelwerken zur deutschen Sprache ebenso wie der Mehrzahl von Schulbüchern zugrunde. Sie ist allerdings nur eine von vielen möglichen Modellierungen. Gebrauchsbasierte Sprachkonzeptionen etwa gehen davon aus, dass Sprachwissen nicht nur Ressource, sondern ebenso Ergebnis sprachlicher Praxis ist. Sie sehen auch die Grammatik daher als geronnenen Diskurs (vgl. Kap. 3.2.3.1). Das wiederum steht festen Kategorien, wie die griechisch-lateinisch-basierte Grammatikkonzeption sie liefert, zumindest teilweise entgegen. Nicht linguistische Kategorien etablieren sich nämlich individuell und interindividuell – das geschieht in einem nachgeordneten wissenschaftsanalytischen Schritt –, sondern konkrete, mehr oder weniger spezifische sprachliche Strukturen und Formulierungen (vgl. dazu die Ausführungen zur Konstruktionsgrammatik in Kap. 6). Dieses Spannungsfeld zwischen kodifizierten Normen in Form einer Schulgrammatik und Normen als soziale Praxis stellt für den didaktischen Umgang mit ihnen eine Herausforderung dar. Dies gilt speziell darum, weil zu diesen beiden Arten von Normen kindliche Konzeptualisierungen hinzukommen, und zwar vorwiegend implizit aufgebaute Sprachwissensressourcen, die die Kinder zum mündlichen Sprachgebrauch befähigen und die Grundlage bilden für den Schriftspracherwerb.

3.2.3.2 Kindliche Normvorstellungen als Ausgangspunkt didaktischer Konzepte

Wenn Kinder in die Schule eintreten, verfügen sie über ein gut funktionierendes implizites Sprachwissen, das sie zum Sprechen befähigt. Initiiert insbesondere durch die im schulischen Kontext bewusste Auseinandersetzung mit der Sprache als System wird explizites Wissen *über* sprachliche Phänomene ausgebaut. Dabei treffen kindliche Vorstellungen über (Sprach-)Normen auf linguistisch modellierte und kodifizierte. Das Sprachwissen, das die Kinder aus der Mündlichkeit mitbringen, ist ein funktionsfähiges wenn auch vorerst nicht explizit verfügbares Normsystem ‚von unten'. Die Kinder haben es über die Sprachaneignung im Gebrauch erworben. Diese Normen ‚von unten' als Ausgangspunkt didaktischer Settings zu wählen, stellt in der Sprachdidaktik seit Jahrzehnten eine zentrale Forderung dar: „Ausgangspunkt jeder Sprachbetrachtung kann nur die Sprachproduktion der Kinder selbst sein", fordert Ossner (2013: 127) pointiert. „Die Sprachreflexionsleistungen von Kindern vor und zu Beginn der Schulzeit können [...] erstaunlich sein. Ebenso erstaunlich ist aber auch, was daraus in der Schule häufig gemacht wird", stellen Andresen & Januschek (1984: 242) fest und richten ihre Kritik damit gegen eine deduktive – an den Normen ‚von oben' orientierte – Grammatikvermittlung, die nicht an das Wissen der Kinder anschliesst, sondern diesem grammatische Termini überstülpt. Wie die Forderung, der schulisch gesteuerte Unterricht möge das vorhandene Sprachwissen der Kinder nutzen und ausbauen, es aber nicht durch ein fremdes, explizites Normsystem ersetzen, umzusetzen ist, bleibt in der fachdidaktischen Forschung strittig. Einen Gegensatz zu stark angeleitetem Vermitteln und deduktivem Erwerb bilden etwa Konzepte des entdeckenden und selbstgesteuerten Lernens. Diese kognitiven und sozio-kognitiven Lernkonzepte bilden seit Anfang der 1970er Jahre eine Alternative zu behavioristischen Modellen (Konrad 2014: 37) und fussen auf der Annahme, Kenntnisse und (Handlungs-)Kompetenzen würden dann am besten erworben, wenn der zu vermittelnde oder zu erwerbende Gegenstand aktiv angeeignet wird (Konrad

2014: 18). Damit ist verbunden, dass sozial-konstruktive Prozesse der Wissensaneignung von aussen zwar initiiert, aber nicht vorgegeben werden. Diese Modellierung von Lernsettings wiederum führt im Sinne induktiver Aneignungsprozesse dazu, dass den eigenen Strategien und Wissensformen der Kinder mehr Bedeutung zukommt. Übertragen auf den Erwerb der Schriftsprache und der konzeptionellen Schriftlichkeit hiesse das, sich aus didaktischer Sicht auch an Normen zu orientieren, die Kinder selber ansetzen, wenn sie Sprache gebrauchen und über sie nachdenken. Diese müssen wiederum nicht Normen im Sinne der Grammatikbeschreibung bezeichnen, sondern können eigenaktiv aufgebaute Konzepte davon sein, was für das Schreiben und seine Teilhandlungen wichtig ist. Dadurch kommt der Sprachreflexion als didaktischem Gegenstand erhebliches Gewicht zu. Als Beispiel für diese konstruktivistische Sicht auf die den Kindern eigenen Normen sei Bittners etwas polemisches Plädoyer für ein didaktisches Vorgehen im Unterricht zitiert, das

> vom Sprachgebrauch zum grammatiktheoretischen Postulat führt, mit Selbstbewusstsein und kritischer Distanz gegenüber der sprachlichen Norm. Wird Grammatik nicht so verstanden, erfolgt die Durchsetzung einer wenig bzw. anders begründeten sprachlichen Norm, die fremd erscheint, weil ihr Abweichen vom Sprachgebrauch und dem impliziten (Vor-)Wissen unverstanden und weitgehend unkommentiert bleibt. (Bittner 2011: 19)

Hintergrund für seine Forderung bildet die Ansicht, dass in der Schule ein „neues [grammatisches, PS] Kenntnissystem mit schlechten Verknüpfungschancen neben ein bereits vorhandenes und täglich funktionierendes [wenn auch implizites, PS] gesetzt" (Bittner 2011: 18) werde. Es werde didaktisch allzu häufig so verfahren, dass das implizite Wissen aus der Mündlichkeit nicht ergänzt und genutzt, sondern durch Normen ‚von oben' verdrängt werde. Demgegenüber sei bevorzugt danach zu fragen, welche Kategorisierung junge Sprecher vornehmen und welche Differenzen zur normorientierten Erwachsenensprache bestehen. Im Grammatikunterricht solle das zu vermittelnde Wissen über Grammatik an diese impliziten Kategorisierungen anschliessen (Bittner 2011: 18). Aus psychologischer Sicht formuliert diese Forderung in ähnlicher Form Ferreiro (1999), eine Schülerin Piagets, die in ihren Forschungen zur Alphabetisierung die Psychogenese sprachlichen Wissens fokussiert. Sie betrachtet Kinder nicht nur als lernende, sondern als bereits wissende Subjekte, die neue Verhaltensweisen, aber auch neues Wissen erwerben. Der Erwerb des Wissens über das Schriftsystem geschehe auf dem gleichen Weg wie für andere Wissensbereiche auch: durch Assimilation von Informationen, die das Umfeld bereitstellt. Die „Suche nach Kohärenz" (Ferreiro 1999: 23) bringe die Kinder dazu, Interpretationssysteme aufzustellen, und zwar in einer bestimmten Stufenfolge. Diese Interpretationssysteme seien also „so etwas wie ‚Theorien' der

Kinder über die Beschaffenheit und Funktion des Schriftsystems" (Ferreiro 1999: 23), die sich nach dem Entwicklungsstand der Kinder systematisieren liessen. „Wir haben schon mehrere Male versucht aufzuzeigen, daß diese ‚Theorien' nicht etwa nur ein schwaches Abbild dessen sind, was ihnen erzählt wurde; es sind vielmehr echte Konstruktionen, die unserem Erwachsenendenken zumeist ziemlich fremd erscheinen." (Ferreiro 1999: 23) Methodisch sucht Ferreiro (1999) den Zugang zur schriftsprachlichen Kompetenz der Kinder über die Analyse von Schriftzeichen, die die Kinder produzierten, aber ebenfalls über den Konstruktionsprozess. Diesen Konstruktionsprozess rekonstruiert Ferreiro (1999) in ihren Studien anhand der metasprachlichen Äusserungen der Kinder, und zwar interessieren dafür „die Intentionen der Kinder, ihre Kommentare und Modifikationen, die während des Schreibens selbst auftraten, sowie die Interpretationen, die sie für ihre Konstruktionen lieferten, wenn sie mit dem Schreiben fertig waren" (Ferreiro 1999: 24). An diese Art, metasprachliches Wissen zu erheben, schliesst die vorliegende Studie für den Bereich der Textschreibkompetenz an (vgl. Kap. 9.1.6).

Die These, jedes Individuum verfüge über eine eigenaktiv aufgebaute Grammatik, und die Forderung, diese als solche nutzbar zu machen, sind nicht neu. Bereits Grimm hielt in seiner Vorrede zur Deutschen Grammatik 1819 fest:

> Man pflegt allmählich in allen Schulen aus diesen Werken [i.e. Grammatiken] Unterricht zu erteilen. [...] Eine unsägliche Pedanterie. [...] Ich behaupte nichts anderes, als daß dadurch gerade die freie Entfaltung des Sprachvermögens in den Kindern gestört und eine herrliche Anstalt der Natur [...] verkannt werden [...]. Sind aber diese Sprachlehren Selbsttäuschung und Irrtum, so ist der Beweis schon geführt, welche Frucht sie in unseren Schulen bringen und wie sie die von selbst treibenden Knospen abstoßen statt zu erschließen [...]. Jeder Deutsche, der sein Deutsch schlecht und recht weiß, d. h. ungelehrt, darf sich [...] eine selbsteigene, lebendige Grammatik nennen[.] (Grimm 1819)

Grimm (1819) beklagte sich also bereits vor rund 200 Jahren darüber, dass die „selbsteigene, lebendige Grammatik" der Kinder im Schulunterricht nicht genutzt werde. So alt und verbreitet die Forderung ist, eigenaktives Sprach- und Normwissen der Kinder zu nutzen, so unklar bleibt in der Forschung bislang, wie dieses Wissen aussieht und wie es strukturiert ist. Zur Erhellung dieser Frage soll mit der vorliegenden Studie beigetragen werden.

Der Versuch einer didaktischen Umsetzung in der Form, die von kindlichen Normvorstellungen ausgeht, stellt für den Erstschreibunterricht Brügelmanns *Spracherfahrungsansatz* aus den 1980er Jahren dar. Er wird hier angesprochen, um an einem Beispiel aufzuzeigen, welches Spannungsfeld die eigentlich nachvollziehbare Intention, in der Schule an kindliches Wissen anzuschliessen, konkret darstellt. Brügelmann schliesst mit seinem Lernkonzept an reformpädagogische Ideen Jürgen Reichens und seine Methode *Lesen durch Schreiben* (Reichen 1982) an. Das didaktische Konzept Reichens basiert darauf, dass Lehrpersonen den Kindern nicht einzelne Buchstaben vermitteln, anhand derer sie dann zur Verschriftung von Wörtern gelangen. Vielmehr sollen die Kinder Wörter selbstständig in Lautkomponenten zerlegen und mithilfe einer Anlauttabelle in Schriftzeichen überführen lassen (Reichen 1982). Brügelmann schliesst an einen zentralen Aspekt dieses Lernkonzepts an, und zwar an das eigenaktive Entdecken als Impuls des Lernens: Sein Ansatz basiert darauf, Kinder Regelhaftigkeiten *entdecken* zu lassen. Sie sollen dabei aber von ihrer Spracherfahrung ausgehen und sowohl Lesen als auch Schreiben als kommunikative Handlung verstehen (vgl. dazu insb. Brügelmann 1994, Brügelmann & Brinkmann 1984 sowie Brügelmann & Brinkmann 1998). Die *Fibel für Lehrer und Laien* (so der Untertitel seines Klassikers *Das Kind auf dem Weg zur Schrift*) des Reformpädagogen versuchte damit in den 1980er Jahren einen Perspektivenwechsel in den damals aktuellen Methoden des Rechtschreibunterrichts und stellte nicht den Gegenstand der Vermittlung – etwa Buchstaben und Wörter –, sondern das Kind ins Zentrum. Die kindliche Phantasie in der Verschriftung von einzelnen Buchstaben etwa (vgl. dazu die Beispiele in Brügelmann & Brinkmann 1998, bspw. S. 17) wird als Beispiel dafür beschrieben, wie „Kinder [als] Forscher" (Brügelmann & Brinkmann 1998: 17) „Zugänge zum Neuen stärker von den eigenen Erfahrungen her finden" (Brügelmann & Brinkmann 1998: 18).

Brügelmanns Methode wirkte in den 1980er Jahren wie ein Katalysator und erlangte mitunter dadurch breite Bekanntheit. Seine Thesen und Methoden waren neu und innovativ. Sie waren hingegen nicht empirisch gestützt und schon gar nicht in ihrer Wirksamkeit überprüft, bevor sie Eingang fanden in die Schule. Rückblickend betrachtet, ist die Rezeption seines Ansatzes ein Beispiel für den wissenschaftlichen, didaktischen und gesellschaftlichen Umgang mit sprachlichen Normen. Die Publikationen Brügelmanns erfahren in der didaktischen Lehre und in der Öffentlichkeit neben grosser Resonanz ebenso grosse Kritik: Die Ausgabe 2013, Nr. 25 der Zeitschrift *Der Spiegel* mit dem Beitrag *Die neue Schlechtschreibung* stellt Brügelmanns Methoden als Ursache für die „Rechtschreibkatastrophe" (Von Bredow & Hackenbroch 2013) unter den Kindern dar. Die reformpädagogische Idee habe zum Heranziehen von „furchtlosen Schreibern" (Von Bredow & Hackenbroch 2013) auf Kosten der Rechtschreibung geführt. Kritik an den Lernmethoden Brügelmanns wird seit Jahrzehnten auch von wissenschaftlicher Seite geübt. Zu seinen prominenten Kritikern zählen etwa die Sprachwissenschaftler Christa Röber oder Günther Thomé.[4] Diese

---

4 Die aktuelle Debatte über die verschiedenen theoretischen Positionierungen in Bezug auf die Orthographieaneignung wird im diskursiv aufgebauten Band von Kruse & Reichardt (2016b) eindrücklich nachgezeichnet und illustriert.

kritisieren insbesondere die mangelnde linguistische Expertise reformpädagogischer Ansätze. So monieren Röber-Siekmeyer & Spiekermann (2000: 754) zu Recht, die Kritik der Schrifterwerbsdidaktik Brügelmanns an dem ‚alten' Fibelunterricht sei ausschliesslich pädagogisch und psychologisch, nicht aber linguistisch motiviert. Das zentrale Problem von Methoden, wie Brügelmann sie vorschlägt, liegt nämlich darin, dass sie ein Konzept des Lernens modellieren, sich aber zu selektiv auf Kenntnisse zur Schriftsprachaneignung stützen.

Die Debatte über die reformpädagogischen Ansätze soll auf die ungeklärte Frage hinweisen, wie mit sprachlichen Normen im Spracherwerb und in der Sprachvermittlung umzugehen ist. Empirische Befunde dazu, welche Arten von Normen zwischen *kindlichen* Vorstellungen über Sprache und *linguistischen* Beschreibungen sprachlicher Regularitäten anzunehmen sind, sollten einer didaktischen Modellierung vorausgehen. Hier besteht aber nach wie vor ein erhebliches Desiderat der empirischen Forschung.

Der andere Aspekt, für den die angesprochene Debatte ebenfalls ein Beispiel darstellt, ist das öffentliche Interesse an Fragen zum schulischen Spracherwerb und zu dort vermittelten Normen. Der polemische *Spiegel*-Artikel, der exemplarisch zitiert wurde, zeigt, dass mit dem (schulisch gesteuerten) Spracherwerb Normvorstellungen einer breiten Öffentlichkeit verbunden sind. Im gesellschaftlichen Diskurs geht es um die tradierte Überzeugung, dass der Orthographie im Erwerb und für den Bildungserfolg ein besonderer Stellenwert zukomme. Diese Überzeugung wiederum ist verbunden mit der Befürchtung eines Zerfalls der Sprachkompetenz der jüngeren Generationen. Diese Befürchtung, dass Schülerleistungen im Schreiben tatsächlich immer schlechter werden – eine Annahme etwa, die durch den Ausbau der Neuen Medien und der sich dadurch verändernden Schreibkonventionen jugendlicher Schreiber in den 2000er Jahren wieder an Aktualität gewann (vgl. dazu etwa die Studie von Dürscheid et al. 2010) – wird teilweise widersprochen (vgl. etwa die diachrone Untersuchung von Maturaaufsätzen von Sieber & Sitta 1994: 15, und Sieber 1998) und teilweise zugestimmt (vgl. in Bezug auf die Rechtschreibung etwa Thomé 2013). Eine systematische Untersuchung verschiedener linguistischer Variablen mit diachroner Perspektive bieten Steinig et al. (2009), die Schülertexte aus dem Jahr 1972 mit solchen aus dem Jahr 2002 vergleichen. In Bezug auf die Fehlerquote stellen sie tatsächlich schlechter gewordene Schülerleistungen fest, wobei andere Variablen – etwa die Textlänge – auf eine Verbesserung hinweisen. Die Studie von Steinig et al. (2009) zeigt neben Veränderungstendenzen in Bezug auf verschiedene Variablen insbesondere auch die Abhängigkeit der Schülertexte von der gängigen Didaktik und von jeweils aktuellen gesellschaftlichen Erwartungshaltungen gegenüber Schüleraufsätzen auf. Ein diachroner Vergleich von Schreibkompetenzen über Jahre und Jahrzehnte hinweg verdeutlicht daher vor allem eines: Kompetenzzuwachs und Kompetenzrückgang sind immer auch Ausdruck davon, was gesellschaftlich und didaktisch akzeptiert und gefordert wird. Systematische Untersuchungen zum Einfluss verschiedener didaktischer Vermittlungsmodelle im Sprachunterricht und deren Wirkung gibt es bislang aber kaum.

Einen Ansatz, wie der Sprachunterricht verschiedene Arten von Normen nutzen sollte, diskutiert Feilke (2014b): „Es ist die Aufgabe der Didaktik, Normen so zu konstruieren, anzupassen und fortzuschreiben, dass sie Lernen ermöglichen und die Aneignung stützen können." Hierfür schlägt er den Begriff der *transitorischen Norm* vor und meint damit Normen, die in einer Art Steigbügelfunktion Erwerbsprozesse stützen, um dann wieder überwunden zu werden, weil sie als Hilfsmittel überflüssig werden (und werden sollen). Transitorische Normen liegen damit zwischen kindlichen und linguistischen Normen. Sie bestehen in konkreten und nachvollziehbaren Handlungsanweisungen oder Merksätzen wie *Wörter, denen man der, die oder das voranstellen kann, werden grossgeschrieben*,[5] die für einen eingeschränkten Bereich zwar Gültigkeit besitzen, aber den Normbereich an sich, hier die satzinterne Grossschreibung, nur unzulänglich beschreiben. Ihre Funktion besteht im Wesentlichen darin, konkrete und leicht handhabbare Anweisungen und Orientierungen zu ermöglichen. Sie haben eine provisorische Funktion: Entweder sollen sie zu implizitem Wissen und dadurch überflüssig werden oder sie müssen ausdifferenziert und dadurch explizit überwunden werden, damit ihr Gültigkeitsbereich und ihr Gültigkeitsanspruch sich ausweiten über eine Auswahl von einzelnen Phänomenen hinaus. Die Verwendung transitorischer Normen als Abwandlung von linguistisch begründeten und insbesondere der Umstand, dass sie häufig eben *nicht* überwunden zu werden scheinen, ist immer wieder Gegenstand von Kritik. Mit inhaltlich oft nicht korrekten Abwandlungen einer linguistischen Norm werden, so etwa Bredel (2010: 221) kritisch, „methodisch als auch didaktisch die Weichen so gestellt, dass die gesamte weitere curriculare Anstrengung darin besteht, diesen initialen Fehler zu revidieren". Der ‚initiale Fehler' besteht darin, dass sich diese Abwandlungen oftmals durch eine Form- statt durch eine Funktionsbezogenheit auszeichnen: Faustregeln oder Merksätze, die den Kindern das Verschriften von Wörtern erleichtern sollen, richten sich wie im oben aufgeführten Beispiel oft etwa danach, ob eine bestimmte Wortform mit einem Artikel kombinierbar ist, woraus dann eine Grossschreibung abgeleitet

---

5 Diese Merksätze werden hier als transitorische Norm bezeichnet, wobei Feilke (2014b) nicht unterstellt werden soll, dass er mit seiner Definition genau solche linguistischen Abwandlungen meint.

wird. Die *Funktion* des Substantivs im Satz hingegen ist nicht Teil des sprachlichen Wissens, das die Faustregel übermitteln soll. Darin liegt denn mitunter auch der Grund für ihren beschränkten Gültigkeitsbereich (vgl. dazu die Datenauswertungen in Kap. 11.2.4.1).

3.2.3.3 Grammatikunterricht versus Sprachbetrachtung

An der Schnittstelle zwischen der Kenntnis über sprachliche Normen und der Fähigkeit zum kompetenten Sprachhandeln stehen die Sprachbetrachtung und die Sprachreflexion. Allerdings besteht Unklarheit darüber, wie genau metasprachliche Kompetenzen das Sprachhandeln beeinflussen. Wie gestaltet sich das Verhältnis zwischen der Fähigkeit, eine Sprache zu sprechen oder zu schreiben, und der Fähigkeit, *über* eine Sprache zu sprechen und diese zu reflektieren? Der Blick auf diese so relevante Frage wurde im deutschsprachigen Raum lange durch eine sprachdidaktische Grundsatzdiskussion ohne empirische Grundlage verstellt und lässt sich für Jahrzehnte im Wesentlichen auf die Opposition *Grammatik oder Sprachreflexion im Unterricht?* reduzieren. Kaum Beachtung fand neben dieser Debatte die empirische Klärung, ob und wie sich Grammatik- und Normunterricht oder Sprachreflexion überhaupt auf die Sprachkompetenz auswirken, oder – in Bezug auf die Schriftsprachkompetenzen – „*how* writing might be improved by the teaching of grammar" (Myhill 2005: 84, Hervorhebung hinzugefügt). „Intuitiv würden wir davon sprechen, dass für [das Sprachhandeln] irgendeine Art von ‚Wissen' erforderlich ist; z. B. ein Wissen über Wortarten, ein Wissen darüber, wann ein Sprecher Befehle geben darf, ein Wissen über die Geschichte der Großschreibung im Deutschen etc." (Bredel 2007: 94; vgl. für das Wissen über Wortarten bei Kindern Funke 2005). Welcher Art dieses Wissen ist und wie genau es eine kompetente Sprachbeherrschung hervorbringt, ist indes keineswegs beantwortet worden, obwohl die Klärung gerade dieser Frage aus didaktischer Sicht besonders relevant wäre.

Sprachbetrachtung als Teil des Deutschunterrichts war bis in die 1970er Jahre gleichbedeutend mit Grammatikunterricht, genauer Wort- und Satzlehre (Bredel 2007: 14). Als Gaiser 1950 einen Aufsatz mit dem Titel *Wieviel Grammatik braucht der Mensch?* veröffentlichte und damit Kritik übte an der damals gängigen Praxis der Grammatikvermittlung, traf seine Frage ein beginnendes Umdenken in der späteren Nachkriegszeit. Wie es in der Geschichte der Didaktik an unterschiedlichen Phänomenen zu beobachten ist, schlug das Pendel nicht nur um, sondern in die entgegengesetzte Richtung aus, so dass am Ende der in Gang gekommenen Diskussion „häufig ein Verzicht auf den Grammatikunterricht, manchmal auf Sprachbetrachtung überhaupt stand" (Bredel 2007:

14)⁶ Zwei pädagogisch-didaktische Neuerungen sind mit dafür verantwortlich, dass Jahrzehnte später, Ende des 20. Jahrhunderts, in der Mittel- und Oberstufe Grammatikkenntnisse in Fremd- und Muttersprache nicht wie vorher vorausgesetzt werden konnten: Der Lateinunterricht war teilweise abgeschafft oder eingeschränkt worden und der Versuch, Grammatikunterricht durch die Einführung von im Rahmen der generativen Grammatik aktuell gewordenen Erwerbstheorien neu zu etablieren, fehlgeschlagen (Frentz & Lehmann 2002: 11). Wenn die Marginalisierung des Lateinunterrichts eine Stärkung der Linguistik im muttersprachlichen Unterricht begünstigt hätte, dann wurde diese durch die misslungene Einführung der generativen Grammatik verhindert. Als Reaktion darauf nämlich kam es vielmehr zu einer Verlagerung weg von der linguistischen Betrachtung hin zur Reflexion über Kommunikation und Kommunikationsbedingungen (Frentz & Lehmann 2002: 11). Diese Stärkung der Rolle der Pragmatik in der schulischen Sprachreflexion an sich war mit Sicherheit angezeigt und entsprechende Thematisierungen sind aus der heutigen Sprachdidaktik nicht mehr wegzudenken. Kritisiert wird indes, dass es statt zu einer Ergänzung zu einer Ersetzung des einen durch das andere kam. Als Ergebnis davon konstatieren Frentz und Lehmann in ihrem Diskussionspapier zuhanden des Staatssekretärs des Thüringer Kultusministeriums 2002:

> Die Sprachreflexion als systembezogenes Handlungsfeld verlor ihre (grammatik-)-theoretische Orientierung. Erkenntnisse über sprachliche (insbesondere grammatische) Phänomene und ihre Beziehungen wurden situativ, erfahrungsbezogen, kontextabhängig und damit mehr oder weniger sporadisch und unsystematisch vermittelt. [...] Das ‚System' blieb auf der Strecke und die ‚Integration' funktionierte nicht im gewünschten Maße, da die Integrationsbasis fehlte: Lernende können eben nur das integrieren, was sie sich zuvor – z. T. auch systematisch und in gezielter Lernarbeit – angeeignet haben. (Frentz & Lehmann 2002: 12)

Kritisiert wird damit, dass sich die schulische Sprachreflexion nicht mehr genug an *sprachlichen* Phänomenen orientierte. Die Wirkung der Reflexion auf das sprachliche Handeln und die sprachliche Kompetenz bleibt aus, wenn kein deutlicher Bezug zu konkreten sprachlichen Aspekten Teil von ihr ist (vgl. dazu auch Myhill 2005, 2016).

Sprachreflexion als herausfordernde kognitive Tätigkeit geht über regelhaftes Lernen hinaus. Sie bedarf aber eines Bezugssystems, das – soziogene-

---

6 Darauf weisen auch Boettcher & Sitta (1978) im Vorwort ihrer Publikation mit dem bezeichnenden Titel *Der andere Grammatikunterricht* hin und nehmen den Konflikt als Ausgangspunkt für eine differenzierte Diskussion von Möglichkeiten und Methoden der Sprachreflexion im Unterricht.

tisch so gewachsen – Regelhaftigkeit und Normen beinhaltet. Als besonders wichtig dabei erachten Frentz & Lehmann (2002: 10) die Verbindung zwischen Form und Funktion sprachlicher Einheiten. Was oben (vgl. Kap. 3.2.3.2) in Bezug auf Abwandlungen linguistischer Normen hervorgehoben wurde, betonen auch sie: Das Sprechen über sprachliche Regularitäten sollte sich auf die Form *und* die Funktion sprachlicher Mittel beziehen:

> Jede Sicht auf das Sprachsystem, die sich auf dessen Strukturen beschränkt und von deren Funktionen absieht, ist dem Gegenstand unangemessen. Aber auch das Umgekehrte gilt: Jedes Reden über Funktionen und Wirkungen von Texten, das von den Strukturen und Ausdrucksmitteln absieht, mit denen solche Funktionen erfüllt und solche Wirkungen erzielt werden, ist unprofessionelles Geschwätz. (Frentz & Lehmann 2002: 10)

Myhill (2005: 84) stellt auch für den angelsächsischen Raum fest, dass sich während Jahrzehnten zwei entgegengesetzte Positionen zur Frage, *ob* Grammatik zu unterrichten sei oder nicht, gegenüberstanden. Kaum Gegenstand empirischer Untersuchungen war hingegen lange, *wie* Grammatikunterricht sich positiv auf die Schreibkompetenz auswirken könnte (vgl. hierzu aber Myhill, Jones & Watson 2013; Myhill et al. 2012; Myhill 2016; Myhill & Watson 2014). Ganz grundsätzlich ist die Frage, ob die im schulischen Grammatikunterricht gewonnenen Einsichten zu einem erleichterten Verstehen und dem kompetenteren Gebrauch von Sprache führt, bislang ungeklärt (Riegler 2006: 11). Peyer et al. (1996: 42) führen das u. a. auf das Verhältnis zwischen Linguistik und Sprachdidaktik und die „Verständigungsprobleme [...] zwischen beiden Welten" zurück, die den Blick auf die schulische Praxis als gemeinsames Forschungsfeld verstellten.

Die Aufbruchsstimmung im Bereich Grammatikunterricht und Sprachreflexion, die in den Siebzigerjahren des 20. Jahrhunderts verschiedene alternative, pragmalinguistisch oder kommunikationstheoretisch orientierte Konzeptionen von Sprachreflexion hervorbrachte, hat sich gelegt (Riegler 2006: 14). Die aus ihr hervorgegangenen didaktischen Ansätze und Modellierungen von Lernprozessen sind hingegen nach wie vor und immer wieder Gegenstand von Grundsatzdiskussionen, wie es das Beispiel des Spracherfahrungsansatzes illustrierte. Während die Wirkungen didaktischer Konzepte, wie sie beispielsweise von Brügelmann vorgeschlagen werden, weitgehend unbekannt bleiben, zeigen Graham et al. (2012) in ihrer Metaanalyse von vier Studien, dass Förderansätze, die auf einem isolierten Grammatikunterricht aufbauen, im Hinblick auf die Förderung von Schreibkompetenzen eine negative Wirkung haben. Zu vergleichbaren Befunden kommen weitere Studien für Kinder und Jugendliche zwischen 5 und 16 Jahren (vgl. etwa Graham & Perin 2007b, Graham & Perin

2007a für die Klassenstufen 4–12 sowie Andrews et al. 2006, Schneider et al. 2013: 41). Hillocks (1984) vermutet aufgrund seiner Metastudie nicht nur einen fehlenden positiven Effekt eines traditionellen Grammatikunterrichts, sondern sogar eine verzögernde Wirkung auf die Schreibentwicklung der Kinder, insbesondere dann, wenn die Steuerung des Schreibens stark über das Markieren von Fehlern vorgenommen wird (Schneider et al. 2013: 41). Eine longitudinale Studie, die sich der Rolle des Grammatikunterrichts für deutschsprachige schriftliche Produktionen von frankophonen Kindern in Genfer Schulen widmet, zeigt, dass sich im Erwerb der Verbalflexion, der Satzmodelle und des Kasussystems feste Phasenabfolgen nachzeichnen lassen, die sich mit der schulischen Grammatikprogression nicht decken (Diehl et al. 2000: 373). Das wirft die Frage auf, welche Aspekte sprachlichen Lernens überhaupt didaktisch beinflussbar sind und welche viel eher auf eigenaktiven Aneignungsprozessen beruhen und damit stärker von Faktoren wie der globalen Sprachkompetenz abhängen. Diese Frage steht denn auch im Zentrum der vorliegenden Studie.

Die oben aufgeführten Forschungsergebnisse zeigen, dass noch nicht geklärt ist, wie traditioneller Grammatikunterricht zu gestalten ist, um einen Effekt auf den Erwerb und den Ausbau von sprachpraktischen Fähigkeiten zu begünstigen. Eine radikale Konsequenz läge in der Abkehr vom expliziten Grammatikunterricht aufgrund der Überzeugung, dass eine Vermittlung zwischen explizitem Regelerwerb und explizitem metasprachlichem Wissen auf der einen Seite und eigenaktivem Erwerbsprozess sowie praktischem Sprachgebrauch auf der anderen Seite nicht möglich sei. Die Gegenposition geht vor dem Hintergrund von Umstrukturierungsprozessen zwischen verschiedenen Graden von sprachlicher Bewusstheit aus und nimmt an, dass vorgängig explizites Wissen den impliziten Lernprozess stützt, beschleunigt oder vertieft (Diehl et al. 2000: 373). Zwischen Sprachwissen und Sprachhandeln wird aus dieser Perspektive also durchaus ein Zusammenhang angenommen. Er ist aber differenzierter zu modellieren, theoretisch zu begründen und empirisch zu überprüfen (vgl. zu diesem Gegenstand Kap. 5). Die Forschungen im anglophonen Raum sind in diesem Bereich dem deutschsprachigen Raum voraus. Im englischsprachigen Raum wurden bereits umfassende Forschungen und Interventionsstudien unternommen, die explizit die Frage untersuchen, wie und welche Art von Grammatikunterricht das Schreiben begünstigt. Sie zeigen einerseits, dass grammatisches Wissen die Schreibkompetenz durchaus beeinflusst, und zwar als Mittel für den metasprachlichen Austausch über das Schreiben: Die Reflexion und die metasprachliche Verständigung über Wirkungen einer bestimmten sprachlichen Struktur wirken sich positiv aus. Andererseits weisen die Studien (vgl. etwa Myhill & Watson 2014) empirisch nach, welche Bedeutung der Lehrperson zukommt: Deren sprachliches Wissen und ihre Kompetenz, Texte einer linguistischen Analyse zu unterziehen, waren entscheidend für den Erfolg der sogenannten *Writing Conversations* (Myhill 2005; Myhill et al. 2012; im Überblick Myhill 2016). *Writing Conversations* werden von Myhill (2016) (vgl. auch Fayol 2012: 27–28) dafür eingesetzt, mit Kindern über das Schreiben zu sprechen.[7] Dieser *metalinguistic talk* ermöglicht es, Reflexionen der Kinder über ihr Vorgehen beim Schreiben nachzuvollziehen und die Rolle sprachlichen Wissens und sprachlicher Normbezüge zu rekonstruieren. So wird auch in der vorliegenden Studie verfahren, indem den Kindern anschliessend an das Textschreiben der Schreibprozess vorgespielt wird. Er dient damit als Input für metasprachliche Kommentare (vgl. zum genauen Ablauf Kap. 9.1.6).

Studien, die Sprachproduktionsprozesse als Ausgangspunkt für den metasprachlichen Austausch nutzen, werden der Forderung Ehlichs (2016) gerecht, grammatische Modellierungen und Kategorien als Verständigungsressource zu nutzen:

> Grammatik als *Verständigungsressource* kann dann sinnvoll didaktisch genutzt werden, wenn sie zugleich in ihren Leistungen und Grenzen als Verstehensressource sichtbar und für die Lernenden (wie für die Lehrenden) durchschaubar und nutzbar gemacht wird. Dafür hilft grammatische Reflexion, das heißt, ein Sich-Einlassen auf die Geschichtlichkeit der Systeme und Systematisierungen, die wir als unhinterfragte, stillschweigende Voraussetzungen im Sprechen über Sprache im Gebrauch haben. (Ehlich 2016: 30)

Sprachliche Regularitäten und sprachliche Normen werden so als Verständigungsressource zum *Mittel* des metasprachlichen Austauschs. Wie sich dieser metasprachliche Austausch gestalten kann und wie Kinder diese Verständigungsressource nutzen, wird in Kapitel 11.2 empirisch untersucht. Ein didaktisches Beispiel, das eine sprachliche Form zum Anlass für metasprachliche Reflexion wählt, stellt Peyer (2006) vor: Sie geht von Metaphern als Auslösern von Sprachreflexion aus. Interessant ist dabei, dass sie speziell Metaphern auswählt, die aus einem wissenschaftlichen Kontext stammen und den Schreibvorgang anhand von Bildern visualisieren: Zum einen ist das das Orchester-Modell[8] des Schreibprozesses, zum anderen der Vergleich des Schreibens mit

---

[7] Vgl. zu einem ähnlichen Konzept, zu Schreibkonferenzen, Nitz (2010); Aeppli (2011); Necknig (2012); Lehnen (2000); Karagiannakis (2009); Camps, Milian & Ribas (2000); Fitzgerald & Stamm (1990).
[8] Das Orchester-Modell von Baer et al. (1995: 181) soll illustrieren, dass ein sinnvolles Zusammenspiel der Komponenten der Schreibhandlung untereinander und mit der Exekutive im Dienst der Bewältigung einer Textproduktionsaufgabe steht. Die Musiker müssen sich dabei in das Orchester einfügen und gegenüber dem Dirigenten ihre Selbstständigkeit einschränken, bleiben aber eigenständig darin, ihr eigenes Instrument zu spielen und die anderen Musiker zu beachten.

dem Fahrradfahren.⁹ Peyer (2006: 32) schlägt vor, die Frage, „welche Konsequenzen sich aus diesen Konzepten für den Umgang mit Schreibprozessen in der Schule ergeben", auch für „die Reflexion über sprachliches Handeln" zu nutzen, und führt damit vor, wie theoretische Modellierungen des Schreibvorgangs selbst als Verständigungsressource eingesetzt werden können.

Hinzuweisen ist in Bezug auf die Grundsatzfrage, welchen Zweck Grammatikunterricht im schulischen Rahmen hat, auf folgenden Aspekt: Ein Plädoyer für systematischen Grammatikunterricht in der Schule muss seine Begründung nicht zwingend in der dadurch angestrebten Förderung von kompetentem Sprachhandeln finden. So plädiert Menzel (2008) in seinem zusammen mit Eisenberg entwickelten Konzept der Grammatik-Werkstatt für den Eigenwert des Grammatikunterrichts, der ebenso selbstverständlich zu vertreten sei wie Biologie- oder Physikunterricht. Grammatik solle vermittelt werden als das, was es tatsächlich sei, als System von Kategorien. Ihre Vermittlung solle das vorrangige Ziel, den Einblick in den Bau der Sprache zu ermöglichen, entsprechend vertreten. Menzel weist damit die grundsätzliche Legitimationsfrage des Grammatikunterrichts zurück (Riegler 2006: 15) und spricht ihm einen Eigenwert als Teil eines sprachlichen Allgemeinwissens zu. Dieser Eigenwert sprachsystematischen Wissens trotz emotional negativer Haltung gegenüber der Vermittlung von Grammatik wird nicht nur in der Wissenschaft, sondern auch im Laiendiskurs vertreten. Den empirischen Nachweis dafür liefern Ivo & Neuland (1991): Sie haben bei ca. 100 Erwachsenen Probanden aus Deutschland Art, Umfang und Verteilung grammatischen Wissens sowie subjektive Einstellungen zu Grammatik und Grammatikunterricht erhoben und eben diesen Gegensatz aufgezeigt, dass die Probanden dem Grammatikunterricht einen Eigenwert zuschreiben, auch wenn sie ihn selber nicht unbedingt als positive Erfahrung bezeichnen. Sprachkompetenzen und im Speziellen etwa grammatische und orthographische Fertigkeiten und Wissensvoraussetzungen werden gesellschaftlich als Teil eines Allgemeinwissens akzeptiert und sogar gefordert.

Zusammenfassend heben die Ausführungen in diesem Kapitel die zentrale Rolle der sozialen Dimension für die Modellierung von sprachlichen Normen, für den Umgang mit ihnen im Unterricht und für ihre Aushandlung im Laiendiskurs hervor. Gleichzeitig sollen sie markieren, dass in Bezug auf die Thematik der Sprachnormen die soziale und die individuelle Dimension der (Schrift-)Sprachaneignung zusammentreffen: Gerade Konzepte nämlich, die

---

9 Die Metapher *Schreiben als Fahrradfahren* wird von Antos (1996) eingesetzt, um das Wissen, das dem Schreibprozess zugrunde liegt, als prozedurales Wissen auszuweisen.

Sprachreflexion ausgehend vom Kenntnis- und Erfahrungsstand jedes einzelnen Kindes initiieren und Einsichten in sprachliche Strukturen und Regeln darauf aufbauend zu vermitteln versuchen, erschliessen die soziale Dimension der Sprache und des Schreibens ausgehend von der individuellen. Das Mittel dafür stellt die metasprachliche Reflexion dar. In Bezug auf die didaktische Nutzung dieser metasprachlichen Verständigung zeigt sich die Herausforderung für die Didaktik nicht darin, *überhaupt* Sprachreflexion zu betreiben, sondern sie auf spezifische Kategorien und Begrifflichkeiten zu beziehen. Dadurch kann ihr die Überwindung des ‚Entweder-Oder' zwischen Grammatikunterricht und Sprachreflexion gelingen, das den wissenschaftlichen Diskurs im deutschsprachigen und auch im anglophonen Raum der vergangenen Jahrzehnte stark prägte (Myhill 2005: 84). Das eigenaktiv aufgebaute Wissen der Kinder als Ausgangspunkt der Sprachreflexion zu wählen, erscheint dabei insbesondere im Anschluss an das selbstgesteuerte Lernen folgerichtig. Das widerspricht allerdings nicht der Intention, den sprachlichen Wissensbestand der Kinder in die Richtung erwachsenensprachlich etablierter Wissenskategorien zu lenken und ihn zunehmend darauf abzustimmen. Normen erlangen ihre Berechtigung und ihren Sinn nämlich dadurch, dass sie kein Zufallsprodukt darstellen, sondern sich aus der Sprachverwendung herausgebildet haben. Sie sind damit Ergebnisse sprachlichen Handelns, was wiederum heisst, dass sie für dieses sprachliche Handeln hilfreich oder sogar notwendig sind. Ihr Explizit-Machen durch eine Sprachreflexion, die kodifizierte Normen oder sprachliche Regularitäten als Verständigungsressource nutzt, könnte gerade sprach- und schreibschwache Kinder entlasten. Sprachroutinen und Sprachnormen über den Gebrauch eigenaktiv zu erschliessen, setzt hohe Erwartungen an das lernende Individuum. Gerade sprachschwache Kinder dürften damit überfordert sein. Das Explizieren von sprachlichem Handlungswissen könnte sie darin unterstützen, sprachliche Regularitäten als solche zu erkennen und zu reflektieren, um diese Wissen dann wiederum in der eigenen Schreibpraxis einsetzen zu lernen. Dafür fehlt in der Forschung aktuell ein empirisch abgestütztes Verständnis dafür, wie sprachstarke und sprachschwache Kinder über Schreibhandlungen und über sprachliche Normen reflektieren und in welchen Bezug sie sie zum eigenen Schreiben setzen. Zur Klärung dieser Frage soll die vorliegende Studie einen Beitrag leisten.

3.3 Individuelle Dimensionen der Schriftsprachaneignung

Sprachliche Normen sind zwar einerseits ein Ergebnis sozialer Sprachpraxis und Teil eines sozialen Diskurses, sie müssen aber vom einzelnen Individuum angeeignet und damit in eine individuelle Dimension überführt werden. Das gilt für die Spracherfahrung des Individuums insgesamt, wie auch für jede einzelne sprachliche Handlung in der Aktualgenese des Schreibens. Mit der individuellen Aneignung sprachlicher Normen eng verbunden ist die Frage, welche Wissensvoraussetzungen die Schriftsprachaneignung begleiten. Ihr wird im Folgenden (Kap. 3.3.1) nachgegangen. Wissen meint dabei nicht ausschliesslich sprachliche Normen im engeren Sinn, sondern alle Arten von Kenntnissen, die das Schreiben als kommunikative Praxis ermöglichen. Nach der Diskussion dieser Voraussetzungen wird auf Entwicklungsphasen im Schriftspracherwerb (Kap. 3.3.2) und auf darin angeeignete Kompetenzen (Kap. 3.3.3) eingegangen. Gerade weil sich die vorliegende Studie einem empirischen Zugang zum Gegenstand verpflichtet, ist es angezeigt, die Einschätzung dieser Kompetenzen durch die Kinder selbst und auch durch Lehrpersonen oder Wissenschaftler wenn auch nicht ausführlich zu diskutieren, so doch angemessen zu problematisieren. Das geschieht einerseits, indem die Rolle der Selbsteinschätzung der Kinder in Bezug auf ihre schriftsprachlichen Fertigkeiten diskutiert wird (Kap. 3.3.4). Anderseits wird dem Anspruch Rechnung getragen, indem erklärt wird, wie Kompetenzen in der aktuellen Schreibforschung gemessen werden und welche methodischen Probleme damit verbunden sind (Kap. 3.3.5)

3.3.1 Wissensvoraussetzungen

Das Schreiben stellt Herausforderungen an das Individuum, von der die mündliche *face-to-face*-Kommunikation nicht betroffen ist: Der textuelle Kontext muss ohne Anwesenheit eines Dialogpartners und ohne einen gemeinsamen physischen Raum, auf den deiktisch verwiesen werden könnte, geschaffen werden. Die Kooperation, die im mündlichen Gespräch Verständlichkeit und Verstehen, Kohärenz und Referenzialität ermöglicht, wird im Schriftlichen durch die Befolgung von sprachlichen Konventionen ersetzt. Was sich im Gespräch automatisch ergibt, Interaktion und Kooperation zwischen verschiedenen Gesprächspartnern, wird in einen abstrakten Raum verschoben und darin kontrolliert und gesteuert. Entlastungsmöglichkeiten, die sich durch die Präsenz eines oder mehrerer Kommunikationspartner ergeben, müssen substituiert werden. Damit wird die Fähigkeit, Erwartungen des Adressaten zu antizipieren und abzusehen, eine Grundvoraussetzung für den autonomen Sprachproduktionsprozess (Schmidlin 1999; vgl. hierzu auch die pseudolongitudinale Studie von Augst & Faigel 1986). Es sei an dieser Stelle an Koch und Oesterreicher erinnert, die diese Aspekte einer schriftlichen Kommunikationssituation und ihre Entsprechung in sprachlichen Merkmalen anhand des Terminus der *konzeptionellen Schriftlichkeit* fassen (vgl. dazu Kap. 3.2.2). Nach der Anfangsphase des Schriftspracherwerbs und dem Erwerb der grundlegenden motorischen Fertigkeiten geht es für die Kinder zunehmend darum, Konventionen zu erschliessen und Normen umzusetzen, die dann allmählich in Routinen übersetzt und als solche abrufbar und automatisiert werden. Während die konzeptionell mündliche Sprache weitgehend automatisiert und ohne Steuerung oder bewusste Eingriffe des Individuums angeeignet wird, zeichnet sich der Erwerb der schriftlichen Varietät weit mehr durch bewusstes Anwenden und Umsetzen von gesellschaftlichen und sprachlichen Normen aus.

Der schriftliche Sprachproduktionsprozess setzt verschiedene Arten von Wissen voraus und wirkt seinerseits auf diese zurück. Im Zusammenhang mit der sozialen Dimension des Schreibens wurden Normen als ein Bereich potentiell relevanten Wissens diskutiert, das über den sozialen Austausch erworben wird. Das gilt für die Mündlichkeit und auch für die Schriftlichkeit. Gerade nach der Überwindung der ersten Schriftaneignungsphase und bei der Hinwendung zum Schreiben als Textkompetenz erweitern sich die beteiligten Bereiche expliziten und impliziten Wissens. Textuelle Handlungskompetenz umfasst verschiedene Wissensformen, die im engeren Sinn sprachliche Normen beinhalten, darüber aber hinausgehen (Feilke 1993: 18, Schmidlin 1999: 31):

- soziales Wissen über normative Rahmenbedingungen der Kommunikation und über Geltungsbereiche allgemeiner kommunikativer Werte wie Objektivität, Aufrichtigkeit und Verständlichkeit;
- ein nicht primär sprachliches, enzyklopädisches Weltwissen;
- ein sprachlich-mikrostrukturelles lexikalisches und syntaktisches Strukturwissen, entwickelt und ausdifferenziert aufgrund des;
- sprachlich makrostrukturellen, an Kommunikationszwecken und Textfunktionen orientierten Wissens;
- Wissen über Orthographie und Interpunktion sowie über Prozess und Subprozess der Schreibhandlung, das häufig routiniert und implizit ist.

Diese Wissensbereiche bilden einerseits eine Voraussetzung für kompetentes schriftsprachliches Handeln und sind – im Sinne einer gebrauchsbasierten Sprachkonzeption – andererseits ebenfalls Ergebnis davon. Die Schreibpraxis und zunehmende Routine treibt etwa die Entwicklung von Planungsfähigkeiten voran, die sich von lokal begrenzten Planungsaktivitäten zu stärker textorientiertem globalem Planen ausdifferenzieren (Feilke 1993: 25, in Schmidlin 1999: 31). In gleicher Weise verändern sich Überarbeitungsstrategien und betreffen mit zunehmendem Erwerbsalter nicht mehr ausschliesslich lokal begrenzte Eingriffe auf der sprachlichen Oberfläche, sondern die globale Textebene.

Die verschiedenen Arten von Wissensbeständen werden als verinnerlichtes Wissen insbesondere in der psychologischen Forschung als *innere Sprache* bezeichnet. Als Merkmal dieser inneren Sprache wird etwa von Knobloch (2003) hervorgehoben, dass sie sich zur geschriebenen in entgegensetzte Richtung entwickelt:

> Was [...] Grad und Art der lexikalisch-syntaktischen Elaboration angeht, so entwickeln sich geschriebene und innere Sprache zu entgegengesetzten Polen: die innere Sprache hin zu Verdichtung, Verkürzung, prädikativem Charakter und zum Löschen der thematischen (sich für den Sprecher von selbst verstehenden) Hintergründe, die geschriebene hin zur maximalen nominativen und syntaktischen Entfaltung, zur Dualität von Nomination und Prädikation, zur Explikation der Hintergründe und Verstehensvoraussetzungen. (Knobloch 2003: 985)

Die Verdichtung, von der hier die Rede ist, ist vergleichbar mit der Verinnerlichung von sprachlichem Wissen respektive mit dem Übergehen expliziten Wissens in implizites Wissen (vgl. hierzu die Ausführungen zu Karmiloff-Smith in Kap. 5.3.3). Das routinierte und verinnerlichte Wissen wird im metasprachlichen Reflektieren zum Gegenstand der Auseinandersetzung. Diese Reflexion setzt Schriftlichkeit zwar nicht voraus, wird durch sie aber zusätzlich stimuliert (vgl. dazu Kap. 5.2). Über die metasprachliche Verständigung wird zudem der Prozess der Verinnerlichung umgedreht: Aus implizitem wird explizites Wissen. Darin liegt eine zentrale Spracherfahrung und Lernherausforderung für Kinder im Rahmen der Schriftsprachaneignung, wie in Kapitel 5.3 eingehend diskutiert und später (vgl. Kap. 11.2) empirisch gezeigt wird.

3.3.2 Entwicklungsphasen der Schriftsprachaneignung

Die Bewertung und Diagnostik von Sprachleistungen kommen nicht ohne Normalitätserwartung aus, zu der ein Verständnis von ‚normalen' Phasen gehört, in denen bestimmte sprachliche Merkmale in der Regel angeeignet werden. Eine individuell möglichst präzise Bestimmung der Aneignungsbereiche, für die ein Zurückbleiben hinter der Normalitätserwartung festgestellt oder vermutet wird (Ehlich, Bredel & Reich 2008c: 9–11), bildet ebenfalls die Voraussetzung für den gezielten Einsatz von Fördermassnahmen. Weil die mündliche kindliche Sprachaneignung scheinbar ganz selbstverständlich verläuft, besteht ein gesellschaftlich weitgehend verallgemeinerter Grundkonsens in Bezug auf das, was im Spracherwerb als normal gilt. Diese Normalitätserwartung findet sich im wissenschaftlichen Diskurs wie im allgemeinen Bewusstsein, ist aber nicht unproblematisch: Ein zentrales Problem machen Ehlich, Bredel & Reich (2008c: 10) in der Fixierung bestimmter Erwerbsetappen auf ganz enge Zeitabschnitte aus. Wenngleich gewisse Meilensteine im Spracherwerb scheinbar eine Erwerbsphase definieren, zeige die Aneignungsdynamik doch eine erhebliche interindividuelle Variation. Stufenmodelle, die den Spracherwerb unter Annahme einer sogenannten normalen Entwicklung abbilden, sind darum ein beliebter Gegenstand für Kritik, wobei, wie Feilke (2002: 7) zu Recht präzisiert, die Kritik nicht selten den Kern der Entwicklungsidee verfehlt: Die Modelle bilden die sukzessive Ausdifferenzierung von Fähigkeiten und ihrer funktionalen Integration bezogen auf Handlungsziele ab, und zwar in einer Reihenfolge, die nicht als beliebig aufgefasst wird. „Mit der Grundidee bestens verträglich, ja aus ihr erklärbar sind Diskontinuitäten ebenso wie das Nebeneinander verschiedener Entwicklungsstadien" (Feilke 2002: 8). Dass sich Phasen und Einzelfähigkeiten überlappen, dass sie auf einen Teil der Kinder nicht passen, widerspricht der Abbildung einer bestimmten Stufenfolge für die reguläre Sprachentwicklung also nicht. Wichtig allerdings ist die Klärung, auf welcher Grundlage diese Stufenmodelle modelliert werden, wie nachfolgend exemplarisch gezeigt wird (vgl. Kap. 3.3.2.1).

Aus der Entwicklungspsychologie stammen zwei Entwicklungsmodelle, auf die in der Spracherwerbsforschung häufig referiert wird: Die Entwicklungskonzeption von Piaget nimmt eine Entwicklung an, die von individuell-egozentrischen zu dezentrierten Orientierungen verläuft, während die Theorie von Vygotskij davon ausgeht, dass eine Individuierung des Handelns und der kognitiven Entwicklung erst die Folge einer Ausdifferenzierung aus sozialen Mustern ist (Feilke 2002: 2). Zur Diskussion steht, wo und wer der Motor der Sprachentwicklung ist, ob diese in erster Linie eine eigenaktive Entwicklung darstellt oder ‚von aussen' gesteuert wird. Die Didaktik begegnet entwicklungspsychologischen Argumenten mit Vorbehalt. Den Grund dafür bildet die berechtigte Angst vor einer Überbetonung vermeintlich selbststeuernder, allgemeiner Entwicklungsfaktoren. Zu relativieren ist aus didaktischer Perspektive zudem die Altersvariable: Zum einen sind vermutete Altersschwellen durch didaktische Arrangements verschiebbar, zum anderen ist nicht das biologische Alter, sondern das Lernalter ausschlaggebend (Feilke 2002: 2, Ehlich, Bredel & Reich 2008c: 26). Sprachliche Aneignungsprozesse geschehen korrelativ synchron, das heisst, dass verschiedene Teilkompetenzen teilweise nacheinander, gleichzeitig aber miteinander synchronisiert erworben werden. Für die einzelnen Qualifikationen sind dabei charakteristische Phasen und Übergänge zu beobachten:

> Von besonderer Bedeutung ist dabei ohne Zweifel der Übergang von einem bereits erreichten Niveau zur nächsten Phase. Hier entwickelt das Kind eine besondere Aufmerksamkeit für das, worüber es noch nicht verfügt: Der nächste Aneignungsschritt erzeugt also eine besondere Sensibilität beim Kind. Vorgaben, die ihm zum rechten Zeitpunkt gemacht werden, können hier besonders wahrgenommen, aufgenommen und umgesetzt werden. (Ehlich, Bredel & Reich 2008c: 17–18)

Ehlich, Bredel & Reich (2008c) weisen damit auf eine Frage hin, die gerade in der Schreibforschung weitgehend ungeklärt ist, die Frage nämlich, wie die Kinder von einer Entwicklungsstufe zur anderen gelangen. Aus der psychologischen Forschung ist dafür besonders das Konzept von Vygotskij aufschlussreich. Vygotskij führt den Begriff der *Zone der nächsten Entwicklung* (Vygotskij & Cole 1978, vgl. auch Smagorinsky 2011) ein, um die Beziehung zwischen Entwicklungsprozess und Lernfähigkeit zu erklären. Als *echte Entwicklung* bezeichnet er das Niveau der geistigen Entwicklung, das sich durch die Leistungen charakterisiert, die ein Individuum in autonomer Weise und ohne Hilfe anderer Personen oder externer Vermittler zu erbringen vermag. Das *Niveau der nächsten Entwicklung* meint demgegenüber das, was eine Person mit Hilfe anderer oder durch Vermittlung zu tun in der Lage ist. Die Distanz zwischen der echten und der nächsten Entwicklung wird als *Zone der nächsten Entwicklung* bezeichnet (Corso 2001: 40, Vygotskij & Cole 1978). Diese Zone der nächsten Entwicklung verdiene für die Förderung des Kindes bei der Sprachaneignung besondere Beachtung, so Ehlich, Bredel & Reich (2008c: 18). Zentral sei sie darum, weil erfolgreiches Lernen jenes Lernen darstelle, das der Entwicklung vorangeht. Lernen und Entwicklung seien also zwei verschiedene Bereiche, „indessen resultiert organisiertes Lernen in mentaler Entwicklung und setzt verschiedene Entwicklungsprozesse in Bewegung, die auf andere Weise unmöglich geschehen würden" (Corso 2001: 41).

Die Frage, in welche Entwicklungsphasen sich die Schriftsprachaneignung gliedert, ist erst unzureichend geklärt. Vor allem fehlt es an einer Gesamtmodellierung, die für die drei zentralen Aspekte der Schriftsprachentwicklung gleichermassen eine Erklärung anbietet: für die einzelnen Stufen, die sich in Bezug auf die Herausbildung sprachlicher Strukturen nachzeichnen lassen, für die Zuordnung dieser Stufen zu einem jeweiligen Lernalter sowie für die Frage, welche Aneignungsdynamik das Voranschreiten von einer Entwicklungsphase zur nächsten geprägt ist. Die folgenden Ausführungen widmen sich diesen drei Aspekten.

3.3.2.1 Stufenmodelle

Im Gegensatz zu einzelnen sprachlichen Teilbereichen wie der Orthographie lässt sich Schriftsprachkompetenz weit weniger standardisiert messen, da sie zu wesentlichen Teilen auf der Umsetzung von Konventionen basiert und sich immer auch durch stilistische und dadurch subjektiv unterschiedlich qualifizierte Eigenheiten auszeichnet. Die Modellierung einer ‚normalen' Entwicklung ist durch diesen Aspekt zusätzlich erschwert, für die Bewertung und Diagnostik aber notwendig. Sie orientiert sich, umgesetzt in Stufenmodellen, an bestimmten Kriterien, die sich inhaltlich und sprachlich manifestieren und empirisch für verschiedene Altersgruppen und Entwicklungszeitfenster herausgestellt werden konnten. Bereiter (1980) beschreibt die Schreibentwicklung in einem differenzierten und insbesondere im deutschsprachigen Raum breit rezipierten Ansatz (vgl. etwa in Becker-Mrotzek & Böttcher 2006 oder in Feilke 2006), der sich an die Stadientheorie Piagets anlehnt. Er geht von fünf Stufen der Schreibentwicklung aus: Auf das *assoziative Schreiben* (der Schreibende schreibt, solange ihm etwas einfällt) folgt das *performative Schreiben* (es ist eine Orientierung an schulischen Konventionen erkennbar), das *kommunikative Schreiben* (die Orientierung an einem potentiellen Leser wird deutlich), das *integrierende (unified) Schreiben* (der Schreibende beurteilt sein Produkt als Leser) und schliesslich als höchste Stufe das *epistemische Schreiben* (Schreiben wird zur Wissensaneignung eingesetzt). Im Zentrum der Reflexion stehen dabei auf der ersten und letzten Stufe der Prozess, auf der zweiten und vierten das Produkt und auf der dritten der Leserbezug. Bereiter geht über Piaget insofern hinaus, als dass er die Stufen nicht als lineare Abfolge, sondern als Organisationsformen versteht, die in die jeweils komplexere Organisationsform die vorangehenden integriert. Die Teilfähigkeiten einer vorausgehenden Stufe müssen internalisiert werden, damit eine höhere Stufe erreicht werden kann. Was das Modell offen lässt, ist die Frage, unter welchen Bedingungen Kinder von einem Stadium zum nächsten gelangen (Fix 2008a: 51–53).

Augst et al. (2007) legen ihrer Longitudinalstudie zum textsortenübergreifenden Schreiberwerb ebenfalls ein Stufenmodell zugrunde, das anhand inhaltlicher und sprachlicher Merkmale vier Entwicklungsstufen festlegt, die eine sich gegenseitig vorbereitende Folge darstellen und sich damit durch einen integrativen Charakter auszeichnen. Die Entwicklung schreitet fort von der *subjektiven Auswahl und der assoziativen Reihung* zur *subjektiven Auswahl und konnexiven Komplexbildung*, über die *objektive Auswahl und analytische Reihung* zur *objektiven Auswahl und synthetischen Integration*. Sie ist inhaltlich und anhand sprachlicher Merkmale zu spezifizieren und dabei textsortenabhängig. Das Stufenmodell von Augst et al. (2007) wird für das argumentative Schreiben in Tabelle 3.2 zusammengefasst.

Die Aneignung der Argumentationskompetenz wurde für die Schriftlichkeit in unterschiedlichen Studien untersucht (vgl. etwa Augst & Faigel 1986; Augst et al. 2007; Schneuwly, Rosat & Dolz 1989; Jechle 1992; Langlotz 2014) und ist auch Gegenstand der Mündlichkeitsforschung (vgl. für ein aktuelles Forschungsprojekt zur Aneignung von mündlichen Argumentationskompetenzen Luginbühl & Eriksson; Hauser & Luginbühl 2015). Die Befähigung, Argumente zu formulieren, gegeneinander abzuwägen und eine eigene Meinung damit zu stützen, gilt als zentrales Aneignungsziel im Unterricht von der Grundschule bis in die Tertiärstufe.

Tab. 3.2: Stufenmodell zur Aneignung des argumentativen Schreibens nach Augst et al. 2007.

1. Stufe: Subjektive Auswahl und assoziative Reihung

Die erste Stufe umfasst Texte, die vom Schreiber subjektiv als relevant empfundene Aspekte assoziativ aneinanderreihen. Diese Aspekte sind nicht Teil eines Argumentationsvorgangs, sondern einer mehr oder weniger emotional geprägten Stellungnahme zum Gegenstand. Die Texte stellen eine Art Kundgabe dar, innerhalb derer die Schreiber und Schreiberinnen recht unreflektiert assoziieren und auf dem Ich-Erleben basiert ihre Meinung äussern. Es finden sich allenfalls Vorläufer von typischen Elementen eines argumentativen Textes in der Form von schwach ausgeprägten Begründungen von aufgestellten Behauptungen. Typische formale Elemente sind die Konjunktionen *und*, *weil* und *aber*, wobei *aber* nicht zwingend die Nennung einer Einschränkung oder eines Gegensatzes einleitet. Häufig findet sich die Konstruktion *Ich finde, dass ...* Augst et al. (2007, S. 202) sprechen von einer Art latentem Argumentieren, das – ohne es wirklich deutlich zu machen – auf die Meinung des Adressaten (oder auf die Aufgabenstellung) Bezug nimmt.

2. Stufe: Subjektive Auswahl und konnexive Komplexbildung

Die argumentative Struktur ist gegenüber den Texten der 1. Stufe insofern differenzierter, als die Schreiber auf sachorientierte Begründungen zurückgreifen und nicht mehr ausgeprägt emotional Bezug nehmen zum Gegenstand. Es wird vermehrt eine Position bezogen, auf die dann eine Begründung folgt. Die Einzelargumente sind aber weiterhin assoziativ angeordnet und in eine Richtung orientiert (entweder werden fast ausschliesslich Pro- oder fast ausschliesslich Kontra-Argumente angeführt). Formal kommen im Unterschied zu Stufe 1 vermehrt argumentationsadäquate Strukturelemente vor. Dabei handelt es sich in erster Linie um eine Untermauerung der eigenen Meinung mit mehreren begründeten Zusätzen (*Ich finde, dass ... weil ... und weil ...*) sowie der Aufzählung von Problemaspekten, ausgedrückt in der Konstruktion *und wenn ...* Eine Argument-Entwicklung entlang der aufgeführten Elemente findet hingegen nicht statt. Stattdessen sei häufig zu beobachten, „dass sich der Schreiber selbst mit den angestrebten Textfiguren überfordert und dementsprechend verunglückte Konstruktionen produziert" (Augst et al. 2007, S. 202).

3. Stufe: Objektive Auswahl und analytische Reihung

Hier ist der Übergang vom subjektiven Begründen hin zum objektiven Argumentieren festzustellen. Deutlich erkennbar ist in diesen Texten das Anführen von Pro- und Kontra-Argumenten, auch wenn die Anordnung verwirrend sein kann. Als deutlichen Qualitätsgewinn sehen Augst et al. (2007, S. 203) das Anführen von Bedingungen für eine Entscheidung. Es wird abgewogen und eingeschätzt und damit eine klar erkennbare Kompromisssuche versprachlicht.

4. Stufe: Objektive Auswahl und synthetische Integration

Die Texte der Stufe 4 enthalten einen deutlich erkennbaren und logisch nachvollziehbaren Argumentationsgang, der zu einem bestimmten Ergebnis oder zu einer bestimmten Schlussfolgerung führt. Das klare Begründen und der Positionsbezug stellen einen überzeugenden vertexteten Gedankengang dar. Auf der formalen Ebene ist eine deutlich ausgeprägte Argumentationsstruktur feststellbar: Die Texte weisen einen bewusst gewählten Aufbau mit Einleitung, Diskussionsteil und Abschluss auf. Vor allem der letzte Teil, die Conclusio, ist ein zentrales Kriterium, da das Angeben eines Fazits als „Phänomen der angestrebten Schriftlichkeit" (Augst et al. 2007: 203) zu werten ist.

Feilke (1995), der seinerseits verschiedene Stadien des Schriftspracherwerbs aufzeigt,[10] spricht in Bezug auf das dritte Stadium von Augst et al. (2007: 203) vom „Text als Gestalt", was das Kriterium der textuellen Gliederung betont: Die kompositionelle Verwertung der Argumente für die Pro- und die Kontraseite steht unter dem Bemühen, den Text als Ganzes zu strukturieren. Gleichzeitig wird verdeutlicht, was im Schriftlichen zum Ersatz für das kooperative Produzieren von Sprechhandlungen wird: Die Aufmerksamkeit richtet sich nicht auf die avisierte Hörerwirkung, sondern auf die Textgestalt (was eine Antizipation des Lesers nicht ausschliesst):

> Was dem Sprechhandelnden der Gesprächspartner, ist dem Schreibenden der (anvisierte und bereits) produzierte Text. *Strukturell* ähnlich dem Interaktionspartner, *faktisch* aber deutlich unterschieden wirkt der Text zurück auf den Schreibenden – wenn man so will gleichsam eines *feedbacks*. In dieser Konfrontation sowohl mit dem sprachlich Entäußerten als auch mit dem mental Geplanten also mit den physischen resp. psychischen Objektivationen des Textes liegt das Spezifikum des Erwerbsszenarios, wie es für Schreibentwicklungsvorgänge als typisch anzusehen ist. (Augst et al. 2007: 21, Kursivmarkierungen im Original)

Kinder müssen im Zuge der Schriftsprachaneignung also lernen, in eine Art Dialog mit ihren eigenen Texten zu treten. Das heisst, dass sie diesen auf seine Wirkung hin überprüfen müssen, und zwar indem sie einen Leser imaginieren. Diese Perspektivenübernahme sollte dazu führen, dass Lücken im Text vermieden werden und dieser für sich selbst die Verständigung zwischen Schreiber und Leser gewährleistet. Aus diesem Grund kommt dem Übergang von der assoziativen Reihung zur Arbeit am Text eine besonders zentrale Rolle zu. Textarbeit setzt voraus, dass ein Spezifikum der konzeptionell schriftlichen Varietät erkannt und im eigenen Schreiben umgesetzt wird. Der Text wird neben seiner kommunikativen Funktion zu einer Grösse, die bestimmten gestalterischen, inhaltlichen und sprachlichen Ansprüchen gerecht werden soll und dadurch Gegenstand metasprachlicher und reflexiver Zuwendung wird.

Die Erarbeitung von Stufenmodellen der beschriebenen Art hat in der Schreibforschung viel zur Kenntnis davon beigetragen, worin sich Kindertexte sprachstrukturell unterscheiden können und woran der Grad ihrer Komplexität festzumachen ist. Da wie im gezeigten Beispiel von Augst et al. (2007) aus den

---

10 Differenzen finden sich insbesondere in der Abgrenzung eines vierten Stadiums, das den Text als ‚Kontextualisierung' eines Dialogs versteht. Augst et al. (2007: 204) entgegnen hier kritisch, dass sich dieses Merkmal nicht als abgrenzbares Entwicklungsstadium modellieren lasse, sondern ein den ganzen Entwicklungsprozess begleitendes Phänomen bezeichne.

Kindertexten verschiedener Klassenstufen gemeinsame sprachliche Merkmale herausgearbeitet werden, erhellt das Vorgehen, in welchen Altersgruppen welche sprachlichen Prozeduren besonders frequent verwendet werden. Allerdings wäre es höchst problematisch, die so konzipierten Modelle dafür zu verwenden, schreibschwächere Kinder von schreibstärkeren zu unterscheiden. Husfeldt & Lindauer (2009: 146) weisen zu Recht darauf hin, dass jede Erhebung einer bestimmten sprachlichen Kompetenz empirisch immer ein Kontinuum an Leistungswerten ergibt. Die Aufsplittung in Kompetenzstufen sei hingegen immer ein normativer Akt und deshalb nicht aus dem Kontinuum selbst heraus zu begründen (Husfeldt & Lindauer 2009: 146). Das ist der Fall, wenn Stufenmodelle wie August et al. (2007) sie präsentieren, als Grundlage dafür angenommen werden, zwischen besseren und schlechteren Schreibern zu unterscheiden. Hier besteht ein grosses Desiderat in der Schreibforschung, speziell im deutschsprachigen Raum: Die Forschung konzentriert sich wesentlich darauf, Texte verschiedener Altersgruppen auf sprachliche Merkmale hin zu beschreiben (zu dieser Einschätzung kommt auch Langlotz 2014: 142), greift aber selten auf Aspekte, Kompetenzen oder Testverfahren ausserhalb des Textkorpus zurück. Das führt mitunter zu einer Verabsolutierung der Altersdimension in der Schreibforschung: Das Lernalter wird zum Motor des Lernzuwachses erklärt, obwohl empirisch nicht hinreichend bewiesen ist, in welchem Verhältnis es zu anderen Faktoren steht. Auch wenn das Lernalter zweifellos eine Rolle spielt für den Kompetenzausbau, wäre wichtig zu klären, welche anderen Aspekte diesen u. U. ebenso oder sogar stärker beeinflussen. Dieser blinde Fleck in der Schreibforschung erstaunt insbesondere darum, weil diese Fragen gerade aus didaktischer Perspektive besonders interessieren. Ihre Klärung würde wesentlich dazu beitragen, die didaktische Beeinflussbarkeit von Erwerbsprozessen genauer abschätzen zu können. Das didaktische Eingreifen oder Bereitstellen von Anreizen, die zu einem Lernzuwachs führen sollen, könnte zielgerichteter erfolgen, wenn geklärt wäre, welche Bereiche der Schreibkompetenz überhaupt von aussen beeinflussbar sind, wo hingegen sich ein solches Einwirken nicht lohnt, da der entsprechende Bereich von einem eigenaktiven Ausbau sprachlicher Fähigkeiten und sprachlichen Wissens geprägt ist.

3.3.2.2 Ausbauphasen

Ein Phasenmodell, das den Erwerb der Schriftsprache spezifischen Zeitfenstern und Altersspannen zuordnet, stammt von Becker-Mrotzek (2011). Er unterscheidet zwischen drei Phasen der Schriftsprachaneignung in der Ontogenese: die Ausbauphase I (subjektive Orientierung; ca. 7–10 Jahre), die Ausbauphase II (sachlich-kommunikative Orientierung; ca. 10/12 bis 14/16 Jahre) und die Ausbauphase III (literale Orientierung; ca. ab Adoleszenz). Die Charakterisierung der Ausbauphasen bezieht sich dabei insbesondere auf die schreib*prozessuale* und schriftlich-kommunikative Kompetenz der Kinder. Das Handlungswissen wird also in das Entwicklungsmodell integriert. Die in der vorliegenden Studie untersuchten Kinder befinden sich im Übergang zur Ausbauphase II. In dieser Phase „sind [die Schreiber und Schreiberinnen] nicht länger auf ihr subjektives Erfahrungswissen angewiesen, sondern können nun ihr Wissen gezielt unter verschiedenen Gesichtspunkten für den Text umstrukturieren" (Becker-Mrotzek 2011: 49). Es dominiert nicht mehr die subjektive Perspektive, sondern die Logik der Sache selbst. Ab ca. dem 12./13. Lebensjahr sind Schreiber in der Lage, Textsorten (etwa *Erzählung, Beschreibung, Instruktion* oder literarische Gattungen) gezielt einzusetzen. Diese ermöglichen Routinebildung und entlasten den Schreibprozess im Bereich der Makroplanung (Becker-Mrotzek 2011: 49–50).

Die Modellierung der Ausbauphasen ist rückgebunden an empirisch erfasste Etappen der Schreibontogenese. In Bezug auf die Ausbauphasen und auf Entwicklungsphasen in der Schriftsprachaneignung generell ist nicht von einer kontinuierlich verlaufenden Entwicklung auszugehen. Studien zum Orthographieerwerb und zum Erwerb mündlicher und schriftlicher diskursiver Fähigkeiten bei deutschsprachigen Primarschulkindern (vgl. etwa Schmidlin 1999) zeigen, dass sich für die Mehrheit der sprachlichen Grössen, die als Gradmesser der konzeptionellen Schriftlichkeit gelten können, ein Entwicklungssprung zwischen sieben und neun Jahren nachweisen lässt. Alle Studien, die sich mit der Ontogenese der schriftsprachlichen Kompetenz beschäftigen, können einen zunehmend höheren Grad an syntaktischer Komplexität, Abstraktion und Strukturiertheit sowie an textueller und pragmatischer Angemessenheit (Steinig et al. 2009: 14) sowie den Rückgang von Merkmalen gesprochener Standardsprache (Augst & Faigel 1986) aufzeigen. Bis zum 7. Schuljahr, also bis ca. ins Alter von 12 Jahren, ist das Lexikon sowohl konjunktionaler als auch adverbialer Verknüpfungsmöglichkeiten weitgehend ausdifferenziert. Die lexikalische Ausdifferenzierung der Verknüpfungsrelationen „scheint damit weniger eine Folge entwicklungspsychologischer, altersabhängiger Determinanten zu sein, wie sie vor allem vor dem 13. Lebensjahr eine Rolle spielen, als vielmehr die Folge des langsamen Hineinwachsens in die Schriftkultur" (Augst & Faigel 1986: 103). Schreiben ist – so die Folgerung – einerseits eine Fähigkeit, die einem altersabhängigen Erwerbsprozess folgt, andererseits die Aneignung einer spezifischen sozialen und kulturellen Praxis. Insofern ist mit grossen interindividuellen Unterschieden und mit einer breiten Streuung der Kompetenzen innerhalb einer Altersstufe zu rechnen. Augst & Faigel (1986: 164) zeigen in Bezug auf die Entwicklung der Textstruktur, dass „die Spanne zwischen den

Altersstufen in Bezug auf die Qualität der sprachlichen Selbstversorgtheit offenbar im 7. [Schuljahr] am grössten ist. Dies zeigt, daß hier noch vieles in Bewegung ist und vielfältige Entwicklungspotentiale aktiviert werden können". Auch Ott (2000: 123) hebt die Sekundarschulphase als Schulabschnitt heraus, in dem sich entscheide, „ob Schüler sich zu kompetenten Schreibern entwickeln, die Schreiben als auch eine für sie relevante und bedeutsame sprachliche Ausdrucksmöglichkeit ansehen, oder ob sie gegenüber dieser Handlungsmöglichkeit entwicklungshemmende Einstellungen aufbauen". Sie legt eine der seltenen Longitudinalstudien vor, die allerdings auf einzelnen Fallanalysen und daher auf der Entwicklung sehr weniger Kinder beruht, was keine Verallgemeinerung ihrer Resultate ermöglicht.

3.3.2.3 Aneignungsdynamik

Stufenmodelle gehen wie auch Vygotskijs Konzept davon aus, dass einzelne Qualifikationen Stufen erreichen (können), in denen sie vom Kind optimal beherrscht werden. Ist diese Stufe erreicht, stehen die entsprechenden Qualifikationen – pathologische Abbauprozesse sind davon ausgenommen – dauerhaft zur Verfügung (Ehlich 2007: 12). Das heisst nicht, dass die Sprachaneignung kontinuierlich verläuft. Sie gestaltet sich teilweise viel eher diskontinuierlich: Ehlich (2007: 25) weist zu Recht darauf hin, dass das Entdecken neuer Regularitäten und auch das Erschliessen, wie diese Regeln mit Ausnahmen zusammenspielen, zu Umbauprozessen individuell ausgebildeter Lernervarietäten führen. Diese Umbauprozesse, so Ehlich (2007: 25), erschienen an der sprachlichen Oberfläche teilweise als eine Art Rückschritt. Darauf erwachse die Notwendigkeit, bei den Kindern zwischen *resultativen* und aneignungs*strategischen* Ressourcen zu unterscheiden. Vor diesem Hintergrund ist der Sprachstand eines Kindes zu einem bestimmten Zeitpunkt als eine Lernervarietät zu beschreiben, die

> einerseits aus zum Erhebungszeitpunkt sicheren, festen (korrekten oder nicht korrekten) Strukturen, andererseits aus spezifischen (korrekten/nicht korrekten) Strategien zur Gewinnung neuen Wissens [besteht]. Strukturen und Strategien (interaktive, kognitive und native) beziehen sich auf verschiedene sprachliche Teilqualifikationen. Diese sind nicht unabhängig voneinander; sie werden aneinander entwickelt und können zu den unterschiedlichen Zeitpunkten Gegenstand von Umbauprozessen werden (U-Kurven-Effekt[11]). (Ehlich 2007: 25)

---

[11] Zum Hintergrund der U-Kurven-Dynamik, wie sie von Karmiloff-Smith (cop. 1992: 19) beschrieben wird, vgl. Kap. 5.3.3.

Die Beobachtungen, die Aufschluss über die sprachlichen Fähigkeiten eines Kindes geben, können also die *fehlende*, die *fehlerhafte* und die *korrekte* Realisierung eines Phänomens sein (Ehlich, Bredel & Reich 2008c: 30). Defizite in der Sprachverwendung sind nicht zwingend auf ein Unvermögen zurückzuführen; möglicherweise befindet sich die entsprechende sprachliche Struktur oder der entsprechende sprachliche Aspekt in einem Prozess der Umstrukturierung und ist daher fehleranfällig. Unsicherheiten, Zögern oder Fehler – und auch Revisionen und Überarbeitungen – im kindlichen Schreiben sind u. U. Hinweise auf aneignungsstrategische Ressourcen und auf Umstrukturierungsprozesse in einem bestimmten sprachlichen Bereich. Die Erkenntnis, dass erworbene Konstruktionen zu Gunsten ihrer Festigung zuerst wieder fehleranfällig werden, bildet die Basis für ein differenzierteres Verständnis von Sprachaneignungsprozessen. Es ermöglicht ein fehlerdifferenziertes Bestimmen von Entwicklungsständen und erklärt ‚Brüche' im Erwerb unterschiedlicher Strukturen. Die Entwicklungsdimension erklärt möglicherweise ebenso Umstrukturierungen auf der Ebene des Sprachwissens: Das Explizit-Machen von implizitem Wissen und die Konzentration auf vorher automatisierte Prozesse kann dazu führen, dass Fehler entstehen, wo vorher angemessen verschriftet wurde. Beispiele, die illustrieren, dass dieser Umstand für alle Sprachproduktionsprozesse gilt, finden sich in der Mündlichkeit: Wenn die Aufmerksamkeit bewusst umgelenkt wird auf einen spezifischen Aspekt des Sprechens, wird der Sprechfluss, der in der Regel automatisch und implizit vonstattengeht, vorübergehend unterbrochen oder verlangsamt. Auf Umstrukturierungsprozesse sprachlichen Wissens wird in Kapitel 5.3.3 ausführlich eingegangen. Vorerst soll geklärt werden, welche sprachlichen Teilkompetenzen sich die Kinder im Lauf der Ontogenese aneignen. Die Schriftsprachkompetenz wird dabei bewusst in Verbindung gesetzt mit anderen sprachlichen Fähigkeiten und Fertigkeiten, da es ein erklärtes Ziel der vorliegenden Studie ist, sie in ihrer Abhängigkeit von der globalen Sprachkompetenz zu diskutieren.

3.3.3 Basisqualifikationen der (Schrift-)Sprachaneignung

Die Erforschung des kindlichen Spracherwerbs hat eine Vielzahl an Studien hervorgebracht, wobei nicht alle zeitlichen Abschnitte der Ontogenese und nicht alle am Spracherwerb beteiligten Qualifikationen gleichermassen Gegenstand des Interesses waren. Im Rahmen einer in Deutschland im Auftrag des Bundesministeriums für Bildung und Forschung (BMBF) verfassten Expertise unter dem Titel *Altersspezifische Sprachaneignung – ein Referenzrahmen (PROSA)* werden bestehende Forschungen aufgearbeitet und bestehende Desiderata identifiziert. Es wird eine Brücke geschlagen zur Sprachdiagnostik und dabei deutlich aufgezeigt, dass bestehende Mittel zur Sprachstandsmessung häufig unzureichend theoretisch fundiert und methodisch veraltet sind (Ehlich, Bredel & Reich 2008a, 2008b).

Um ein Bezugsraster zu entwerfen, das „mit einer je individuellen Spreizung die Orientierungsmarken zu setzen gestattet, von denen aus die individuellen Entwicklungsspielräume und die Erstreckungen von Aneignungsphasen bestimmt werden können" (Ehlich 2007: 12), unterscheidet Ehlich sieben Basisqualifikationen. Sie sind in Tabelle 3.3 zusammengefasst und umfassen unterschiedliche Aspekte mündlicher und schriftlicher Sprachkompetenz. Beginn und kontinuierliche Ausbildung der einzelnen Basisqualifikationen geschehen in charakteristischen Entwicklungszeitfenstern, wobei sich diese insbesondere für die zuerst genannten Basisqualifikationen in bislang noch undurchsichtiger Weise überlagern. Auszugehen ist von Transfers, über deren Strukturen derzeit kaum Klarheit besteht (Ehlich 2007: 12–13). Der Zweck der analytischen Trennung des sprachlichen Handelns in unterschiedliche Basisqualifikationen ist es, Sprache umfassend als ein gesellschaftliches Handlungsmittel zu begreifen und auch solche Teilbereiche sichtbar zu machen, die für die Forschung bisher von vergleichsweise geringem Interesse waren (Ehlich, Bredel & Reich 2008c: 19). Ehlich (2007: 32) macht im Besonderen auf eine anhaltend starke Fokussierung der Forschung auf das als Schulgrammatik bekannte Sprachmodell aufmerksam.

Obwohl sich Forschungen zum Schriftlichkeitserwerb lange Zeit fast ausschliesslich auf die Syntax geschriebener Texte beschränkte (vgl. dazu Feilke 1994–1996: 1178, sowie Ehlich 2009: 22, vgl. dazu auch Kap. 4.1), sind die syntaktische Strukturierung komplexer Satzgefüge und speziell die Rolle der Syntax im Textaufbau bisher noch nicht umfassend untersucht. Bei den zahlreichen Studien zur morphologisch-syntaktischen Basisqualifikation liegt der Schwerpunkt auf dem Erwerb der Flexionen, auf der Verbstellung im Satz, auf dem nominalen und Nominal-Kongruenzsystem und der Satzeinleitung. Die Untersuchungen beziehen sich insbesondere auf den frühen Erwerb bis zum vierten Lebensjahr, darüber hinaus gehen einzelne Studien zur Aneignung von Passivkonstruktionen (Ehlich 2009: 21). Eine starke Fokussierung der Sprachaneignungsforschung auf frühere Erwerbsphasen ist insgesamt festzustellen und betrifft auch die Schriftsprachaneignungsforschung: Auch in Bezug auf die literale Basisqualifikation nimmt die Beforschungsdichte ab, je älter die untersuchten Kinder sind. Die Mehrheit der Forschungen betrifft zudem den gesteuerten Orthographieerwerb und kaum die Aneignung von Textkompetenz als Ganzes (vgl. Ehlich 2009: 22). Anzumerken ist hierbei allerdings, dass gerade in diesem Bereich in den letzten Jahren umfassende sprachwissenschaftli-

Tab. 3.3: Übersicht über die Basisqualifikationen nach Ehlich (2007: 12).

A	rezeptive und produktive phonische Qualifikation	Lautdiskrimination und -produktion, Erfassung und zielsprachliche Produktion von suprasegmentalen-prosodischen Strukturen, sonstige paralinguistische Diskriminierung und Produktion
B	pragmatische Qualifikation I	aus dem Einsatz von Sprache bei anderen deren Handlungsziele erkennen und darauf angemessen eingehen sowie Sprache angemessen zum Erreichen der eigenen Handlungsziele einsetzen
C	semantische Qualifikation	Zuordnung sprachlicher Ausdrücke zu Wirklichkeitselementen und zu Vorstellungselementen sowie zu deren Kombinatorik rezeptiv und produktiv herstellen
D	morphologisch-syntaktische Qualifikation	zunehmende Befähigung, komplexe sprachliche Formen, Form- und Wortkombinationen sowie Kombinationen zu Sätzen und von Sätzen zu verstehen und herzustellen
E	diskursive Qualifikation	Strukturen der formalen sprachlichen Kooperation erwerben; Befähigung zum egozentrischen handlungsbegleitenden Sprechen und zur sprachlichen Kooperation im Zusammenhang mit aktionalem Handeln, zur Narration, zum kommunikativen Aufbau von Spiel- und Phantasiewelten
F	pragmatische Qualifikation II	die Fähigkeit, die Einbettung von Handlungsbezügen in unterschiedlichen sozialen Wirklichkeitsbereichen zu erkennen und die angemessenen Mittel zur kommunikativen Einflussnahme auf diese Wirklichkeitsbereiche zielführend zu nutzen
G	literale Qualifikation	erkennen und produzieren von Schriftzeichen, Umsetzung mündlicher in schriftliche Sprachprodukte und umgekehrt; Entwicklung von Graphie, Lesevermögen, Orthographie und schriftlicher Textualität, Auf- und Ausbau von Sprachbewusstheit

che und vor allem auch sprachdidaktische Forschungen betrieben werden.[12] Diese stehen hingegen oftmals in keinem oder in einem losen Zusammenhang mit Sprachaneignungsforschungen generell respektive werden selten auf die Aneignung anderer sprachlicher Kompetenzen bezogen. Es stellt daher nach

---

12 Dazu gehört die Mehrzahl der Studien, die in der vorliegenden Arbeit zitiert werden, so beispielsweise Augst & Faigel (1986); Augst et al. (2007); Feilke & Lehnen (2012); Feilke & Schmidlin (2005); Bachmann & Feilke (2014).

wie vor ein Desiderat der Schriftsprachaneignungsforschung dar, die Übergänge und Interaktionen zwischen verschiedenen Teilbereichen des Schriftspracherwerbs zu untersuchen. Feilke (2002: 5) wies bereits zu Beginn der 2000er Jahre auf diese Forschungslücke hin und plädierte dafür, den „eingespielte[n] Usus einer theoretisch getrennten Behandlung der Bereiche" Feilke (2002: 5) zu überwinden. Eine Abgrenzung der Schriftsprachaneignungsforschung von der Spracherwerbsforschung ergibt sich nämlich nicht aus inhaltlichen Gründen: Die Auflistung der Basisqualifikationen (vgl. Tab. 3.3) macht hinreichend deutlich, dass sich diese aufeinander beziehen und gerade die literale Qualifikation andere Teilbereiche integriert (vgl. dazu detaillierter auch Bredel 2008 sowie Bredel & Reich 2008). Am kompetenten Schreiben sind also verschiede sprachliche Qualifikationen beteiligt; orthographische, lexikalische, morphologische, syntaktische, semantische und kontextuelle gleichermassen. Hinzu kommen sozial gefestigte Konventionen und situative Ansprüche an Texte. Diese Bereiche müssen vom Schreiber für den kompetenten schriftlichen Umgang zudem ständig evaluiert und auf ihre korrekte und angemessene Umsetzung überprüft werden (Baer et al. 1995; Antos 1996; Flower & Hayes 1981). Aus diesem Grund wäre es für die Forschung aufschlussreich, das Zusammenspiel von Schriftsprachkompetenzen und anderen sprachlichen Fähigkeiten genauer zu untersuchen.

Zusammen mit der Schriftsprachaneignung bildet sich bei Kindern nicht nur Wissen über Sprache, sondern auch ein Wissen über ihre eigene sprachliche Kompetenz aus. Dazu trägt die schulische Steuerung des Schreiberwerbs bei, die dazu führt, dass Kindertexte laufend korrigiert und beurteilt werden. Die Selbsteinschätzungskompetenz von Kindern stand bislang nur vereinzelt im Fokus von Studien zum Schriftspracherwerb. Selbstevaluationen (etwa zur Einschätzung der Fehlersensibilität) wird nur beschränkt Beachtung geschenkt, obwohl ihnen laut Ehlich (2007: 25) höchste Relevanz für die förderdiagnostische Arbeit zukommt. Der Rolle der Selbsteinschätzung für die Schriftsprachaneignung widmen sich die folgenden Ausführungen.

3.3.4 Rolle der Selbsteinschätzung

In der psychologisch ausgerichteten Schreibforschung geriet mit der Verlagerung weg von rein sprachlichen Phänomenen hin zu kognitiven und motivationalen Aspekten die Selbsteinschätzung der eigenen Kompetenz in das Blickfeld. In den 1960er Jahren erweiterten insbesondere Bandura und Walters die theoretischen Diskussionen zur sozialen Bedingtheit von Lernerfolgen im Allgemeinen (und nicht mit Fokus auf das Schreiben) um Aspekte, die Bandura (1986) unter dem heute in der psychologischen Forschung und darüber hinaus bekannten Terminus der *Selbstwirksamkeit* zusammenfasste. Sein Konzept des menschlichen Verhaltens misst der Überzeugung, die Menschen über ihre eigenen Fähigkeiten haben, eine zentrale Rolle für ihr Handeln bei (Pajares 2003: 139–140). Es wird terminologisch unterschieden zwischen *Selbstkonzept* und *Selbstwirksamkeitskonzept*: Ersteres meint ein globaleres Konstrukt, das verschiedene Selbstwahrnehmungen umfasst, darunter u. a. die Selbstwirksamkeit, die die Einschätzung der eigenen Fähigkeiten meint, bestimmte Aufgaben meistern zu können. Selbstwirksamkeitsüberzeugungen misst Bandura (1997) weniger Vorhersagekraft zu als dem Selbstkonzept (Bandura 1997, Woolfolk & Schönpflug 2008: 406). Forschungen konnten zeigen, dass das Verhalten von Menschen besser durch ihre Überzeugungen in Bezug auf ihre Fähigkeiten als aufgrund der tatsächlich beobachteten Kompetenzen vorausgesagt werden kann. Die Überzeugungen über die eigene Kompetenz und die Selbstwirksamkeit bestimmen im Wesentlichen, was Individuen mit ihren *skills* und ihrem Wissen tun. In Bezug auf die Schule und den Lernerfolg hat das weitreichende Implikationen, die Pajares (2003: 140) wie folgt präzisiert: „This focus on students' self-beliefs as a principal component of academic motivation is grounded on the assumption that the beliefs that students create, develop, and hold to be true about themselves are vital forces in their success or failure in school." Das Selbstkonzept entwickelt sich auf der Grundlage verschiedener Einflüsse, zu denen etwa Rückmeldungen zu vollzogenen Handlungen und der Vergleich mit anderen Individuen gehören. Es wird so zu einem Angelpunkt zwischen der sozialen und der individuellen Dimension von Lernprozessen. Das gilt auch für den Schriftspracherwerb und das Schreiben. Bereits aus den 1980er Jahren sind Studien zu verzeichnen, die die Rolle affektiver Faktoren auf die Schreibentwicklung fokussieren (z. B. Beach 1989 oder Faigley et al. 1985, vgl. auch Hellmich 2011). Heute zeigen Forschungen übereinstimmend, dass die Selbstwirksamkeitsüberzeugungen und das Selbstkonzept in Bezug auf die persönlichen Schreibkompetenzen mit den Leistungen zusammenhängen (Pajares 2003: 145). Die Vermutung, die Bandura 1986 in die Diskussion einbrachte, kann durch die Forschung damit als bestätigt gelten: Affektive Faktoren, wie sie im Selbst(wirksamkeits)konzept operationalisiert werden, spielen eine zentrale Rolle für die Entwicklung und den Ausbau von Schreibfähigkeiten (Pajares 2003). Diese wiederum sind in besonderem Mass bedingt durch soziale Faktoren, die die eigenen Überzeugungen stärken respektive schwächen (vgl. als Beispiel den Umgang mit Illetrismus bei erwachsenen Schreibern und die Rolle affektiver und motivationaler Faktoren in Sommer, Sturm & Hilbe 2009: 14). Von Interesse ist das für Prozesse der Schriftsprach- und Textaneignung aus mindestens zwei Gründen: Erstens gehören zu den sozialen Faktoren, die das Selbstkonzept stärken respektive schwächen können, im schulischen Setting Rückmeldungen von Lehrpersonen und Peers. Dieser Aspekt steht nicht im Zentrum der vorliegenden Studie, da keine Daten zur Rolle der Lehrperson, des Schreibunterrichts oder des Rückmeldeverhaltens von Lehrpersonen und allenfalls der Peer-Gruppe erhoben werden. Allerdings enthalten die Gespräche, die mit den Kindern geführt wurden, teilweise Äusserungen der Kinder zur eigenen Kompetenz. Zudem macht zweitens der in der Forschung untersuchte Zusammenhang zwischen dem emotionalen Faktor des Selbstkonzepts und der effektiv erreichten Leistung darauf aufmerksam, dass der Einschätzung der eigenen Kompetenz als Einflussgrösse auf den Verlauf von Sprachaneignungsprozessen grundsätzlich Rechnung zu tragen ist.

3.3.5 Der umstrittene Kompetenzbegriff

In den vorangehenden Ausführungen zu Entwicklungsphasen und Basisqualifikationen des Spracherwerbs wurden mit Bezug auf die Altersdimension der Auf- und Ausbau verschiedener Fertigkeiten durch das Individuum geschildert. Es ist angezeigt, den in diesem Zusammenhang unvermeidbaren Kompetenzbegriff zu problematisieren. Das Problem mit der Unschärfe des Kompetenzbegriffs liegt insbesondere darin begründet, dass „Kompetenzen [...] nur vermittelt zugänglich [sind], was immer auch zu einer Unschärfe unabhängig vom verwendeten Messinstrument führt" (Husfeldt & Lindauer 2009: 140). Der Terminus wird in allen Disziplinen, die sich mit Lern- und Entwicklungsprozessen befassen, und weit darüber hinaus verwendet, was wesentlich zu seiner Unschärfe beiträgt. Er ist überall dort nicht zu umgehen, wo es um den Ausbau bestimmter Fertigkeiten und insbesondere um den Vergleich verschiedener Individuen oder Personengruppen hinsichtlich dieser Fertigkeiten geht. Eine theoretische Auseinandersetzung mit Kompetenzkonzepten ist für die vorliegende Studie nicht gewinnbringend (für eine Übersicht über verschiedene Varianten des Kompetenzbegriffs vgl. Hartig & Klieme 2006: 128). Auf zwei Aspekte sei an dieser Stelle aber hingewiesen, um Missverständnisse in Bezug auf die bisherigen und die folgenden theoriegestützten Erläuterungen und die späteren Datenanalysen zu vermeiden: In der vorliegenden Arbeit wird von einer nicht-linearen Beziehung zwischen Kompetenz als *Ressource* und Kompetenz als *Ergebnis* sprachlichen Handelns ausgegangen. Die an späterer Stelle ausführlich diskutierte und aktuell auch im Schriftspracherwerb breit rezipierte dynamische Modellierung von Sprache (vgl. Kap. 6 zu gebrauchsbasierten Ansätzen) versteht Kompetenz nicht nur als Voraussetzung, sondern auch als Ergebnis aller Sprachhandlungen. Das entspricht nicht der Annahme eines linearen Verhältnisses zwischen sprachlichen Kompetenzen und sprachlichen Leistungen, wie sie in der empirischen Bildungsforschung nach wie vor als aktuell gelten darf. Diese definiert Kompetenz etwa als „kontextspezifische kognitive Leistungsdisposition, die sich funktional auf bestimmte Klassen und Situationen von Aufgaben beziehen" (Hartig & Klieme 2006: 128, May & Bennöhr 2013a: 10). May & Bennöhr (2013a: 10), die Entwickler des in der vorliegenden Studie eingesetzten Sprachstanderhebungsverfahren KEKS, grenzen sich insofern davon ab, als sie Kernkompetenzen als relativ kontextunabhängige bereichsspezifische Grundfähigkeiten modellieren, für deren Entfaltung sie motivationale und affektive Voraussetzungen als notwendig erachten. Sie begründen die relative Kontextunabhängigkeit u. a. damit, dass der Kompetenzerwerb in der Schule, aber auch im schulischen Alltag erworben und gefördert werden kann, und schliessen daraus, dass Erwerb und Überprüfung von Kompetenzen damit zumindest teilweise unabhängig von Curricula, Bildungsstandards und einzelnen Lehrwerken sei (May & Bennöhr 2013a: 11). Beiden Konzepten liegt die Annahme zugrunde, dass Kompetenzen der Performanz wesentlich vorausgehen und diese ermöglichen.

Datenerhebungen in Forschungskontexten, die eine Kompetenz von Individuen in einem bestimmten Fertigkeitsbereich abbilden wollen, sind in aller Regel eine Momentaufnahme: In den meisten Fällen werden die Daten für einen Messzeitpunkt *einmal* erhoben – entweder weil das Instrument eine wiederholte Messung nicht erlaubt, da die Probanden den Test nicht bereits kennen dürfen, oder weil erhebungs- und zeitökonomische Gründe ein anderes Vorgehen nicht erlauben. Um die Schreib*kompetenz* eines Kindes zum Zeitpunkt t1 abbilden zu können, würden aber im besten Fall innert einer kurzen Zeitspanne (t1 umfasste also nicht einen einzigen Moment, sondern eine kurze Phase) mehrere Texte einer bestimmten Textsorte erhoben, aus denen sich dann ein durchschnittlicher Kompetenzindikator ergeben würde (van den Bergh et al. 2012). In dieser Hinsicht ist auch die vorliegende Studie kritisierbar, da die Kinder einen Text zu einem bestimmten Zeitpunkt verfasst haben und auch in den sprachlichen Teilbereichen nur einmal getestet wurden. Allerdings liess sich dieses Problem nicht umgehen, da ein wiederholtes Erheben von Kindertexten aus zeitlichen Gründen nicht möglich war und sich das wiederholte Erheben des Sprachstandes durch das gleiche Instrument verbietet.

Eine weitere methodische Herausforderung in Bezug auf die Kompetenzeinschätzung der Kinder besteht darin, die Kindertexte nach inhaltlichen Gesichtspunkten zu beurteilen. Eine Qualitätsbewertung der Texte, die in vielen Studien zur Schriftsprachaneignung auf Ratings beruht,[13] bedarf verschiedener

---

[13] Ein Ansatz, der ebenfalls auf der Einstufung anhand verschiedener Kriterien beruht, aber nicht einen Gesamtpunktwert als Kompetenzindikator anstrebt, sind Profilanalysen zum Zweck der Sprachstandsbestimmung, wie sie etwa von Clahsen (1986) vorgeschlagen wurde.

Bewertungen durch unterschiedliche Rater, um einem Konstrukt wie der Kompetenz näher zu kommen (vgl. zu diesen Aspekten insbesondere den Artikel von van den Bergh et al. 2012). Auch das ist oftmals kaum zu leisten und löst nicht das Hauptproblem des Textratings, die Subjektivität, die mit jeder Einschätzung inhaltlicher Gesichtspunkte einhergeht (vgl. dazu etwa Wilmsmeier, Brinkhaus & Hennecke 2016 und Egli Cuenat 2016: 63). Das Problem der Inhaltsbewertung stellt sich für die vorliegende Studie nicht, da die Texte nicht inhaltlich analysiert werden.

Die methodischen Schwierigkeiten, die mit dem Kompetenzbegriff verbunden sind, sind damit anhand zentraler Aspekte angesprochen: Sie betreffen zum einen die theoretische Modellierung von Kompetenz als Ressource und/oder Ergebnis sprachlichen Handelns und zum anderen personen- und instrumentengebundene Einflussfaktoren von Erhebungssettings. Das Dilemma ist methodisch nicht zu lösen, vielmehr gilt es, die gewonnenen Resultate mit Rücksicht darauf zu bewerten.

3.4 Zusammenfassung Kapitel 3

> „Die Sprache ist sehr sinnvoll [...]
> wir [...] können einander sachen beibringen
> und unser Wissen miteinander Teilen."
> Datenkorpus,[14] Schüler 6ml2

Als zentrale Erkenntnis haben die vorangehenden Ausführungen herausgestellt, dass die Aneignung der Schriftsprache durch die Kinder keinen für sich isolierten Erwerbsprozess darstellt, sondern an Kompetenzen aus der Mündlichkeit anschliesst. Die Fähigkeit eines Individuums, schriftlich zu kommunizieren, setzt Entwicklungsprozesse auf der sozialen sowie auf der individuellen Dimension voraus. Als verbindendes Element zwischen sozialer und individueller Dimension der Schriftsprache wurden sprachliche Normen und Regularitäten herausgearbeitet: Da Sprache zum Zweck des sozialen Austauschs angeeignet und eingesetzt wird, bilden sich ihre mündlichen wie schriftlichen Erscheinungsformen durch diesen zweckbestimmten Gebrauch fortlaufend aus. Darauf verweist auch die Beschreibung des Schülers aus einer 6. Primarklasse (s. o.). Gerade Regularitäten und Normen entstehen durch wiederholte

---

[14] Der Ausschnitt stammt aus einem Schülerfragebogen. Der Junge äusserte sich dazu, was Sprache für ihn bedeute. Die offene Frage im Fragebogen wurde nicht für Auswertungen im Rahmen der vorliegenden Studie erhoben.

Verwendung bestimmter Sprachstrukturen als Ergebnis eines sozialen Diskurses. Das gilt für die Schriftlichkeit ebenso wie für die Mündlichkeit.

Der Schriftspracherwerbsprozess insgesamt gestaltet sich nicht von Kind zu Kind vollkommen anders, sondern verläuft in der Regel nach bestimmten Phasen, die in der Forschung anhand unterschiedlicher Modelle abgebildet und empirisch überprüft wurden. Es konnte im vorangehenden Kapitel gezeigt werden, dass trotz unterschiedlicher Stufenmodelle, auf die sich Studien zur Schriftsprachaneignung beziehen, in der Forschung wichtige Aspekte zur Entwicklungsdynamik weitgehend ungeklärt bleiben. Speziell hervorzuheben ist dabei folgendes: Es ist wenig darüber bekannt, welche sprachlichen Fähigkeiten von der Altersdimension abhängen und welche stärker mit anderen Faktoren einhergehen. In der Schreibforschung etablierte sich über die vergangenen Jahrzehnte die Tradition, sprachliche Merkmale und ihre Veränderungen über verschiedene Altersgruppen hinweg zu beschreiben. Auf diesem Vorgehen beruhen auch Stufenmodelle, die zu verschiedenen Textsorten für unterschiedliche Altersspannen vorliegen. Diese sind leicht misszuverstehen als Nachweis dafür, dass das Lernalter *der* zentrale Motor des Kompetenzausbaus ist. Empirisch nachgewiesen wurde das aber bisher nicht. Das Fortführen dieser Forschungstradition und die dadurch zunehmende Verabsolutierung der Altersdimension in der Schreibforschung sind problematisch. Die Forschung bleibt dadurch nämlich erstens die Erklärung schuldig, in welchem Verhältnis die Altersdimension zu anderen Einflussfaktoren steht, und gibt zweitens ihre Anschlussfähigkeit an andere Bereiche der Spracherwerbsforschung sowie der Erforschung der kindlichen Entwicklung generell preis. Mit Bezug auf die Ausdifferenzierung verschiedener sogenannter *Basisqualifikationen* (Ehlich 2007), die sich Kinder im Lauf der Ontogenese aneignen, wurde die Schriftsprachkompetenz nämlich als Fähigkeit beschrieben, die auf der Integration unterschiedlicher anderer sprachlicher Kompetenzen beruht. Die Auffächerung der verschiedenen Basisqualifikationen illustrierte dabei die Komplexität der Schreibhandlung. Sie unterstreicht gleichzeitig aber auch die oben beschriebene Notwendigkeit, das Zusammenspiel dieser einzelnen Kompetenzbereiche und ihre Abhängigkeit voneinander genauer zu untersuchen. Das würde zu einem umfassenderen Verständnis der Schreibkompetenz in ihrer Abhängigkeit von anderen sprachlichen Kompetenzen des Kindes führen. Zudem führt die Konzentration auf Textkorpora unterschiedlicher Altersgruppen in der Exklusivität, wie sie die aktuelle Schriftsprachaneignungsforschung kennt, methodisch in eine Sackgasse: Die Kindertexte, anhand derer sprachliche Merkmale für verschiedene Altersgruppen untersucht werden, eignen sich nicht dafür, die interindividuelle Variation in der Schreibkompetenz oder die Abhängigkeit der Schreibkompetenz von anderen (sprachlichen) Fähigkeiten zu beschreiben oder zu erklären. Hierfür braucht es alternative Verfahren. Aus diesem Grund wird in der vorliegenden Studie die globale Sprachkompetenz als Merkmal für die Unterscheidung zwischen verschiedenen Kompetenzgruppen gewählt.

Für die vorliegende Studie sind soziale und individuelle Aspekte des Schreibens sowie ihre gegenseitige Einwirkung als konzeptioneller Hintergrund aus folgenden Gründen von besonderer Relevanz: In den Gesprächen mit den Kindern, die einen Teil des Untersuchungskorpus ausmachen, äussern sich die Kinder zu ihrem Schreibprozess und damit zu Normvorstellungen, die sie mit beobachteten sprachlichen Strukturen in Verbindung bringen. Für deren Einschätzung ist es wichtig, Sprachnormen als sozial gewachsene Grössen zu verstehen, die sich die Kinder im Gebrauch aneignen: Ihre schriftsprachliche Lernervarietät stellt nicht nur auf der Schreibprodukt- und Schreibprozessebene, sondern auch im metasprachlichen Zugriff auf Sprachnormen eine Lernervarietät dar, die sich durch eigenständige Konzeptionen auszeichnet. Die Erfassung dieses eigenaktiv aufgebauten Sprachwissens kann nur gelingen, wenn kodifizierte Normen und grammatische Termini nicht den *Ausgangspunkt* für die metasprachliche Reflexion, sondern das *Mittel* dazu bilden und als sogenannte Verständigungsressource genutzt werden.

Ins Zentrum gerückt wurde durch die bisherigen Ausführungen einerseits die Dringlichkeit, Schriftsprachkompetenzen auf ihr Zusammenspiel mit anderen sprachlichen Kompetenzen zu untersuchen. Andererseits wurde die metasprachliche Verständigung über sprachliche Normen und über Schreibhandlungen als Ressource dargestellt, die durch die Schriftspracheignung zusätzlich ausgebaut wird. Das metasprachliche Reflektieren kennen die Kinder zwar auch aus der Mündlichkeit, es wird durch den Kontakt mit der geschriebenen Sprache aber zusätzlich stimuliert. Der Relevanz der Metasprache und der Frage, wodurch sich diese eigentlich genau auszeichnet, wird sich ausführlich Kapitel 5 widmen. Vorerst wird an die bisherigen Ausführungen angeschlossen, indem die Schriftsprachkompetenz auf der Handlungsebene genauer betrachtet wird. Dabei rückt das Schreiben als Prozess in den Fokus. Wichtig ist das besonders darum, weil sich die Kinder nicht nur darin unterscheiden, wie ihre Texte aussehen. Es ist vielmehr von interindividuellen Unterschieden auf der Schreibprozessebene auszugehen. Da sich die vorliegende Studie für die Schriftsprachkompetenz sprachschwacher Kinder im Vergleich mit sprachstarken interessiert, soll die Schreibhandlungsebene ebenso berücksichtigt werden wie die Textprodukte und die metasprachlichen Äusserungen der Kinder. Die globale Sprachkompetenz nämlich könnte sich gerade auch auf diese Ebenen auswirken.

4 Schreiben als Prozess

In den Anfängen der Schriftspracherwerbsforschung dominierten Analysen von geschriebenen Texten als Datengrundlage. Es interessierte an ihnen die Ausgestaltung sprachlicher, speziell syntaktischer, Strukturen. Die kommunikativ-pragmatische Wende, während der sich die Linguistik insgesamt zunehmend weniger für Systemfragen und mehr für sprachpragmatische Aspekte interessierte, erweiterte auch in der Schriftsprachaneignungsforschung die Perspektive über das Textprodukt hinaus (Schilcher & Rincke 2015: 101). Konkret richtete sich der Fokus fortan auf schreibprozessuale Aspekte, psycholinguistisch relevante Vorgänge und individuelle Voraussetzungen für das Schreiben. Der Paradigmenwechsel führte zu neuen Erkenntnissen, zu neuen Methoden und zu neuen Forschungsfragen in Bezug auf die Schriftsprachaneignung. Der folgende Überblick zeichnet nach, wie diese prozessualen Aspekte des Schreibens in der theoretischen und in der empirischen Forschung modelliert wurden, damit die für die empirische Studie ausgewählten Variablen darin verortet werden können.

4.1 Von der Syntax zur Schreibhandlung

Bis in die 1970er Jahre hinein stand im Brennpunkt des wissenschaftlichen Interesses an der Schriftsprachaneignung beinahe ausschliesslich die Syntax geschriebener Texte. Ihre Ausgestaltung wurde vornehmlich nach strukturalistischer Manier untersucht und beschrieben. Mitte der 1970er Jahre kam es in dieser Hinsicht zu einer Verschiebung der Forschungsfragen und Forschungsmethoden und es etablierte sich infolgedessen ein kognitiv ausgerichteter Forschungszweig in der Schriftspracherwerbsforschung (Nitz 2010: 9). Diese Verlagerung wurde eingeleitet durch die Einsicht, „daß die Entfaltung des syntaktischen Schreibwissens nicht unabhängig von pragmatischen Gesichtspunkten und einer Theorie der Entwicklung von Textkompetenzen im Schreiben" (Feilke 1994–1996: 1179) zu modellieren ist. Damit kamen ganz andere, neue Aspekte ins Spiel, die über die Textanalyse hinaus nach der pragmatischen Funktion des Schreibens sowie nach seiner Entwicklung in der Ontogenese fragten. In der Folge widmeten sich psychologische Arbeiten in stärkerem Masse dem kognitiven und linguistische sowie pädagogische primär dem kommunikativen Problemaspekt der Schreibtätigkeit. Gemeinsam war den Disziplinen, die jeweils andere Akzente in der Erforschung der Schriftsprachkompetenz und des Schriftspracherwerbs setzten, die Sicht auf das Schreiben als Akt des Problemlösens. Textstrukturen wurden neu als Problemlösestrukturen gelesen und untersucht, die sozial-kommunikative Praktiken und das Denken ordnen (Feilke 1994–1996: 1179; vgl. auch Flower 1998; Flower & Hayes 2014). Diese neuen Perspektiven auf die Schreibhandlung als sozial-kommunikative Praxis sowie als kognitiv-psychologisches Problemlösen verdrängten die Idee der linearen Textproduktion zugunsten einer integrativen Modellierung und der Mitberücksichtigung von Prozessaspekten.

Die Chronologie der Forschungsschwerpunkte im Bereich der Schreibentwicklung lässt sich rückblickend als Weg von einem zentral erscheinenden linguistischen Kernbereich, der Syntax, zu einer Fokussierung auf „Randbedingungen des Schreibens als einer problemlösenden kommunikativen Handlung" (Feilke 1994–1996: 1179) beschreiben. Parallel dazu und als Folge der inhaltlichen Neuausrichtung der Forschung entwickelten sich die Forschungsmethoden weiter: Vorerst primär strukturell-deskriptiv orientierte Querschnittstudien und Longitudinalstudien wurden nach der kognitiven Wende Anfang der 1980er Jahre abgelöst von prozessorientierten experimentellen Ansätzen. Die Entwicklung von der Betrachtung eines Teilaspekts der Sprache hin zu einer Betrachtung, „die die gesamte (soziale) Schreibsituation zu berücksichtigen und methodisch zu kontrollieren versuchen" (Feilke 1994–1996: 1179), wirkte sich wiederum auf den Begriff des Schreibens selbst aus. Laut Feilke (1994–1996: 1179) ist es kein Zufall, dass zeitgleich Kritik geführt wurde an Piagets Theorie der kognitiven Entwicklung. Ihm wurde nämlich vorgeworfen, soziale und kontextuelle Aspekte für seine Theorie der kognitiven Entwicklung nicht hinreichend zu berücksichtigen; also genau diejenigen Einflussfaktoren, die in der Schriftspracherwerbsforschung nun fokussiert wurden. Die kritische Diskussion machte auf die Gefahr aufmerksam, „daß Piagets asozialem Kognitionsbegriff ein ebenso asozialer Schreibbegriff entsprechen könnte" (Feilke 1994–1996: 1179–1180). Insbesondere die Auffassung des Schreibens als sprachlicher Handlung verbietet denn auch eine vom Gebrauch und vom Kontext unabhängige Modellierung des Schreibens. Dieses ist vielmehr gerade auf kontextuelle Einflüsse und seine kommunikative Funktion zu beziehen. Gleichzeitig zum Umstand, dass das Schreiben ein Mittel der Kommunikation darstellt, bildet es „sprachliches und kommunikatives Handlungswissen eigener Art" (Feilke 1994–1996: 1181) aus.[15] Auch bezogen auf Fragen zur Ontogenese des

---

[15] Dieses Handlungswissen (vgl. dazu auch Kap. 3.3.1) erlangte in der Folge auch aus didaktischer Perspektive entsprechende Relevanz, was sich in einschlägigen Studien zeigt. Zu nennen sind hier etwa die Arbeiten von Becker-Mrotzek (op. 1997), Becker-Mrotzek (2004, 2007), Becker-Mrotzek & Böttcher (2006), die sich eingehend Aspekten der Schreibontogenese zwischen dem Grundschul- und dem Erwachsenenalter widmen und entsprechende Erkenntnisse in schreibdidaktische Konzepte überführen.

Schreibens und der Schriftsprachkompetenz führte die Erweiterung des Schreibbegriffs auf kognitive und soziale Aspekte zu neuen Annahmen und Einsichten: Die Vorstellung, das Kind bewege sich von einer Stufe der Textproduktion zur nächsten, ohne auf die vorangehende zurückzugreifen, wurde ersetzt durch die Idee der Integration pragmatischer, semantischer, lexikalischer und syntaktischer Entscheidungen. Um dieses nunmehr zunehmend komplexe System der Schreibhandlung theoretisch modellieren und darauf aufbauend empirisch beschreiben zu können, wurden interaktive Textproduktionsmodelle entworfen, die Schreiben als Problemlösen darzustellen versuchen (vgl. dazu auch Winter 1992: 26–30 sowie Molitor-Lübbert 1989). Die Basis dafür bildete zunächst die Dreiteilung der Schreibhandlung in Planen, Formulieren und Überarbeiten und die Annahme, die Abfolge und die Interaktion dieser Teilprozesse werde durch eine Kontroll- und Steuerinstanz reguliert. Der Schreiber greift dabei bewusst oder unbewusst auf explizites und implizites Wissen aus dem Langzeitgedächtnis und auf Wissen, das durch die Schreibsituation selber akkumuliert wird, zurück (Schmidlin 1999: 37). Den Prozessaspekten des Schreibens und Modellen, die zu ihrer Beschreibung und Erforschung konzipiert wurden, widmet sich das folgende Kapitel.

4.2 Prozessaspekte und Modelle des Schreibens

Die Anfang der 1970er und zunehmend in den 1980er Jahren entwickelte prozessorientierte Schreibentwicklungsforschung führte zu einer „Reformulierung von Schreibfähigkeit als einer spezifischen Handlungskompetenz" (Feilke 1993: 19). Wird von einer prozessorientierten Schreibdidaktik gesprochen, ist damit vorrangig die Überwindung der Produktfixiertheit und der ausschliesslichen Orientierung am fertigen Text zugunsten der Betrachtung des Entstehungsprozesses gemeint. Die Prozessperspektive ist laut Lindgren & Sullivan (2006a: 2) dabei aktuell als „umbrella term" zu verstehen, der unterschiedliche Einflüsse auf das Schreiben und ihre Erforschung umfasst. Der kognitiven Dimension des Schreibens und der Schriftsprachaneignung widmen sich vorwiegend die Interessen und das empirische Vorgehen der kognitiven Psychologie. Sie betrachtet Schreiben als eine Tätigkeit, die verschiedene hierarchiehöhere und hierarchietiefere Prozesse integriert:

> The concern here is with exploring the inner workings of the mind, that is, the component processes which underpin complex mental activity [...]. This perspective views writing as involving a complex set of hierarchically arranged cognitive activities or operations, which appear to be involved in all directed thinking tasks. (Lindgren & Sullivan 2006a: 2)

Ins Zentrum stellt die psychologische Modellierung des Schreibens also das Kombinieren und Integrieren unterschiedlicher Prozesse auf verschiedenen kognitiven Ebenen. Als wichtigste Folge der am Handeln orientierten psychologischen Forschung nennt Feilke (2002: 1) die verstärkte Berücksichtigung des Schreibens als Prozess, was nicht nur bedeutet, dass ausschliesslich Teilaktivitäten des Schreibens ins Zentrum rücken, sondern dass auch „der Blick auf die Produkte, also die Texte, nunmehr *prozessbestimmt* [erfolgt]. Der Text selbst wird als eine geregelte Komposition von Handlungen verstanden, die mehr oder weniger geglückt sein kann." Obwohl zwischen Textprodukt und Textprozess keine lineare Beziehung besteht, ausgedrückt wird das im Terminus *Produkt-Prozess-Ambiguität* (Krings 1986), wird der Schreibprozess als Ontogenese des Textes beschrieben, an dem verschiedene Handlungen und verschiedene Wissenstypen beteiligt sind (Antos 1994–1996: 1530). In welchen Schritten diese Textontogenese vonstattengeht und welche kognitiven Aktivitäten daran beteiligt sind, wurde in der psychologischen Schreibforschung anhand der Methode des lauten Denkens untersucht. Schreiber wurden dazu angehalten, während des Schreibens zu laut zu verbalisieren, was sie tun. Kritisch merkt Grabowski (2003) dazu allerdings an, dass es der Forschung auf diesem Weg höchstens gelinge, an die für die Schreibenden bewussten Prozesse zu gelangen:

> Das sind die allgemeine Planung der Textstruktur und der einbezogenen Inhalte sowie die Überarbeitung, im Wesentlichen also außer- oder zumindest metasprachliche kognitiven [sic] Prozesse. Die bei geübten Sprachverwendern weitgehend automatisierten Prozesse der eigentlichen Formulierung (darunter Satzbildung und Kohärenzgenerierung), der Enkodierung und der grapho-motorischen Ausführung finden demgegenüber wenig Beachtung[.] (Grabowski 2003: 360–361)

Um auch einzelne dieser weitgehend automatisierten Prozesse abbilden zu können, stehen durch die computergestützte Texterhebung Methoden zur Verfügung, die nicht auf das Explizieren von Schreibprozessen durch den Schreiber angewiesen sind. Der zunehmende Einsatz computergestützter Erhebungsverfahren ermöglicht es etwa, den Fokus auf das eigentliche Ausformulieren sprachlicher Strukturen sowie das Revidieren, die Arbeit an der Textgestalt (Feilke 1995), zu erweitern. Das Wissen von Individuen bleibt methodisch nach wie vor unzugänglich, wohl aber erlauben es die technischen Hilfsmittel, die Art, den Umfang und die Präzision von Hinweisen auf die kognitiven Vorgänge, die das Schreiben begleiten, zu verfeinern. Methodisch avancierte Studien, die auf computergestützten Erhebungsverfahren beruhen, stammen etwa aus dem Umfeld von Luuk Van Waes, Gert Rijlaarsdam, Mark Torrance, Charles MacArthur, Mariëlle Leijten, Joachim Grabowski oder Asa Wengelin (vgl. dazu das Journal of Writing Research sowie u. a. die Sammelbände Sullivan & Lindgren 2006 und van Waes 2006). Der computergestützten Schreibforschung sind zahlreiche präzise Einsichten in Schreibhandlungen zu verdanken. In Bezug auf Revisionstätigkeiten etwa konnten unterschiedliche Tendenzen von jungen und unerfahrenen Schreibern, erfahrenen Schreibern sowie L1- und L2-Schreibern nachgewiesen werden. Es zeigte sich u. a., dass L2-Schreiber häufiger überarbeiten als L1-Schreiber und „that L2 writers show a similar surface level focus to that of young and inexperienced writers (Bereiter & Scardamalia 1987, Flower & Hayes 1981, Matsuhashi 1987) and that L2 writers restrict their attention to the linguistic demands of writing more frequently than L1 writers [...]." (Lindgren & Sullivan 2006b: 34) Bereits die Quantität der Überarbeitungen unterscheidet sich also zwischen verschiedenen Probandengruppen. Ebenfalls zeigte sich, dass jüngere (unerfahrenere) Schreiber und L2-Schreiber tendenziell eher an der sprachlichen Oberfläche – „on a form (or surface) level" – überarbeiten als erfahrene Schreiber mit mehr Schreiberfahrung (Lindgren & Sullivan 2006b: 34).

Für den deutschsprachigen Raum liegen Studien zur Formulierungs- und Revisionsphase sowie zu Strategien für Monitoring und Regulation, also zu metakognitiven Teilprozessen und selbstreflexiven Aktivitäten, nach wie vor nur spärlich vor.

Es gab verschiedene Versuche, die am Schreiben beteiligten Handlungen modellhaft darzustellen (Hayes & Flower 1980) oder empirisch zu erarbeiten (vgl. dazu das Beispiel von Rijlaarsdam & van den Bergh 2006). Eines der sicher einflussreichsten Textproduktionsmodelle ist jenes von Hayes & Flower (1980), bei dem die drei Teilprozesse des *Planens*, *Formulierens* und *Überarbeitens* – zwischen denen eine feste Abfolge nicht vorausgesetzt ist – im Zentrum stehen (Hayes & Flower 1980; Flower & Hayes 1981; Grabowski 2003: 360–361). Sie vergleichen das schreibende Individuum mit einem Telefonisten, der am Schaltbrett in einem komplexen Prozess verschiedene Kanäle durchlaufen, strukturieren und kombinieren muss, und richten ihre Ausführungen an einen imaginierten Adressaten, dem das Schreiben in Einzelschritten zu erklären ist.[16] Dieser Ansatz lässt sich auf geübte Schreiber und routinierte Schreibprozesse sinnhaft übertragen; für Schreibnovizen – und damit auch für das von Hayes & Flower (1980) imaginierte Individuum, das am Anfang ihres Gedankenexperiments steht und nichts davon versteht, wie Texte geschrieben wer-

---

[16] Übertragen auf die kognitive Tiefenstruktur des Schreibens und Überarbeitens wird dieses gleichzeitige Aktivieren und Kombinieren verschiedener Prozesse in anderen Modellen etwa unter dem Terminus *Orchestermodell* (Baer et al. 1995) beschrieben (vgl. dazu Kap. 3.2.3.3).

den, – ist er nur sehr bedingt geeignet. Für ihr Schreibmodell gilt daher, dass es in erster Linie dazu geeignet ist, Schreibprozesse Erwachsener beschreiben zu können (Schneider et al. 2013: 34).

Das Modell von Hayes und Flower, das in verschiedenen Versionen vorliegt (zum ersten Mal 1980 vorgelegt, in Hayes 1996 erweitert) trägt den beteiligten mentalen Prozessen Rechnung und berücksichtigt die Schreibumgebung sowie die sozial-kommunikative Funktion des Schreibens. Das Modell integriert auf der Ebene der Schreibumgebung Setting (*topic, audience, exigency*) und Schreibanlass sowie die bis anhin verfassten Texte als Schreiberfahrung (*text produced so far*). Es führt zudem motivationale und emotionale Faktoren ebenso wie das Arbeits- sowie das Langzeitgedächtnis auf. Als kognitive Prozesse des Schreibens werden die drei Aktivitäten *Planung* (*planning*), *Formulierung* (*translating*) und *Revision* (*reviewing*) aufgeführt.[17] Unter *translating* oder *transforming* verstehen Hayes & Flower (1980) den Prozess, Inhalte und Ideen in Sätze und Texte zu überführen. Gemeint ist allerdings nicht ausschliesslich die schriftliche Umsetzung von Ideen, sondern ebenso der mit diesem Prozess einhergehende Output. Hayes (1996: 13) geht davon aus, dass die Verschriftlichung begleitet ist von einem leisen oder inneren Mitsprechen. Interne Repräsentationen, die das Schreiben voraussetzt, führen zu einem geschriebenen, gesprochenen oder graphischen Output. Der Teilprozess des Überarbeitens im Sinne der Verbesserung des bereits Geschriebenen beinhaltet gemäss Schneider et al. (2013: 33) auch Lese- und Höraktivitäten sowie graphisches Evaluieren. Lese- und Schreibprozess hängen hier also zusammen; unflüssiges Dekodieren und Lesen beeinträchtigen nämlich die Revisionshandlungen und wirken damit negativ auf das Schreiben ein. Zu unterscheiden ist dabei zwischen zwei Arten von Revisionen: Zum einen geht es um das mehr oder weniger automatische Auffinden und Anpassen von Fehlern im Schreibverlauf, zum anderen um eine reflexive Aktivität, die ein systematisches Evaluieren voraussetzt (Schneider et al. 2013: 33). Die beiden hier angesprochenen Arten, Texte zu überarbeiten, betreffen damit im ersten Fall die Textoberfläche, im zweiten die Tiefenstruktur.

Das breit rezipierte Modell von Hayes und Flower schlüsselt die Aktualgenese des Schreibens wie beschrieben in Teilschritte auf und berücksichtigt die an ihr beteiligten kognitiven und emotionalen Prozesse. Deren Integration in die empirische Schreibforschung erweiterte den Blick über die sprachlichen Strukturen im geschriebenen Text hinaus zu den vorangehenden Vorgängen. Es ist u. a. dem Modell von Flower und Hayes und den Nachfolgedarstellungen

---

17 Vgl. für eine differenzierte und sehr ausführliche Diskussion der drei Phasen Alamargot & Chanquoy (2001), insb. den Abschnitt *Architecture of processes in writing models*.

zu verdanken, dass sich die empirische Schreibforschung trotz ihrer inhaltlichen und methodischen Diversität auf zentrale Grundbegriffe einigen konnte. Dazu gehören etwa die drei Prozessschritte der Planung, der Formulierung und der Revision. Offen bleibt im Modell von Hayes und Flower allerdings, wie die Rekursivität dieser drei Teilprozesse zu modellieren ist. Berninger & Swanson (1994: 58) merken dazu differenzierend an: „Developing writing is not simply a scaled-down version of skilled writing. In our view, translating emerges before children can do much if any planning or reviewing/revising[.]" Zudem bleibt der Teilprozess der Textgenerierung nur undeutlich konturiert. Grundsätzlich ist über den Prozess der *translation* nicht viel bekannt. Alamargot & Chanquoy (2001: 76) konstatieren, dass die Forschung dem Prozess des Planens mehr Aufmerksamkeit schenkt als dem des Übersetzens in sprachliche Strukturen (*translating*) und stellen zu Recht kritisch fest: „writing models remain unclear concerning the formulation of sentences from a preverbal message". Berninger & Swanson (1994: 58) differenzieren den Schritt des *translating* bei Kindern in zwei Teilprozesse: Die *text generation* bezeichnet das Transformieren von Ideen in sprachliche Strukturen im Arbeitsgedächtnis und die *transcription* übersetzt diese in geschriebene Symbole. Relativ wenig bekannt ist allerdings, wie sich die Übersetzung von gedanklichen Inhalten in sprachliche Strukturen gestaltet. Darauf weisen auch Galbraith, van Waes & Torrance (3) hin: „One of the notable features of writing research to date is that it has been primarily concerned with the higher level hinking processes, and has paid relatively little attention to the basic processes involved in translating thought into visual form." Berninger & Swanson (1994) legten eine angepasste Form des Modells von Flower und Hayes vor, das sich insbesondere durch die Ausdifferenzierung der Formulierungsphase auszeichnet und dadurch gerade für Kinder im Erwerbsprozess angemessener ist. Das Modell von Berninger & Swanson (1994) ist für die vorliegende Studie von besonderem Interesse, da sie als Teil des Schreibprozesses die Ausformulierungsphase untersucht und analysiert, in welchen Produktionseinheiten (vgl. zu den Schreibsalven Kap. 8.1.2) Kinder ihre Texte verfassen. Berninger & Swanson (1994) differenzieren nun genau dieses Ausformulieren in zwei Teilprozesse: Die *text generation* bezeichnet das Transformieren von Ideen in sprachliche Strukturen im Arbeitsgedächtnis und die *transcription* übersetzt diese in geschriebene Symbole (Berninger & Swanson 1994: 58).

Eine Differenzierung des Verschriftens von kognitiven Inhalten leistet ebenfalls die Modellierung von Berninger & Winn (2008). Um das Schreiben von Kindern abbilden zu können, entwickelten die Autoren auf der Basis von Studien zu Kindern auf der Primarschulstufe ein Modell mit der etwas umständlichen Bezeichnung *the-not-so-simple view of writing* (vgl. Abb. 4.1): *Tran-*

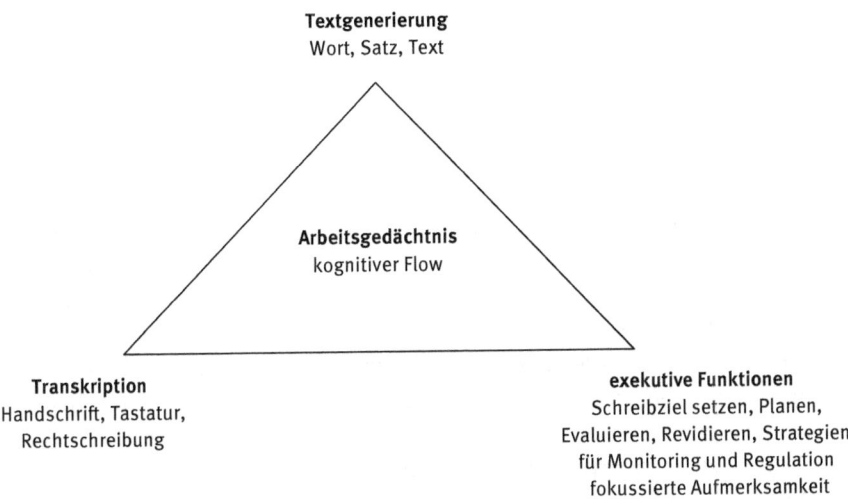

Abb. 4.1: The-not-so-simple view of internal functional writing system (Berninger & Winn 2008, deutsche Version übernommen aus Schneider et al. 2013: 35).

skription und *exekutive Funktionen* beschreiben darin Subprozesse, während *Textgenerierung* die Ebene bezeichnet, auf der sich die Subprozesse abspielen. Dem Arbeitsgedächtnis wird eine Funktion als eine Art Flaschenhals zugeschrieben (Schneider et al. 2013: 34), was heisst, dass es für alle Schreibprozesse eine sehr bedeutende Rolle spielt.

Abbildung 4.1 zeigt die Zweiteilung der Textgenerierung, die zwischen der Transkription und den exekutiven Funktionen unterscheidet. Beachtenswert ist daran in Hinsicht auf die Konzeptualisierung der empirischen Untersuchung für die vorliegende Arbeit die Ausgliederung der Rechtschreibung als Teilbereich der Transkription, während das Verfassen von Wörtern, Sätzen und Texten einer hierarchiehöheren Ebene, der Textgenerierung, zugeordnet wird. Das Modell von Berninger & Winn (2008) beruht u. a. auf neurologischen Erkenntnissen und überhaupt auf einer Vielzahl von Studien zu Aspekten des Schreibprozesses. Die von ihnen vorgenommene Zuteilung der einzelnen Aktivitäten begründen sie dann auch ausführlich und sie soll hier auch nicht kritisiert werden. Dennoch erstaunt diese Trennung der Orthographie von anderen sprachlichen Teilbereichen vorerst. Im empirischen Teil der Arbeit wird sich zeigen, ob sich dieser Bereich tatsächlich anders verhält als etwa die Grammatik oder die Lexik (vgl. dazu Kap. 11.4.3).

Modelle, die die Ontogenese eines Textes in Teilschritte zerlegen, haben nicht nur eine analytische Funktion, sondern auch einen Nutzen für die Sprachförderung. Es liegt empirische Evidenz dafür vor, dass Schreibstrategien, also einzelne Prozessaspekte, wie sie in den Modellen abgebildet werden, wirksam vermittelt werden können: Einen positiven Effekt weisen etwa Graham & Perin (2007a) in ihrer Metastudie nach, wobei sich die berücksichtigten Studien im Besonderen auf die Teilprozesse des Planens und teilweise des Revidierens beziehen. Insbesondere Kinder mit Schreibschwierigkeiten scheinen von der expliziten Vermittlung von Schreibstrategien zu profitieren. Ein beachtenswertes Ergebnis empirischer Studien liegt darin, dass das Beobachten von Schreibprozessen einen positiven Effekt auf die eigenen Texte hat (Schneider et al. 2013: 51, vgl. dazu auch Fidalgo, Torrence & van den Bergh 2011). Das Beobachten von Schreibvorgängen und Schreibstrategien wirkt also über den reflexiven Zugang auf die Schreibkompetenz ein. Beobachten hat dabei immer mit dem Bewusstmachen von Sprachproduktionsvorgängen zu tun; über den expliziten Zugang zu Schreibvorgängen wird also die Schreibkompetenz gefördert (vgl. dazu auch Fayol 2012: 28–29 und das kooperative Schreiben[18], das er mit Kindern nutzte).

4.3 Zusammenfassung Kapitel 4

> „i dänke efach vo de
> regle här wony kenne"
> Datenkorpus,[19] Schüler 6ml4

Während unter der *Soziogenese* und der *Ontogenese* des Schreibens in Kapitel 3 die Entfaltung sprachlicher Fertigkeiten unter einem sozialen und einem individuellen Gesichtspunkt thematisiert und insbesondere auch die gegenseitige Bedingtheit beider Dimensionen hervorgehoben wurde, beleuchteten die vorangehenden Ausführungen die Schriftsprachaneignung aus einer anderen Perspektive. Sie zeichneten die Akzentverschiebung in der Forschung weg von der exklusiven Konzentration auf den Text als Produkt hin zum Schreibvorgang als Problemlöseprozess nach. Auch in dieser kognitiv-psychologisch ausgerichteten Perspektive auf die Schriftsprachkompetenz spielen soziale wie individuelle Aspekte eine Rolle: Flower & Hayes (1981) haben in ihr breit rezipiertes Modell des Schreibprozesses sowohl die einzelnen Handlungsschritte, die ein Individuum während des Schreibens vollzieht, als auch kontextuelle

---

18 Der Vorteil kooperativen Schreibens liegt mitunter gerade im Explizieren von einzelnen Handlungsschritten.
19 Der Ausschnitt stammt aus einem Gesprächstranskript aus dem Datenkorpus, das in der vorliegenden Studie die Grundlage für die Auswertungen zum explizierten Sprachwissen der Kinder bildet.

Komponenten integriert. Zu den Handlungsschritten gehören die Planung (*planning*), das Übersetzen in Sprache (*translating*) sowie das fortlaufende Revidieren (*reviewing*). So wegweisend und erhellend psychologische Modellierungen des Schreibprozesses für die Forschung waren; gerade das Modell von Flower & Hayes (1981) – seit seinem Erscheinen mehrfach modifiziert – fokussiert Schreibhandlungen erfahrener Schreiber und eignet sich für die Modellierung kindlicher Erwerbsprozesse nur bedingt. Berninger & Winn (2008) leisteten hier wie aufgezeigt eine Differenzierung: Wertvoll ist sie im Zusammenhang mit der vorliegenden Studie einerseits darum, weil das Modell aufgrund von Studien zur Schriftsprachaneignung von Primarschulkindern entwickelt wurde. Andererseits fokussiert es genau den Teilbereich des Schreibprozesses, der in der empirischen Untersuchung zu den Schreibsalven (vgl. Kap. 8.1.2 und 11.1.3) im Zentrum steht, nämlich den Übergang von kognitiven Inhalten in konkrete sprachliche Strukturen. Berninger & Winn (2008) unterteilen die Textgenerierung, also das Generieren von Wörtern, Sätzen und Texten in exekutive Funktionen einerseits und die Transkription andererseits. Ersteres umfasst speziell Planungs- und Revisionsaspekte, während der Transkription neben dem Medium (Tastatur, Handschrift) auch die Orthographie zugerechnet wird.

Für die vorliegende Studie ist die Akzentverschiebung hin zu Prozessaspekten des Schreibens ebenso zentral wie die methodischen Neuerungen insbesondere im Bereich der computergestützten Erhebung von Schreibprozessen, die sich durch sie ergaben. Die Studie lenkt den Blick auf die *Versprachlichung* von kognitiven Wissensbeständen, auf den Teilprozess des Schreibens also, der durch *Keystroke Logging* sichtbar gemacht werden kann. Es stellt sich die Frage, welche sprachlichen Strukturen Kinder generieren und dann zu Papier bringen, respektive was für Einheiten diese Strukturen darstellen – worin sich also dieser Teilprozess des Schreibens konkret ausdrückt. Für die im Prozess identifizierten Grössen, z. B. Schreibsalven, darf vor dem Hintergrund der präsentierten Modelle auch eine kognitive Relevanz angenommen werden.

5 Grundlagen und Formen der Sprachbetrachtung

Im Zusammenhang mit der sozialen und individuellen Dimension des Schreibens (vgl. Kap. 3) wurde die Bedeutung von Sprache als Wissenssystem angesprochen und in Bezug auf sprachliche Normen diskutiert. Sprachproduktion geht immer mit (implizitem oder explizitem) Sprachwissen in Form von sprachlichen Normen mit unterschiedlichem Abstraktheitsgrad einher. Das folgende Kapitel knüpft an diesen Aspekt an und geht einen Schritt weiter in der Modellierung dieses sprachlichen Wissens. Es thematisiert dabei grundlegende Kategorien aus der Sprachwissenschaft und geht weiter auf unterschiedliche Konzeptualisierungen von Sprachwissensvoraussetzungen ein. Gleichzeitig zeigt es die Rolle metasprachlicher Kompetenzen für die Schriftsprachaneignung auf. Die Auswahl der im Folgenden diskutierten Konzepte orientiert sich stark an deren Nutzen für einen empirischen Zugang zur metasprachlichen Kompetenz.

5.1 Zweidimensionalität und Doppelfunktionalität der Sprache

„Ohne die Sprache würde alles ins Chaos stürzen, weil man nichts versteht. Nicht weiss, was man tun und lassen soll. Daher ist die Sprache unerklärbar."[20] Diese schriftliche Äusserung stammt von einem Jungen einer 6. Primarschulklasse. Er beschreibt Sprache darin als etwas *Unerklärbares* und ortet die Gründe für diese Unerklärbarkeit in der absoluten Unverzichtbarkeit der Sprache als Mittel der Kommunikation und der Handlungsanleitung. Was genau er selber mit dieser Attribuierung meint, bleibt eine Frage der Interpretation und geht nicht deutlicher aus seinen Ausführungen hervor. Sie trifft die Rolle, die der Sprache – präziser: dem Sprechen- und Schreiben-Können – in der Gesellschaft zukommt, aber mit beachtenswerter Präzision. Der Kommentar kann zudem gelesen werden als Verweis auf eine der Sprache inhärente Qualität, die linguistisch mit den Fachtermini der *Doppelfunktionalität* und der *Autoreferen-*

---

[20] Das Zitat von Schüler 6mba12 ist einem Fragebogen entnommen, der in der vorliegenden Studie für die Erhebung sozialer Daten eingesetzt wurde. Die entsprechende Aufgabe – die Kinder waren angehalten, einem ausserirdischen Wesen die menschliche Sprache zu beschreiben und zu erklären – diente den Kindern als Schreibanlass, nachdem sie den Bogen ausgefüllt hatten, eine Auswertung der Antworten war daher nicht vorgesehen.

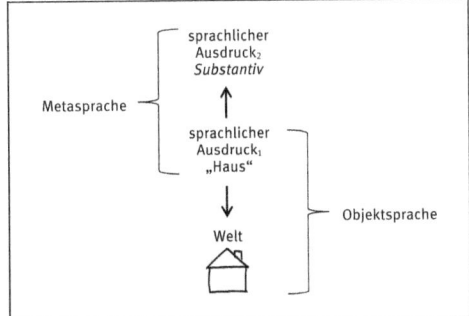

Abb. 5.1: Doppelfunktionalität von Sprache (übernommen aus Bredel 2007: 26).

tialität gefasst wird: Das Mittel, mit dem metasprachlich über etwas kommuniziert wird, ist das gleiche wie der ‚Gegenstand', über den gesprochen wird. Die Sprache hat damit eine doppelte Funktion.

Die menschliche Sprache zeichnet sich durch ihre Zweidimensionalität aus: Zeichenbedeutungen und Verknüpfungsregeln weisen jeweils eigene Gesetzmässigkeiten auf. Sie verändern sich über die Zeit hinweg und sind damit dem Sprachwandel unterworfen. Gleichzeitig enthalten sie ein Potenzial zur selbstreflexiven Bezugnahme und zur Sprachbetrachtung. Letztere umfasst einerseits Tätigkeiten des expliziten Kommentierens von Sprachlichem, andererseits aber auch implizite Tätigkeiten wie die Durchführung sprachlicher Operationen, wie sie beispielsweise beim Abwägen verschiedener Formulierungen beim Schreiben zum Ausdruck kommen (Bredel 2007: 23). Der tatsächliche Sprachgebrauch und das konkrete sprachliche Handeln werden also von Aktivitäten der Sprachbetrachtung und Sprachreflexion begleitet. Die terminologische Fassung der beiden Dimensionen, des sprachlichen Handelns und der metasprachlichen Reflexion, führte in der Forschung zu verschiedenen gebräuchlichen Begriffsdichotomien, die insgesamt ein unübersichtliches Bild dessen ergeben, was unter Sprachhandeln und Sprachreflexion verstanden wird. In der Sprachwissenschaft hat sich – neben anderen Bezeichnungen für diese Dimensionen – die Differenzierung zwischen *Objektsprache* und *Metasprache* etabliert. Bußmann & Gerstner-Link (2002: 433) definieren *Metasprache* als „Sprache zweiter Stufe (auch: Beschreibungssprache), mittels der die natürliche Sprache (auch: Objektsprache) beschrieben wird". Die Abgrenzung von Objekt- und Metasprache sei eine beim Sprechen über Sprache notwendige Unterscheidung verschiedener Aussagestufen (Bußmann & Gerstner-Link 2002: 480).

Diese Unterscheidung zwischen Meta- und Objektsprache ist nicht trennscharf möglich: Das begriffliche Gegensatzpaar umfasst in der Realität ein Kontinuum, an dessen Enden sich wohl eindeutige Merkmale von Objekt- und Metasprache ansiedeln lassen, das sich aber insbesondere durch einen fehlenden Substanzunterschied zwischen den beiden Polen auszeichnet, wie Abbildung 5.1 visualisiert: Das Lexem *Haus* wird in objektsprachlichen Äusserungen (*Wir sind in ein Haus gezogen.*) und in metasprachlichen Kommentaren (*Das Substantiv Haus[21] schreibt man aber gross.*) gleichermassen verwendet, und zwar auch im alltäglichen Sprachgebrauch. Laut Andresen & Funke (2006: 438) sind gerade in der Alltagskommunikation Meta- und Objektsprache miteinander verflochten. Das gilt im Besonderen für die psycholinguistische Definition des Begriffs *Metasprache*, die breiter ist, als die linguistische Abgrenzung, wie Gombert (1990: 15) präzisiert:

> Linguistiquement parlant, est métalinguistique tout ce qui a trait à la métalangue. Autrement dit, le linguiste dépistera « le métalinguistique » en identifiant dans des productions verbales des marques linguistiques traduisant des processus d'autoréférenciation (utilisation du langage pour référer à lui-même), le psychologue quant à lui cherchera dans le comportement (verbal ou non) du sujet des éléments qui lui permettront d'inférer des processus cognitifs de gestion consciente (de réflexion sur, ou de contrôle délibéré), soit des objets langagiers en tant que tels, soit de leur utilisation. (Gombert 1990: 15)

Sprache hat also, wie das Beispiel mit dem Substantiv *Haus* zeigt, die doppelte Funktion der Objektsprache und der Metasprache. Metasprachliche Äusserungen zeigen zudem ihre Autoreferentialität auf: Sprache wird verwendet, um über Sprache zu sprechen. Die Autoreferentialität und die Doppelfunktionalität der Sprache bilden die Grundvoraussetzung und das Mittel für die metasprachliche Verständigung. Darüber hinaus ist aber für Untersuchungen der (meta)sprachlichen Entwicklung wichtig, wie sich das Zusammenspiel von Sprachhandeln und Sprachwissen gestaltet (vgl. Kap. 3.2.3). Metasprache ist die Voraussetzung dafür, über Sprache zu reflektieren und zu sprechen, und damit die Basis von Grammatik- und Normkonzeptionen. Braucht es sie aber auch, um gut zu schreiben und zu sprechen? Wann geht die Metasprache der Objektsprache voraus und wann ist das umgekehrt? Im Hinblick auf Erwerbsfragen betonen Andresen & Funke (2006) das Ineinanderspielen von Objekt- und Metasprache und warnen vor der Annahme einer Erwerbsreihenfolge in der Aneignung dieser beiden Arten des Sprachgebrauchs und des Sprachwissens. Gleichzeitig problematisieren sie Begriffsdichotomien, die die Möglichkeit einer Abgrenzung zwischen zwei Bereichen suggeriere:

---

[21] Formale Auszeichnungen dieser Art, wie sie in schriftlichen, speziell in wissenschaftlichen, Texten gebräuchlich sind, markieren die metasprachliche Verwendung von Termini. In der Mündlichkeit hingegen wird ein Substanzunterschied nicht markiert.

> Theoretische Überlegungen zur Entwicklung von sprachlichem Wissen und sprachlicher Bewusstheit sind in den letzten Jahrzehnten durch Begriffsdichotomien wie implizites und explizites, unbewusstes und bewusstes, prozedurales und deklaratives Wissen beherrscht worden [...]. Wenn man sich auf solche Unterscheidungen verschiedener Kategorien von Wissen konzentriert, so führt das leicht dazu, Sprachproduktion und -perzeption zugrunde liegendes Wissen einerseits und metasprachliches Wissen andererseits statisch einander gegenüberzustellen und dabei zu vernachlässigen, dass in der sprachlichen Handlungspraxis Sprachproduktion/-rezeption und Thematisierungen von Sprache gemeinsam auftreten. Somit besteht die Gefahr, die Entstehung solcher verschiedenen Kategorien sprachlichen Wissens als ein striktes Nacheinander zu konzipieren, was insbesondere für theoretische Ansätze gilt, die die Bedeutung des Schriftspracherwerbs für die Entstehung von Sprachbewusstheit[22] betonen[.] (Andresen & Funke 2006: 439)

Die Autoren weisen damit darauf hin, dass die Aneignung einer Metasprache Teil des sprachlichen Erwerbsprozesses ist. Zwischen Sprachhandeln und Sprachwissen besteht keine unidirektionale Verbindung in der Art, dass Individuen beim Produzieren sprachlicher Äußerungen auf vorhandenes Wissen zurückgreifen; Sprachwissen also dementsprechend erworben werden muss, um angemessene sprachliche Äußerungen zu realisieren. Gebrauchsbasierte Ansätze betonen aus diesem Grund die Rückwirkung des Sprachhandelns auf das Sprachwissen. Sie modellieren metasprachliches Wissen nicht nur als Ressource, sondern gleichfalls als Ergebnis des Sprachgebrauchs, wie in Kapitel 6 ausführlich gezeigt wird.

5.2 Bedeutung der Metasprache für die Sprachaneignung

Die Erforschung kindlicher Metasprache etablierte sich in den 60er und 70er Jahren des 20. Jahrhunderts (Stude: 64). Neben Notizen zur metasprachlichen Entwicklung von Kindern in einzelnen Tagebuchaufzeichnungen (vgl. für einen Überblick Wehr 2001) widmen sich vor dieser Zeit einzig die Arbeiten des Psychologen Vygotskijs aus den 1930er Jahren eingehend der Bewusstwerdung von Sprache. Zu einer würdigen Rezeption seines sozial-konstruktivistischen Ansatzes auch von westlich orientierten Wissenschaftlern kam es erst 1962 durch die Übersetzung seines Werks *Thought and Language*. Seine Konzeption von der frühen kognitiven Entwicklung und der zentralen Bedeutung der sozialen Umwelt hat bis heute enormen Einfluss auf entwicklungspsychologische, sprachdidaktische und erziehungswissenschaftliche Theorienbildungen und Konzepte (Stude 2012: 65).

---

[22] Vgl. zur terminologischen Differenzierung zwischen Metasprache und Sprachbewusstheit/Sprachbewusstsein Kapitel 4.3.

Wissen über Sprache und Grammatikalitätsurteile bildeten einen zentralen Untersuchungsgegenstand im Rahmen des generativen Paradigmas. Sie wurden als Ausdruck der dem Sprachgebrauch zugrundeliegenden Kompetenz gewertet. Kritiker Chomskys hingegen stellen einerseits dessen Kompetenzbegriff und andererseits die Annahme in Frage, dass Grammatikalitätsurteile valide Indikatoren für metasprachliche Kompetenzen darstellen. Psycholinguistische Untersuchungen kommen denn auch zum Schluss, dass Urteile über die Grammatikalität von Sätzen auf sprachlicher Performanz beruhen und durch Performanzfaktoren ebenso beeinflusst werden können wie andere sprachliche Aktivitäten (Bußmann & Gerstner-Link 2002: 615). Während sich die generative Transformationsgrammatik für die sprachlichen Intuitionen als Hinweise auf eine dahinterliegende Kompetenz interessierte (Bußmann & Gerstner-Link 2002: 615), beschäftigten sich andere Forschungsrichtungen mit metasprachlichen Kompetenzen denn auch aus angewandter, didaktischer und pädagogischer Perspektive: So wurde die aus Großbritannien kommende *language awareness*-Konzeption aus dem Anliegen entwickelt, „eine Brücke zwischen dem muttersprachlichen und fremdsprachlichen Unterricht zu schlagen. Sie ist im Sinne eines Wissens über Sprache stärker ganzheitlich, soziolinguistisch und auch politisch-gesellschaftlich orientiert" (Eichler & Nold 2007: 65). Unter Fokussierung auf die phonologische Bewusstheit, einem Konzept, das in den 1980er Jahren entwickelt wurde, um frühe Lese- und Schreibfertigkeiten zu fördern (Schneider et al. 2013), wurde vor allem untersucht, ob die Fähigkeit zur Segmentierung gesprochener Sprache in ihre Laute eine Voraussetzung für den Erwerb alphabetischer Schriften ist (Rickheit, Sichelschmidt & Strohner 2002: 136–137; Roos & Schöler 2009: 11–13; Wehr 2001: 68 und S. 107; Hartmann 2002; Weingarten 2001: 212–213; Gombert 1990). Korrelations- und Trainingsstudien deuten insgesamt auf einen engen Zusammenhang zwischen dem Schriftspracherwerb und phonologischer Bewusstheit hin: Sie identifizieren den genannten Teilbereich sprachlicher Bewusstheit als Prädiktor für Leistungen im Lesen und Schreiben (Stude 2012: 67). Allerdings ist einzuräumen, so Stude (2012: 68),

> dass die phonologische Bewusstheit zwar den am gründlichsten untersuchten Teilbereich innerhalb des Forschungszweigs darstellt, jedoch kaum bis gar nicht an ein explizites Thematisieren sprachlicher Einheiten gekoppelt sind. D. h. es ist berechtigt zu fragen, inwiefern hier überhaupt von einem Teilbereich metasprachlicher Fähigkeiten gesprochen werden sollte und worin die Gründe liegen, dass sich der Forschungszweig so stark auf diesen Teilaspekt sprachlicher Bewusstheit verengt hat.

Forschungen zur phonologischen Bewusstheit finden insbesondere in der sprachheilpädagogischen Arbeit Anwendung. In der Logopädie spielen die Psychometrie und die Entwicklung möglichst präziser Verfahren zur Sprachstandsbestimmung und zur Diagnose pathologischer Erwerbsverläufe eine herausragende Rolle, während moderne Didaktiken den reflexiven Zugang zur Sprache fordern und fördern.[23] Sie sind dabei nicht auf Sprachstandsmessungen ausgerichtet, sondern zielen eher im Gegenteil darauf ab, die Kinder ausgehend von ihrem je individuellen Entwicklungsstand zu fördern, indem sie ihnen einen reflexiven Zugang zu Sprache und zur eigenen Sprachkompetenz ermöglichen. Die unterschiedlichen Modellierungen des Forschungsgegenstandes finden ihren Ausdruck wie oben angesprochen in verschiedenen Begrifflichkeiten, insbesondere in Begriffsdichotomien. Empirisch wurden zudem unterschiedliche metasprachliche (Teil-)Kompetenzen untersucht. Diese Einzelkenntnisse stehen hingegen meist unverbunden nebeneinander. Eine kohärente Überblicksdarstellung des Erwerbs metasprachlicher Fähigkeiten fehlt daher nach wie vor. Begründet ist diese Heterogenität des Forschungszweigs neben der uneinheitlichen Bestimmung des Untersuchungsgegenstandes in den unterschiedlichen Sprachkonzeptionen, die den Untersuchungen zugrunde liegen (Stude 2012: 64).

Unbestritten ist in der Forschung, dass meta*kommunikative* Fähigkeiten in der Ontogenese bereits sehr früh eine Rolle spielen. Laut Bruner (1987) ist sie bereits Teil der Erwachsenen-Kind-Interaktion, bevor das Kind sprechen lernt (Bruner 1987; Andresen & Funke 2006: 438). Darüber, wann erste meta*sprachliche* Handlungen zu erwarten sind, ist sich die Forschung allerdings uneinig. Heute liegen stark voneinander abweichende und teilweise widersprüchliche Befunde vor zur Frage, zu welchem Zeitpunkt in der Ontogenese der Erwerb metasprachlicher Fähigkeiten anzusetzen ist. Das ist weitgehend auch darauf zurückzuführen, dass die unterschiedlichen Studien von unterschiedlichen Konzeptionen des Bereichs ausgehen. Vermutungen, dass das Gespräch über Sprache bereits im Vorschulalter einen zentralen Bereich der Sprache ausmacht, äusserte Jakobson bereits in den 1950er Jahren. Gestützt auf beobachtete Sprachkommentierungen sowie spielerische Manipulationen verweisen auch Forschungen Ende der 1970er Jahre auf das Vorhandensein metasprachlicher Fähigkeiten ab dem Kleinkind- und Vorschulalter. Ob spielerische Manipulationen als Indikatoren für metasprachliche Kompetenz zu werten sind, wenn sie Sprache ja nicht explizit zum Gegenstand machen, ist allerdings umstritten.

---

23 Vgl. etwa die Ausgabe von Grundschule Deutsch (2011) mit dem Titel *Nachdenken über Sprache* (darin speziell Andresen 2011). Didaktische Konzepte, die der Sprachreflexion gegenüber dem klassischen Grammatikunterricht den Vorzug geben, sowie Überlegungen zur wissenschaftlichen Auseinandersetzung mit dem Gegenstand wurden in den 1990er Jahren u. a. etwa von Werner Ingendahl, Theodor Diegritz, Albert Bremerich-Vos vorgeschlagen (vgl. dazu die Literaturnachweise in Riegler 2006).

5.3 Metasprache und Schriftsprachaneignung

Spätestens mit dem Eintritt in die Schule tritt neben das Bewusstsein, dass über Sprache gesprochen und reflektiert werden *kann*, ein weiterer Aspekt: Sprache wird *explizit* zum Gegenstand der (angeleiteten) Reflexion gemacht und ihre medial und schliesslich auch konzeptionell schriftliche Form wird durch gezielte Intervention gesteuert und gefördert. Konfrontiert werden Kinder im Verlauf der Grundschulzeit damit mit einer neuen Art von Sprachbetrachtung und Sprachwissen. Metasprachliches Reflektieren ist zwar auch mit der Sprachverwendung im mündlichen Kontext verbunden und setzt die Schriftlichkeit nicht voraus. Letztere hat allerdings das Potenzial, metasprachliches Denken zu stimulieren (Ehlich 2007: 25). Der Rolle metasprachlicher Aktivitäten und Fähigkeiten für die Aneignung der Schriftsprache wird im Folgenden nachgegangen.

5.3.1 Metasprache versus Sprachbewusstsein

So wie Objektsprache und Metasprache sich nicht trennscharf unterscheiden lassen, ermöglichen strukturelle Merkmale metasprachlicher Äusserungen noch keinen direkten Rückschluss auf metasprachliche Reflexion oder Kompetenz. „Wenn eine Äußerung strukturell gesehen – d. h. ihrem Inhalt und ihrer kommunikativen Funktion nach – als metasprachlich eingestuft werden kann, so zeigt ihr Auftreten nicht notwendigerweise an, dass die Kommunikationspartner wirklich Sprachliches als solches zum Gegenstand des Nachdenkens machen." (Andresen & Funke 2006: 439) Umgekehrt gilt ebenfalls, dass metasprachliches Sprechen nicht die Verwendung bestimmter Termini voraussetzt (Camps, Milian & Ribas 2000: 104; auf diesen Aspekt wird in Kapitel 5.1 unter dem Aspekt der Doppelfunktionalität der Sprache eingegangen). Der kognitive Aspekt metasprachlichen Sprechens muss darum vom strukturellen unterschieden werden, was vor allem im Zusammenhang mit der Schriftsprachaneignung und der damit verbundenen expliziten Auseinandersetzung der Kinder mit Sprache, wichtig ist. Damit kommt ein weiteres Konzept ins Spiel, das unter dem Begriff *Sprachbewusstsein*[24] terminologisch vom Begriff *Metaspra-*

---

[24] Alternativ dazu wird – etwa von Andresen & Funke (2006) – der Terminus *Sprachbewusstheit* verwendet. Laut Eichler & Nold (2007: 147) ist er speziell in der Fremdsprachenforschung gebräuchlich, während in der Soziolinguistik eher von *Sprachbewusstsein* gesprochen werde. Terminologisch wird in der vorliegenden Studie nicht zwischen den beiden Begriffen unterschieden. Da sich eine Einschränkung auf einen der Termini aufgrund der zitierten Modelle nicht anbietet, werden sie synonym verwendet.

che abzugrenzen ist: *Sprachbewusstsein* definieren Bußmann & Gerstner-Link (2002: 615) als Synonym für *language awareness* (vgl. Kap. 5.2 und 5.3) oder *metasprachliche Fähigkeit* als Wissen über Sprache respektive Fähigkeit zu metasprachlichen Urteilen über sprachliche Ausdrücke. Andresen & Funke (2006: 439) fassen unter *Sprachbewusstheit* die Bereitschaft und Fähigkeit zusammen, „sich aus der mit dem Sprachgebrauch in der Regel verbundenen inhaltlichen Sichtweise zu lösen und die Aufmerksamkeit auf sprachliche Erscheinungen als solche zu richten." Von *metasprachlichem Wissen* hingegen kann ihnen zufolge erst gesprochen werden, „wenn sprachliche Kenntnisse in unterschiedlichen Kontexten zugänglich sind" (Andresen & Funke 2006: 439). Während sich also der Terminus *Metasprache* in der genannten Definition auf die Sprache als ‚Material' bezieht, meint demgegenüber *Sprachbewusstsein* eine menschliche *Qualität*. Die Begriffe zielen damit auf inhaltlich ganz unterschiedliche Konzepte ab.

Als eine der ersten systematischen Darstellungen des Konstrukts Sprachbewusstheit bei jüngeren Kindern ist die Arbeit von Clark (1978) zu nennen, die davon ausgeht, dass die Sprachbewusstheit eine essentielle und integrale Rolle in der Sprachentwicklung spielt und mit dieser zusammen auftritt. Sie nimmt an und diskutiert etwa anhand von spontanen Selbstkorrekturen, dass das Bewusstsein über Sprache mit dem kindlichen Erwerb von Beginn an einhergehe und für diesen eine Voraussetzung sei. Der Ansatz von Clark wurde von Andresen (1985) einer grundlegenden Kritik unterzogen. Kritisiert wurde Clark insbesondere aufgrund der weiten Begriffsauffassung metasprachlichen Handelns, woraus das Zusammenfassen sehr heterogener Phänomene unter einen Begriff resultiert. Als umstritten gilt zudem die Interpretation frühkindlicher Selbstkorrekturen als Anzeichen bewusster metasprachlicher Aktivität:

> Die Selbstkorrekturen, über die Clark berichtet, sind nicht mit Äußerungen <u>über</u> Sprache verbunden, weshalb es hier besonders problematisch erscheint, von metasprachlichen Handlungen zu sprechen. Auf der anderen Seite zeigen sie doch Sprachbewußtheit an, nämlich das Erkennen, daß die produzierten Formen Normverstöße aufweisen. (Andresen 1985: 81, Hervorhebung im Original)

Andresen nimmt hier eine Differenzierung zwischen Sprachbewusstheit und metasprachlichen Handlungen vor: Das Unterscheidungsmerkmal macht sie im Grad der Bewusstheit aus, in der Sprachliches zum Gegenstand der Äusserung wird: Sprachbewusstheit liegt vor, wenn Normverstösse bemerkt oder zumindest vermutet werden; ihre Korrektur hat laut Andresen aber noch nicht zwingend den Charakter metasprachlichen Handelns. Andresen geht mit Clark einig in der Vermutung, dass Kinder sich ihrer selbst versichern, indem sie das Sprachsystem durch Spielereien und Variation ausprobieren und auf diesem Wege Regeln erschliessen. Als äusserst problematisch weist sie die Annahme zurück, „daß dieses Üben ein Zeichen besonderer Bewußtheit sei" (Andresen 1985: 92). Die Annahme basiert auf der These, dass Kinder diejenigen Teile der Grammatik spielerisch variieren, an denen sie intensiv und bewusst arbeiten, was weiter bedeuten könnte, dass sie sich in einem bestimmten Erwerbsstadium eines bestimmten Grammatikbereichs oder einer bestimmten Regel bewusst sind, dieses Bewusstsein aber später zu unbewusstem Wissen wird. „Demnach wäre das unbewußte (intuitive) Sprachwissen, welches nach Vygotskij im Schulunterricht bewußt gemacht wird, in einer früheren Phase des Spracherwerbs bereits einmal bewußt gewesen." (Andresen 1985: 92) Da spontaner Spracherwerb nicht durch explizite verbale Anweisungen gesteuert werde und kein abfragbares Wissen über sprachliche Zeichen, Regeln und Verhaltensweisen produziere, sei es hingegen nicht plausibel, „eine bewußte Kontrolle von Sprache im Stadium des Erwerbs mit späterem Absinken auf die Ebene der Unbewußtheit anzunehmen" (Andresen 1985: 93). Gleichermassen kritisch äussert sich Andresen dazu, dass Clark Selbstkorrekturen als Indiz für Sprachbewußtheit wertet. Sie setzt dem die These entgegen, „daß Selbstkorrekturen zwar bewußt vorgenommen werden können, daß Bewußtheit jedoch nicht die Voraussetzung dafür ist" (Andresen 1985: 94).

Andresen (1985) leistete mit ihrer unter dem Titel *Schriftspracherwerb und die Entstehung von Sprachbewusstheit* publizierten Arbeit einen wesentlichen Beitrag zur Entwicklung eines theoretischen Ansatzes, um das Verhältnis der Schriftsprachaneignung und der Entstehung von Sprachbewusstheit zu klären. Sie beschreibt die Sprachentwicklung als Prozess von einer maximalen Verschränkung sprachlicher und nicht-sprachlicher Handlungen hin zur Aneignung (sprachlicher) Mittel, die fortschreitend eine Verselbständigung sprachlicher Handlungen ermöglichen. Zu Beginn ist das Zeigefeld (Bühler 1934)[25] bestimmend, verbale Äußerungen sind formal wenig differenziert und bedürfen der nonverbalen Stütze. Parasprachliche Mittel wie Gestik und Mimik bilden zusammen mit den sprachlichen eine Einheit. Wenngleich das auch für Gespräche unter Erwachsenen zutrifft, für die nonverbale Handlungen zum Verständnis häufig unverzichtbar sind, haben diese doch – im Gegensatz zu

---

[25] Sprachliche Zeichen erlangen ihre Bedeutung laut Bühler (1934) erst durch das sprachliche Handeln und können jeweils nur situationsgebunden verstanden werden. Ein Beispiel dafür ist etwa die Verwendung der Partikel *hier* in einer Äußerung: Dies kann nur verstanden werden, wenn aufgrund der kommunikativen Situation klar ist, welcher Ort damit gemeint ist. Die von Bühler in seinem sozialpsychologischen Zeichenmodell unternommene Trennung zwischen Zeichen des Zeige- und Zeichen des Symbolfeldes etablierte in der Sprachwissenschaft einen wichtigen Forschungsbereich, der pragmatische Aspekte von Texten in den Blick nimmt (Heinemann & Heinemann 2002, S. 33). Gleichzeitig markiert sie in der Ontogenese schriftsprachlicher Handlungsfähigkeiten verschiedene zentrale Aneignungsetappen.

den Kindern – die Fähigkeit, bei Bedarf Äusserungen zu formulieren, die ohne Situationsbezug verständlich sind (Andresen 1985: 76–77). Das Symbolfeld der Sprache (Bühler 1934) erschliesst sich den Kindern erst im Verlauf der Ontogenese.

Aufgrund der intensiven Beschäftigung mit metasprachlichen Äusserungen im kindlichen Spiel nimmt Andresen (1985) für die Beschreibung des Konstruktes *Sprachbewusstheit* eine terminologische Differenzierung vor. Sie unterscheidet zwischen den Begriffen *Sprachreflexion, aktueller Bewusstwerdung* und *eigentlicher Bewusstwerdung* in folgender Hinsicht: *Sprachreflexion* definiert Andresen als jede Art von Nachdenken über Sprache und den sprachlichen Ausdruck davon. *Aktuelle Bewusstwerdung* meint ein Phänomen des aktuellen Redeaktes, der durch das Modell der Sprachfähigkeit abgebildet wird. Einzelne Einheiten verschiedener hierarchisch angeordneter Ebenen können aus dem Redefluss ausgegliedert und als isolierte Bestandteile betrachtet werden. Diese Ausgliederung wird etwa ausgelöst durch unvorhergesehene Ereignisse wie Verständigungsschwierigkeiten oder Normverstösse, „die zur Folge haben, daß die Konzentration von der Intention und dem Handlungsziel, auf die sie normalerweise gerichtet ist, vorübergehend abgezogen wird" (Andresen 1985: 102). Von *eigentlicher Bewusstwerdung* ist nach Andresen dann zu sprechen, wenn „die eigene psychische (sprachliche) Tätigkeit zum Erkenntnisobjekt, dadurch verallgemeinert und willkürlicher Steuerung zugänglich wird" (Andresen 1985: 102). Sie sei immer mit einer bestimmten Explizitheit und mit der Aneignung wissenschaftlicher Begriffe, d. h. mit dem Aufbau eines systematischen Gefüges von Begriffsrelationen, verbunden (Andresen 1985: 102). Der Operation der Ausgliederung kann aufgrund ihres prozesshaften Charakters und den potentiell metasprachlichen Qualitäten eine Brückenfunktion zukommen zwischen der Sprachbeherrschung und Reflexion über den Gegenstand *Sprache* (Holle 1999: 65).

Die Unterscheidung verschiedener Bewusstheitsgrade durch Andresen verdient insbesondere darum Beachtung, weil die Gegenüberstellung von implizitem und explizitem Wissen ohne feinere Präzisierung zugunsten eines differenzierteren Modells aufgegeben respektive modifiziert wird. Auf diese Differenzierung wird im folgenden Kapitel eingegangen. Eine Schwachstelle ist allerdings die fehlende empirische Überprüfung des Modells. Da die Arbeit Andresens explizit als theoretischer Beitrag konzipiert ist, soll damit nicht die Modellierung kritisiert, sondern auf die offene Frage hingewiesen werden, wie die unterschiedlichen Arten von Sprachbewusstheit und Sprachwissen operationalisierbar sind. Die Frage, die sich an den Vorgang des Ausgliederns stellt, ist die, was genau ausgegliedert wird. Wie sind die Strukturen zu nennen, die betrachtet und durch diesen Betrachtungsprozess aus ihrem Kontext ausgegliedert werden?

5.3.2 Einheiten metasprachlicher Reflexion

Um sprachliche Grössen zu benennen, die von Kindern metasprachlich reflektiert und kommentiert werden, bedienen sich viele Schulgrammatiken beim Inventar linguistischer Kategorien, die – wie etwa für die Wortarten – auf der lateinisch-griechisch basierten Grammatikkonzeption fussen. Es besteht hingegen berechtigter Zweifel daran, ob damit tatsächlich Grössen gefasst werden, die für die metasprachliche Reflexion (und nicht nur für die systematische Sprachbeschreibung) relevant und dem kindlichen Sprachaneignungsprozess angemessen sind. Andresen (1985: 98) weist darauf hin, dass den Sprechern und Hörern die pragmatische und die semantische Dimension der Sprache relativ gut zugänglich seien. Wenn aber

> Einheiten tieferliegender Ebenen aus dem Redezusammenhang isoliert werden, dann sind es zunächst solche des Modells der Sprachfähigkeit [...], die nicht identisch sind mit linguistischen Einheiten. Die Fähigkeit, linguistische Elemente identifizieren zu können, setzt einen eigenen Erkenntnisakt voraus, der in besonderen Lernprozessen angeeignet werden muß und den Wygotski als eigentliche Bewußtwerdung bezeichnet [.] (Andresen 1985: 98, Hervorhebung im Original)

Andresen schliesst daraus auf die Notwendigkeit, einen Terminus in die Diskussion einzubringen, die für die Bezeichnung der metasprachlich ausgezeichneten Strukturen geeigneter ist als linguistische Begriffe. Im Anschluss an Leontev schlägt sie vor, für die Kinder metasprachlich relevante Kategorien nicht als *Wörter*, sondern als *Quant*-Wörter und nicht als *Sätze*, sondern als *Quant*-Sätze zu definieren. Das Präfix *Quant*- markiert die Zugehörigkeit der Kategorien zu psycholinguistischen Tätigkeiten, wie Ossner 1989: 32 treffend resümiert: Es handelt sich bei den *Quant-Sätzen*

> nicht um Sätze, sondern um Äußerungen, also um eine **intentional und nicht um eine formal zu beschreibende Ausdruckseinheit**, unter *Quantwörtern* sind Ausdruckseinheiten gefaßt, die sich auf **Wahrnehmungseinheiten** und nicht auf isolierte Denotate beziehen. Ein Quant-Wort ist demnach ein *runder Tisch* und nicht nur *Tisch*. Die Silbe kommt als – kleinste – Einheit vor, nicht nur, weil sie sich zu außersprachlichen Tätigkeiten (Stampfen, Klatschen etc.) leicht parallelisieren läßt, sie ist auch Träger der Satzprosodie (Akzent, Rhythmus, Ton, Intonation) und damit des emotionalen Gehalts. [...] Es handelt sich also um **pragmatische Einheiten, die keine mit linguistischen Operationen ermittelbare Größe haben.** Sofern es zur Ausbildung einer Begrifflichkeit kommt, handelt es sich nie um eine systematische, sie hat lediglich eine vorübergehende, instrumentelle, auf den augenblicklichen Zusammenhang bezogene Funktion. (Ossner 1989: 32, Hervorhebungen PS)

Andresen trennt damit das Modell der Sprachfähigkeit vom Modell der Sprache: Im Modell der Sprachfähigkeit kommen Einheiten wie Silben (als Grundeinheit des motorischen Redeprogramms), *Quant*-Wort und *Quant*-Satz vor. Diese *Quant*-Einheiten zeichnen sich durch ihre Nähe zu linguistischen Einheiten aus, weisen aber nicht deren Ausdifferenzierung auf. Das Modell der Sprache wiederum besteht aus linguistischen Einheiten und linguistischen Termini. Beachtenswert am Ansatz Andresens (1985) ist folgendes: Sie lenkt den Fokus auf Entitäten, die nicht aus dem linguistisch beschriebenen Sprachsystem ableitbar sind, sondern erst und gerade dadurch zu einer Einheit werden, dass die Kinder sie als solche wahrnehmen. Dieser Grundgedanke ist eng verknüpft mit dem Blick auf die Sprache als *Sprache im Gebrauch* und auf die *kognitive und psycholinguistische Relevanz* bestimmter sprachlich emergenter Strukturen. Quant-Einheiten sind – wenn auch terminologisch noch gebunden an linguistisch definierte Grössen wie *Wort, Satz* etc. – vergleichbar mit Konstruktionen oder literalen Prozeduren, wie sie in der aktuellen (Schrift-)spracherwerbsforschung diskutiert werden. Auch wenn sie als solche bei Andresen nicht den definitorischen und sprachtheoretischen Rahmen haben, der ihnen in der Konstruktionsgrammatik zukommt, geht Andresen von metasprachlich und für den Sprachproduktionsprozess relevanten Grössen aus, die mehrere sprachstrukturelle und lexikalisch spezifizierte Einheiten umfassen und die gebrauchsbasiert Relevanz erlangen. Die Auszeichnung von Quant-Einheiten als Wahrnehmungseinheiten mit psycholinguistischer Realität verbindet die Ebene des Sprachgebrauchs und der mentalen Repräsentation, wie es das konstruktionsgrammatische Paradigma ausdifferenziert (vgl. Kap. 6).

Andresens Konzeption der sogenannten *eigentlichen Sprachbewusstheit* qualifiziert sich dadurch, „daß eine begriffliche Fixierung der ausgegliederten Einheiten stattfindet, die den Basisstandards einer linguistischen oder grammatischen Theorie entspricht" (Holle 1999: 66). Während nach Andresen Variationen und Kommentierungen sprachlicher Äusserungen, Sprachspielen, Witzen und Rätseln der Status einer eigentlichen Bewusstwerdung zukommt, da durch sie neue Sinnzusammenhänge eröffnet werden, versteht sie die meisten der anderen metasprachlichen Handlungen etwa durch Ausgliederung als Teil der Sprachfähigkeit. Holle (1999: 66) fasst diesen Aspekt treffend wie folgt zusammen:

> Andresen differenziert somit zwischen dem Verfügenkönnen über sprachliche Elemente im aktuellen Sprechen und einer damit verbundenen Möglichkeit zur Ausgliederung einzelner sprachlicher Ebenen als Teil des Produktionsprozesses selbst und der Systematisierung der ausgegliederten Elemente durch eine begriffliche Fixierung in einem entsprechenden ‚wissenschaftlichen' Bezugssystem als eine neue Qualität der Sprachreflexion, die an die Vergegenständlichung von Sprache in Schriftsystemen gebunden ist. Insofern wird die ‚eigentliche Bewußtwerdung' an den Schriftspracherwerb gekoppelt[.] (Holle 1999: 66)

In seiner kritischen Auseinandersetzung mit der Arbeit Andresens bezeichnet Holle (1999: 67) deren Bezug auf wissenschaftliche Begrifflichkeiten als problematisch und kritisiert die Annahme, „daß das (derzeitige) linguistische System als eine (wissenschaftliche) Theorie der Sprache statisch sei oder zumindest als ein statisches System zu konzipieren sei". Ganz im Gegenteil aber bildeten sich Sprach- und Grammatiktheorien aus der wissenschaftlichen Auseinandersetzung heraus und würden immer wieder umgestaltet. Eine bestimmte linguistische Theorie als Massstab zur Bestimmung von ‚eigentlicher Sprachbewusstheit' zu wählen, führe laut Holle (1999: 68) dazu, dass das Konstatieren von ‚Sprachbewusstheit' nicht unabhängig von den Bedingungen eines spezifischen linguistischen Theorierahmens vorzunehmen sei. Holles Kritik mag zum einen berechtigt sein: Sie verweist auf die Gefahr der Verabsolutierung sprachtheoretischer Grundlagen, die für die Empirie und die Praxis weitreichende, mithin negative Folgen hat, und ignoriert, dass Sprache *usage based* und anhand sprachlicher Konstruktionen und nicht über linguistische Kategorien erworben wird. Zum anderen erscheint sie zu absolut: Metasprachliches Bewusstsein ist wie bereits ausgeführt nicht ausschliesslich, aber wesentlich schriftinduziert. Das Schreiben wiederum ist in den schulischen Rahmen eingebunden, der wie jeder gesteuerte Spracherwerb von spezifischen didaktischen und theoretischen Prämissen ausgeht. Die Kinder sind auf jeden Fall mit einem zielsprachlich auf eine bestimmte Weise modellierten Grammatiksystem konfrontiert und eignen sich dessen Termini an. Schriftsprache und metasprachliches Wissen werden zwar zu Teilen eigenaktiv angeeignet, sind aber gleichzeitig auch einem schulischen Lernprozess unterworfen. Didaktische Settings kommen damit nicht umhin, linguistische Termini zu verwenden, was auch die Wahl eines spezifischen linguistischen Sprachmodells voraussetzt. Das kindliche Sprachbewusstsein als Ausgangspunkt für die Stimulation metasprachlicher Reflexionsprozesse zu wählen, widerspricht daher nicht dem Vorgang, sich auf bestimmte Termini als Grundlage für die Reflexion zu einigen, wie es auch von Ehlich (2016) vorgeschlagen wird.

5.3.3 Zwischen implizitem und explizitem Sprachwissen

Andresen & Funke (2006: 441) nehmen es als Erfahrungstatsache an, „dass mit dem sprachpraktischen Können nicht zwangsläufig eine Zugänglichkeit sprachlicher Kenntnisse gegeben ist, wie sie bei der Bearbeitung metasprachlicher Aufgabenstellungen erforderlich ist." Vielmehr sei von Wissenstypen unterschiedlicher Explizitheits- respektive Implizitheitsgrade[26] auszugehen.

---

[26] Die Gegenüberstellung expliziten und impliziten Wissens geht ursprünglich auf Michael Polanyi (Polanyi 1966) zurück. Die Termini sind in verschiedene Wissenschaftsdomänen und

Zwischen ihnen muss es zu Transferprozessen kommen (können), da Sprachbewusstsein zu metasprachlichem Wissen werden kann. Nach Karmiloff-Smith (cop. 1992) ist es ein Hauptcharakteristikum von implizitem Wissen, dass es für bereichsübergreifende kognitive Operationen nicht zur Verfügung steht. Implizites Wissen, verstanden als Befähigung zur richtigen Verwendung einer sprachlichen Struktur (nach Karmiloff-Smith (cop. 1992) *level-1 representation*), entwickelt sich aber weiter, wenn diese Struktur zuverlässig beherrscht wird (*behavioral mastery*). Das geschieht durch Umstrukturierung ihrer mentalen Darstellung (*representational redescription*), die zu explizitem Wissen einer ersten Stufe (*level-E1 representation*) führt. Das konnektionistisch-konstruktivistische Modell von Karmiloff-Smith schliesst die Unterscheidbarkeit verschiedener Grade der Explizitheit von Wissen ein, was eine Gleichsetzung von implizitem mit sprachpraktischem und von explizitem mit metasprachlichem in Frage stellt (Andresen & Funke 2006: 441, Karmiloff-Smith cop. 1992, 1986). Es geht von einer sogenannten *Re-Repräsentation* als Modus des Lernens aus (Karmiloff-Smith cop. 1992: 17); das Modell wird von der Autorin selbst daher auch als *RR model* bezeichnet:[27]

> The RR model attempts to account for the way in which children's representations become progressively more manipulable and flexible, for the emergence of conscious access to knowledge, and for children's theory building. It involves a cyclical process by which information already present in the organism's independently functioning, special-purpose representations is made progressively available, via redescriptive process, to other parts of the cognitive system. In other words, representational redescription is a process by which implicit information *in* the mind subsequently becomes explicit knowledge *to* the mind, first within a domain and then sometimes across domains.[28] (Karmiloff-Smith cop. 1992: 17–18, Kursivmarkierungen im Original)

Karmiloff-Smith beschreibt also einen zyklischen Prozess der Sprachwissensaneignung, in dem Wissensbestände zunehmend bewusster zugänglich werden. Das Phasen-Modell erfasst Unterschiede zwischen implizit bestimmten und zunehmend expliziteren Repräsentationen und damit verschiedene Stufen der Bewusstheit:

---

in die Alltagssprache eingegangen und werden zur Bezeichnung von der Reflexion und Verbalisierung zugänglichen (expliziten) respektive unzugänglichen (impliziten) Wissensbeständen verwendet.

27 Portmann (2005: 7) diskutiert ausführlich die didaktischen Implikationen der Annahmen von Karmiloff-Smith.

28 Karmiloff-Smith (cop. 1992) legt den Fokus ihrer Ausführungen nicht ausschliesslich auf den Erwerb von Sprache, sondern geht im Gegenteil auf ganz verschiedene Domänen ein und thematisiert auch die Übertragbarkeit von erworbenem Wissen auf andere Bereiche.

> Phase 1 is followed by an internally driven phase during which the child no longer focuses on the external data. Rather, system-internal dynamics take over such that the internal representations become the focus of change. In phase 2, the current state of the child's representations of knowledge in a microdomain predominates over information from the incoming data. The temporary disregard for features of the external environment during phase 2 can lead to new errors and inflexibilities. This can, but does not necessarily, give rise to a decrease in successful behavior – a U-shaped developmental curve. [...] Finally, during phase 3, internal representations and external data are reconciled, and a balance is achieved between the quests for internal and external control. In the case of language, for example, a new mapping is made between input and output representations in order to restore correct usage. (Karmiloff-Smith cop. 1992: 19)

Das Modell von Karmiloff-Smith ist in Bezug auf die Sprachaneignung deswegen so aufschlussreich, weil es einen Erklärungsansatz dafür bietet, wie sprachliche Handlungsroutinen, die Individuen vollziehen, ohne über ein explizites Wissen darüber zu verfügen (information *in* the mind), allmählich zu zugänglichem Wissen (explicit knowledge *to* the mind) werden. Sie wechseln nicht vom einen Stadium in das andere, sondern durchlaufen (mindestens) zwei Zwischenstufen. In Phase 3 angekommen, zeichnen sie sich schliesslich durch ihre Generalisierbarkeit und Übertragbarkeit auf andere Strukturen aus. Zudem versteht das Modell die Aneignung komplexer sprachlicher Einheiten auf der Basis zugänglicherer Strukturen und dementsprechend als Ausbau bereits vorhandener Konstruktionen. Der Ansatz, der Restrukturierungsprozesse des Sprachwissens zu beschreiben erlaubt, wird dadurch anschlussfähig an das Konzept der Grammatikalisierung, das – ursprünglich als Beschreibung diachroner Sprachwandelprozesse konzipiert – ebenfalls die Herausbildung sprachlicher Strukturen aus bereits bestehenden modelliert (vgl. für die Diskussion in Bezug auf die Schriftsprachaneignung Feilke, Kappest & Knobloch 2001). Dem *RR model* und dem Grammatikalisierungskonzept gemeinsam ist die Annahme der anhaltenden Dynamik: Die sprachlichen Grössen sind beim Sprecher und Schreiber dauerhaft Umstrukturierungs- und Grammatikalisierungsprozessen unterworfen. Weiter gehen sie beide von einem Nebeneinander verschieden stark umstrukturierter respektive grammatikalisierter Grössen aus. Komplexere (Wissens-)strukturen müssen einfachere, aus denen sie hervorgegangen sind, nicht ersetzen, sondern ergänzen sie zumindest vorerst noch. Gleiches gilt für weniger und stärker grammatikalisierte Konstruktionen, die diachron parallel in Gebrauch sein können.[29]

---

29 Auf das Grammatikalisierungsparadigma kann in der vorliegenden Arbeit nicht eingegangen werden. Es sei aber darauf hingewiesen, dass Karmiloff-Smith mit der *representational redescription* einen Prozess auf der kognitiven Ebene beschreibt, der jener der Reanalyse aus der diachronen Sprachforschung ähnlich ist. In Feilke, Kappest & Knobloch(2001) werden Mechanismen des Spracherwerbs aus ontogenetischer Perspektive mit Mechanismen des Sprach-

5.3 Metasprache und Schriftsprachaneignung

Warum verdient gerade in Bezug auf die schriftliche Sprache das von Karmiloff-Smith erarbeitete Phasen-Modell besondere Beachtung? Sprachbetrachtung setzt Schriftlichkeit nicht voraus, sie erreicht durch sie allerdings ein neues Potenzial. Der Kontakt mit der Schrift macht aus impliziten Wissensstrukturen explizites Wissen, gleichzeitig kann explizites Wissen verinnerlicht sein oder verinnerlicht werden.

> There are many gradations between tacit and explicit knowledge. As well as explicit knowledge which can be both articulated orally and enacted in their writing, writers may have explicit knowledge which they have temporarily forgotten; or explicit knowledge which they can articulate orally but do not transfer into their writing; or tacit knowledge which is not articulated but can be deployed in their writing. Linked to this is the distinction in cognitive psychology between ‚declarative knowledge' (knowing that) and ‚procedural knowledge' (knowing how); knowledge about grammar is not the same as knowing how to make effective and appropriate grammatical choices. Moreover, the assumption that the continuum moves from tacit knowledge to implicit knowledge is not always true, particularly with learners of English[30] as an additional language or weaker writers. For these writers, instruction about linguistic features may generate explicit knowledge where there is no corresponding tacit knowledge. (Myhill 2005: 88)

Myhill (2005) weist hier auf einen zentralen Aspekt hin, der anknüpft an die Funktion von (insbesondere transitorischen) Normen: Sie könnten dort eine wichtige Rolle spielen, wo implizites Sprachwissen fehlt, insbesondere also bei sprachschwachen Kindern. Sie würden eine Art Steigbügelfunktion übernehmen und die Kinder auf der Ebene der Performanz unterstützen, auch wenn ihnen implizites Wissen noch fehlt. Explizites Wissen über sprachliche Strukturen und über das Schreiben könnte sprachschwachen Kindern helfen, angemessene Sätze und Texte zu produzieren, wenn es ihnen noch an Sprach- und Schreibroutine fehlt. Die Voraussetzung dafür ist ein metasprachlicher Austausch. Diesem Aspekt wird in der vorliegenden Studie empirisch nachgegangen (vgl. dazu die Analysen in Kap. 11.2.4).

Wie sich die Umbauprozesse zwischen den verschiedenen Wissensebenen gestalten, bedarf zu grossen Teilen nach wie vor der empirischen Klärung. Dass sie komplex sind, wird im Folgenden mit Bezug auf den Orthographieerwerb exemplarisch aufgezeigt.

---

wandels i. S. der Grammatikalisierung sprachlicher Strukturen verglichen. Als Erweiterung dazu für die kognitive Ebene könnte das Konzept von Karmiloff-Smith hinzugezogen werden. Diese Verbindungslinie wird hier nicht vertieft, da sie für den empirischen Teil der Arbeit nicht zielführend ist. Ihr nachzugehen, würde sich in einem anderen Kontext aber durchaus lohnen.

30 Myhill bezieht sich hier auf ein englischsprachiges Korpus, der beschriebene Umstand – so ist plausibel zu vermuten – trifft aber auf L2-Erwerbssituationen und auf schwache Schreiber grundsätzlich zu.

5.3.4 Sprachwissen und Orthographieerwerb

Mit den Ausführungen zu Andresen und Karmiloff-Smith wurden Konzepte vorgestellt, die zwei wesentliche Aspekte für die Modellierung metasprachlicher Kompetenzen betreffen: Die Verbindung zum Schriftspracherwerb und die Frage nach der Zugänglichkeit respektive Unzugänglichkeit metasprachlichen Wissens. Der Bereich der Orthographie stellt innerhalb der Schriftsprachaneignung insofern eine spezielle Domäne dar, als die vorgegebenen Normen kodifiziert und strikter sind als etwas Textsortenkonventionen. Forschungsmethodisch zeigt sich der Sonderstatus der orthographischen Teilkompetenz darin, dass aus Studien zum Erwerb der Textkompetenz orthographische Aspekte oftmals explizit ausgeklammert (und die Kindertexte vor den Analysen sprachformal normiert) werden. Das ist dann methodisch nicht mehr möglich, wenn durch *Keystroke Logging* erfasste Schreibprozesse im Zusammenhang mit konzeptionell schriftlichen Schreibfähigkeiten fokussiert werden oder wenn es den Kindern beim Beobachten einer Textentstehung selbst überlassen wird, welche sprachlichen Phänomene sie kommentieren wollen, wie es die vorliegende Studie tut. Aus diesem Grund wird diesem sprachlichen Teilbereich an dieser Stelle Rechnung getragen, ohne dabei ausführlich auf die umfangreiche Forschung zum Orthographieerwerb einzugehen.[31] Es wird daher im Folgenden exemplarisch auf die Studie von Weingarten (2001) eingegangen, und zwar deshalb, weil sie einen empirischen Zugang zur Erhebung metasprachlichen Wissens darstellt und die Ausführungen oben um eine mögliche Operationalisierung von Sprachwissenskategorien ergänzt.

In den Ausführungen zur Schreibentwicklung wurde betont, dass sich die Verarbeitung von sprachlichen Normen und Normierungen durch Kinder im Lernprozess als Teil des Spracherwerbs zwischen sozialen sprachlichen Konventionen und selbstgesteuertem Wissensaufbau bewegt. Gleiches gilt für die – um den Terminus von Ferreiro (1999) wieder aufzunehmen – *Psychogenese* metasprachlicher Kompetenzen: Sie entwickeln sich aus der Spracherfahrung heraus, werden massgeblich aber auch beeinflusst durch bestehende Normen. Die Untersuchung von Weingarten (2001) stellt die Frage ins Zentrum, welche Rolle das Sprachwissen für den Erwerb orthographischer Regeln spielt. Weingarten schlägt eine Einteilung sprachlichen Wissens in vier Stufen vor, wobei diese sowohl primärsprachliches als auch metasprachliches Wissen umfassen (Weingarten 2001):

---

[31] Vgl. dazu etwa Maas (1992); Scheele (2006); Neef (2005); Hensel (2016); Hoffmann-Erz (2015); Karg (2008); Krauss (2014); Nickel (2006); Röber-Siekmeyer (2015); Thomé (1999); Bredel (2011); Röber-Siekmeyer (1999); Reichardt (2015); Kruse & Reichardt (2016a); Fay (2010); Fay & Berkling (2013).

- Als *sprachliches Wissen I* wird die situativ und intentional angemessene bzw. korrekte Sprachverwendung, also die Realisierung sprachlich korrekter und dem kommunikativen Rahmen angemessener sprachlicher Äusserungen, bezeichnet.[32] Zum Ausdruck kommt es als sogenanntes Monitoring, wenn Sprecher oder Schreiber die eigenen Äusserungen spontan selber korrigieren.
- *Sprachliches Wissen II* findet seinen Ausdruck in Urteilen über sprachliche Äusserungen hinsichtlich deren Identität, *Grammatikalität* oder situativen Angemessenheit sowie in der Anwendung grammatischer Operationen auf sprachliche Äusserungen (segmentieren, umstellen, ersetzen usw.). „Diese Aktivitäten bilden einerseits das Handwerkszeug der linguistischen Arbeit, sie machen aber auch den Grundstock des Grammatikunterrichts aus." (Weingarten 2001)
- Als *sprachliches Wissen III* benennt Weingarten die alltagssprachliche *Bezeichnung* sprachlicher Einheiten, Funktionen und *Operationen*. Es unterscheidet sich vom vorangehenden Wissenstyp (sprachliches Wissen II) durch die Verwendung metasprachlicher Äusserungen.
- Die Verwendung fachsprachlicher Bezeichnungen neben alltagssprachlichen wird *als sprachliches Wissen IV* angesehen.

In der Ryle'schen Unterscheidung zwischen *knowing how* und *knowing that* entsprechen die Stufen I und II dem *knowing how* und die Stufen III und IV dem *knowing that*.[33] Die vierte Wissensform nach Weingarten betont den Gebrauch fachsprachlicher Termini, was den Bezug auf ein konkretes Sprachsystem und ein Grammatikmodell impliziert, wie es Holle an Andresens Modellierung kritisiert. In der Untersuchung von Weingarten geht es nun genau um diesen Aspekt: um metasprachliche Kommunikation im schulischen Rahmen und die Frage, welche Rolle schulisch vermittelte Normen beim Verschriften von Wörtern und Sätzen spielen. Weingarten zeigt auf, wie Kinder über Fehlschreibungen in einem Text sprechen und macht an Einzelfällen deutlich, „dass die Zusammenhänge zwischen den verschiedenen Wissensformen äußerst komplex sind und keine einfachen Umsetzungen der höherstufigen Wissensformen

---

32 In der Tradition der generativen Grammatik wird diese Fähigkeit als Ausdruck sprachlichen Wissens angesehen (Weingarten 2001).
33 Die terminologische Trennung von Ryle hat unlängst in verschiedene Bereiche der Lernforschung Eingang gefunden, bezieht sich ursprünglich aber keineswegs auf Erwerbsmechanismen von Kindern. Es handelt sich dabei vielmehr um eine Auseinandersetzung mit dem Begriff des Intellekts in Bezug auf praktische und theoretische Aktivitäten und um das Verhältnis zwischen Wissen (*knowing that*) und Können (*knowing how*) (Ryle 1949).

stattfinden" (Weingarten 2001: 220). Schülerinnen und Schülern des 2. bis 4. Schuljahres wurden Texte vorgelegt mit der Bitte, diese auf Fehlschreibungen zu überprüfen. Die Gespräche der Kinder über die aufgefundenen Fehlschreibungen wurden wie die vorgenommenen Korrekturen aufgezeichnet. Die von Weingarten (2001) präsentierten Beispiele beziehen sich ausschliesslich auf die orthographischen Bereiche Phonographie und Gross- und Kleinschreibung. Obwohl den Kindern Texte mit vollständigen Sätzen vorgelegt wurden, beurteilten sie jeweils nur isolierte Wörter. Bezogen auf die Phonographie sowie auf die Gross- und Kleinschreibungen wurden folgende Phänomene beobachtet: Die Kinder nehmen Korrekturen vor und verbalisieren als Begründung falsches sprachliches Wissen IV, das allerdings „so isoliert [erscheint], dass es die richtige Schreibung nicht behindert" (Weingarten 2001: 221). Ein falsches Verfahren respektive der Bezug auf falsches Sprachwissen führt in diesen Fällen trotzdem zu einem richtigen Ergebnis respektive vermag dieses nicht zu verhindern. In anderen Fällen wissen die Kinder die angemessene Korrektur vorzunehmen und können das entsprechende Wort richtig schreiben, kennen aber keine Gründe für die entsprechende Schreibung.

Die verschiedenen Beispiele ermöglichen keine generalisierbaren Resultate, lassen aber Rückschlüsse auf im Unterricht vermittelte Regeln oder Operationen zu, die sich teilweise „in weiten Teilen grundlegend davon [unterscheiden], wie in der neueren Forschung das Schriftsystem und die Orthographie beschrieben werden" (Weingarten 2001: 210). Die Gesprächsausschnitte weisen darauf hin, dass die Kinder zwar eine beachtliche Anzahl von Regeln und Verfahren kennen und diskutieren und sich damit auf explizites Wissen beziehen, dass dieses Wissen aber für die Entscheidungen im Verschriften folgenlos bleiben. Weingarten zieht denn auch mit Blick auf die von ihm angeführten Ausschnitte aus dem Korpus den Schluss, „dass die Entscheidung über die richtige Schreibung von dem chaotischen und zu einem guten Teil falschen sprachlichen Wissen relativ unabhängig ist" (Weingarten 2001: 223). Vor dem Hintergrund, dass der Deutschunterricht viel Zeit in die Vermittlung von orthographischem Wissen investiert und dabei auf Regeln und Verfahren zurückgreift, „die aus linguistischer Sicht [häufig] als falsch angesehen werden" (Weingarten 2001: 210) müssen, sind das beachtenswerte Ergebnisse. Sie lassen zwei Vermutungen zu: (1) Verschiedene Regeln, die die Kinder erwerben, sind aus linguistischer Sicht unzureichend, (2) ob die Kinder über Regelwissen verfügen oder nicht, beeinflusst ihre Rechtschreibkompetenz nicht wesentlich; der Orthographieerwerb stellt sich als zu wesentlichen Teilen eigenaktiv aufgebauter Bereich des Schreibens dar. Zum Nachweis, ob diese Vermutungen tatsächlich zutreffend sind, bräuchte es umfassendere Forschungsergebnisse, als die Studie Weingartens und die deskriptiv-statistischen Analysen sie liefern. Im empirischen Teil dieser Arbeit wird ein Beitrag zu dieser Diskussion geleistet (vgl. Kap. 11.4.3). Interessant ist die zweite Vermutung speziell darum, weil in der Spracherwerbsforschung der orthographische Bereich immer wieder gesondert von anderen sprachlichen Aspekten der Schriftsprachkompetenz betrachtet wird. In diesem Zusammenhang sei an das Modell von Berninger & Winn (2008) (vgl. Abb. 4.1 in Kap. 4.2) erinnert, in dem die Orthographie einen speziellen Teilaspekt der Textgenerierung bildet: Sie macht zusammen mit dem Schreibmedium (Handschrift, Tastatur) und dessen Beherrschung den Teilprozess der Transkription aus, während etwa das Revidieren, also die Arbeit am Textmaterial, den exekutiven Funktionen und damit einem anderen Teilprozess der Textgenerierung zugerechnet wird. Die Orthographie gehört laut Berninger & Winn (2008) zu den Grundfertigkeiten des Schreibens. Da schliesst sich mit Blick u. a. auf die Studie von Weingarten die Frage an, ob auch das metasprachliche Wissen über die Orthographie einen eigenen Bereich sprachlichen Wissens darstellt. Dafür spricht die besonders enge und verbindliche Kodifizierung orthographischer Normen im Gegensatz zu (weitgehend impliziten) Konventionen und Routinen auf der Textebene. Diese explizite Normierung könnte weiter vermuten lassen, dass der Orthographie besonders auch explizites Normwissen zugrunde liegt. Gerade diese Annahme aber stellt die Studie von Weingarten in Frage. Auch jüngere empirische Forschungsarbeiten zum Orthographieerwerb weisen darauf hin, dass der Zusammenhang zwischen verschiedenen Graden expliziten orthographischen Wissens komplex ist. Hingewiesen sei hier speziell auf die umfangreichen Studien von Fay (2010) und Reichardt (2015), die zwischen verschiedenen Settings der Rechtschreibdiagnostik unterscheiden und empirisch nachweisen, dass die Kompetenzen der untersuchten Kinder im freien Schreiben nicht mit jener bei der Verschriftung von diktierten Einzelwörtern und Sätzen gleichgesetzt werden können.[34]

Mit Bezug auf die oben exemplarisch eingehender präsentierte Studie von Weingarten (2001) sei an dieser Stelle auf einen forschungsmethodischen Aspekt hingewiesen, auf den in Zusammenhang mit der Definition und der Funktion von Normen (vgl. Kap. 3.2.3) bereits aufmerksam gemacht wurde und der in der später folgenden Analyse der metasprachlichen Kommentare der Kinder deutlich wird: Sprachwissen in Form orthographischer Regeln lässt sich verhältnismässig präzise operationalisieren und in Abhängigkeit zur Kompetenz im Sprachhandeln bringen. Für Letzteres gibt es im Bereich der Rechtschreibung jeweils nur eine, im Falle alternativer Schreibungen allerhöchstens zwei

---

[34] Vgl. zur Rechtschreibdiagnostik auch Siekmann (2014b), darin zur Förderung schwacher Kinder speziell Siekmann (2014a).

korrekte Umsetzungen. Das gilt für viele andere Bereiche der Schreibkompetenz, für die Ausbildung der konzeptionellen Schriftlichkeit, den Erwerb von Prozeduren und Textroutinen usw., nicht. Weiter macht die Untersuchung deutlich, dass Sprachwissen und Reflexionen über Gründe für sprachliches Handeln nicht zwingend und unmittelbar in einem Zusammenhang zum sprachlichen Handeln und zur Sprachkompetenz stehen. Sie illustriert damit, dass auf dem Kontinuum zwischen explizitem und implizitem Wissen einerseits und zwischen Sprachwissen und Sprachhandeln andererseits von komplizierten Umbauprozessen auszugehen ist. Angeführt sei an dieser Stelle zudem der methodische Hinweis, dass das Erhebungssetting, wie es Weingarten vorschlägt und wie es auch in der vorliegenden Studie gewählt wurde, Gespräche von Kindern *über* das Schreiben und Verschriften aufzeichnen, was genau genommen aber nicht heisst, dass tatsächlich diese Art von Reflexion oder diese Sprachwissensformen während des Schreibens selber entscheidend waren. Das (retrospektive) laute Denken ist aufschlussreich für die Frage, welche Wissensbestände von den Kindern verbalisiert und metasprachlich verhandelt werden, erlaubt aber keinen direkten Rückschluss auf tatsächlich ablaufende Prozesse während des Schreibens. Für die vorliegende Studie ist diesem Umstand im Rahmen der qualitativen Datenanalyse in Kapitel 11.2 Rechnung zu tragen: Die Auswertungen werden der Frage nachgehen, welche Sprachwissenskategorien sprachstarke und sprachschwache Kinder frequent kommentieren und metasprachlich verhandeln. Darauf aufbauend können unter Mitberücksichtigung anderer Daten – etwa der aufgezeichneten Schreibprozesse – Rückschlüsse auf die Relevanz dieser Kompetenz für das Schreiben selbst gewagt werden. Sie nähern sich der Beziehung zwischen metasprachlichem Wissen und Sprachhandeln aber immer nur an und bilden sie keinesfalls direkt ab.

5.4 Bestimmungsmerkmale und Referenzbereiche metasprachlicher Äusserungen

Die vorangehenden Ausführungen widmeten sich der terminologisch und inhaltlich herausfordernden Frage, wann eine sprachliche Äusserung als metasprachlich einzustufen ist. Werden diese Äusserungen eingebettet in den Gesprächskontext betrachtet, erweitert sich der Fokus auf den metasprachlichen Diskurs als relevante Einheit, was andere Bestimmungsmerkmale ins Zentrum rückt. Bredel (2007: 23–25) führt als Bestimmungsmerkmale metasprachlicher Diskurse die *Distanzierung* vom betrachteten Gegenstand, die *Deautomatisierung* von Handlungsroutinen und die *Dekontextualisierung* des Phänomens aus seinem ursprünglichen Kontext an. Sprachliche Erscheinungen, so Bredel

(2007: 23), können einer reflektierenden Auseinandersetzung erst zugänglich werden, wenn eine Distanz des Beobachters zum Beobachteten hergestellt werden kann. Eine Distanznahme geschieht in alltäglichen und schulischen Situationen automatisch oft dann, wenn Handlungsroutinen versagen: Der Tätigkeit, die im Normalfall ohne bewusste Aufmerksamkeitssteuerung durchgeführt wird, kommt dann Beachtung zu. Wenn ein sprachliches Phänomen zum Gegenstand der Aufmerksamkeit werden soll, muss die Automatisierung, die es ermöglicht, dass Sprachproduktion und Rezeption in der Regel ohne spezielle Aufmerksamkeit des Produzenten oder des Rezipienten ablaufen, aufgegeben werden. Erst dadurch können andere kognitive Prozesse aktiviert werden, die Sprachbetrachtungsaktivitäten ermöglichen. Die Deautomatisierung ermöglicht die bewusste Betrachtung einer Handlungsroutine, führt aber notwendigerweise gleichfalls zu akuten Verstehensverlusten bei der primären Sprachwahrnehmung bzw. -produktion: Der Versuch etwa, sich während des Lesens merken zu wollen, aus wie vielen Wörtern ein Satz besteht, führt automatisch zu Leseverzögerungen.

Mit der Deautomatisierung geht eine Dekontextualisierung einher. Wird die Wortart eines Wortes bestimmt, kommt es zu einer Herauslösung von Wörtern aus ihrem Satzzusammenhang zugunsten der Zusammenführung zu Klassen bestimmter Merkmale. Bredel (2007: 24) bezeichnet die Dekontextualisierung als dritte notwendige Bedingung für Sprachbetrachtung. Sie sei eine typische Vorgehensweise für Betrachtungsvorgänge aller Art: In der Biologie würden Zellen aus Organen isoliert, um sie der Betrachtung zugänglich zu machen, und im Grammatikunterricht Texte nach Substantiven durchsucht. In Bezug auf die Dekontextualisierung bedürfen die für die vorliegende Untersuchung erhobenen Daten (*recalls*) besondere Aufmerksamkeit: Als Input für metasprachliche Kommentare und Erklärungen wurde den Kindern ihre eigene Textproduktion vorgelegt. Voraussetzung dafür, diese analytisch zu zerlegen und zu kommentieren, ist – mit dem Terminus Bredels – einerseits die Distanzierung von der beobachteten Schreibhandlung und der dadurch ermöglichte Zugang über eine metareflexive Ebene. Andererseits erfordert das Kommentieren von den Kindern einen Prozess der Dekontextualisierung des kommentierten Bereichs. Beide Vorgänge bilden notwendige Voraussetzungen für die gedankliche Ausgliederung einer Schreibhandlung aus dem Gesamtprozess und ihre Zuführung zu einem metasprachlichen Kommentieren. An dieser Stelle soll darauf aufmerksam gemacht werden, dass es eines zusätzlichen Handlungsschritts bedarf, den Bredel unerwähnt lässt: Eine inhaltlich plausible Begründung und Erklärung einer Beobachtung erfordert nicht nur das Herausheben eines Phänomens aus seinem Verwendungszusammenhang (Dekontextualisierung), sondern ebenfalls den Rückbezug auf diesen Gebrauchskontext.

Dieser begründende Rückbezug auf den syntaktischen Zusammenhang hängt mit der Einsicht der Funktion einer sprachlichen Grösse zusammen und dürfte darum für die Kinder eine besonders wichtige, wenn auch anspruchsvolle Fertigkeit darstellen. Gerade sprachschwächere Kinder könnten Mühe darin bekunden, auf explizites Sprachwissen zurückzugreifen und dieses auf ein sprachliches Phänomen *in seinem Verwendungszusammenhang* zu beziehen. Bredels Termini sollen darum hier um den Begriff der *Rekontextualisierung* erweitert werden.

Bei den Bestimmungsmerkmalen *Distanzierung*, *Deautomatisierung* und *Dekontextualisierung* handelt es sich um kognitive Fähigkeiten, die den metasprachlichen Diskurs auszeichnen. Folgt man Bredel, müssen diese drei Aspekte erfüllt sein, um einen Diskurs als sprachbetrachtenden Diskurs bezeichnen zu können: Distanz, Deautomatisierung und Heraushebung aus dem Kontext ermöglichen erst das Sprechen über Sprache *mit* Sprache. Metasprachliche Kompetenzen äussern sich demzufolge darin, inwiefern ein Kind zum sprachlichen Gegenstand in Distanz treten kann, ob es die Sprachproduktion zu deautomatisieren vermag und so der Reflexion zugänglich machen kann und ob es ein bestimmtes Phänomen aus dem Kontext herauszuheben und von diesem unabhängig zu diskutieren vermag. An welchen *sprachlichen* Merkmalen anschliessend eine Äusserung als metasprachlich zu qualifizieren ist respektive wann eine Äusserung eine metasprachliche Äusserung darstellt, wird in der Forschung – wie es die vorangehenden Ausführungen etwa zu den Quant-Einheiten deutlich gemacht haben – uneinheitlich beantwortet. Sie ist für die vorliegende Untersuchung von untergeordneter Relevanz: Durch das Setting (vgl. für eine Beschreibung des Erhebungssettings Kap. 9.1.6) werden Äusserungen elizitiert, die metasprachlichen Charakter haben, da es sich explizit um Gespräche über sprachliche Aspekte handelt, was gegenüber den Kindern auch explizit als Gesprächsgegenstand genannt wurde. Die Kommentare sind allesamt mindestens insofern metasprachlich, als ihr Input sprachliche Phänomene sind. Es zeigt sich hier vor dem Hintergrund von Bredels Bestimmungsmerkmalen allerdings deutlich, dass gewissen Kindern die Distanznahme zum Text oder die Dekontextualisierung gerade nicht zu gelingen scheinen und ihre Kommentare wohl sprach- respektive schriftinduziert sind, aber eigentlich nicht Funktion und Struktur metasprachlicher Reflexion ausweisen. Ersichtlich wird anhand der Daten hier allerdings gleichermassen ein Methodenproblem, da sich die Frage aufdrängt, wie die Bredel'schen Bestimmungsmerkmale operationalisierbar sind. Darauf wird im Zusammenhang mit der Datenauswertung am Rande eingegangen. Der Fokus hingegen liegt für die Datenauswertung weniger bei den strukturellen Charakteristika der Kinderäusserung als vielmehr bei der Frage, auf welche Bereiche sich die Äusserungen beziehen und welche sprachlichen Formen, Regeln und Bezeichnungen die Kinder dabei heranziehen.

Stude legt eine Untersuchung vor, die sich der Funktion metasprachlicher Äusserungen in freien Gesprächen von Kindergartenkindern widmet. Sie geht davon aus, dass das Sprechen über Sprache genau wie Sprache selbst in Interaktion erworben wird, und definiert als empirisch zu erreichendes Untersuchungsziel, „die in der Interaktion verankerten und als erwerbsrelevant postulierten Ressourcen im Einzelnen freizulegen"' (Stude 2012: 10). Dafür wird als Ausgangsthese angenommen, „dass Kontexte, in denen auf Sprache Bezug genommen wird, einen ontogenetisch funktionalen Beitrag leisten für den kindlichen Aufbau metasprachlicher Kompetenzen" (Stude 2012: 19). Dass der Fokus u. a. auf Peer-Interaktionen liegt und aus dem freien Gespräch metasprachliche Sequenzen extrahiert und auf ihre Funktionalität im Hinblick auf Erwerbsressourcen diskutiert werden, unterscheidet die Untersuchung in Bezug auf Methode und Erkenntnisinteresse von anderen Studien, die metasprachliche Kompetenzen stärker anhand vorgefertigter Aufgaben testen. In einer quantifizierenden Beschreibung wird von Stude freigelegt, inwieweit die Kinder in ihrem Kindergartenalltag in Sprachthematisierungen eingebunden sind, und untersucht, „*welche Aspekte von Sprache* von und gegenüber Kindern thematisiert werden, wer (Kind, Erwachsene) jeweils Initiator solcher Sprachthematisierungen ist, wie ausgebaut metasprachliche Gesprächssequenzen sind und welche Redeanteile dem Kind dabei zukommen" (Stude 2012: 20, Kursivmarkierung im Original). Als zweiter Analyseschritt werden diese metasprachlichen Aktivitäten im Zusammenhang mit ihrem interaktiven Entstehungsprozess betrachtet, woraus gesprächsanalytisch sogenannte Praktiken metasprachlichen Handelns rekonstruiert werden sollen (Stude 2012: 19–20). Für die vorliegende Studie ist die Untersuchungsanordnung von Stude insbesondere darum interessant, weil aus den Gesprächen heraus vorwiegend induktiv ermittelt wird, worauf die Kinder beim Sprechen über Sprache Bezug nehmen. Stude führt den Begriff *Referenzbereich von Sprachthematisierungen* ein, um uneindeutige Begrifflichkeiten und Unklarheiten, auf welchen Aspekt von Sprache die zu untersuchende metasprachliche Äusserung referiert (Stude 2012: 46), zu vermeiden. Diese Referenzbereiche können jeweils etwa metasyntaktische, metasemantische oder metapragmatische Aspekte gleichermassen umfassen. Der Begriff wird für die vorliegende Untersuchung übernommen. Studes Vorschlag folgend werden für die qualitative Analyse der Kinderkommentare möglichst induktiv aus den Daten hergeleitete Referenzbereiche metasprachlicher Reflexion definiert. Der Begriff der Referenzbereiche erlaubt es, von den Kindern thematisierte Bereiche unterschiedlicher Natur einander gegenüberzustellen und sie alle als Referenzbereiche zu bezeichnen: Die häufig thematisierte Grossschreibung nach dem Artikel stellt beispielsweise einen detailliert konturierten sprachformalen Referenzbereich dar, während das Referieren auf das ‚bessere und hochdeutschere Tönen' einen vorerst unspezifischeren Bereich meint, der – wenngleich über das Schreiben gesprochen wird – auf metaphonologische und metakommunikative Aspekte abzielt. Wie Andresens Quant-Einheiten sollen aus den Gesprächen Grössen herausgearbeitet werden, auf die sich die Kinder metasprachlich beziehen. Das müssen keineswegs linguistisch definierte Kategorien sein. Weil es sich oftmals sogar nur bedingt oder gar nicht um sprachliche Grössen handelt, eignet sich Andresens Quant-Terminologie nicht respektive nur sehr bedingt. Als Vorteil in Bezug auf die begriffliche Präzision bringen es die Referenzbereiche zudem mit sich, dass das *Referieren auf etwas* terminologisch ins Zentrum rückt und unklare, weil sich auf kognitive Grössen beziehende Begriffe wie *Wissens*bereiche, vermieden werden können.

5.5 Sprachhandeln und Sprachwissen als Kontinuum

Die vorangehenden Ausführungen liessen deutlich werden, dass bestehende Forschungen zur Analyse metasprachlicher Kompetenz Unterschiedliches in den Blick nehmen. Sie verbindet keine einheitliche Auffassung darüber, was Metasprache bezeichnet respektive wodurch sich eine metasprachliche Äusserung oder eine metasprachliche Reflexion als solche qualifiziert. Diese Unterschiedlichkeit hat ihre Gründe einerseits in unterschiedlichen methodischen und konzeptionellen Zugängen verschiedener Disziplinen und andererseits im Gegenstand selber: Was vorrangig psycholinguistisch real und relevant ist und konkrete (objekt-)sprachliche Realisierungen überlagert, ist inhaltlich weniger gut beschreibbar. Ein zentrales Wesensmerkmal von Konzeptualisierungen zur Metasprache aber liegt schlicht darin, dass eine sogenannte Objektsprache zu ihr zwar einen Gegenpol bilden mag, sich aber von ihr nicht trennscharf abgrenzen lässt. Vielmehr ist zwischen diesen prototypischen Ausprägungen objekt- und metasprachlicher Äusserungen von einem Kontinuum auszugehen. Dieser Aspekt wird in Abbildung 5.2 veranschaulicht.

Die Abbildung führt zusammenfassend die in Kapitel 5 aufgegriffenen Modelle und Termini auf und ordnet sie auf dem Kontinuum zwischen sogenannter prototypischer Objektsprache und sogenannter prototypischer Metasprache an. Die Übersicht vereint Termini und Modelle mit ganz unterschiedlicher theoretischer Reichweite: Während die Definitionen Weingartens für eine einzelne Studie operationalisiert wurden, ist die Unterscheidung in explizites und impli-

5.5 Sprachhandeln und Sprachwissen als Kontinuum

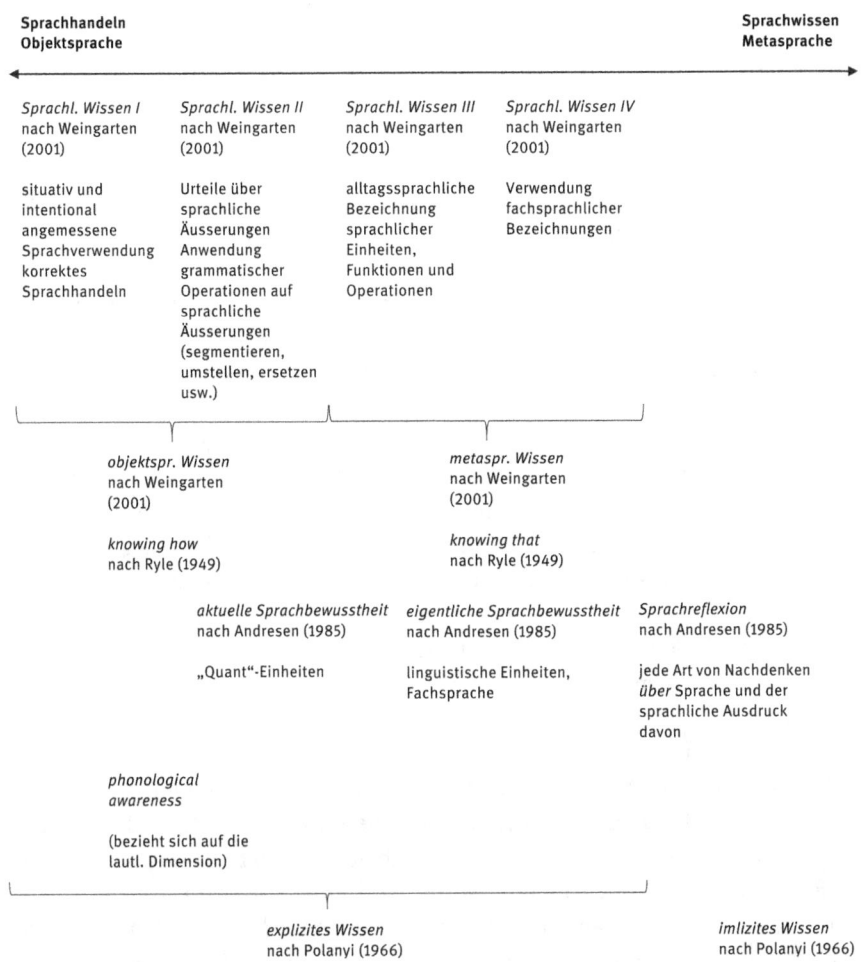

Abb. 5.2: Übersicht über Begrifflichkeiten zu Objekt- und Metasprache.

zites Wissen, die auf Polanyi zurückgeht, in der Forschung breit rezipiert worden. Zum Ausdruck gebracht werden sollen die inhaltlichen Unterschiede in der Konzeption von *Objekt- und Metasprache* oder von *Sprachhandeln und Sprachwissen*. Die Begriffspaare werden leicht als dichotome Grössen interpretiert, sind es aber im realen Sprachgebrauch nicht. Es gibt zweifelsfrei prototypische Vertreter der Kategorien *Objektsprache* und *Metasprache* oder der Kategorien *Sprachkönnen* und *Sprachwissen*, dazwischen aber lassen sich sehr viele, in natürlichen Gesprächssituationen vorkommende Äusserungen nur schwer zuordnen, da sie Sprachkönnen eines Individuums ebenso zum Ausdruck bringen, wie sie darauf hinweisen, dass dieses über die Fähigkeit verfügt, eine sprachliche Äusserung zu reflektieren.

Die Abbildung illustriert, dass die in den hier erwähnten Studien verwendeten Termini in ihrer Verwendung kaum in Deckung zu bringen sind: Was in einer Studie als metasprachliches *Wissen* qualifiziert wird, gälte im Kontext einer anderen Untersuchung als Sprach*handeln*. Erkenntnisse einzelner Studien miteinander zu vergleichen, wird dadurch nahezu unmöglich. Diese mannigfache und inhaltlich unterschiedliche Verwendung der Termini ist darauf zurückzuführen, dass *Sprachhandeln und Sprachwissen / Objektsprache und Metasprache* keine klar abgrenzbaren Kategorien darstellen. Die Ausführungen zum Phasen-Modell von Karmiloff-Smith (cop. 1992) (vgl. Kap. 5.3.3) haben genau das in Bezug auf das explizite und implizite Sprachwissen gezeigt: Da zwischen implizitem und explizitem Wissen Umstrukturierungsprozesse vonstattengehen, vermischen sich die beiden Wissenstypen automatisch. Daher wird es den Lern- und Entwicklungsmechanismen nicht gerecht, zwei dichotome Kategorien anzunehmen. Der empirische Weg zu einer Differenzierung dieser Kategorien und Termini ist besonders darum vielversprechend, weil er zu Kenntnissen über das sprachliche Wissen von Kindern führen könnte, an die danach sprachdidaktische und diagnostische Überlegungen anknüpfen könnten. Derzeit sind empirisch abgesicherte Erkenntnisse über die Bedeutung metasprachlicher Fähigkeiten für Sprachaneignungsprozesse nur beschränkt vorhanden. Die empirische Aufarbeitung metasprachlicher Kompetenzen von Kindern in der Forschung stellt derzeit nach wie vor ein Desiderat dar. Das gilt insbesondere für Herangehensweisen, wie sie für die hier präsentierte Studie gewählt wird. Diese erhebt und beschreibt metasprachliches Wissen der Kinder ausgehend von deren Schreibhandlung (vgl. zum Vorgehen Kap. 9.1.6) und setzt damit bei dem Erfahrungsstand der einzelnen Kinder an. Dahinter steckt das Ziel, über die empirische Auseinandersetzung mit Funktionen metasprachlichen Wissens, das die Kinder basierend auf ihren eigenen Schreibhandlungen rekonstruieren, das Verhältnis zwischen verschiedenen Sprachwissenstypen zueinander zu erhellen. Die Voraussetzung dafür ist eine Klärung der Begrifflichkeiten. Für die Konzeptualisierung der empirischen Untersuchung wird darum an späterer Stelle (vgl. Kap. 7.1) eine terminologische Differenzierung vorgenommen, die die Termini *Metasprache* und *Sprachwissen* durch die Begriffe *implizites Wissen, explizites Wissen* und *expliziertes Wissen* ersetzt.

5.6 Zusammenfassung Kapitel 5

> „*Sprache ist für mich eine reihe von lauten
> mit einander verbunden, um Wörter, Sätze zu bilden.*"
> Datenkorpus[35], Schüler 6ml1

Mit dem Eintritt der Kinder in die Schriftlichkeit eröffnet sich ihnen das Potenzial, *über* Sprache zu sprechen und zu verhandeln, in einer neuen Dimension. Sie nehmen Formen des metasprachlichen Reflektierens und Sprechens aus der Mündlichkeit zwar bereits mit, werden durch die geschriebene Sprache aber in der metasprachlichen Auseinandersetzung neu stimuliert. Formen der Sprachbetrachtung begleiten die Schriftaneignung von den basalen Grundfertigkeiten an bis hin zur Entfaltung literaler Textkompetenz. Sie richtet sich potenziell auf unterschiedliche Aspekte von Sprache: auf ihre pragmatische und kommunikative Funktion etwa, auf ihre typologische Ausprägung oder auf grammatische Kategorien und Modelle, die als ihr zugrundeliegend angenommen werden. Aus dem Lautstrom, den das Sprechen auszeichnet, werden in der schriftlichen Varietät neue Kategorien, wie es der oben zitierte Junge beschreibt: Aus der Reihe von Lauten werden Wörter und Sätze, die miteinander verbunden sind. Tätigkeiten der Sprachbetrachtung begleiten das Schreiben als eine Art kognitiver Begleit- und Kontrollhandlungen und gehen aus der Sprachproduktion wiederum hervor. Insbesondere für den schulischen Kontext bedarf es einer Klärung dafür, mit welchen Termini und Kategorien über Sprache gesprochen wird und welche sprachlichen Elemente oder Konstruktionen der Sprachbetrachtung und -reflexion zugeführt werden. Hier haben die vorangehenden Ausführungen verschiedene Ansätze einander gegenübergestellt und ihre jeweiligen Vorzüge herausgehoben. Als Beispiel für ein Konzept, das der Forschung eine konkrete Begrifflichkeit an die Hand gibt, ist die Studie von Andresen (1985). Sie bringt im Anschluss an Leontev (1975) *Quant*-Einheiten in die Diskussion ein. Dabei handelt es sich um pragmatisch relevante, aber nicht zwingend durch linguistische Operationen ermittelbare Grössen, die sich zwar der Terminologie der traditionellen Grammatik (Wort, Satz etc.) bedienen, die interessierenden sprachlichen Strukturen aber durch das Präfix als psycholinguistische Kategorien auszeichnen. Andresen schlägt damit ein Konzept vor, wie metasprachliche Äusserungen bezeichnet werden könnten. Gleichzeitig nimmt sie eine Differenzierung in verschiedene Stufen metasprachlicher Be-

---

[35] Der Ausschnitt stammt aus einem Schülerfragebogen. Der Junge äusserte sich dazu, was Sprache für ihn bedeute. Die offene Frage im Fragebogen wurde nicht für Auswertungen im Rahmen der vorliegenden Studie erhoben.

wusstheit vor. Dieser Aspekt wird umfassend von Karmiloff-Smith (cop. 1992) bearbeitet. Die Ausdifferenzierung verschiedener Grade sprachlicher Bewusstheit und sprachlichen Wissens zeichnet ihre Modellierung aus. Karmiloff-Smith (cop. 1992) bezieht sich terminologisch auf die Unterscheidung zwischen implizitem und explizitem Wissen, nimmt aber eine Feingliederung in verschiedene Grade impliziten und expliziten Wissens vor. Das Verdienst ihres konnektionistisch-konstruktivistischen Lernmodells ist die Erklärung dafür, wie Sprachwissen über verschiedene Stufen von implizitem zu explizitem Wissen wird. Zudem stellt das Modell ein wichtiges Charakteristikum von Lernprozessen heraus: Die kognitiven Umstrukturierungsprozesse führen laut Karmiloff-Smith (cop. 1992) in der sprachlichen Performanz immer wieder zu Fehlern, Hyperkorrekturen oder anderen Auffälligkeiten. Diese sind vor dem Hintergrund dieser Restrukturierung auf der Sprachwissensebene aber Ausdruck durchaus positiver Verarbeitungsprozesse. Auf diese Modellierung geht die Bezeichnung der sogenannten U-Kurven-Dynamik zurück, die zum Ausdruck bringt, dass sich diese Restrukturierungsprozesse auf der sprachlichen Oberfläche als – nur scheinbarer – Rückschritt im Lernprozess zeigen.

Die verschiedenen Termini, deren sich theoretische Modellierungen metasprachlicher Zugriffe auf Wissensstrukturen bedienen, geben insgesamt ein diffuses Bild dessen ab, was unter Metasprache, Sprachbewusstsein oder implizitem und explizitem Wissen gemeint ist. Der Grund für die terminologische Uneinheitlichkeit liegt einerseits in den unterschiedlichen Forschungsinteressen und -methoden der am Gegenstand interessierten Disziplinen. Andererseits ist sie darauf zurückzuführen, dass die Thematik stark von theoretischen Konzepten dominiert wird und empirische Untersuchen für den deutschsprachigen Raum sehr rar sind. Das betrifft insbesondere den Zusammenhang zwischen Schriftsprach- und Textaneignung und metasprachlichen Kompetenzen. Abbildung 5.3 illustriert zudem einen weiteren wichtigen Aspekt, den die vorangehenden Ausführungen herausgearbeitet haben: Die Konzepte *Metasprache*, *Sprachwissen* oder *Sprachbewusstsein* bezeichnen sowohl kognitive Qualitäten des Individuums als auch Konstrukte der Sprachwissenschaft, die diese entweder theoretisch oder empirisch hergeleitet hat. Diese Termini beziehen sich teilweise auf beobachtbare Aspekte des Sprachgebrauchs (wie sprachlichen Strukturen in Kindertexten), teilweise aber auch auf kognitive Voraussetzungen, die nicht direkt beobachtbar sind. Auf sie wird basierend auf Sprachhandlungen des Kindes zurückgeschlossen. Als Sprachhandlung kommt wiederum Verschiedenes in Frage: Es kann sich dabei ebenfalls um Kindertexte handeln oder etwa um mündliche Äußerungen der Kinder über einen sprachlichen Aspekt.

Eine empirische Herangehensweise verlangt eine Klärung nicht nur in Bezug darauf, mit welchen Termini der Gegenstand zu bezeichnen ist, der ver-

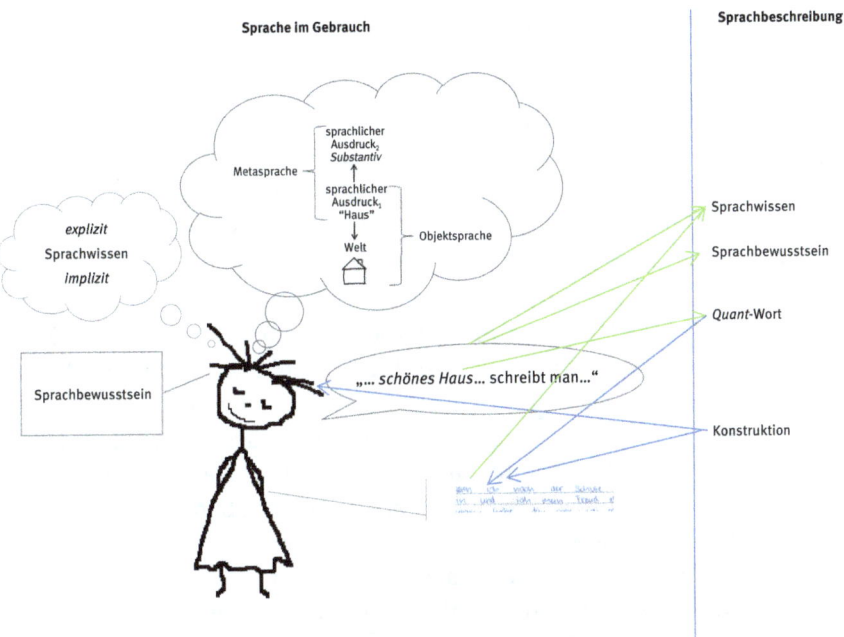

Abb. 5.3: Metasprache im Sprachgebrauch und in der Sprachbeschreibung.
Anm.: Die blauen Pfeile lesen sich als *bezeichnen xy als*, die grünen als *führt zum Terminus / zum Konzept*. Quellen: Abbildung in Gedankenblase: Bredel 2007: 26 (vgl. Abb. 5.1), Kindertext: Ausschnitt aus dem Datenkorpus der vorliegenden Studie (Fragebogen 4ml13).

sprachlicht wird – Metasprache, Sprachwissen –, sondern insbesondere auch, welche Handlungen ein Individuum vollzieht, wenn es sich metasprachlich äussert. Der Begriff der Sprachbewusstheit drückt diese Bindung an das Individuum aus, da sie diesem eine kognitive Kompetenz zuschreibt. In präzisere Bestimmungsmerkmale überführt Bredel (2007) diese Handlungen, indem sie beschreibt, wodurch sich metasprachliche Diskurse als solche qualifizieren. Sie nennt dafür die folgenden Merkmale: die *Distanzierung* von der beobachteten sprachlichen Struktur, die *Deautomatisierung* des Sprachhandlungsprozesses und die *Dekontextualisierung* des betrachteten Phänomens. Vor dem Hintergrund der Daten, die der vorliegenden Studie zugrunde liegen, werden diese drei Merkmale um einen vierten Bereich respektive um eine Präzisierung des letztgenannten ergänzt. Neben der Dekontextualisierung eines Phänomens aus dem sprachlichen Kontext wird die *Re-Kontextualisierung* in den Text- und Sprachproduktionskontext als wichtig angenommen.

Es ist ebenfalls der empirischen Herangehensweise geschuldet, dass die Frage, welche sprachlichen Strukturen von den Kindern metasprachlich thematisiert werden, breiter diskutiert und offener angegangen werden muss, als es die vorgestellten Ansätze erlauben. Gerade wenn metasprachliche Äusserungen ganz verschiedener Art, also bezogen auf unterschiedliche und unterschiedlich stark umrissene sprachliche Phänomene, erfasst werden sollen, genügen weder die Termini und Kategorien der Schulgrammatik noch deren Ergänzung um das von Andresen (1985) vorgeschlagene Präfix zur Markierung der psycholinguistischen Relevanz der Struktur (beispielsweise *Quant*-Wort). Um der Analyse in der vorliegenden Studie einen geeigneten Terminus zugrunde zu legen, der verschieden konturierte und auf verschiedenen (sprachlichen) Ebenen angesiedelte Bereiche zu fassen vermag, wird in Anlehnung an Stude von *Referenzbereichen metasprachlicher Reflexion* gesprochen. Diese Referenzbereiche können jeweils metasyntaktische, metasemantische oder metapragmatische Aspekte gleichermassen umfassen. Damit rückt terminologisch ins Zentrum, was die vorliegende Studie erhellen möchte: Die Frage, worauf die Kinder referieren, wenn sie sich über Sprach- und Schreibprozesse äussern. Es interessiert also nicht so sehr, in welcher Form respektive anhand welcher Termini die Kinder das tun, sondern es wird betrachtet, was ihnen an sprachlichen oder textuellen Strukturen auffällt und wie sie Schreibhandlungen begründen.

6 Sprachliche Konstruktionen zwischen Produkt, Prozess und Sprachwissen

Theoretische Überlegungen und empirische Erkenntnisse aus Spracherwerbsstudien, die von einem dynamischen Sprachkonzept und einem gebrauchsbasierten Ansatz ausgehen, stehen im Zentrum des folgenden Kapitels. Es stützt sich auf das konstruktionsgrammatische Paradigma, das als Sammelbegriff verschiedene forschungsmethodische Ausrichtungen vereint, die von sogenannten *Konstruktionen* als grundlegender Einheit von Sprache – und zwar für den Erwerb, die kognitive Repräsentation und für die Verarbeitung gleichermassen – ausgehen. Das folgende Kapitel arbeitet das Potenzial von Konstruktionen als sprachliche Grössen der Sprachaneignung, der sprachlichen Repräsentation und der Sprachproduktion resp. -verarbeitung heraus und zeigt exemplarisch, wie das Konzept auf die schriftliche Sprache und ihre Aneignung übertragen werden kann. Die Ausführungen knüpfen dabei inhaltlich an bereits erwähnte Konzepte, so etwa die Quant-Einheiten (vgl. Kap. 5.3.2), an.

6.1 Über welche Muster wird Sprache erworben?

Die Frage, welche sprachlichen Grössen und Muster psycholinguistisch und in der Sprachproduktion und -rezeption relevant sind, stellt eine Grundfrage der Linguistik im Allgemeinen dar. Sie wurde lange insbesondere unter der syntaktischen Musterhaftigkeit verhandelt und bearbeitet, umfasst aber als Grundfrage Konstruktionen unterschiedlicher Art. Die Betonung der Musterhaftigkeit hat auch sprachtheoretisch umfassende Konsequenzen, wie Ágel (2004) ausführt:

> Sollte der sprachliche Normalfall nicht das Okkasionelle, sondern das Geprägte und Vorgeprägte sein, müssten Theorien und Methoden der Linguistik darauf umgestellt werden, dass die ad-hoc-Bildungen mehr oder weniger kreative Realisierungen idiomatisch geprägter und vorgeprägter Modelle darstellen, dass also die grammatischen Regeln auf der Basis dieser Modelle funktionieren. (Ágel 2004: 67, zit. nach Feilke 2007: 64).

In den Fokus rücken dadurch diese „idiomatisch geprägte[n] und vorgeprägte[n] Modelle" (Ágel 2004: 67, zit. nach Feilke 2007: 64) und ihre Funktion im Spracherwerb und in der Spracheverwendung. Das konstruktionsgrammatische Paradigma, das sich spätestens durch Tomasellos Rezension von Adele Goldbergs *Constructions* (Goldberg 1995) in der Spracherwerbsforschung etabliert und durch diese an Bekanntheit gewonnen hat (Behrens 2009: 427–428), fasst diese vorgeprägten Strukturen mit jeweils lexikalischen *und* grammati-

∂ Open Access. © 2018 Pascale Schaller, publiziert von De Gruyter. [CC BY-NC-ND] Dieses Werk ist lizenziert unter der Creative Commons Attribution-NonCommercial-NoDerivatives 4.0 Lizenz.
https://doi.org/10.1515/9783110555165-006

schen Anteilen unter dem Terminus *Konstruktion* zusammen. Das Konzept der Konstruktionen erweist sich als adäquat, um Spracherwerbsprozesse zu beschreiben, auch wenn es ursprünglich nicht als Lerntheorie konzipiert ist. Es wird mit den grundlegenden Annahmen der Kognitiven Linguistik in der Version Langackers „zur Gebrauchsbasiertheit der Sprache und über die Mechanismen der Generalisierung und Strukturbildung kombiniert (*usage-based approach*)" (Behrens 2009: 428, Hervorhebung im Original). Konstruktionen werden als die einzige und grundlegende Einheit für den Erwerb, aber ebenso für die Repräsentation und die Verarbeitung von sprachlichem Wissen angesetzt. Sie stellen Strukturen unterschiedlicher Abstraktionsgrade dar und fügen sich der modularen Trennung von Grammatik und Lexikon nicht (Lasch & Ziem 2011). Unlängst haben sich konstruktionsgrammatische Ansätze auch in der Spracherwerbsforschung etabliert. Der Konstruktionsbegriff bietet sich in der Spracherwerbsforschung an, um erwerbsrelevante Strukturen von linguistischen Kategorien zu unterscheiden und dadurch der Lernervarietät Rechnung zu tragen. Behrens (2011a: 165) bezeichnet es zu Recht als Kernproblem der Spracherwerbsforschung, dass sie ein sich entwickelndes System untersucht, das oberflächlich der Erwachsenensprache mehr oder weniger ähnlich ist: Es biete sich dadurch an, Kindersprache als Abweichung vom Erwachsenensystem zu beschreiben. Die adäquate Beschreibung der Erwachsenen- und damit der Zielsprache sei notwendig, da „[o]hne Annahmen darüber, wie das Sprachsystem Erwachsener beschaffen und mental repräsentiert ist, [...] das Erwerbsproblem nicht definiert werden [kann]" (Behrens 2011a: 165). Ebenso wichtig wie Kenntnisse über die Zielvarietät seien allerdings Annahmen über den Ausgangspunkt des Erwerbsprozesses und damit die Frage, welche Fähigkeiten Kinder zum Spracherwerb mitbringen und wie sich diese Erfahrungen in der sprachlichen und nichtsprachlichen Umwelt entwickeln (Behrens 2011a: 165). Die Beschreibung aufgrund der Zielvarietät laufe hingegen Gefahr, kindliche Sprache aus der Defizitperspektive zu modellieren. Konstruktionsgrammatische Ansätze böten hierzu die Alternative, den ‚Eigenregeln'[36] der Kindersprache Rechnung zu tragen und diese als Varietät eigener Art zu beschreiben. Der Ausgangspunkt konstruktionsgrammatischer Überlegungen besteht in der Annahme, dass sich Sprachstrukturen aus dem Gebrauch heraus entwickeln, sich mit diesem stetig verändern und dadurch nie ein geschlossenes System etablieren (Ziem & Lasch 2013: 163). Die konstruktionsgrammatische Analyse der kindlichen Sprachentwicklung stellt damit ein besonders aufschlussreiches Forschungsfeld dar, um nachzuvollziehen, welche Konstruktionen sich im Er-

---

36 Auf diese ‚Eigenregeln' haben Stern & Stern (1928) bereits in den 1920er Jahren hinwiesen (Ziem & Lasch 2013: 163).

werbsverlauf wie entwickeln. Sie bedient sich dafür zwar in vielen Fällen der Terminologie der meist traditionellen Grammatik, vermeidet aber die Analyse von Kindersprache durch erwachsenensprachliche Kategorien. Ins Zentrum gerückt werden die Forschungsfragen, was Kinder über die entsprechenden Kategorien oder Strukturen wissen und wie produktiv sie sind (Behrens 2011a: 172).

Im Folgenden wird auf den Konstruktionsbegriff eingegangen, indem er zuerst im Allgemeinen und dann bezogen auf die Schreibforschung thematisiert wird. Die Ausführungen münden schliesslich darin, Konstruktionen als Grössen an der Schnittstelle zwischen Sprachwissen, Sprachprozess und Sprachprodukt auszuweisen.

6.2 Zum Konstruktionsbegriff

Die Kognitive Linguistik modelliert sprachliche Strukturen als Form-Funktions-Assoziierung: Eine konzeptuelle oder mentale Entität wird durch eine materielle, wahrnehmbare Entität (etwa Laute, Schriftzeichen, Gesten) symbolisiert. Form und Funktion können nicht getrennt werden und sind als sprachliche Einheit, die sie zusammen bilden, mehr oder weniger abstrakt. Sie erreichen ihren Status als Einheit dann, wenn sie als vorgefertigte Einheit kognitiv verarbeitet werden können, ohne dass eine Analyse der einzelnen Bestandteile notwendig ist. Sprachliche Strukturen sind als Form-Bedeutungs-Verbindungen Grundeinheiten der Kommunikation. Durch die kommunikative Verwendung wird die semantisch-pragmatische Ebene an die Form-Ebene gekoppelt (Behrens 2009: 431–432). Tomasello (2008) beschreibt diese Gebrauchsbasiertheit sprachlicher Form-Bedeutungs-Paare folgendermassen:

> Wenn Menschen wiederholt ‚ähnliche' Dinge in ‚ähnlichen' Situationen sagen, entwickelt sich daraus mit der Zeit ein sprachliches Verwendungsmuster, das in den Köpfen der Benutzer als neue Kategorie oder Konstruktion schematisiert wird – mit unterschiedlichen Abstraktionsgraden. [...]
> Es gibt keine sprachlichen Elemente – ob lexikalische oder syntaktische, konkrete oder abstrakte, reguläre oder idiomatische – die nicht [...] symbolisch sind; alle haben einen kommunikativen Bedeutungsgehalt, weil sie alle direkt aus dem Sprachgebrauch abgeleitet sind. Ein wichtiges Merkmal der Konstruktionsgrammatik ist, dass ihr Interesse Gebrauchsmustern jedweder Art gilt, d. h. auch solchen mit begrenzter Allgemeingültigkeit. Es wird also der Versuch unternommen, nicht nur die ‚Kerngrammatik' zu erklären, sondern alle sprachlichen Elemente und Strukturen – einschließlich idiomatischer Ausdrücke, irregulärer Muster, gemischter Konstruktionen und metaphorischer Extensionen – und zwar im Rahmen einer einzigen Theorie. (Tomasello 2008: 21)

Unterstrichen wird also die Bedeutung der Frequenz für die Herausbildung von Konstruktionen: Durch das wiederholte Verwenden einer bestimmten Struktur

Tab. 6.1: Beispiele für Konstruktionen (Behrens 2011b: 381; Goldberg 2003: 220).

Konstruktion	Form/ Beispiel
Morphem	zer-, ver-, anti-, -lich, -te
Wort	Avocado, Anaconda, und
komplexes Wort	Feuerteufel, sit-in
fixiertes Idiom	Den Vogel abschiessen
partiell fixiertes Idiom	In die X kriegen, wobei X = Wolle oder X = Haare
Covariational conditional construction	je X desto Y
ditransitive Konstruktionen	Form: Subj V Dat-Obj Akk-Obj / Er backte ihr einen Kuchen
Passiv	Form: Subj werden (PP) Partizip Perfekt / Das Gürteltier wurde von einem Auto überfahren

wird diese zu einem Verwendungsmuster, das mit unterschiedlichen Abstraktionsgraden schematisiert wird. Als Beispiele dafür führt Behrens (2011b: 381) mit Bezug auf Goldberg (2003: 220) Konstruktionen unterschiedlicher Abstraktheitsgrade auf: Das können etwa Morpheme, Wörter oder Schemata wie *Je X desto Y* sein (vgl. Tab. 6.1).

Was Tomasello (2008: 21) im oben zitierten Ausschnitt ebenfalls betont, sind die kommunikative Funktion und der Sprachgebrauch, die Konstruktionen erst hervorbringen. Gerade die konsequente Orientierung am Sprachgebrauch macht aus dem konstruktionsgrammatischen Paradigma eine empirische Wissenschaft. Diese Ausrichtung an der Empirie vereint auch die unterschiedlichen konstruktionsgrammatischen Ausrichtungen. Was konstruktionsgrammatische Studien zusammenhält, so Ziem & Lasch (2011: 275–276), ist keine gemeinsame Ausrichtung auf einen bestimmten Typ an Daten oder ein verbindliches Methodenrepertoire, sondern ein Konsens über eine Reihe von theoretischen und methodologischen Basisannahmen, die für die konkrete Forschungspraxis relevant sind:

- Sprache ist keine autonome Instanz, sie steht vielmehr in komplexer Interaktion mit anderen kognitiven Fähigkeiten, Ressourcen und anderen Zeichensystemen. Der Begriff der (generativen) *Regel* wird durch den des *Kategorisierungslinks* ersetzt, da jede Erzeugung von komplexen sprachlichen Ausdrücken bzw. Zeichen einen wissensbasierten Prozess darstellt.
- Grammatische Phänomene gehen aus Konzeptualisierungsprozessen hervor. Aus diesem Grund bilden Grammatik und Lexikon keine distinkten Einheiten, sondern ein Kontinuum, ein so genanntes ‚Konstruktikon' (Ziem & Lasch 2011: 275–276). Sprachliches Wissen besteht aus diesem

Konstruktikon, einem strukturierten Inventar an Konstruktionen (Fischer 2014: 243).
– Durch den Sprachgebrauch entsteht und verändert sich sprachliches Wissen. Die sprachlichen Strukturen resultieren aus Prozessen der kognitiven Verfestigung (*entrenchment*) und aus kognitiven Routinen. Grammatik ist daher ein Epiphänomen konkreter sozialer Interaktionsprozesse oder – mit Haspelmath (2002: 270) – „geronnener Diskurs" (vgl. Kap. 3.2.3).
– Gelten diese drei Annahmen für die Kognitive Linguistik grundsätzlich, besteht das Spezifikum der Konstruktionsgrammatik darin, für die Beschreibung des Erwerbs, der Repräsentation sowie der Verarbeitung von sprachlichem Wissen die Konstruktion als grundlegende Einheit anzusetzen.

Konstruktionen haben damit auch eine psycholinguistische Relevanz. Ziem & Lasch (2013: 77) nehmen eine erweiterte definitorische Begriffsbestimmung von Konstruktionen vor, die fünf für die Kognitive Linguistik insgesamt kennzeichnende Prinzipien (im Zitat hervorgehoben) aufführt, auf dem das auf den Sprachgebrauch ausgerichtete Forschungsprogramm der Konstruktionsgrammatik fusst:

> Konstruktionen sind (a) nicht-kompositionelle und **konventionalisierte** Form-Bedeutungs-paare, die (b) **kognitiv** einen gestalthaften Charakter haben, gleichwohl aber (c) **konstruierte** Einheiten und als solche (d) **konzeptueller** Natur sind, insofern sie sich (e) **kontextgebunden** im Sprachgebrauch herausbilden und verändern. (Ziem & Lasch 2013: 77, Hervorhebungen PS)

Die Definition repräsentiert den konstruktionsgrammatischen ‚Mainstream', der sich insbesondere an den Arbeiten von Goldberg und Langacker orientiert (Ziem & Lasch 2013: 77). Auer (2005) spezifiziert in seinen Ausführungen zum Konstruktionsbegriff in der Gesprächsanalyse zur Form von Konstruktionen mit Verweis auf Tomasello, sie seien „oft mehr oder weniger idiosynkratische Instantiierungen allgemeinerer syntaktischer Strukturen, die meist bestimmte interaktive Funktionen haben und die als solche im Erstspracherwerb noch vor den allgemeineren Strukturschemata gelernt werden" (Auer 2005: 16). Er ergänzt die Definition damit um einen zentralen Erwerbsaspekt: Konstruktionen werden in der Sprachaneignung vor anderen Strukturschemata erworben. Besonders im Grad der Idiosynkrasie, so Auer, unterscheiden sich Konstruktionen;

> manche Konstruktionen sind vollständig – auch lexikalisch – spezifiziert, andere lassen bestimmte Abänderungen zu oder enthalten Leerstellen und sind daher abstrakter. Per definitionem ist die Syntax und/oder die Semantik einer Konstruktion nicht kompositionell aus ihren Teilen ableitbar. Die kategorische Trennung zwischen Syntax und Lexikon löst sich auf. (Auer 2005: 16)

Keine andere Grammatiktheorie stellt in Frage, dass es syntaktisch und/oder semantisch nicht-kompositionelle Strukturen gibt, sprachliche Ausdrücke also, deren Form und/oder Bedeutung sich nicht aus ihren Bestandteilen ableiten lässt. Die Bedeutung fester Formeln für den Spracherwerb ist daher bekannt. Aus der Vielzahl von Bezeichnungen dieses Phänomens hat sich insbesondere im DaZ-Erwerb etwa der Terminus *Chunk* etabliert (vgl. dazu etwa Heringer 2009). Alternativen aus der Spracherwerbsforschungen fassen Diehl et al. (2000: 340–341) unter folgenden Bezeichnungen und Paraphrasierungen zusammen: *prefabricated patterns, formulaic expressions, chunk/schemata, formulaic knowledge, expressions of more or less formulaic and idiomatic character* oder *Formeln und Rahmen* (vgl. für die Literaturangaben Diehl et al. 2000: 340–341). Auch für den Erwerb formaler Strukturen auf Basis funktionaler Primate gibt es in der Forschung seit den 1980er Jahren verschiedene Beispiele. Behrens (2009: 432) verweist hierfür etwa auf Slobin (1985) oder auf Pinker (1989). Ihren Ansätzen ist gemeinsam, dass durch die Spracherfahrung die semantische Bindung syntaktischer Strukturen gelockert und der zielsprachlichen Varietät angeglichen wird. Es zeigte sich hingegen, dass formale Strukturen nicht zwingend funktional motiviert sein müssen oder in der frühen Kindersprache in funktional beschränkter Form verwendet werden. Kinder halten sich im Gegenteil von Beginn weg an die zielsprachliche Form-Funktions-Struktur (Behrens 2009: 432–433 mit Verweis auf Bowerman 1990). Kennzeichnend für die Konstruktionsgrammatik ist gerade diese Annahme sowie das Postulat, dass Konstruktionen das *einzige* Organisationsprinzip natürlichsprachlicher Grammatiken darstellen (Stefanowitsch 2011: 20). Darin unterscheidet sie sich von anderen Ansätzen, die nicht-kompositionelle Strukturen und ihre semantisch-pragmatische Funktion beschreiben.

Die theoretischen Prämissen der Konstruktionsgrammatik erfordern eine Orientierung am Sprachgebrauch sowie Evidenz für die psycholinguistische Realität der untersuchten Einheiten (Fischer 2014: 245). Empirisch ist daher für möglichst viele möglichst ‚kerngrammatische' Strukturen (Stefanowitsch 2011: 20) nachzuweisen, dass es sich um Konstruktionen handelt. Wann ist eine komplexe Spracheinheit so idiomatisiert und verfestigt, dass von einer Konstruktion zu reden ist? Wie fest verankert müssen Konstrukte im Sprachwissen der Sprachteilhaber sein, um Konstruktionen darzustellen? Wie oft muss eine sprachliche Struktur als solche verwendet werden, um in den Status einer Konstruktion zu gelangen? In diesen Fragen ist die Theorienbildung der empirischen Forschung voraus.

Die Spracherwerbsforschung ist zu einem etablierten Anwendungsgebiet konstruktionsgrammatischer Untersuchungen geworden (Behrens 2009: 427).

Aus diesen Forschungen werden Erkenntnisse gewonnen, die ihrerseits wiederum Eingang finden in die theoretische Ausgestaltung der Konstruktionsgrammatik und der Kognitiven Linguistik auf dem Weg hin zu einer umfassenden Sprach- und Kognitionstheorie. Der Blick auf konstruktionsgrammatische Spracherwerbsstudien zeigt eine ausgeprägte Konzentration auf frühe Erstspracherwerbssituationen, an die methodisch vorzugsweise korpuslinguistisch herangegangen wird. Im Zentrum empirischer Studien steht zudem oft nicht nur die Sprachproduktion des Kindes, sondern ebenfalls Struktur und Umfang des Inputs, beispielsweise in der Mutter-Kind-Interaktion. Offen bleibt die Tauglichkeit des konstruktionsgrammatischen Paradigmas für andere Spracherwerbsbereiche, darunter die Literalisierung und innerhalb der Literalisierung wiederum den Erwerb der (konzeptionellen) Schriftlichkeit.

6.3 Literale Konstruktionen zwischen Prozess und Produkt des Schreibens

Während laut Diessel (2008) von vielen Spracherwerbsforschern akzeptiert wird, dass sich die Konstruktionsgrammatik für die Analyse von frühen Zwei- und Dreiwortäußerungen sehr gut eignet, wird das für komplexe grammatische Gebilde in Frage gestellt: Diese könnten „nicht mehr adäquat mit den Mitteln der Konstruktionsgrammatik beschrieben werden, und somit, so die Kritiker, sei der gesamte Ansatz als Modell für den Erwerb der Grammatik ungeeignet" (Diessel 2008: 41). Diessel hingegen argumentiert, dass diese Kritik unbegründet sei, und zeigt am Erwerb von komplexeren grammatischen Gebilden,

> dass sich komplexe Sätze aus einfachen, zumeist wortspezifischen Konstruktionen entwickeln. Dabei lassen sich zwei Entwicklungsverläufe unterscheiden: Der Erwerb von Komplement- und Relativsätzen lässt sich als ein Prozess der Satzexpansion beschreiben, während sich der Erwerb von Konjunktionalsätzen als ein Prozess der Satzintegration begreifen lässt. In beiden Fällen bilden einfache, nicht eingebettete Sätze den Ausgangspunkt für die Entwicklung von komplexen Satzkonstruktionen. (Diessel 2008: 53)

Er hebt auch hervor, dass sich konstruktionsgrammatische Ansätze dafür eigneten, die Kontinuität der Entwicklung von den ersten Einwortsätzen bis hin zu komplexen Satzkonstruktionen zu zeigen. „Was Kinder lernen, sind sprachliche Symbole, also Form-Funktionseinheiten, die sich lediglich in ihrer Komplexität und in dem Grad der Abstraktheit voneinander unterscheiden." (Diessel 2008: 53) Eine Grammatiktheorie, die sich – wie die Konstruktionsgrammatik – als Sprachtheorie versteht, muss Erwerb und Verwendung der

Sprache *insgesamt* erklären können, um ihre Tauglichkeit nachzuweisen. Konstruktionsgrammatische Ansätze müssten daher auch auf den Erwerb des schriftlichen Ausdrucks im Rahmen von Fragen der Literalisierung anwendbar sein. Dabei rücken andere Aspekte und andere Konstruktionen ins Zentrum, und zwar speziell satzübergreifende Konstruktionen.

6.3.1 Literale Prozeduren als transphrastische Konstruktionen

Die Mehrzahl vorliegender konstruktionsgrammatischer Arbeiten geht über die Satzgrenze nicht hinaus (Feilke 2010: 2; Günthner 2009: 405).[37] Das zeigen auch die von Goldberg (2003) zitierten Beispiele in Tabelle 6.1. Im 2015 erschienenen Band zu *Konstruktionen im Spannungsfeld von sequentiellen Mustern, kommunikativen Gattungen und Textsorten* von Bücker, Günthner & Imo (op. 2015) wird dieses Desiderat aufgenommen und eine komplexe Musterhaftigkeit oberhalb der Satzgrenze in den Fokus genommen. Darin werden verschiedene Ansätze für die Suche nach transphrastischen Konstruktionen aus den Konzepten der Diskursmuster (insb. Östman op. 2015) und der Textlinguistik rezipiert und anhand empirischer Studien diskutiert. Mit keinem Beitrag vertreten ist in der Publikation trotz des expliziten Bezugs zur geschriebenen Sprache in einem separaten Abschnitt die Forschungstätigkeit zu *literalen Prozeduren* aus der Schreibforschung: Eine Gruppe von Forschenden um Helmuth Feilke führte (transphrastische[38]) schriftsprachliche Konstruktionen unter dem mittlerweile in der Schreibforschung breit rezipierten Begriff der *literalen Prozedur*, alternativ und synonym verwendet werden die Begriffe *Textroutine* oder *Textprozedur*,[39] in die Diskussion ein. Literale Prozeduren stehen dabei als Chiffre „für den Fluchtpunkt einer Reihe schon länger aktueller Fragen in der Linguistik wie in der Sprachdidaktik " (Feilke 2010: 1). Sie stellen einen Ansatz dar, wie Konstruktionen als transphrastische Strukturen zu fassen sind, und zeigen, welche Rolle ihnen bei der Konstitution ganzer Texte zukommt.[40] Aus

---

37 Das ergibt sich durch die Konzentration auf den frühen Spracherwerb, da hier Einwort-, Zweiwort- und Mehrwortäußerungen im Zentrum stehen.
38 Das Attribut *transphrastisch* bezeichnet Konstruktionen, die mehr als einen Satz umfassen. Beispielsweise sind das textstrukturierende Positionierungsprozeduren wie *Auf der einen Seite ... Auf der anderen Seite*.
39 Feilke hält den Terminus *Textprozedur* für am besten geeignet: „Er hebt mit ‚Prozedur' die Mittlerstellung zwischen dem Prozess- und dem Produktaspekt des Schreibens hervor und macht deutlich, dass es um eine auf *Texte* und deren Komponenten bezogene Kompetenz geht" (Feilke 2014a: 11, Hervorhebung im Original).
40 Es ist zu vermuten, dass konstruktionsgrammatische Untersuchungen zur geschriebenen Sprache vorwiegend aus methodischen Gründen nicht Bezug nehmen auf die Forschungen zu

6.3 Literale Konstruktionen zwischen Prozess und Produkt des Schreibens — 107

der kompetenzorientierten Perspektive seien literale Prozeduren sprachliche Verfahren zur Textkonstitution:

> [Das] Stabile von Prozeduren erkennt man an der wiederkehrenden Konstellation von Elementen. Sie können als Ausdrucksmuster schwach oder auch stärker grammatikalisiert sein und verbinden sich mit einem Gebrauchsschema. Literale Prozeduren sind eine didaktisch relevante Kategorie: Es können empirisch Grade der Beherrschung von Prozeduren unterschieden werden. Sie sind lern- und lehrbar. Der Erwerb ist kaum erforscht. (Feilke 2010: 1)

Feilke (2010: 2) illustriert am Beispiel von Überschriften die Merkmale von literalen Prozeduren: „Überschriften sind textkonzeptuelle Gestalten[,] [sie] haben eine besondere Syntax und Semantik, die sie vom Text abhebt[.]" Syntax und Semantik sind „unter einer grammatischen Perspektive oft irregulär, was aber ihre Verstehbarkeit nicht beeinträchtigt" (Feilke 2010: 2). Das wiederum sei ein Kennzeichen von Konstruktionen im Sinne der Konstruktionsgrammatik: „Konstruktionen sind prozedurale Formulierungsformate. Sie binden das syntaktische Muster an Handlungsaufgaben und erklären es darüber." (Feilke 2010: 2)

Als textkonzeptuelle Gestalt haben Überschriften eine ganz besondere Position im Text: Sie sind dem Text vorangestellt und von ihm visuell, aber auch sprachlich-strukturell durch eine spezielle Syntax und Semantik abgehoben (Feilke 2010: 2). Diese Position erklärt auch ihren Aufbau und gleichzeitig ihr Potenzial: Überschriften werden regelhaft verstanden, auch wenn sie oft grammatische Irregularitäten aufweisen, denn als Ausdrucksgestalten sind sie direkt einem Gebrauchsschema zugeordnet; „die konzeptuelle Gestalthaftigkeit von Überschriften als literalen Prozeduren besteht vor allem in einem der grammatischen Struktur vorgeordneten *textuellen* Verwendungs- und Interpretationsschema" (Feilke 2010: 2). Überschriften zeigen deutlich, dass die grammatische Irregularität „sich als sogenannter Strukturverlust erst als mögliche Folge eines pragmatisch stabilisierten Gebrauchsschemas" (Feilke 2010: 2) ergibt, und stellen gleichzeitig ein Beispiel für eine Konstruktion dar, die nur satzübergreifend und unter Mitberücksichtigung ihrer Funktion im konzeptionell schriftlichen Kontext zu erklären, zu verstehen und zu erwerben ist.

---

den literalen Prozeduren: Letztere zeichnen sich derzeit eher durch qualitative Analysen der Form und Funktion literaler Prozeduren aus und kaum durch einen quantitativen Zugang, wie er für konstruktionsgrammatische Arbeiten häufig gewählt wird. Gerade hierin ist ein wesentliches Potenzial für zukünftige Forschungen zu literalen Prozeduren zu sehen: Es wäre wünschenswert, an grossen Korpora datengeleitet zu ermitteln, welche (transphrastischen) Grössen das Potenzial für Konstruktionen im Sinne der Konstruktionsgrammatik haben.

Literale Prozeduren sind das Ergebnis von Schrift- und Texterfahrung, sie können über das Memorieren von Ausdrucksmustern nicht vermittelt und gelernt werden. Das dafür notwendige Wissen bezeichnet Feilke (2010) als eine Kompetenz ‚dritter Art', die als ein prozedurales Wissen zwischen dem Produkt- und dem Prozessaspekt der Sprache steht. Damit gemeint ist allerdings nicht ein Schreib*prozess*wissen, sondern ein textkonstituierendes *sprachliches* Wissen (Feilke 2010: 3). Literale Konstruktionen haben zwar prozessualen Charakter, weil sie die transphrastische und globale Textebene strukturieren und damit nicht nur den Text, sondern auch seine Aktualgenese segmentieren. Da sie aber ganz spezifische und idiomatisierte Strukturen darstellen, ist das Wissen über sie und ihre Verwendung immer sprachlich basiert. Für Feilke (2010) sind dann auch diese drei Merkmale literaler Prozeduren besonders zentral: Ihr prozessualer Charakter, ihre Sprachlichkeit und ihr transphrastisches Ordnungspotenzial. Literale Prozeduren seien immer lexikalisch ausgewiesen, da die Lexik einen ausdrucksseitigen Anker aller darunterliegenden Ordnungsleistungen des Sprechens und Schreibens darstelle (Feilke 2010: 5). Sie stehen zwischen regelorientierter Konstruktion und dem Lexikon, sind „vielfach regulär gebildet, aber gleichermaßen als Ganze schematisch verfügbar, mit slots, die immer wieder auf andere Weise gefüllt werden können" (Feilke 2010: 4). Die funktionale Prägung literaler Prozeduren liegt auf der textuellen Ebene, sie stehen zwischen der lokalen Ebene des einzelnen Satzes und der globalen des Textes (Feilke 2010: 5). Am Erwerb literaler Prozeduren zeigt sich zudem ein Phänomen, das der Spracherwerbsforschung bekannt ist: „Die formale Struktur einer syntaktischen oder auch textbildenden Routine wird erworben, bevor sie inhaltlich angemessen genutzt werden kann." (Feilke 2010: 15)

Hinter dem Konzept der literalen Prozedur steht wie hinter der Konstruktionsgrammatik ein dynamisches Sprachmodell, das annimmt, dass Strukturen gebrauchsbasiert angeeignet werden und sich wiederum auf das Sprachwissen auswirken. Eine Erweiterung des Konstruktionsbegriffs durch die Modellierung literaler Prozeduren ist darin zu sehen, dass transphrastische Strukturen in den Fokus rücken. Literale Prozeduren sind Textroutinen, die eine musterhafte semiotische Struktur aufweisen, über Kontextualisierungspotenzial verfügen und für den Aufbau von Schreibkompetenzen besondere Relevanz haben. Anhand literaler Prozeduren werden typische Teilhandlungen bestimmter Textsorten realisiert (Gätje, Rezat & Steinhoff 2012: 127). Theoretisch mitgedacht sind zudem die Prozesshaftigkeit und der sprachbasierte Prozesscharakter von Konstruktionen: Gerade bei sprachlichen Strukturen mit transphrastischem Ordnungspotenzial, die beispielsweise Argumentationsvorgänge im Textprodukt strukturieren (*einerseits- andererseits, zwar ... aber ...*), erscheint es einsichtig, dass sie auch den Produktions-, also den Schreibprozess, rhythmisieren und segmentieren. Als schriftsprachliche und häufig vorkommende Routineformeln kommt ihnen im Formulierungsprozess eine kognitive Entlastungsfunktion zu (Gätje, Rezat & Steinhoff 2012: 127).

Bei der Untersuchung literaler Prozeduren stehen bislang qualitative Herangehensweisen im Vordergrund, die ausgewählte sprachliche Prozeduren – denen Konstruktionscharakter unterstellt wird – in ihrer Funktion für die Schriftsprachaneignung fokussieren. Auf quantitative Auswertungen (vgl. dazu als Beispiel Gätje, Rezat & Steinhoff 2012) wird zurückgegriffen, um (pseudolongitudinale) Aneignungsverläufe anhand der Frequenz bestimmter Prozeduren aufzuzeigen. Zur Didaktik von Textprozeduren liefern jüngere Forschungsergebnisse vielversprechende Ergebnisse. Eine Auswahl präsentieren Bachmann & Feilke (2014). Besonders hingewiesen sei dabei auf die empirische Studie von Anskeit & Steinhoff (2014): Sie untersuchen, wie sich die Partizipation an bestimmten Schreibarrangements auf die Textproduktion (Erstfassung, Revision und Endfassung) auswirkt, wobei davon ausgegangen wird, dass stärker profilierte Arrangements zu einer erfolgreicheren Textproduktion führen als schwächer profilierte.[41] Erste Ergebnisse zeigen, dass insbesondere Schüler und Schülerinnen, deren Texte in sprachprofilierten Arrangements entstanden sind, von den entsprechenden Prozeduren häufiger Gebrauch machen und sie schemagerecht und kreativ anwenden. Den Kindern, die an sprachprofilierten Arrangements teilnahmen, wurden aufgabenspezifische Prozedurenausdrücke als sogenannte Formulierungstipps vorgelegt. Diese wurden vorgängig basierend auf der empirischen Studie von Augst et al. (2007) ausgewählt und entsprechen Ausdrücken, die sich für die Schreibentwicklung auf der Primarstufe als wichtig herausgestellt haben (Anskeit & Steinhoff 2014: 139). Das Angebot an die Kinder, sich an vorgegebenen Prozeduren zu orientieren und diese in den eigenen Schreibprozess zu integrieren, erwies sich also als erfolgreich. Als unbegründet stellte sich hingegen die Befürchtung heraus, das Vorschlagen von Prozeduren führe zu einem ‚pattern drill', einem schablonenhaften Schreiben (Anskeit & Steinhoff 2014: 152).

Korpuslinguistisch untersucht wurden literale Prozeduren m. W. bislang nicht. Eine korpuslinguistische Studie, die für bestimmte Altersbereiche zentrale Konstruktionen herausstellt, wäre mit Sicherheit aufschlussreich.

---

41 Die Profilierung von Schreibaufgaben, als Konzept eingeführt von Bachmann & Becker-Mrotzek (2010), bezieht sich auf die Merkmale *Funktion, Wissen, Interaktion* und *Wirkung*, die in stark profilierten Aufgaben allesamt berücksichtigt werden. Vgl. zum Konzept der Profilierung Bachmann & Becker-Mrotzek (2010); Bachmann & Becker-Mrotzek (2011) sowie Kapitel 7.2.2 zur Beschreibung der Schreibaufgabe.

Offen ist nämlich, ob Textprozeduren tatsächlich Konstruktionscharakter im Sinne konstruktionsgrammatischer Modellierungen haben. Was die Schreibforschung zur empirischen Klärung der Funktion von Textprozeduren beitragen könnte, betrifft die Schnittstelle zwischen Textproduktion und Textprodukt: Wenn literalen Prozeduren unterstellt wird, als Bindeglied zwischen Textprodukt und Textprozess besondere Relevanz zu haben, dann ist das Medium ihrer Produktion, also das Schreiben, eigentlich dafür geeignet zu untersuchen, ob sich ihre Ausformulierung im Schreibprozess verfolgen lässt. Möglicherweise strukturieren sie als Konstruktionen Sprache nicht nur kognitiv, sondern auch in der Produktion (vgl. dazu Kapitel 8.1.2 zu den Schreibsalven).

6.3.2 Literale Konstruktionen als Regulativ im Schreibprozess

Schreibroutine zeigt sich nicht nur verfestigt in Textprodukten, sondern auch während des Schreibprozesses. Sie ist das Ergebnis von Schreiberfahrung und Resultat einer sozialen Praxis, die durch Teilhabe an (schriftlicher) gesellschaftlicher Kommunikation und literalem Handeln entsteht. Wie sich aus Literalitäts- und Schreiberfahrungen konkrete Textprozeduren herausbilden respektive was dabei auf der kognitiven Ebene vor sich geht, ist empirisch und theoretisch nicht geklärt. In den Schreibprozessmodellen etwa von Hayes und Flower kommt die Schreiberfahrung als *text produced so far* vor (vgl. Kap. 4.2). Dieser und Aspekte aus der Planung gehen, so Hayes (1996: 23–24), in den Schreibprozess ein:

> Cues from the writing plan and from the text produced so far are used to retrieve a package of semantic content. This content is stored in working memory but not in the articulatory buffer. [...] A surface form to express this content is then constructed and stored in the articulatory buffer. [...] When all of the content is expressed or when the capacity limit of the articulatory buffer is reached, the sentence part is articulated either vocally or subvocally. If all of the current content has been expressed, then the writer may show evidence of searching for new content. If the articulated sentence part is positively evaluated, then it is written down and the process is repeated. If it is rejected, a new sentence part is constructed and evaluated.

Schreiberfahrung und grundsätzlich Spracherfahrung reduzierten die Belastung des Arbeitsgedächtnisses bei der Überführung von Inhalten in ‚sentence parts' (Hayes 1996: 23). Daraus könnte geschlossen werden, dass mit zunehmender Schreiberfahrung diese ‚sentence parts' umfangreicher werden. Das wiederum könnte sich in Schreibprozessen zeigen (vgl. dazu die Ausführungen zu den Schreibsalven in den Kapiteln 8.1.2, 9.1.5 sowie 11.1.3).

Im Anschluss an die Ausführungen zur Konstruktionsgrammatik stellt sich die Frage, was genau „the surface form to express [semantic] content" und dann die „sentence parts" (Hayes 1996: 23) darstellen. Folgt man dem Konzept der Konstruktionsgrammatik, die von grammatischen Strukturen ausgeht, die psychologisch real respektive psychologisch realistisch sind (Stefanowitsch 2011: 11–12), liessen sich diese ‚sentence parts' als Konstruktionen interpretieren. Konstruktionen sind Schlüsselelemente zwischen dem Produkt- und dem Prozessaspekt der Sprache und als Regulativ im Schreiben in den von Hayes beschriebenen Teilprozessen bereits mitgedacht, auch wenn sie nicht präziser ausgeführt oder begrifflich spezifiziert werden. Um ganz konkrete sprachliche Konstruktionen geht es in der Modellierung bei Hayes nicht, das Modell wäre allerdings an dieser entsprechenden Stelle erweiterbar um literale Prozeduren und sprachliche Routinen, und zwar sowohl in ihrer sozialen als auch individuellen Dimension: Die Texte *produced so far* stellten die Schreiberfahrung dar, die in spezifischen sozialen Kontexten angeeignet wird und die sich als Übersetzung von Inhalt in konkrete sprachliche Strukturen im Moment des Niederschreibens äusserte. Ein methodischer Vorteil von Untersuchungen zur Schreibaneignung liegt in der Möglichkeit, Schreibprozesse sicht- und auswertbar zu machen. Sie zeigen, *wie* sprachliche Einheiten produziert werden, und machen Schreibroutine empirisch mess- oder zumindest beschreibbar.

6.4 Literale Konstruktionen zwischen Text und Sprachwissen

Die Konstruktionsgrammatik folgt in vielem einer für moderne Grammatiktheorien seit de Saussure charakteristischen Annahme: Sprache wird als prinzipiengeleitetes System verstanden, „das sich aus miteinander korrelierenden Elementen zusammensetzt, deren Ort im System sich zwar ändern kann [...], ohne dabei aber die strukturelle ‚Ordnung' des sprachlichen Wissens generell zu gefährden" (Ziem 2014: 15–16). Allerdings unterscheidet sie sich in ihren Erkenntnisinteressen von anderen Grammatiktheorien insofern fundamental, als sie auf ein Modell grammatischer Strukturen abzielt, das psychologisch real (oder zumindest psychologisch realistisch) ist. „Sie versteht sich deshalb primär als eine Theorie grammatischen Wissens und nur sekundär als eine Theorie grammatischer Systeme" (Stefanowitsch 2011: 12). Da die Konstruktionsgrammatik sprachliches Wissen als Inventar von Form-Bedeutungspaaren und damit als eine Art Netz von Konstruktionen – ausgedrückt im Terminus *Konstruktikon* – ansieht, stellt sich die Frage, in welcher Verbindung die einzelnen Konstruktionen zueinander stehen. In Bezug auf den Spracherwerb besonders zentral ist die Frage, ob die Relationen zwischen Konstruktionen dergestalt sind, dass einige Konstruktionen den Erwerb von anderen stützen und erleichtern können (vgl. zu dieser Frage Fischer 2014). Über die Struktur des Konstruktikons ist derzeit relativ wenig bekannt (vgl. aktuelle Forschungen bei Ziem 2014; Ziem & Ellsworth 2016; Lasch & Ziem 2014), insbesondere empirische Untersuchungen sind noch rar. Die unterschiedlichen Ausrichtungen innerhalb der Konstruktionsgrammatik unterscheiden sich zudem gerade darin, von welchen Verbindungen zwischen Konstruktionen sie ausgehen. Grundsätzlich sind Beziehungen verschiedener Natur möglich: Da Konstruktionen Form-Bedeutungspaare sind, können sich Verbindungen zwischen ihnen sowohl auf formale als auch auf semantische oder pragmatische Aspekte beziehen. Ebenfalls kann die Beziehung durch funktionale Synonymie oder durch Kookkurrenz in ähnlichen Situationen beruhen (Fischer 2014: 243–244).

> Sprache und somit auch Grammatik wird immerfort geschaffen. Die zielorientierte Kreativität des Sprechers setzt freilich an den oberen grammatischen Ebenen an, wo er die Freiheit zum Manipulieren hat. Des Sprechers unmittelbares Ziel ist es, expressiv zu sein. Dadurch überlagert er immer wieder schon vorhandene Ausdrucksmittel, deren Einsatz sich automatisiert. Dadurch entsteht Grammatik. [...] Sie wird also nicht als eigenes Ziel angestrebt, sondern ist das notwendige Ergebnis der Neugestaltung von Ausdrucksformen auf den höheren Ebenen. (Lehmann 1995: 1265)

In diesem Aspekt decken sich konstruktionsgrammatische Ansätze mit der Grammatikalisierungstheorie. Sprachliches Wissen und Sprachhandlungswissen sind in dieser Perspektive miteinander verbunden, indem das eine nicht die Ressource für das andere darstellt, sondern beide Aspekte als Ressource *und* als Ergebnis des Sprachgebrauchs angenommen werden.

Strukturen mit kognitiver oder psychologischer Qualität haben mit der Repräsentation und mit der Wahrnehmung sprachlicher Strukturen zu tun. Konstruktionen stellen als sprachliche Strukturen Sinn- und Wahrnehmungs*gestalten* dar, wie am Beispiel der Überschriften gezeigt wurde. Sie sind textkonzeptuelle Gestalten, die sich durch die Syntax und die Semantik, aber auch durch die initiale Position im respektive vor dem Text abheben. Mit dem Schreibprozess einher geht eine Visualisierung, denn Texte präsentieren sich immer mit einer bestimmten äusseren Form: Sie sind nicht nur lesbare Gebilde, sondern solche mit einem visuellen Charakter. Überschriften zeigen exemplarisch, wie sprachliche Konstruktionen sich auch durch solche visuelle Aspekte auszeichnen. Im Fall der Überschrift handelt es sich dabei um die optische Absetzung vom Text durch das Voranstellen der Überschrift. Die Ausdrucksseite von Überschriften ist damit im doppelten Sinne salient, wie mit Bezug auf Feilke (2010) gezeigt wurde (vgl. Kap. 6.3.1); einerseits durch die strukturell routinehafte Formulierung, andererseits durch ihr visuelles Erscheinen.[42] Das

---

[42] Auf die Frage, wie Textprozeduren zwischen Erwerb und Nutzung von sprachlichem Wissen vermitteln, geht Rezat (2014) ein: Sie greift dafür auf den Ansatz der kognitiven Ergonomie

mag für Überschriften in besonderem Mass gelten, dürfte aber auch für andere sprachliche Konstruktionen im Erwerbsprozess von Bedeutung sein. Es liesse sich sogar die Annahme formulieren, dass gerade für Kinder visuelle Aspekte sprachlicher Konstruktionen von besonderer Relevanz sind. Wie der erste Zugang zur Schrift anhand einzelner Grapheme die Übersetzung eines Lauts in ein visuelles ‚Bild' darstellt, könnten visuelle Merkmale auch das Verfassen und Strukturieren ganzer Texte prägen. Die Auswertungen der Kinderkommentare im Rahmen der vorliegenden Studie werden diese Fragen wiederaufnehmen (vgl. Kap. 11.2.5).

6.5 Zusammenfassung Kapitel 6

„ich finde das nicht soooo eine gute idde"
Datenkorpus,[43] Schülerin 4w8

Dynamische Modellierungen von Sprache stellen deren Gebrauch ins Zentrum. Grammatische Strukturen regeln diesen Sprachgebrauch, sind aber gleichzeitig auch dessen Ergebnis: Durch das Schreiben wird Sprachwissen angeeignet, ausgebaut, erweitert und restrukturiert. Die Routinenbildung, die dadurch zustande kommt, lässt sich konkret in der Genese literaler Prozeduren nachzeichnen: Diese werden im Verlauf der Ontogenese zunehmend literaler, also konzeptionell schriftlicher. Der oben zitierte Satz, der originalgetreu aus einem Kindertext aus dem Datenkorpus entnommen wurde, stellt eine Positionierungsprozedur dar, die Kinder zu Beginn der Schreibontogenese häufig verwenden und die später dann zugunsten anderer Konstruktionen in der Verwendungsfrequenz abnimmt (vgl. dazu die Datenauswertungen in Kap. 11.3). Zudem aber enthält die Konstruktion einen Intensivierer, der aus einer konzeptionell mündlichen Ausdrucksweise stammt („Ich finde das nicht *so* eine gute Idee.") und normwidrig verschriftet wird („soooo"): Der Wunsch des Mädchens, die eigene Position über die literale Positionierungsprozedur zu verstär-

---

von Pierre Rabardel zurück (vgl. dazu Rabardel 1995, 1999). Das Konzept der kognitiven Ergonomie setzt die Annahme zentral, dass die Entwicklung höherer psychischer Funktionen auf eine vermittelnde Tätigkeit in Form von Werkzeuggebrauch angewiesen ist. Der Ansatz entstand in der kulturhistorischen Schule der 1920er und 1930er Jahre um Vygotskij, Lurija und Leontev, deren theoretischen Modellierungen in der Literalitäts- und Schreibforschung breit zitiert werden (darauf wurde im Zusammenhang mit Entwicklungsphasen des Schriftspracherwerbs und mit Einheiten metasprachlicher Reflexion in den Kap. 3 und 5 hingewiesen).
43 Der Ausschnitt stammt aus einem der in der vorliegenden Arbeit analysierten Briefe (vgl. dazu den Materialband).

ken, findet in seinem Schreibrepertoire vorerst keine geeignete Entsprechung. Im Lauf der weiteren Textkompetenzaneignung werden sich die entsprechenden konzeptionell schriftlichen Mittel dafür erst noch ausbilden. Die kommunikative Notwendigkeit, einen Aspekt auch in der schriftlichen Varietät betonen und unterstreichen zu wollen, wird zunehmend Prozeduren generieren, die ohne mündliche Mittel (die Dehnung oder das lautere Aussprechen eines Wortes) auskommen. Das Ziel des Sprechers, so Lehmann (1995: 1265), „ist es, expressiv zu sein. Dadurch überlagert er immer wieder schon vorhandene Ausdrucksmittel, deren Einsatz sich automatisiert."

Den Kern konstruktionsgrammatischer Ansätze bildet die Annahme, *Konstruktionen* als Form-Bedeutungspaare bildeten die einzige und grundlegende Einheit des Erwerbs, der Repräsentation sowie der Verarbeitung von sprachlichem Wissen. Letzteres wiederum wird darauf aufbauend als Netzwerk von Konstruktionen, als sogenanntes Konstruktikon, modelliert. Im Zentrum stehen damit sprachliche Strukturen, die nicht Kategorien des Sprachmodells darstellen, sondern solche, die einerseits Relevanz haben für die Sprachproduktion und Sprachaneignung und die andererseits psycholinguistisch real oder realistisch sind. Konstruktionen können mehr oder weniger idiomatisiert und mehr oder weniger umfangreich sein, was es ermöglicht, sprachliche Grössen verschiedener Art unter denselben Terminus zu subsumieren.

Die Schreib- und Schriftlichkeitsforschung ist für konstruktionsgrammatische Studien im Gegensatz zum frühen Spracherwerb bislang kein Hauptforschungsgebiet. Mit dem Konzept der *literalen Prozeduren* werden aktuell aber auch hier im Sinne der Konstruktionsgrammatik Konstruktionen und ihre Funktion für die Schriftsprachaneignung und spezifisch für die Textkompetenz fokussiert. Voraussetzung für die Verwendung literaler Prozeduren ist laut Feilke (2010: 3) ein Wissen dritter Art, ein textkonstituierendes *sprachliches Wissen*. Dabei handelt es sich – wie es die Grundlage für Konstruktionsgrammatiken und Grammatikalisierungstheorien bildet – um eine durch den Gebrauch angeeignete (*usage-based*) Routine, die sich konkret in sprachlichen Konstruktionen manifestiert. Da Konstruktionen und literale Prozeduren die realisierte Sprachstruktur und gleichzeitig ihre mentale Repräsentation darstellen, verbinden sie die Sprachprodukt(ions)- und die Sprachwissens- und Sprachprozessebene. Die Ansätze sind damit anschlussfähig an die Modellierung des Schreibprozesses, wie sie besonders prominent von Hayes und Flower vorgenommen und für kindliche Aneignungsprozesse u. a. von Berninger & Winn (2008) differenziert wurde. Der Schreibprozess lässt sich zugänglich und visualisierbar machen und könnte darum eine neue Perspektive auf die Aktualgenese von Konstruktionen ermöglichen: Konstruktionen im Sinne der Konstruktionsgrammatik, aber auch literale Prozeduren stehen als mehr oder weniger idiomatisierte Strukturen zwischen dem Produkt- und dem Prozessaspekt der Sprache, zwischen kognitiver Repräsentation und sprachlicher Realisation. Der Weg von der mentalen Repräsentation zur Produktion sprachlicher Konstruktionen wird hier exemplarisch nachvollziehbar. Auch wenn das theoretisch einleuchtend ist, ist es doch empirisch noch schwer überprüfbar. Die computergestützte Schreibprozessforschung stellt zwar vielversprechende Methoden zur Segmentierung und Visualisierung des Schreibprozesses zur Verfügung, es bleibt aber dennoch offen, auf welchem Weg eine Konstruktion als solche identifiziert werden kann. Daher erhebt die vorliegende Studie nicht den Anspruch, eine konstruktionsgrammatische Analyse von Schreibprozessen liefern zu können. Eine grundsätzliche Ausrichtung an zentralen Merkmalen des konstruktionsgrammatischen Paradigmas hingegen erscheint für die vergleichende Analyse der Korpora zum Schreibprozess, zum Text und zu den metasprachlichen Kommentaren dennoch vielversprechend. Insbesondere geht es darum, auf den verschiedenen Ebenen Strukturen zu identifizieren, die als Form-Funktionspaare gelten dürfen und als solche produziert und von den Kindern wahrgenommen werden.

Die Einpassung des Konstruktionsbegriffs in den Erwerb von Textschreibkompetenz setzt die Erweiterung des Fokus auf transphrastische Konstruktionen voraus. Literale Konstruktionen werden zum Angelpunkt zwischen der lokalen Ebene des einzelnen Satzes und der globalen Textebene und erlangen dadurch textstrukturierendes Potenzial. Ihre psycholinguistisch reale Ausdrucksseite lässt zudem plausibel erscheinen, dass ihnen auch im Schreibprozess eine spezielle Rolle zukommt und sie auch darin zu identifizieren sind. Der Konstruktionsbegriff eignet sich damit für die vergleichende Auswertung der Teilkorpora der vorliegenden Studie: Diese nähert sich dem Prozesscharakter schriftsprachlicher Kindertexte einerseits über den Textentstehungsprozess und andererseits über Äusserungen der Kinder, die diese Eingriffe und die Textentstehung als Ganzes kommentieren. Die ausdrucksseitige Salienz, wie sie Feilke (2010) am Beispiel der Überschrift besonders augenfällig nachweist und die gerade in der kindlichen Modellierung von schriftsprachlichen Strukturen grundsätzlich Relevanz hat, könnte auch eine im Sprechen der Kinder über ihr Schreiben und über ihre Texte relevante Grössen sein. Die *recalls* könnten Aufschluss geben darüber, ob und wie Prozeduren bei Kindern auch im expliziten Sprachwissen verfügbar und abrufbar sind. Konstruktionen und literalen Prozeduren, die im Sinne der kognitiven Linguistik als „konzeptuelle oder mentale Entität […] durch eine materielle, wahrnehmbare Entität (etwa Laute, Schriftzeichen, Gesten) symbolisiert [werden], so dass letztendlich die eine Erfahrung die andere evoziert" (Langacker 2000: 5, zit. nach Behrens 2009: 431), könnte so auf die Spur gekommen werden. Im empirischen Teil wird der Versuch unternommen, anhand der Kinderkommentare aufzuzeigen, in welche Einheiten die Kinder ihre Sätze und Texte metasprachlich gliedern respektive auf welche sprachlichen Grössen sie ihre Kommentare beziehen: Sind das Kategorien wie Buchstaben, Wörter und Sätze oder andere zusammengehörige Einheiten im Sinne von Konstruktionen?

II **Konzeptualisierung der Untersuchung**

7 Herleitung der Forschungsfragen

Basierend auf den bisherigen Ausführungen, die die Erkenntnisinteressen der Studie in den Forschungskontext einbetten, werden im Folgenden Forschungsfragen formuliert. Die Forschungsfragen gehen aus dem in den Kapiteln 3 bis 6 geschilderten Forschungsstand und den theoretisch-empirischen Überlegungen zur Aneignung der Schriftsprache hervor. Ihre Herleitung bildet darum die Schnittstelle zwischen der Aufarbeitung des Forschungsstandes und der Operationalisierung der Variablen. Sie bildet so den Übergang zwischen theoretisch-methodischer Grundlage und empirischer Konzipierung der vorliegenden Studie.

Die bisherigen Ausführungen haben Schriftsprachaneignungsforschung und den Erwerb metasprachlicher Kompetenzen mit Rückgriff auf verschiedene Forschungstraditionen veranschaulicht. Sie stellten dabei eine Vielfalt unterschiedlicher Begrifflichkeiten heraus. Das Ausformulieren von spezifischen Forschungsfragen und Untersuchungshypothesen sowie die darauffolgende Datenanalyse sind auf eine terminologische Präzisierung angewiesen. Diese Präzisierung gewährleistet die Nachvollziehbarkeit der Konzeptualisierung der Untersuchung sowie des Untersuchungsberichts (Abschnitte II und III der vorliegenden Arbeit) und leitet darum das vorliegende Kapitel ein.

7.1 Terminologische Differenzierung für die empirische Untersuchung

Eine Übersicht über die in den Forschungsfragen und Untersuchungshypothesen sowie in der späteren Datenauswertung verwendeten Termini bietet Abbildung 7.1. Sie führt die Teilkorpora und die Variablen, deren Operationalisierung nachfolgend beschrieben wird, auf. Da die Operationalisierung in den später folgenden Kapiteln erfolgt, werden in Tabelle 7.1 die in Abbildung 7.1 aufgeführten Termini in aller Kürze beschrieben. Zusätzlich visualisiert der in Abbildung 7.1 eingetragene Pfeil die verschiedenen Typen von Sprachwissen, die empirisch untersucht werden. Insbesondere in Bezug auf diesen Bereich braucht es eine terminologische Differenzierung, da die Gegenüberstellung von *Sprachhandeln und Sprachwissen*, von *Objektsprache und Metasprache* sowie von *implizitem und explizitem Wissen* der empirischen Praxis nicht genügt. Es gibt dafür zwei Hauptgründe (vgl. dazu Kap. 5): Erstens bezeichnen die beiden Begriffspaare jeweils nicht klar abgrenzbare Bereiche, sondern Aspekte, die jeweils ineinander übergehen (visualisiert wurde das Abb. 5.2 in Kap. 5.5). Zweitens lässt sich nur die Sprachhandlung beobachten und direkt erheben.

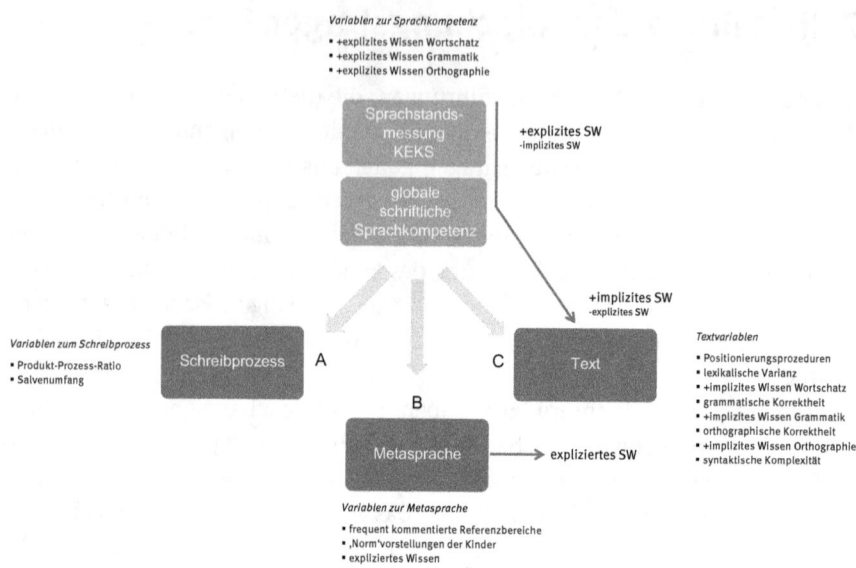

Abb. 7.1: Übersicht über die in den Teilen II und III verwendeten Termini.

Die verschiedenen Arten von Sprachwissen sind höchstens indirekt zugänglich und werden über die Beobachtung der Sprachhandlung erschlossen (visualisiert in Abb. 5.3 in Kap. 5.6).

Aus den beschriebenen Gründen werden in den Teilen II und III der vorliegenden Arbeit die Termini wie in Tabelle 7.1 dargestellt differenziert. Fast alle der beschriebenen Termini (die Ausnahme bildet der Begriff *Norm*) werden eigens für die vorliegende Untersuchung in dieser Form definiert. Diese Notwendigkeit ergibt sich daraus, dass die bestehenden Begrifflichkeiten in der Forschung teilweise unterschiedlich verwendet werden und es darum einer Präzisierung bedarf.

Die folgenden Kapitel nehmen auf die hier definierten Begriffe Bezug. An den entsprechenden Stellen wird der Einfachheit halber die entsprechende Definition teilweise noch einmal aufgeführt.

7.1 Terminologische Differenzierung für die empirische Untersuchung — 121

Tab. 7.1: Differenzierung der Termini für die empirische Untersuchung.

Terminus	Definition	Erhebung in der vorliegenden Studie
+explizites Wissen	beschreibt den zu wesentlichen Teilen *bewussten* Rückgriff auf *stärker explizites* Wissen	wird erhoben durch die Sprachstandsmessung KEKS, deren Untertests die Kompetenz in den Bereichen Wortschatz, Grammatik und Orthographie erheben, vgl. Kapitel 9.1.3
+implizites Wissen	beschreibt den zu wesentlichen Teilen *unbewussten* Rückgriff auf stärker *implizites* Wissen	wird erhoben durch das freie Schreiben, vgl. Kapitel 9.1.4
expliziertes Wissen	beschreibt Äusserungen der Kinder in Bezug auf sprachliche Strukturen oder Normen	wird erhoben durch *stimulated recall* (Gespräche mit den Kindern), vgl. Kapitel 9.1.6
Norm	beschreibt eine codierte Norm	wird nicht direkt erhoben, zeigt sich teilweise in den Gesprächen mit den Kindern im explizierten Wissen
‚Norm'	beschreibt alle Arten von Orientierungen und Strukturierungen der Kinder, die sie in Bezug auf sprachliche Aspekte vornehmen	wird erhoben durch *stimulated recall* (Gespräche mit den Kindern)
Produkt-Prozess-Ratio	Mass für den Umfang der getätigten Revision während des Schreibprozesses	wird erhoben durch *keystroke logging*, vgl. Kapitel 8.1.1
Salvenumfang	Einheiten, die während des Schreibprozesses ‚an einem Stück', d. h. ohne Unterbrechung durch Revisionen, getippt werden	wird erhoben durch *keystroke logging* und danach manuell nachbereitet, vgl. Kapitel 8.1.2
Positionierungsprozeduren	sprachlich mehr oder weniger feste Konstruktionen, die der Meinungsäusserung dienen	werden durch das freie Schreiben erhoben und danach mithilfe von MaxQda annotiert, vgl. Kapitel 8.3.1
lexikalische Varianz	Mass (*type-token-Ratio*) für die Verwendung eines mehr oder weniger breiten Wortschatzes	*types* und *tokens* werden in den Kindertexten ausgezählt, vgl. Kapitel 8.3.2.1

7.2 Konkretisierung der Fragestellung

Aufbauend auf den Ausführungen zum forschungstheoretischen Hintergrund werden nachfolgend Forschungsfragen hergeleitet und begründet (Kap. 7.2.3). Da die Abhängigkeit von der globalen Sprachkompetenz (Kap. 7.2.1), die Berücksichtigung der Schreibhandlung auf drei Ebenen (Kap. 7.2.2) sowie die Altersdimension als Kontrast zur globalen Sprachkompetenz (Kap. 7.2.4) die wesentlichen Pfeiler darstellen, auf der die Konzeption der Untersuchung und die Fragestellung beruhen, ‚umrahmen' sie thematisch die Auflistung der Forschungsfragen.

7.2.1 Zur Rolle der globalen Sprachkompetenz

Schreiben wurde im ersten Teil der vorliegenden Studie als integrative Tätigkeit beschrieben; als Fähigkeit, unterschiedliche sprachliche Teilfertigkeiten erfolgreich zu kombinieren. Der dabei zustande kommende Transfer von Sprachwissensbeständen in konkrete sprachliche Formulierungen und Textprozeduren und das gleichzeitige Rückwirken des Schreibens auf dieses Sprachwissen beruhen einerseits auf bewussten Textkonzeptualisierungs- und Formulierungsvorgängen und laufen andererseits zu grossen Teilen unbewusst ab. Sie haben mit Sprachroutine im Schreiben zu tun: Als literale Prozeduren sind sie auf der Produktebene Ausdruck von konzeptioneller Schriftlichkeit, Textsortenkenntnis und gebrauchsbasiert erworbenem Formulierungswissen. Auf der Prozessebene wiederum stellen sie ein Regulativ für das fortlaufende Konzipieren eines hinreichend strukturierten und ausreichend redundanten Textes mit einer gezielten kommunikativen Ausrichtung dar. Schreiben als integrative sprachliche Tätigkeit setzt voraus, dass das schreibende Individuum die verschiedenen Teilkompetenzen und -handlungen auf der Mikro- und auf der Makroebene von Textproduktions- und Schreibprozess erfolgreich kombiniert: Das einzelne sprachliche Zeichen auf der lokalen Ebene muss sich passend in die globale Textebene einfügen; eine literale Prozedur etwa, die die eigene Meinung konturiert und entsprechend darlegt, verlangt konventionell gewisse Begründungsmuster und setzt gleichzeitig textstrukturelle Restriktionen. Ein Beispiel dafür ist etwa die zweiteilige konzessive Prozedur *zwar ... aber*: Wenn der erste Teil im Textkontext verwendet wird, verlangt das gleichzeitig ein Weiterführen durch den zweiten Aspekt. Ehlich (2007: 12) definiert als Teilbereiche der literalen Kompetenz das „[E]rkennen und [P]roduzieren von Schriftzeichen, [die] Umsetzung mündlicher in schriftliche Sprachprodukte und umgekehrt; [die] Entwicklung von Graphie, Lesevermögen, Orthographie und schriftlicher Textualität, [den] Auf- und Ausbau von Sprachbewusstheit". Die Voraussetzung für erfolgreiches Schreiben, so wird hier angenommen, hängt damit stark von einer globalen Sprachkompetenz ab, die sich durch das erfolgreiche Integrieren all dieser Teilkompetenzen auszeichnet. In der empirischen Studie wird die Frage fokussiert, wie sich diese globale Sprachkompetenz von Kindern auf Schreibhandlungen, Schreibprodukte und metasprachliches Reflektieren über das eigene Schreiben auswirkt.

Diese globale Sprachkompetenz ist kein Personenmerkmal wie das Alter oder der Bildungshintergrund des Elternhauses, das verhältnismäßig leicht zu erfragen ist, sondern wie die Schreibtätigkeit ihrerseits ein Konstrukt aus *Kompetenzen*. Das Instrument, das es erlaubt, diese globale Sprachkompetenz zu messen, wird später ausführlich beschrieben (vgl. Kap. 9.1.2). Es wird im Zusammenhang mit der Testbeschreibung argumentiert, dass das Verfahren zur Messung der globalen Sprachkompetenz Kernkompetenzen des Schreibens erfasst, gleichzeitig aber auch über andere Fertigkeiten Auskunft gibt, etwa über Lesefähigkeiten, über die Fähigkeit, *top-down-* und *bottom-up-*Prozesse der Sprachverarbeitung zu kombinieren, oder die Fähigkeit zur textuellen Kohärenzbildung. Mit einem empirischen Beitrag zur Frage, ob und wie sich sogenannt sprachstarke und sogenannt sprachschwache Kinder in ihrem Schreiben unterscheiden – und zwar auf der Ebene des Schreibprodukts, des Schreibprozesses und der metasprachlichen Reflexion über das Schreiben – wird die Kenntnis darüber geschärft, auf welchen Ebenen der Schreibkompetenz sich eine globale Sprachbeherrschung manifestiert.

7.2.2 Untersuchung der Schreibhandlung anhand von drei Korpora

Für die Untersuchung von Schreibhandlung, Schreibprodukt und metasprachlichem Reflektieren wird eine Trennung in drei Teilkorpora vorgenommen und der späteren Datenauswertung zugrunde gelegt. Das hat analytische und methodische Gründe und dient der Nachvollziehbarkeit der einzelnen Analyseschritte. Abbildung 7.2 visualisiert, dass Schreibprozess, metasprachliche Ebene und Textprodukt in der Realität als Sprachhandlung des Individuums ein Ganzes darstellen: Der Schreibprozess bildet das Bindeglied zwischen kognitiver Ebene und Textprodukt. Er stellt die Übersetzung des Sprachwissens in realisierte sprachliche Formen dar. Diese wiederum sind – als fertige Wörter, Sätze und Texte – Spuren einer Schreibhandlung. Die Abbildung zeigt eine Übersicht von möglichen Variablen, anhand derer Teilprozesse des Schreibens (theoretisch) operationalisierbar sind. Sie wurde zur Illustration für die vorliegende Arbeit unter Berücksichtigung der in den ersten Kapiteln erwähnten Literatur und in diesem Zusammenhang gemachten Überlegungen erstellt und

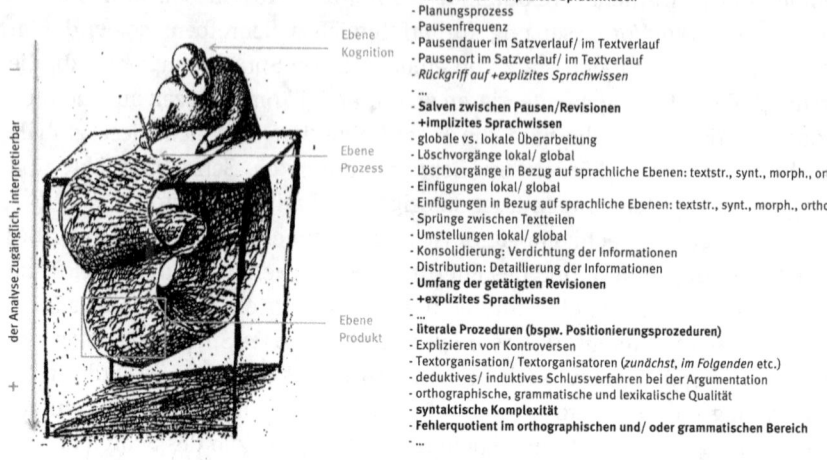

Abb. 7.2: Visualisierung der drei Ebenen: Kognition/Metasprache, Prozess, Produkt. Quelle Karikatur: *Die Zeit 1987* November 1987.

bildet eine Art Synthese in dreifacher Hinsicht: Die Auflistung enthält erstens Variablen, die in bis heute vorliegenden Forschungen zur Aneignung der Schriftsprache untersucht wurden, erhebt aber keinerlei Anspruch auf Vollständigkeit. Zweitens visualisiert die Graphik die Übergänge zwischen den Ebenen *Produkt*, *Prozess* und *Kognition*, die nicht trennscharf sein können, weil der Schreibprozess sie automatisch zusammenführt. Im Übergang zwischen den Ebenen *Produkt* und *Prozess* zeigt sich, was diesbezüglich in Kapitel 6 unter dem Konstruktionsbegriff diskutiert wurde. Hier finden sich Textprozeduren, die auf der Produktebene analysierbar sind, aber ebenso den Schreibvorgang selber strukturieren: Konzessive Prozeduren etwa zeigen sich im fertigen Text, ebenso sind sie aber relevant im Prozess des Ausformulierens, da sie über die einzelne Struktur hinweg andere bestimmen. Sie sind das Bindeglied zwischen dem Produkt- und dem Prozessaspekt der Sprache sowie zwischen der lokalen Ebene des einzelnen Satzes und der globalen Ebene des Textes. Die Zuordnung der Variablen zu den drei Ebenen veranschaulicht zudem drittens die methodischen Implikationen ihrer empirischen Überprüfung, die auch in den bisherigen Ausführungen verschiedentlich angesprochen wurden: Je mehr sie kognitive Prozesse betreffen, desto unzugänglicher sind sie der Beobachtung, der Messung und der zuverlässigen Interpretation. Pausenfrequenzen etwa sind computergestützt messbar (van Waes, Leijten & van Weijen 2009; Leijten & van Waes 2013) und theoretisch als Indikator für psycholinguistisch relevante Vorgänge diskutierbar.

Im Zentrum der Karikatur stehen nicht einzelne Variablen, sondern ein schreibendes Individuum. Dieses ‚schreibt sich selber fort'. Graphisch wird damit zum Ausdruck gebracht, dass alle Teilaspekte der Schreibhandlung (und damit alle aufgeführten Variablen) zusammen in Schreiberfahrung eines Individuums übergehen. Der Motor dieses Aneignungsprozesses ist der Sprachgebrauch: Schreiben als kommunikatives sprachliches Handeln wird gebrauchsgestützt erworben und stellt eine fortlaufende Genese von sprachlich dauerhaft gemachten Inhalten an der Schnittstelle zwischen individueller und sozialer Dimension dar.

7.2.3 Ausformulierung der Forschungsfragen und Untersuchungshypothesen

Die vorliegende Studie geht potentiellen Unterschieden zwischen sprachstarken und sprachschwachen Kindern in Bezug auf ihre Textproduktion und den metasprachlichen Zugang dazu nach. Neben der Dimension der globalen Sprachkompetenz wird die Altersdimension in die Untersuchung integriert, um klären zu können, welche Variablen sowohl von der globalen Sprachkompetenz als auch vom Alter abhängen und für welche sich eine deutliche Abhängigkeit von einer der Dimensionen zeigt.

Fokussiert werden die Fragen, wie sprachstarke und sprachschwächere Kinder zweier Altersgruppen beim Schreiben vorgehen (untersucht anhand des Teilkorpus A), wie sie sich metasprachlich darüber verständigen (untersucht anhand des Teilkorpus B) und durch welche sprachlichen Merkmale und Prozeduren sich ihre Texte auszeichnen (untersucht anhand des Teilkorpus C). Abbildung 7.3 präsentiert noch einmal die Teilkorpora, die später untersuchten Abhängigkeiten sowie die Variablen im Überblick und soll dadurch das Nachverfolgen der Auswertungen (vgl. Kap. 11) erleichtern. Auf die operationalisierten und in den Forschungsfragen aufgeführten Variablen wird an späterer Stelle ausführlich eingegangen. Dabei wird ebenfalls geklärt, wodurch sich die unabhängige Variable, die globale Sprachkompetenz, definiert (vgl. dazu Kap. 7.2.2 zur Erhebung der globalen Sprachkompetenz sowie Kapitel 9.1 zur statistischen Analyse der Variable) und wie die untersuchten Variablen auf der Produkt-, der Prozess- und der metasprachlichen Ebene operationalisiert wurden (vgl. Kap. 7).

Für die Analyse der Zusammenhänge zwischen den einzelnen Teilkorpora und der globalen Sprachkompetenz werden im Folgenden spezifische Forschungsfragen und Forschungshypothesen ausformuliert. Die Fragen und Hypothesen gehen aus dem Forschungskontext und der theoretischen Grundlegung der Studie hervor respektive stützen sich darauf. Sie werden innerhalb

7 Herleitung der Forschungsfragen

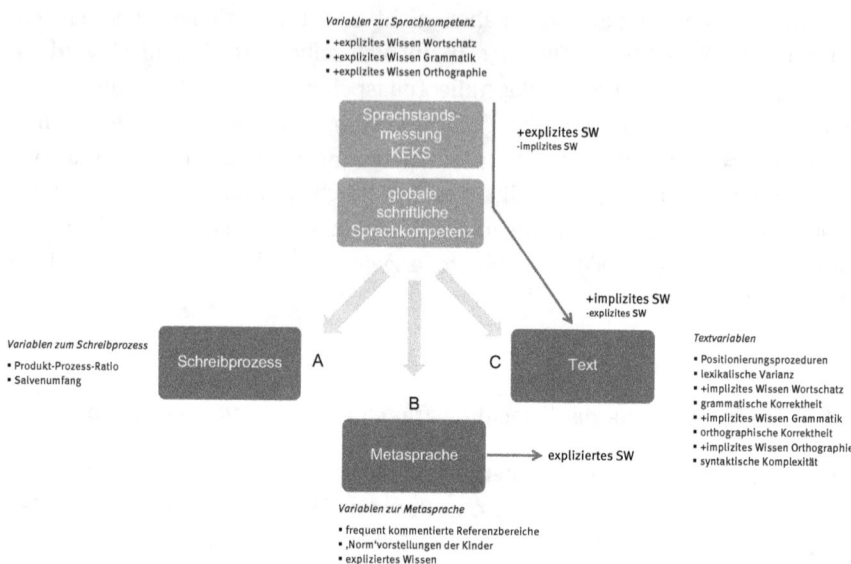

Abb. 7.3: Übersicht über die Teilkorpora, die bearbeiteten Zusammenhänge und die Variablen.

der Unterteilung in die drei Teilkorpora aus Gründen der Übersichtlichkeit thematisch gebündelt.

In den Forschungsfragen und Untersuchungshypothesen wird teilweise nach einem *Zusammenhang* mit der globalen Sprachkompetenz und teilweise nach einem *Unterschied* zwischen sprachstarken und sprachschwachen Kindern – die ebenfalls aufgrund der globalen Sprachkompetenz in Gruppen eingeteilt werden (vgl. Kap. 10.3) – oder den Altersgruppen gefragt. Das hat methodische Gründe und hängt vom jeweiligen Datenniveau der untersuchten Variablen und damit von den Auswertungsverfahren ab (vgl. dazu 9.3).

7.2.3.1 Globale Sprachkompetenz und Schreibprozess (Teilkorpus A)

A.1	Besteht ein bedeutsamer Zusammenhang zwischen der globalen Sprachkompetenz und dem Umfang der Überarbeitungen?
A.2	Besteht in Bezug auf den Umfang der Überarbeitungen ein bedeutsamer Unterschied zwischen den Altersgruppen?

H.A.1	Zwischen dem Umfang der Überarbeitungen und der globalen Sprachkompetenz besteht kein bedeutsamer Zusammenhang.
H.A.2	Die Altersgruppen unterscheiden sich in Bezug auf den Umfang der Überarbeitungen.

Begründung: Vor dem Hintergrund der Kenntnisse aus der Schreibprozessforschung (vgl. Kap. 4, speziell Unterkap. 4.2) ist als plausibel anzunehmen, dass auch das Überarbeiten von Sätzen und Texten während des Schreibens eine Kompetenz darstellt, die angeeignet und geübt werden muss (Nitz 2010: 26) und die mit dem Lernalter zunimmt, nicht aber auf eine globale Sprachkompetenz zurückgeht.

A.3	Besteht ein bedeutsamer Zusammenhang zwischen der globalen Sprachkompetenz und dem durchschnittlichen Salvenumfang?
A.4	Besteht in Bezug auf den Salvenumfang ein bedeutsamer Unterschied zwischen den Altersgruppen?

H.A.3	Zwischen dem durchschnittlichen Salvenumfang und der globalen Sprachkompetenz besteht ein bedeutsamer Zusammenhang.
H.A.4	Die Altersgruppen unterscheiden sich in Bezug auf den Salvenumfang.

Begründung: Es wird vor dem Hintergrund gebrauchsbasierter Sprachmodellierungen wie der Konstruktionsgrammatik (vgl. Kap. 6) angenommen, dass die Kinder mit einer höheren globalen Sprachkompetenz grössere sprachliche Einheiten mental präsent haben. Dieses mentale Verfügbarsein wirkt sich auf den Schreibprozess insofern aus, als die zusammengehörigen Einheiten auch als solche (d. h. ‚an einem Stück') produziert werden. Gleichzeitig ist davon auszugehen, dass sich über die sprachliche Routine ebenfalls eine Tendenz hin zu umfassenderen Entitäten zeigt. Ältere Kinder würden daher umfassendere Schreibsalven produzieren als jüngere.

7.2.3.2 Globale Sprachkompetenz und expliziertes Sprachwissen (Teilkorpus B)

B.1	Unterscheiden sich sprachstarke und sprachschwache Kinder darin, welche Referenzbereiche sie frequent thematisieren?
B.2	Unterscheiden sich die älteren und die jüngeren Kinder darin, welche Referenzbereiche sie frequent thematisieren?

H.B.1	Sprachstarke und sprachschwache Kinder unterscheiden sich darin, welche Referenzbereiche sie frequent thematisieren.
H.B.2	Die älteren und die jüngeren Kinder unterscheiden sich darin, welche Referenzbereiche sie frequent thematisieren.

Begründung: Es wird angenommen, dass eine höhere globale Sprachkompetenz die Kinder dazu befähigt, den Schreibprozess in hierarchiehöhere Schreibhand-

lungen zu gliedern und diese metasprachlich zu kommentieren, während Kinder mit einer tieferen globalen Sprachkompetenz hierarchieniedrigere Prozesse fokussieren, also konkret lokale Revisionen im formalsprachlichen Bereich. Da sprachliches Wissen in der Schule explizit unterrichtet wird und sich so auf der Altersdimension erweitert (vgl. Kap. 3.2.3.2 und 3.2.3.3), ist auch ein Alterseffekt zu vermuten. Es ist daher plausibel, davon auszugehen, dass älteren Kindern ein breiteres metasprachliches Wissen explizit verfügbar ist.

B.3	Welche ‚Normen' bringen die Kinder frequent zur Sprache und welche Funktion kommt ihnen im Schreibprozess und im metasprachlichen Reflektieren zu?
B.4	Wie verhalten sich metasprachlich expliziertes Sprach- und Schreibhandlungswissen und tatsächlich vorgenommene Überarbeitungen/Schreibhandlungen zueinander?

Die Auszeichnung des Normbegriffs in Frage B.2 soll verdeutlichen, dass mit dem Terminus nicht nur kodifizierte Normen gemeint sind, sondern auch und gerade alle Arten von kindlichen ‚Norm'-Vorstellungen, die sich mit ersteren nicht decken müssen. In den ersten Kapiteln dieser Arbeit wurde wiederholt das Sprach*system* in Abgrenzung von der Sprach*genese* angesprochen. Dabei spielen Fragen der Norm eine besondere Rolle: Während Normen basierend auf einem sprachbeschreibenden Zugriff klar konturiert und kodifizierbar sind, übernehmen sie in der Ontogenese wie auch in der Soziogenese eine andere Funktion. Ins Zentrum rücken Ordnungen im weitesten Sinn, die die Herausbildung sprachlicher Konstruktionen strukturieren. Das müssen nicht linguistisch definierte Kategorien oder Normen sein.

Die Forschungsfragen B.3 und B.4 werden qualitativ und datengeleitet untersucht. Da das Ausformulieren einer Vorannahme der datengeleiteten Kategorienbildung zuwiderlaufen würde, wird darauf verzichtet.

7.2.3.3 Globale Sprachkompetenz und Textmerkmale sowie +explizites und +implizites Sprachwissen (Teilkorpus C)

C.1	Unterscheiden sich sprachstarke und sprachschwache Kinder in Bezug auf die Quantität und die Literalität der realisierten Positionierungsprozeduren in den Kindertexten?
C.2	Unterscheiden sich die Altersgruppen in Bezug auf die Quantität und Literalität der realisierten Positionierungsprozeduren in den Kindertexten?

H.C.1	Sprachstarke und sprachschwache Kinder unterscheiden sich in Bezug auf die Quantität und die Literalität der realisierten Positionierungsprozeduren in den Kindertexten.

> H.C.2 Die Altersgruppen unterscheiden sich in Bezug auf die Quantität und die Literalität der realisierten Positionierungsprozeduren in den Kindertexten.

Begründung: Während aus der Forschung bekannt ist, dass sich der Gebrauch literaler Prozeduren auf der Altersdimension entwickelt (Gätje & Langlotz 2016; Gätje, Rezat & Steinhoff 2012), bestehen m. W. keine Kenntnisse zu einer Abhängigkeit des Prozedurengebrauchs von anderen sprachlichen Fähigkeiten. Wenn als plausibel angenommen wird, dass eine höhere globale Sprachkompetenz auch den Gebrauch von umfassenderen und komplexeren sprachlichen Strukturen begünstigt, ist ebenfalls als wahrscheinlich vorauszusetzen, dass sich das anhand der Literalität der verwendeten Positionierungsprozeduren in den Kindertexten nachweisen lässt.

> C.3a Besteht ein bedeutsamer Zusammenhang zwischen der lexikalischen Varianz der Kindertexte und der globalen Sprachkompetenz?
> C.3b Unterscheiden sich die Altersgruppen in Bezug auf die lexikalische Varianz der Kindertexte?
> C.3c Besteht ein bedeutsamer Zusammenhang zwischen der lexikalischen Varianz der Kindertexte (+implizites lexikalisches Wissen) und den standardisiert gemessenen Kompetenzen im Teilbereich Lexik (+explizites lexikalisches Wissen)?

> H.C.3a Die lexikalische Varianz der Kindertexte steht in einem bedeutsamen Zusammenhang mit der globalen Sprachkompetenz.
> H.C.3b Die Altersgruppen unterscheiden sich in Bezug auf die lexikalische Varianz der Kindertexte nicht.
> H.C.3c Die lexikalische Varianz der Kindertexte (+implizites lexikalisches Wissen) steht in einem bedeutsamen Zusammenhang mit den standardisiert gemessenen Kompetenzen im Bereich Lexik (+explizites lexikalisches Wissen).

Begründung: Aus der Forschung ist bekannt, dass die lexikalische Varianz auf der Altersdimension zunimmt (vgl. dazu Kap. 8.3.2.1). Der Effekt sollte sich also auch für die beiden hier untersuchten Altersgruppen und die dargestellte pseudolongitudinale Entwicklung zeigen. Angenommen wird hier aber gleichfalls auch ein bedeutsamer Zusammenhang mit der globalen Sprachkompetenz, da sich auch hier ein breiterer Wortschatz positiv auswirkt, sowie mit den standardisiert gemessenen Kompetenzen im Bereich der Lexik.

> C.4a Besteht ein bedeutsamer Zusammenhang zwischen der grammatischen Qualität der Kindertexte und der globalen Sprachkompetenz?
> C.4b Unterscheiden sich die Altersgruppen in Bezug auf die grammatische Qualität der Kindertexte?

C.4.c Besteht ein bedeutsamer Zusammenhang zwischen der grammatischen Qualität der Kindertexte (+implizites grammatisches Wissen) und den standardisiert gemessenen Kompetenzen im Teilbereich Grammatik (+explizites grammatisches Wissen)?

H.C.4a Die grammatische Qualität der Kindertexte steht in einem bedeutsamen Zusammenhang mit der globalen Sprachkompetenz.
H.C.4b Die Altersgruppen unterscheiden sich in Bezug auf die grammatische Qualität der Kindertexte.
H.C.4c Die grammatische Qualität der Texte (+implizites grammatisches Wissen) steht in einem bedeutsamen Zusammenhang mit den standardisiert gemessenen Kompetenzen im Bereich der Grammatik (+explizites grammatisches Wissen).

Begründung: Der Bereich Grammatik wird – so die Annahme – in der freien Sprachproduktion nicht als eigener Wissensbereich ausgegliedert, sondern dient als Ressource für die automatisierte Bildung ganzer Konstruktionen. Die globale Sprachkompetenz wird für diese Prozesse als wichtig angenommen, weswegen ein Zusammenhang mit der grammatischen Qualität in den Kindertexten vermutet wird. Gleichzeitig wird auch hier ein Ausbau über das Alter hinweg vermutet, da der Teilbereich der Grammatik im Unterricht explizit thematisiert wird.

C.5a Besteht ein bedeutsamer Zusammenhang zwischen der orthographischen Qualität der Kindertexte und der globalen Sprachkompetenz?
C.5b Unterscheiden sich die Altersgruppen in Bezug auf die orthographische Qualität der Kindertexte?
C.5.c Besteht ein bedeutsamer Zusammenhang zwischen der orthographischen Qualität der Kindertexte (+explizites orthographisches Wissen) und den standardisiert gemessenen Kompetenzen im Teilbereich Orthographie (+implizites orthographisches Wissen)?

H.C.5a Die orthographische Qualität der Kindertexte steht in einem bedeutsamen Zusammenhang mit der globalen Sprachkompetenz.
H.C.5b Die Altersgruppen unterscheiden sich in Bezug auf die orthographische Qualität der Kindertexte.
H.C.5c Die orthographische Qualität der Texte (+explizites orthographisches Wissen) steht in einem bedeutsamen Zusammenhang mit den standardisiert gemessenen Kompetenzen im Bereich der Orthographie (+implizites orthographisches Wissen).

Begründung: Die Orthographie wird in Studien zum Spracherwerb oft gesondert von anderen sprachlichen Wissens- und Kompetenzbereichen betrachtet (vgl. als Beispiel das Modell von Berninger & Winn (2008) in Abb. 4.1). Das geht methodisch so weit, dass die Orthographie in Studien, die sich der Aneignung literaler, konzeptionell schriftlicher Schreibkompetenzen widmen, oftmals ausgeklammert und das Korpus orthographisch normiert wird. Der Grund für diese Sonderstellung liegt in der starken Normierung der Orthographie (vgl. Kap. 5.3.4). Es wird in der vorliegenden Studie zwar angenommen, dass orthographisches Wissen als Regelwissen stärker über explizites Wissen und explizites Vermitteln angeeignet wird und somit auf der Altersdimension zunimmt. Entgegen der sprachwissenschaftlichen Forschungstradition wird hier aber gleichzeitig die Vermutung angestellt, dass auch die Orthographie stark mit einer globalen Sprachkompetenz zu tun hat und die orthographischen Kompetenzen mit höherer globaler Sprachkompetenz zunehmen.

C.6	Besteht ein bedeutsamer Zusammenhang zwischen der syntaktischen Komplexität der Texte und der globalen Sprachkompetenz der Kinder?
C.7	Unterscheiden sich die Altersgruppen in Bezug auf die syntaktische Komplexität der Kindertexte?

H.C.6	Die syntaktische Komplexität steht in einem bedeutsamen Zusammenhang mit der der globalen Sprachkompetenz der Kinder.
H.C.7	Die Altersgruppen unterscheiden sich in Bezug auf die syntaktische Komplexität der Kindertexte.

Begründung: Die globale Sprachkompetenz – so wurde oben angenommen – befähigt unter anderem dazu, mental und in der Produktion umfassendere und komplexere sprachliche Strukturen präsent zu haben. Die Syntax von Texten wiederum gilt ebenfalls als Gradmesser der Textkomplexität, weswegen ein Zusammenhang plausibel erscheint. Ebenfalls ist aber auch hier davon auszugehen, dass die Sensibilität der Kinder betreffend Komplexität und Potenzial syntaktischer Strukturen über das Alter hinweg zunehmen. Die älteren Kinder schreiben daher syntaktisch komplexere Sätze als die jüngeren.

7.2.4 Funktion der Integration der Altersdimension

Wie bereits aus der ersten der beiden Leitfragen der Studie (vgl. dazu Kap. 2) sowie aus der Begründung einzelner Hypothesen hervorging, wird in die Diskussion der drei Fragebündel zu den drei Teilkorpora A bis C jeweils eine Altersdimension integriert. Die Schriftsprache wird von den Kindern zu wesentlichen Teilen in der Schule erworben, d.h. die Aneignung ist didaktisch gesteuert. Gleichzeitig kommen aber auch eigenaktive Prozesse zum Tragen, die eher mit einer globalen Sprachkompetenz zusammenhängen. Um diese Aspekte differenzieren zu können, ist die Integration der Altersdimension wichtig. Die beiden Dimensionen sind in Abbildung 7.4 visualisiert. Die Dimension

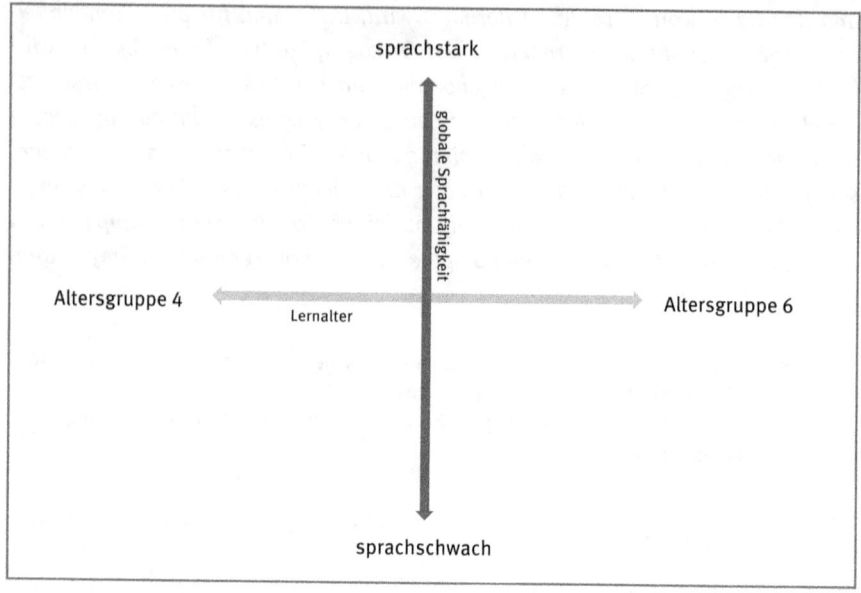

Abb. 7.4: Zwei Untersuchungsdimensionen der Studie.

der globalen Sprachkompetenz wird mit einer Altersdimension kontrastiert, um für die einzelnen Variablen differenzieren zu können, ob sie stärker vom Lernalter oder von der globalen Sprachkompetenz abhängen. Die in der Schreibforschung dominierende Tradition, sprachliche Strukturen über Altersgruppen hinweg zu untersuchen, wird dadurch um eine wesentliche Komponente erweitert.

Die Datenerhebung wurde für zwei Altersgruppen, die 4. (Harmos 6) und 6. Grundschulklasse (Harmos 8) durchgeführt. So kann die Abhängigkeit einer Variable von der globalen Sprachkompetenz für die zwei Altersgruppen separat untersucht werden. Für die Altersdimension kann keine echte Entwicklung postuliert werden. Da nicht die gleichen Kinder im Abstand von zwei Jahren getestet wurden, ist die Anlage der Studie pseudolongitudinal. Dieses Erhebungsdesign hat sich aufgrund zeitökonomischer Restriktionen in der Schreibforschung etabliert (vgl. beispielsweise Augst & Faigel 1986; Augst et al. 2007; Gätje & Langlotz 2016; Gätje, Rezat & Steinhoff 2012; eine seltene Ausnahme bilden Steinig et al. 2009).

Wenn in der vorliegenden Studie vom Alter der Kinder oder den entsprechenden Altersgruppen die Rede ist, dann ist nicht das genaue Lebensalter in Jahren und Monaten, sondern die Klassenstufe gemeint. In der Schreibforschung wird in der Regel nicht vom biologischen Alter, sondern vom Lernalter gesprochen (Ehlich, Bredel & Reich 2008c: 26).

Aufbauend auf dem Forschungskontext und den ausformulierten Forschungsfragen und -hypothesen wurden für die drei Teilkorpora Variablen operationalisiert (vgl. Abb. 7.3). Die Operationalisierung der Variablen wird in den folgenden drei Unterkapiteln mit Bezug auf den aktuellen Forschungsstand begründet. Die nachfolgenden Ausführungen in Kapitel 8 dokumentieren und erläutern die Auswahl und die Operationalisierung der untersuchten Variablen. Sie knüpfen dabei an die theoretischen Herleitungen an, aus denen sich die Auswahl der Variablen begründet, und gehen über in methodische Erläuterungen zur danach folgenden Datenanalyse. Um die Heranführung an die Variablen nachvollziehbar zu beschreiben, werden die im ersten Teil der Studie ausgeführten Aspekte um entsprechende Präzisierungen ergänzt. Dabei handelt es sich auch um Hinweise auf Ergebnisse bestehender Studien, die bei der Auswahl der Variablen von Nutzen waren.

8 Operationalisierung der Variablen

Für die ausformulierten Forschungsfragen und Untersuchungshypothesen werden im Folgenden Variablen operationalisiert. Der Aufbau folgt dabei den drei Teilkorpora A, B und C: Es werden Variablen zum Schreibprozess (A), zur Metasprache (B) und Textvariablen (C) ausgewählt, beschrieben und begründet. Die Variablen zum +expliziten Sprachwissen sowie die Erhebung der globalen Sprachkompetenz werden dabei nicht thematisiert: Letztere wird im Zusammenhang mit den Forschungsfragen in Kapitel 7.2.1 und mit den Erhebungsinstrumenten in Kapitel 9.1.2 ausführlich besprochen. Das +explizite Sprachwissen wird aufgrund der Sprachstandsmessung operationalisiert, die ebenfalls direkt im Zusammenhang mit ihrer Erhebung (vgl. Kap. 9.1.3) präsentiert wird.

8.1 Variablen zum Schreibprozess (Teilkorpus A)

Die computergestützte Erhebung von Schreibprozessen ermöglicht das Sichtbarmachen der Textgenese und erlaubt es zudem, Spuren zu verfolgen, die der Schreiber in dieser Form nicht bewusst hinterlässt (Fayol 2012; diverse Aspekte in Allal 2004; vgl. auch Chanquoy 2009). Softwares wie *inputlog* (Leijten & van Waes 2014) zeichnet Schreibvorgänge verschiedener Art auf: Im Zeitverlauf werden das Tippen, das Löschen und Ergänzen, das Korrigieren und Revidieren usw. sichtbar und messbar dargestellt. Einzelne Handlungen und Eingriffe, aber auch Pausen werden dadurch zu messbaren Grössen. Das liefert umfangreiches Material und eine Vielzahl von potentiell relevanten Variablen, aber ebenso Zufallsprodukte wie Tippfehler. Methodisch sind zudem jeder Datenanalyse Entscheidungen vorgeschaltet, die die Ergebnisse entsprechend beeinflussen: Wie lange etwa hat eine Pause zu dauern, um sie plausibel als bedeutungstragend für den Schreibprozess zu bezeichnen? Gemeinsam ist den Variablen, die durch die Software generiert werden, ihre vorrangige Eignung für die quantitative Analyse. Teilweise, so etwa in Bezug auf die Schreibsalven, sind sie nachträglich aber auch durch qualitative Beschreibungen zu ergänzen. Der qualitativen – und häufig exemplarischen – Auswertung haftet die Problematik der nur bedingten Vergleichbarkeit an, quantitative Untersuchungen ihrerseits sind mit der Frage verbunden, ob die Quantität einer Grösse – so etwa von Pausen, von Pausenlängen oder der durchschnittlichen Satzlänge – in Bezug auf die Textqualität überhaupt Aussagekraft besitzt, wo doch Schreiben ein Kommunikationsmittel ist und Texte daher in erster Linie Träger von Inhalten darstellen. Die Schreibforschung kennt verschiedene methodische Zugänge und kann zeigen, dass gewisse ganz zentrale Aspekte von Textkompetenz, die thematische Entfaltung oder die korrekte Verwendung von Kohäsionsmitteln etwa, qualitativer Beschreibungen bedürfen. Es stellt sich aber auch heraus, dass gerade in der kindlichen Sprachaneignung gewisse quantitative Masszahlen sehr eng mit Textqualität einhergehen, so etwa die Textlänge von Kindertexten, die mit zunehmender Schreiberfahrung und zunehmender Textqualität zusammenspielt, oder die *type-token-ratio* (TTR) als Indikator für lexikalische Varianz (vgl. dazu Kap. 8.3.2). Für die vorliegende Analyse, die sich auf einen ganz spezifischen Teilprozess des Schreibens, nämlich das *translating* (vgl. zum Modell von Flower und Hayes Kap. 4.2), also das Versprachlichen von Inhalten, konzentriert, werden die folgenden zwei quantitativen Variablen operationalisiert: die Produkt-Prozess-Ratio und die Salvenlänge. Die Produkt-Prozess-Ratio ist ein Indikator dafür, inwiefern überhaupt Überarbeitungen zu verzeichnen sind. Sogenannte *bursts* oder Schreibsalven – die während des Schreibens am Stück produzierten Einheiten – könnten Hinweise auf Textroutinen geben oder ein Indikator dafür sein, in welche (sinnhaften) Einheiten sich das Schreiben gliedert und inwiefern dies mit explizitem Sprachwissen oder einer globalen schriftlichen Sprachkompetenz in Zusammenhang steht.

8.1.1 Umfang der Revisionen: Produkt-Prozess-Ratio

Im Zusammenhang mit der Entwicklung der Schriftsprach- und Textkompetenz wurde bereits darauf hingewiesen, dass nicht nur das Schreiben selbst, sondern auch die Revision des Geschriebenen und damit die bewusste Hinwendung des Kindes zum von ihm produzierten Text im Verlauf der Ontogenese erworben und geübt werden muss. Revisionen setzen die bewusste Auseinandersetzung mit bereits Geschriebenem voraus:

> Revisions means making any changes at any point in the writing process. It involves identifying discrepancies between intended and instantiated text, deciding what could or should be changed in the text and how to make desired changes, and operating, that is, making the desired changes. Changes may or may not affect meaning of the text, and they may be major or minor. (Fitzgerald 1987: 484, zit. nach Chanquoy 2009: 80)

Es ist davon auszugehen, dass Kinder ihre Texte anfangs nicht oder kaum – und wenn, dann auf einer lokalen Ebene – überarbeiten (vgl. etwa Nitz 2010: 26), dass die Revisionen danach aber zunehmend umfassender und globaler werden. Die Quantität der Überarbeitungen wird in der vorliegenden Studie durch die Produkt-Prozess-Ratio operationalisiert. Sie wird berechnet, indem die Summe aller Zeichen im Textprodukt durch die Summe aller während des Schreibprozesses produzierten Zeichen dividiert wird. Der Wert 1 stellt die höchstmögliche Ratio und das geringstmögliche Mass an Überarbeitungen dar; es wurden keine Revisionen vorgenommen. Je mehr die Ratio von 1 abweicht, je kleiner sie also wird, desto höher war die Überarbeitungstätigkeit, die während des Schreibens zu verzeichnen war (vgl. zur Berechnung durch die Software *inputlog* Leijten & van Waes 2014).

Die Produkt-Prozess-Ratio ist ein rein quantitativer Indikator für den Schreibprozess und sagt nichts über die Qualität oder die inhaltliche Struktur der Überarbeitungen aus. Theoretisch ist schwierig zu klären, „wann Quantitäten in Qualitäten ‚umschlagen'" (Vockrodt-Scholz & Zydatiß 2010: 11). Wie für den Sprach- und Schreiberwerb insgesamt können Angaben zu Menge und Umfang verschiedener Grössen aber sehr wohl Erwerbsstufen auszeichnen und Hinweise auf Textqualitäten sein. Vorliegende Studien zum Schriftspracherwerb zeigen etwa, dass die Textlänge als quantitative Masszahl mit der Textqualität einhergeht (Schmidlin 1999): Kinder, die längere Texte schreiben, schreiben tendenziell auch bessere. Die Produkt-Prozess-Ratio geht ebenfalls vom Textumfang aus, reduziert ihn aber nicht auf das Endprodukt des Schreibens, sondern weitet ihn auf das Gesamtmass an produziertem Text aus und integriert so den Prozess, der ihm vorausgeht.

8.1.2 Schreibsalven

Der mündliche und der schriftliche Sprachproduktionsprozess sind beide – wenn auch auf verschiedene Weise – über den Zeitverlauf hinweg in Segmente oder Einheiten eingeteilt, die durch Zäsuren von den vorangehenden oder folgenden getrennt sind. Während in der Mündlichkeit Prozess und Produkt der Äusserung zusammenfallen, da eine gesprochene Äusserung flüchtig und nicht dauerhaft verfügbar ist, geht aus dem schriftlichen Produktionsprozess ein Produkt hervor, dem seine Entstehung nicht – oder nur sehr bedingt – anzusehen ist. Die Teilnehmer an direkten mündlichen Interaktionssituationen unterliegen gezwungenermassen der zeitlichen Emergenz der Interaktion; eine erneute Zuwendung zur Äusserung, eine abwechselnde Betrachtung des Produktionsprozesses und des Produkts sind nicht möglich. Verbalisierte sprachliche Einheiten sind *on-line* zu beurteilen und unmittelbar als abgeschlossen oder als anschlussfähig respektive anschlussbedürftig zu beurteilen (Auer 2010: 11). Diese Segmentierung respektive die einzelnen Segmente können verschiedene Funktionen übernehmen und inhaltlich verschiedenartig strukturiert sein.[44] Im Schreiben sind sie auf ein Ziel, das Schreibprodukt, hin

---

[44] Für die gesprochene Sprache schlägt Auer (2010) als Alternative zum Begriff und zum Vorgang des Segmentierens das *Zäsurieren* vor, das nicht auf Einheiten gesprochener Sprache in

ausgerichtet. Segmentiert wird weitestgehend unbewusst und ganz ohne kommunikative Absicht. Der Schreibprozess wird unterbrochen zur Planung oder zur gezielten Revision, durch Zögern bei der Ausformulierung oder etwa durch orthographische Unsicherheiten, die ein längeres Nachdenken oder Ausprobieren von alternativen Schreibweisen verlangen. Gewisse Zäsuren werden bewusst und gezielt vorgenommen, andere ergeben sich und viele dürften dem Schreiber kaum bewusst sein: Bestimmte Einheiten werden flüssiger verschriftet, andere weniger, ohne dass der Schreibende davon in der Regel Kenntnis haben muss. Die Forschung zum Ausbau von Tastaturfertigkeiten weist auf lexikalische Effekte beim Tippen hin: Verschiedene Untersuchungen, die die Tastaturkompetenz bewusst unter Ausschluss von Planungs- und Ausformulierungsaufgaben erheben, zeigen, dass häufige Wörter generell schneller getippt werden als seltenere (Gentner et al. 1988, Inhoff 1991). Nachgewiesen wurde ebenfalls ein Einfluss verschiedener anderer linguistischer Einheiten oberhalb und unterhalb der Wortebene (Silben, Morpheme, Konstituenten) und ihrer Grenzen auf das Tastaturschreibverhalten (Nottbusch, Weingarten & Sahel 2007; Weingarten, Nottbusch & Will 2004). Es ist daher wahrscheinlich, dass auch linguistische Eigenschaften von sprachlichen Konstruktionen den Zeitverlauf des Tippens beeinflussen, sofern eine bestimmte Grundkompetenz im Tastaturschreiben vorhanden ist (Lorenz & Grabowski 2009).

Es ist aufgrund aktueller Forschungen als plausibel anzunehmen, dass Prozeduren im Schreib*prozess* eine besondere Rolle zukommt (Feilke 2010: 3). Zudem macht die Konstruktionsgrammatik für sich als Spezifikum geltend, dass sie „für die Beschreibung des Erwerbs, der Repräsentation und der Verarbeitung von sprachlichem Wissen die Konstruktion als grundlegende Einheit" (Ziem & Lasch 2011: 276) ansetzt. Aus diesen beiden Aspekten lässt sich die Vermutung ableiten, dass für den Schreibprozess relevante Prozeduren in den computergestützt erhobenen Schreibprozessdaten sichtbar werden. Die Frage, *wie* genau sich Konstruktionen zeigen, beschäftigt empirische Zweige der Konstruktionsgrammatik speziell: Wie und woran erkennt man Konstruktionen? Konstruktionen sind sprachlich basierte und sprachlich spezifizierte, mehr oder weniger stark idiomatisierte Strukturen mit mehr oder weniger Leerstellen. Feilke (2010: 3) situiert sie in ihrer Funktion zwischen dem Produkt- und dem Prozessaspekt der Sprache und zeichnet sie nicht als Schreibprozesswissen, sondern als „textkonstituierendes sprachliches Wissen" (Feilke 2010: 3) aus. Wenn dem so ist, dann könnte plausibel vermutet werden, dass

---

der Tradition des Strukturalismus, sondern auf Abschlusspunkte fokussiert. Diese, so Auer (2010: 17), seien weit besser mit der Prozessierung des Sprechens als grundlegender Eigenschaft der Mündlichkeit in Deckung zu bringen.

sich diese Einheiten als solche im Schreibprozess zeigen und dass Konstruktionen, gerade weil sie eine zusammengehörige Struktur darstellen und als solche gespeichert sind, auch als zusammengehörige Strukturen produziert werden. Konstruktionen wären also innerhalb von Schreibsalven zu suchen oder würden solche darstellen. Wenn sich herausstellte, dass für sprachkompetentere Kinder umfassendere Konstruktionen kognitiv verfügbar sind, könnten auch die von ihnen produzierten Schreibsalven länger sein. Um dieser Frage nachzugehen, werden Konstruktionen mit sogenannten Salven gleichgesetzt, die sich in der computerbasierten Schreibforschung als zentrale Kategorie etabliert haben. Es handelt sich bei Salven (alternativ wird der Terminus *burst* verwendet) um während des Schreibens ‚am Stück' produzierte Einheiten. Salvengrenzen stellen also Pausen und Revisionen dar; eine Salve ist dann zu Ende, wenn der Schreibprozess unterbrochen wird. Durch *Keystroke Logging* ermittelte Salvengrenzen zergliedern den Sprachproduktionsprozess in kleinere Einheiten, innerhalb derer sich relevante Konstruktionen finden lassen respektive die selber solche darstellen (können). Einheiten, die als Konstruktionen kognitiv präsent sind, würden tendenziell automatischer, also reguliert durch implizites Sprachwissen und Routinen, produziert und im Produktionsprozess nicht unterbrochen. Alvès (2012: 593) weist darauf hin, dass die Beziehung zwischen Salven und Textqualität, Schreibfluss, Schreibschwierigkeiten und syntaktischen Merkmalen weitgehend ungeklärt ist. Die späteren Datenanalysen könnten Hinweise auf einige dieser Zusammenhänge geben.

Methodisch ist zu klären, wie diese Schreibsalven voneinander abgegrenzt werden, was also die Zäsur darstellt. Die computergenerierten Schreibprozessdaten ermöglichen etwa Pausenanalysen: Pausen definieren gleichzeitig, was eine Schreibsalve darstellt, nämlich die produzierten Buchstaben zwischen ihnen (Leijten & van Waes 2013: 362). Baaijen, Galbraith & de Glopper (2012) legten eine Studie vor, in der Pausen, *bursts* und Revisionen in Schreibprozessen untersucht werden vor der Frage, ob sie auf ihnen zugrundeliegende kognitive Prozesse bezogen werden können – eine Verbindung, die sie zu Recht als schwer herstellbar und trotz computergestützter Erhebungs- und Auswertungsverfahren als unklar herausstellen. Sie differenzieren in *P-bursts* (*Pause-bursts*) und *R-bursts* (*Revision-bursts*). Erstere enden mit einer Pause von mindestens 2 Sekunden, letztere mit einem Eingriff in den Text, einer Revision oder einer grammatischen Korrektur o. ä. Das Korpus von Texten wurde wie in der vorliegenden Studie durch *inputlog* erhoben, ergänzt allerdings durch *Think-aloud*-Protokolle: Die Erhebungsmethode hat dabei also erheblichen Einfluss auf die Anzahl der Salven, weil das Schreiben zum Zweck des lauten Denkens unterbrochen wird. Die Vermutung liegt daher nahe, dass die Salven und ihr

Umfang erhoben im Zusammenhang mit lautem Denken eine grössere Aussagekraft haben, als es solche im Schreibprozess haben. Baaijen, Galbraith & de Glopper (2012: 252) führen zu Recht an, dass die Salvenlänge möglicherweise mit verschiedenen Schreibstrategien in Verbindung steht, nicht aber unbedingt mit der Schreibkompetenz. Gewisse Schreiber probieren Salven schriftlich aus und revidieren sie entsprechend schriftlich, andere tun das im Kopf. Als weiteren Vorbehalt gegenüber den *bursts* merken Baaijen, Galbraith & de Glopper (2012: 252–253) an, dass diese lediglich durch ihr Ende definiert werden. Wahrscheinlich sei aber, dass Salven, die auf eine Revision folgen, tendenziell eher die vorangehende Salve revidieren und nicht solche mit neuen Inhalten darstellen. Sie kategorisieren für ihre Studie *bursts* aus diesem Grund „in terms of how they are initiated and how they are terminated" (Baaijen, Galbraith & de Glopper 2012: 253), setzen also inhaltliche Merkmale für die Salvendefinition an.

Da es sich bei den Probanden der vorliegenden Studie um Kinder der Grundschule im Alter zwischen 9 und 12 Jahren handelt und keineswegs um geübte Schreiber, wie es die Studierenden bei Baaijen, Galbraith & de Glopper (2012) waren, ist es schwierig, Vermutungen darüber anzustellen, mit welchen Arten von *bursts* zu rechnen ist. Das Schreiben und die Schreibprozesse sind bei den Kindern wenig routiniert, es erscheint daher auch weniger zwingend, dass Salven, die auf Revisionen folgen, die vorangehenden modifizieren. Eher ist zu vermuten, dass Pausen bei Kindern nur sehr bedingt aussagekräftige Grössen sind, da viel eher noch als bei Erwachsenen unklar ist, was in den Pausen gemacht wurde und ob das überhaupt mit dem Schreiben zu tun hat. Insbesondere müssten bei der Analyse von Pausen in Schreibprozessen von Novizen eine dem individuellen Schreibtempo angepasste Mindestlänge der Pausen festgesetzt werden; ein Durchschnittswert, wie er für eher geübte Schreiber in der Regel bei 2 Sekunden angesetzt wird, ist wenig sinnvoll, da gewisse Kinder sehr langsam schreiben und Pausen dieser Länge subjektiv nicht als Pausen wahrnehmen. Um überhaupt zu ermitteln, ob die Salvenlänge eine relevante Variable darstellen könnte, die mit der globalen Sprachkompetenz in Zusammenhang steht, wurden Salven wie folgt aus den Prozessdaten extrahiert: Die Software *inputlog* (vgl. für eine genauere Darstellung der Software Kap. 9.1.5) differenziert die verschiedenen Schreibhandlungstypen in *Normal Production*, *Delete* und *Insert*. Unter *Delete* fallen Einheiten, die vom Schreiber gelöscht werden, unter *Insert* solche, die in bereits bestehende Strukturen (also irgendwo in den bereits bestehenden Text) eingefügt wurden, und die Kategorie *Normal Production* umfasst die Handlungen, die weder Löschungen noch Einfügungen darstellen, die sogenannt normale Textproduktion also. Definiert als Salve und als solche der Revisionsmatrix der Software entnommen wurden Einheiten mit der Kategorisierung *Normal Production*. Diese Listen wurden manuell bereinigt, indem alle Einheiten entfernt wurden, die einzig aus einem Graphem bestehen. Vermutet wurde, dass es sich dabei um Tippfehler handelt. Eliminiert wurden weiter Sequenzen, die aus nur einem Interpunktionszeichen oder aus einer Zahl bestehen.

8.2 Variablen zum explizierten Sprachwissen (Teilkorpus B)

8.2.1 Referenzbereiche als Grössen metasprachlicher Reflexion

Mit insgesamt 55 Kindern wurde im Anschluss an die Schreibstunde ein Gespräch geführt und aufgezeichnet, dem der Schreibprozess des Kindes als Input diente (vgl. zum genauen Vorgehen Kap. 9.1.6). Die Variablen, die für das Teilkorpus *Metasprache* ausgewertet werden, gehen aus den erhobenen Gesprächen erst hervor, da sie datengeleitet erarbeitet werden. Aus diesem Grund greifen die nachfolgenden Ausführungen zu den Variablen, anhand derer metasprachliche Kommentare zum Schreibprozess analysiert werden sollen, bereits auf die Datenaufbereitung, das Annotieren der transkribierten Gespräche und die darauf aufbauende Kategorienbildung, vor.

In Kapitel 5.4 wurde angesprochen, welche Grössen und welche Termini sich für die Beschreibung metasprachlicher Äusserungen und metasprachlicher Reflexion anbieten. Diskutiert wurden in diesem Zusammenhang eine Reihe von definitorischen und methodischen Problemen, die sich dabei ergeben. Für die vorliegende Studie wurden in Anlehnung an Stude (2012) in einem späteren Schritt ebenfalls gewisse Termini für die Bezeichnung der Kategorien, das aber zu einem Zeitpunkt der Kategorienbildung, zu dem es bereits um die Strukturierung der induktiv gebildeten Kategorien ging. Die durch dieses Vorgehen möglichst induktiv vorgenommene Kategorienbildung hat den Vorteil, auch und insbesondere Aspekte, die nicht der linguistischen Normvorstellung oder den linguistisch gebildeten Kategorien entsprechen, zu integrieren. Erfasst werden sollen nicht in erster Linie und nicht ausschliesslich zielsprachliche Normen, sondern alle Arten von Orientierungen und Vorstellungen über sprachliche Regeln und Regularitäten, wie sie die Kinder selbst thematisieren. Im Fokus stehen die ‚Interimsgrammatik' der Kinder, ihre eigenen Vorstellungen von Sprache, die sich vermutlich in vielem an schulgrammatischen Kategorien orientieren, in anderem aber auch davon abweichen. Da während des Gesprächs mit den Kindern durch den Input automatisch Revisionen in den Fokus der Aufmerksamkeit gerückt wurden, bildet die Zuordnung der Kinderkommentare zu verschiedenen Referenzbereichen teilweise ebenfalls ab, auf welchen sprachlichen Ebenen die Kinder im Schreibprozess ihre Texte überarbeitet haben. Die Metasprachprofile sind damit zumindest teilweise auch Überarbeitungsprofile.

Die Variablen zur metasprachlichen Reflexion der Kinder wurden, anders als alle übrigen der vorliegenden Studie, aufgrund der erhobenen Daten schrittweise hergeleitet. Ihre Modellierung ist daher bereits als Teil der Datenaufbereitung und -auswertung zu verstehen. Aus diesem Grund greift ihre Herleitung an dieser Stelle bereits auf das Annotationsvorgehen der transkribierten Kindergespräche zurück, das im Folgenden dargelegt und begründet wird, bevor das sich daraus ergebende Kategoriensystem präsentiert wird.

8.2.2 Herleitung der Codes und Subcodes für die Annotation

8.2.2.1 Datengeleitete Kategorienbildung

Abbildung 8.1 bildet den Ablauf der Datenannotation ab. Leitend für die verschiedenen Durchgänge war für die Annotation in erster Linie die Frage, worauf sich das Kind mit seiner Äußerung bezieht. Im Zweifelsfall wurden jeweils neue Kategorien gebildet, die in einem späteren Durchgang entweder mit einer anderen zusammengelegt wurden oder (auch mit teilweise nur wenigen zugeordneten Äußerungen) bestehen blieben.

Neben den Referenzbereichen wurden ebenfalls Beobachtungen am Gesprächsverhalten der Kinder codiert. Auch hier wurde weitgehend datengeleitet vorgegangen. Als Kategorien vordefiniert wurden vor der Annotation hingegen die drei von Bredel (2007: 23–25) definierten Bestimmungsmerkmale metasprachlicher Äußerungen: Es sind dies die *Distanzierung* vom betrachteten Gegenstand, die *Deautomatisierung* von Handlungsroutinen sowie die

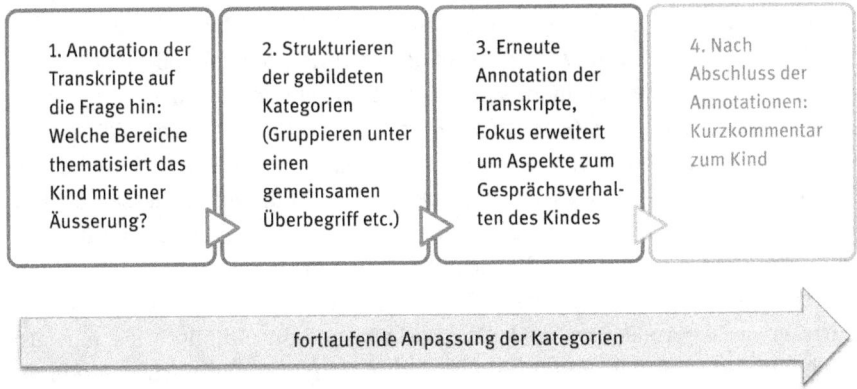

Abb. 8.1: Vorgehen bei der Annotation der transkribierten Gespräche.

Dekontextualisierung des Phänomens aus seinem ursprünglichen Kontext (vgl. Kap. 5.4). Ergänzt wurden die Bestimmungsmerkmale, von denen Bredel (2007) ausgeht, um die Kategorie der *Rekontextualisierung*: Es ist anzunehmen, dass gerade auch die Kommentierung und Begründung eines sprachlichen Phänomens mit Rückbezug auf den sprachlichen Kontext seiner Verwendung eine metasprachliche Kompetenz darstellt. Die transkribierten Gespräche wurden versuchsweise daraufhin untersucht, ob sich im Gesprächsverhalten der Kinder Hinweise auf die Bredel'schen Kategorien finden lassen.

8.2.2.2 Referenzbereiche, Codes und Subcodes – begriffliche Präzisierungen

Alle Kategorien, die während des Annotierens definiert wurden, befanden sich vorerst hierarchisch auf der gleichen Ebene, d. h. es wurden keine Oberkategorien gebildet. Jede der Kategorien bildete einen Referenzbereich ab, unabhängig davon, um welche Art des Referierens es sich handelte. Ein Referenzbereich konnte das *Identifizieren eines Fallfehlers* oder die *Erklärung eines inhaltlichen Aspekts durch ein Erlebnis* sein. Erst im Laufe der Codierung wurden die Referenzbereiche strukturiert, und zwar in Codes und Subcodes, wie sie als Bezeichnung in der verwendeten Software gebraucht werden. Die Strukturierung erleichterte das wiederholte Codieren und stellt bereits eine erste Ebene der Datenaufbereitung und -auswertung dar. Von der Idee her bilden sowohl die Subcodes als auch die Codes Referenzbereiche ab. Die zweistufige Hierarchie soll aber für die spätere Datenanalyse beibehalten werden, da sie ein nützliches Instrument für die Datenbeschreibung darstellt. Aus diesem Grund wird in der Folge von Codes als Referenzbereichen die Rede sein. Wo die Subcodes für die Analyse getrennt betrachtet werden, wird die Bezeichnung ‚Subcode' beibehalten. Dabei sei unterstrichen, dass die terminologische Differenzierung kein Abweichen von der Idee der Referenzbereiche, sondern eine nachträglich vorgenommene Hilfestellung für die Datenbeschreibung darstellt.

Bei der Strukturierung der (Sub-)Codes wurden teilweise Bezeichnungen aus Stude (2012) übernommen (so etwa der Subcode *Bedeutungen von Wörtern und Bezeichnungen von Gegenständen und Sachverhalten*). Was sich bereits während der Annotationsphase abzeichnete, war eine Unterscheidung bei den Kinderkommentaren zwischen der *Nennung* eines Phänomens, dessen *Begründung* oder sogar deren Begründung mit explizitem Bezug auf bestimmte *Normen*. Sie wurden daher als Subcodes übernommen.

Da es sich bei den annotierten Gesprächen um einen Austausch zwischen einer erwachsenen Person und einem Kind handelt, enthalten sie teilweise auch von der Gesprächsleiterin elizitierte Äußerungen. Diese wurden von der Annotation ausgeschlossen, damit der Fokus möglichst bei jenen Beschreibungen bleibt, die die Kinder aufgrund einer Beobachtung des Schreibprozesses oder ihres Textes von sich aus abgaben. Die Niederschrift eines Kurzkommentars zu jedem Kind sollte nicht in die spätere Datenanalyse eingehen, sondern als Erinnerungshilfe dienen.

8.2.2.3 Übersicht über das definitive Annotationssystem

Eine Übersicht über die Kategorien, die sich aufgrund der Datenanalyse ergeben haben, ermöglicht Tabelle 8.1. Sie führt die verwendeten Referenzbereiche (Codes) und Subcodes auf und umschreibt diese. Beispiele aus dem Gesprächskorpus werden, wo es klärend erscheint, direkt in die Analysen in den Kapiteln 11.2.4 und 11.2.5 integriert.

Tab. 8.1: Übersicht über Codes (Referenzbereiche) und Subcodes mit Erklärungen.

Textsorte	
Aufbau	*Kind nimmt Stellung zum Textaufbau*
Textsortenmerkmale	*Kind kommentiert Textsortenmerkmale (Brief)*
Visuelles/Akustisches	*Kind kommentiert eine Schreibhandlung und begründet mit dem Aussehen des Textes oder dem (besseren) Klang eines Wortes*
Formale Aspekte	
Tippfehler	*Kind benennt einen beobachteten Tippfehler*
fehlende Teilsätze/Ergänzungen bei Formulierungen	*Kind kommentiert, dass ein Wort vergessen wurde oder dass eine Ergänzung an einer bestimmten Stelle nötig war*
Orthographie	
– Nenn_Orthographie	*Kind benennt einen orthographischen Fehler oder eine orthographisch korrekte Verschriftung*
– Begr_Orthographie	*Kind begründet einen orthographischen Fehler oder eine orthographisch korrekte Verschriftung*
– Normen_Orthographie	*Kind nimmt bei der Begründung eines orthographischen Fehlers oder einer orthographisch korrekten Verschriftung auf irgendeine Art von ‚Norm' Bezug*
Morphosyntax	
– Nenn_Morphosyntax	*Kind benennt ein morphosyntaktisches Phänomen*
– Begr_Morphosyntax	*Kind begründet ein morphosyntaktisches Phänomen*
– Normen_Morphosyntax	*Kind nimmt bei der Begründung eines morphosyntaktischen Phänomens auf irgendeine Art von ‚Norm' Bezug*
Interpunktion	
– Nenn_Interpunktion	*Kind benennt das Vorhandensein oder das Fehlen von Interpunktion*
– Begr_Interpunktion	*Kind begründet das Vorhandensein oder das Fehlen von Interpunktion*
– Normen_Interpunktion	*Kind nimmt bei der Begründung von Interpunktion auf irgendeine Art von ‚Norm' Bezug*

Tab. 8.1 (fortgesetzt)

Semantische Aspekte	
– Nenn_Begr_Bezeichnungen_ Wortwahl	*Kind benennt oder begründet die Wahl eines Wortes oder einer Struktur*
– Wortbedeutungen	*Kind äussert sich zu einer Bedeutung eines Wortes*
– Wortverwechslung	*Kind kommentiert die (falsche) Wahl eines Wortes als Verwechslung*
Pragmatische Aspekte	
Höflichkeit und Normen gegenüber dem Adressaten	*Kind begründet eine Formulierung (oder eine Revision) mit der Anpassung auf bestimmte Normen hin (Höflichkeit gegenüber einer Schulleiterin)*
Aspekte Schreibprozess	
Überzeugungen in Bezug auf Schreibstrategien	*Kind äussert sich dazu, was es von sich denkt, wie es schreibt (Was bist du für ein Schreiber / eine Schreiberin? Korrigierst du viel/wenig?)*
Vermutungen Vorgehen vor Beginn	*Kind äussert eine Vermutung zum Schreibprozess, bevor dieser beobachtet wird (Was denkst du / wie erinnerst du dich: Wie hast du geschrieben?)*
Durchlesen	*Kind sagt, es habe den Text durchgelesen*
Revisionen	
– Nenn_Revisionen	*Kind beobachtet und benennt eine Revision*
– Begr_Revisionen	*Kind begründet eine Revision*
Textplanung, Nachdenken	
– Teilschritte des Schreibens	*Kind benennt einen Teilschritt des Schreibprozesses*
Inhaltliche Aspekte	
Textaufbau, inhaltliche Struktur	*Kind äussert sich zum inhaltlichen Aufbau des Briefes (was kommt zuerst, was danach etc.)*
Episodisches als Begründung	*Kind begründet eine inhaltliche Entscheidung mit einem persönlichen Erlebnis, das meistens keine sprachliche Erfahrung darstellt*
Inhaltlicher Ausbau	*Kind gibt an, den Text inhaltlich zu erweitern, zu straffen etc.*
Gespräch[45]	
Metasprachl_Diskurs	
– [fehlende] Distanzierung	

---

[45] Die Tabelle führt alle Referenzbereiche und Subcodes auf, wie sie sich während des Annotationsprozesses ergaben. Unter dem Aspekt *Gespräch* wurden Beobachtungen am Gesprächsverhalten oder an der Argumentation der Kinder annotiert, die als Indiz auf eine (fehlende) Distanzierung vom beobachteten Gegenstand, als Deautomatisierung, Dekontextualisierung oder Rekontextualisierung gewertet werden können. Zweitens wurden Äusserungen markiert, die eine Selbsteinschätzung der Kinder in Bezug auf ihre eigene Kompetenz oder in Bezug auf die Qualität ihres Textes darstellen. Der Terminus *Gespräch* – an späterer Stelle ist auch von *Gesprächsverhalten* die Rede – ist damit sehr breit gefasst.

Tab. 8.1 (fortgesetzt)

– Wechsel_Standard_Dialekt	Das Kind wechselt während des Sprechens vom Standard in den Dialekt oder umgekehrt
– Deautomatisierung	Kommentar, der auf eine Deautomatisierung von Schreibhandlungen rückschliessen lässt: Prozesse, die sonst automatisch und weitgehend unbewusst ablaufen, werden gedanklich zerlegt (Bsp.: Verschriftung eines Wortes > bei Unsicherheit in Bestandteile zerlegt und anhand einer grammatischen Analyse einer als korrekt angenommenen Schreibung zugeführt)
– Dekontextualisierung	Kind benennt oder beschreibt ein Phänomen und löst es dafür bewusst vom Text
– Rekontextualisierung	Kind ordnet ein Phänomen bewusst wieder in den (intendierten) Textzusammenhang ein
Selbsteinschätzung	
– Kommentar_Kompetenz	Kind äussert sich zur eigenen Kompetenz im Schreiben (Bsp.: Mir fällt das Schreiben leicht / Ich habe nie Probleme, ein Thema für die Texte zu finden.)
– Kommentar_Qualität	Kind äussert sich zur Qualität des Textes (Bsp.: Ich bin (nicht / nicht so) zufrieden mit dem Text.)
fehlende Fehlersensibilität	Kind wird auch während des Beobachtens (d. h. in zeitlichem Abstand zum Schreiben) nicht auf Fehler aufmerksam, nimmt sie nicht wahr

8.3 Textvariablen (Teilkorpus C)

Im Folgenden wird die Auswahl an Textvariablen präsentiert und begründet, die in die spätere Analyse der Kindertexte aufgenommen wurde. Mit Bezug auf gebrauchsbasierte Sprachkonzepte, die anhand des konstruktionsgrammatischen Paradigmas und den literalen Prozeduren vorgestellt wurde (vgl. Kap. 6), werden vorerst Positionierungsprozeduren als sprachliche Konstruktionen vorgestellt, die argumentative (Kinder-)texte strukturieren, bevor die lexikalische Varianz sowie die grammatische und orthographische Korrektheit als ausgewertete Textvariablen begründet werden.

8.3.1 Positionierungsprozeduren

In Zusammenhang mit den theoretischen Ausführungen zu konstruktionsgrammatischen Ansätzen und dem Konzept der Textprozeduren in Kapitel 6 wurden sowohl sprachliche Merkmale als auch textuelle Funktionen von literalen Prozeduren erörtert. Es gibt neben Positionierungsprozeduren eine Fülle anderer sprachlicher Möglichkeiten, die eigene Meinung auszudrücken.[46] Dennoch beschränkt sich die vorliegende Analyse auf ausgewählte Positionierungsprozeduren. Der Grund dafür liegt darin, dass empirisch bereits untersuchte Prozeduren am hier erhobenen Textkorpus analysiert und auf allfällige Unterschiede zwischen sprachstarken und sprachschwachen Kindern hin überprüft werden sollen. Für die Analyse der Kindertexte in der vorliegenden Studie wurden daher mit Bezug auf die Studie von Gätje, Rezat & Steinoff (2012) Positionierungsprozeduren ausgewählt, die für argumentatives Schreiben besonders wichtig sind. Es handelt sich dabei um literale Prozeduren (vgl. Kap. 6.3), die die Funktion haben, die Haltung des Schreibers gegenüber dem erörterten Sachverhalt in argumentativen Texten zu versprachlichen. Gätje, Rezat & Steinoff (2012) haben das Korpus von Steinhoff (2007) und von Augst & Faigel (1986) quantitativ hinsichtlich der relativen Häufigkeiten (durchschnittliche Anzahl von Prozeduren pro Text pro Klasse) ausgewertet und sind dabei *corpus-driven* vorgegangen: Die Daten wurden aus dem Korpus abgeleitet und nicht einer vorgängig angelegten Taxonomie unterworfen (Gätje, Rezat & Steinoff 2012: 136).

Gätje, Rezat & Steinoff (2012: 136) zeigen die Verwendung von Positionierungsprozeduren ab der 1. Klasse bis ins Jugendalter auf (vgl. Tab. 8.2). Daraus ergibt sich eine Art Erwerbsreihenfolge von Positionierungsprozeduren.

Die Prozeduren, die laut Gätje, Rezat & Steinoff (2012) bis in die 4. Klasse zum ersten Mal verwendet werden, stellen verbale Positionierungsprozeduren dar, bei denen eine „subjektive Qualifizierung i. S. einer *Evaluierung* vorgenommen" (Gätje, Rezat & Steinoff 2012: 139, Kursivmarkierung im Original) wird. Syntaktisch wird dabei zuerst (in Klasse 1: *ich finde + NP + Adj*) zwischen Sprechereinstellung und Proposition nicht unterschieden, was sich ab Klasse 2 (*ich finde, dass / ich finde + HS*) verändert: Syntaktisch liegt eine Trennung zwischen Sprechereinstellung und Proposition vor, was die Prozedur zu einer expliziten, ausdrucksseitig komplexeren Positionierungsprozedur macht. Prozeduren mit der Struktur *ich bin für / gegen + NP* oder *ich finde + NP + Adj* nehmen eine Einstellungsbekundung vor, trennen syntaktisch aber nicht zwischen Sprechereinstellung und Proposition. Anders verhält es sich mit der Konstruktion *ich bin dafür / dagegen, dass*, die analog zu *ich finde, dass* eine explizite, epistemisch modalisierte Positionierungsprozedur darstellt. Ab Klasse 3 tritt die Prozedur *ich bin der / Ihrer Meinung* auf, die wiederum als implizit

---

[46] Im Zuge der Annotation der hier untersuchten Kindertexte wurden neben den Positionierungsprozeduren auch andere sprachliche Realisierungen von Meinungsäusserungen und Positionierungen annotiert. Sie werden in der vorliegenden Arbeit allerdings nicht ausgewertet, sondern zu einem späteren Zeitpunkt einer Analyse unterzogen.

Tab. 8.2: Erstmaliger Gebrauch von Positionierungsprozeduren (1.–12. Kl.) (auf der Grundlage von Gätje, Rezat & Steinoff 2012: 138).

Klasse	1	2	3	4	6	7	10	12
ich finde +NP +Adj	x							
ich finde, dass		x						
ich finde +HS		x						
ich bin für / gegen +NP		x						
ich bin dafür / dagegen, dass		x						
ich bin der / Ihrer Meinung			x					
ich bin der Meinung / Ihrer Meinung, dass				x				
ich meine, dass				x				
ich halte +NP +für +Adj					x			
meiner Meinung (Auffassung, Ansicht) nach					x			
meines Erachtens							x	
m. E.								x

zu bewerten ist: Sie enthält eine Positionierung, es fehlt aber ein expliziter Bezug zum Inhalt. Eine Variante davon, die in Klasse 4 erstmals auftritt, ist wiederum explizit: *ich bin der / Ihrer Meinung, dass*. Durch den *dass*-Satz wird Bezug auf die Haltung des Argumentationspartners genommen, wodurch „eine schriftkommunikativ adäquate Kontextualisierung des Dialogs ermöglicht" (Gätje, Rezat & Steinoff 2012: 141) wird. Insgesamt zeigen die zwischen der 1. und 4. Klasse verwendeten Prozeduren einen Fokus auf implizite Strukturen, denen eine Nähe zur Mündlichkeit anhaftet. Sie sind durch den konzeptionell mündlichen Spracherwerb geprägt. Steinhoff (2007: 139) spricht in diesem Zusammenhang von einer *Transposition*, einer Sprachübertragung, da die Kinder Schreibprobleme mit sprachlichen Mitteln lösen, die sie aus vergleichbaren und in diesem Fall mündlichen Kontexten kennen. Es dominieren zudem in diesen ersten vier Klassenstufen stark verbale Positionierungsprozeduren in Kombination mit dem Personalpronomen *ich*, was sich auch in der longitudinalen Studie von Augst & Faigel (1986) zeigte. „Der in diesem Erwerbsabschnitt stattfindende Eintritt in die mediale Schriftlichkeit führt [...] zu einer lediglich ansatzweisen Restrukturierung des Positionierungsrepertoires", resümieren Gätje, Rezat & Steinoff (2012: 142).

Die Phase zwischen der 6. und 7. Klasse bezeichnen Gätje, Rezat & Steinoff (2012: 142–143) als Schnittstelle im Erwerb von Positionierungsprozeduren. Zum ersten Mal taucht die verbale *ich halte+NP+für+Adj*-Formulierung auf. Neben den nach wie vor dominierenden verbalen Prozeduren wird zudem mit der Prozedur *meiner Meinung nach* erstmals eine explizite nominale Konstruktion verwendet. Das ist als eindeutiger Hinweis auf einen konzeptionell schriftlichen Sprachgebrauch zu deuten. Auch wenn es erst in der späteren Entwicklung zur Zunahme und Ausdifferenzierung nominaler Prozeduren kommt, lässt sich für diesen Altersraum ein wachsendes Bewusstsein für die literale Spezifik der Modalisation feststellen; es kommt zu einer Transformation des Prozedurenrepertoires, die sich im weiteren Erwerbsprozess fortsetzen wird.

Auf der Grundlage des von Gätje, Rezat & Steinoff (2012) erarbeiteten Prozedurenrepertoires verteilt über die Klassenstufen 1 bis 12 werden die Kindertexte der vorliegenden Studie auf Positionierungsprozeduren hin untersucht. Das Korpus von Augst & Faigel (1986), das der Analyse von Gätje, Rezat & Steinoff (2012) unter anderem zugrunde liegt, ist aufgrund einer ähnlichen Schreibaufgabe entstanden wie die Kindertexte dieser Untersuchung, und eignet sich als Vergleich daher besonders gut. Da das Korpus der vorliegenden Studie Texte von Kindern der 4. sowie der 6. Klasse enthält, dürfte sich der Übergang hin zu konzeptionell schriftlichen Prozeduren in ähnlicher Form zeigen. Die Bezugnahme auf die Studie von Gätje, Rezat & Steinoff (2012) bildet zudem auch aufgrund des von ihnen gewählten datengestützten Vorgehens bei der Ermittlung der für die Kinder relevanten Prozeduren eine solide Vergleichsgrösse.

8.3.2 Lexik, Grammatik und Orthographie

In der Erhebung wurde eine Sprachstandsmessung durchgeführt. Das ist ein standardisiertes Verfahren, das die Kompetenzen der Kinder in den Teilbereichen *Lexik*, *Grammatik* und *Orthographie* erfasst. Mit diesen drei Teiltests liegt jeweils ein Indikator für das lexikalische Wissen sowie die grammatische und orthographische Kompetenz der Kinder vor, und zwar bezogen auf ein bestimmtes Testsetting: Das Testformat, das darauf beruht, aus lexikalischen und grammatischen Varianten jene Variante auszuwählen, die in eine vorgegebene syntaktische Struktur passt, sowie für den Bereich der Orthographie aus der Verschriftung diktierter existierender Lexeme sowie diktierter Pseudowortschreibungen, dürfte bei den Probanden stark den Rückgriff auf explizites

Sprachwissen provozieren (vgl. Abb. 7.2): Einerseits durch das Erhebungssetting, das explizit das Prüfen sprachlicher Kompetenzen und sprachlichen Wissens in einem bestimmten Teilbereich beinhaltet, andererseits durch das Aufgabenformat, das das Einpassen einer korrekten Wortform in eine lückenhafte syntaktische Struktur vorgibt, dürfte bei den Kindern Überlegungen dazu anregen, welche Variante wohl aufgrund welcher Regel passen könnte. Selbstverständlich wird neben dem (vermuteten) Rückgriff auf explizites Strukturwissen auch implizites Sprachvermögen eine Rolle spielen, speziell etwa bei sprachlichen Konstruktionen, die mehr oder weniger feste Wortverbindungen (Verbindung eines Verbs mit einer bestimmten Präposition) abrufen. Hier wird der Grad an Lese- und Schreiberfahrung für die Auswahl der richtigen Variante eine wesentliche Rolle spielen. Dennoch kann die von den Kindern im Testsetting erreichte Leistung als Sprachleistung beurteilt werden, die vorrangig auf explizites Norm- und Regelwissen über das deutsche Sprachsystem Auskunft gibt. Wie sich die grammatische und orthographische Kompetenz oder die lexikalische Varianz in anderen Sprachhandlungsbereichen – etwa im freien Schreiben – zeigt, lässt sich daraus nicht schliessen. Unter Rückgriff auf das Modell von Karmiloff-Smith wurde in Kapitel 5 auf die verschiedenen Typen impliziten und expliziten Wissens und auf die komplexen Umstrukturierungsprozesse im Übergang von einer Wissensstufe zur nächsten hingewiesen. Darin dürfte eine Erklärung dafür liegen, dass Kinder – werden sie explizit danach gefragt – über die korrekte Schreibung oder Verwendung eines Wortes gut Auskunft geben können, ihre Leistungen in genau diesem Bereich im freien Schreiben aber nicht diesem Wissensstand entsprechen. Das Vorliegen der Testergebnisse aus den einzelnen sprachlichen Teilbereichen sowie der freien Texte der gleichen Kinder ermöglicht es, diesem vermuteten Unterschied datengestützt genauer nachzugehen. Ins Zentrum gerückt wird dabei einerseits die Frage, ob und wie stark sich die Leistungen der Kinder in den Bereichen *Grammatik*, *Orthographie* und *Lexik* zwischen Testsetting und freiem Schreiben unterscheiden und ob sich hierbei Differenzen zwischen sprachstarken und sprachschwachen Kindern abzeichnen.

Um diese vergleichende Analyse vornehmen zu können, wurden die von den Kindern verfassten Texte auf lexikalische, grammatische und orthographische Variablen hin untersucht und analysiert. Im Folgenden wird dargestellt, welches Vorgehen gewählt wurde, um Orthographie- und Grammatikkompetenz sowie lexikalische Varianz an Textprodukten zu operationalisieren.

8.3.2.1 Lexikalische Varianz
Das Verhältnis der verschiedenen lexikalischen Einheiten zur Gesamtzahl aller Wörter im Text wird als lexikalische Varianz bezeichnet und in der (linguisti-

schen) Forschung traditionell mit der TTR, der *Type-Token-Ratio* beziffert. Einen Grundlagenwert zur Quantifizierung lexikalischer Varianz legte Herdan (1960) vor. Die Vorkommnisse aller verschiedenen Elemente in einem Text (*types*) werden durch die Gesamtzahl aller vorhandenen Elemente (*tokens*) geteilt, wodurch sich immer ein Wert zwischen 0 und 1 ergibt. Je häufiger sich *types* in einem Text wiederholen, desto mehr Wiederholungen kommen vor, je näher die TTR allerdings bei 1 liegt, desto umfangreicher ist die lexikalische Varianz im Text. Als Indikator für die Textqualität hat sich die TTR als aufschlussreich erwiesen (vgl. für einschränkende Kommentare und alternative Masse die Angaben in Greber 2016). Grundsätzlich ist für alle Verfahren in Bezug auf die Reliabilität anzumerken, dass eine hohe TTR auch ein Hinweis auf eine eingeschränkte Verständlichkeit des Textes aufgrund mangelhafter Redundanz sein kann: Wortwiederholungen unterstützen das Textverständnis und sind deshalb durchaus sinnvoll. Ebenso wenig Auskunft gibt die TTR über den syntaktischen Zusammenhang, in dem ein Wort verwendet wird, oder über den Schwierigkeitsgrad und die semantische Dichte der verwendeten lexikalischen Mittel (Schmidlin 1999: 139).

Als *type* können grundsätzlich syntaktische Wörter, Lexeme oder Lexemverbände verstanden werden (Linke et al. 2004: 61–65). Für die vorliegenden Auswertungen wurden Lexeme ausgezählt. Die beiden Wörter *Kind* und *Kinder* decken sich in ihrem materiellen Bestandteil *kind-*, der sie durch das Nullmorphem oder die Substantivmarkierung *-er* als Singular resp. als Plural ausweist. Die beiden Wörter werden als ein *type* gezählt. Das Hauptkriterium für die Wahl von Lexemen als *types* liegt im unterstellten Anspruch im Aneignungsverlauf: Als Indikator für einen breiten Wortschatz gilt viel eher ein Synonymgebrauch als die Realisierung eines Substantivs in der Singular- oder Pluralform. Gleichzeitig schien es angezeigt, die Lexeme als solche und nicht im Zusammenschluss als Lexemverbände auszuwerten: Es wird unterstellt, dass es für den kindlichen Wortschatz und Sprachgebrauch wesentlich ist, ob das Substantiv *Meinung* oder das Verb *meinen* realisiert wird, weil die Wortart eine andere syntaktische Funktion impliziert und andere semantische Merkmale integriert. Die Relevanz dieser Unterscheidung belegt auch die Untersuchung von Gätje, Rezat & Steinhoff (2012): Die Positionierungsprozedur *ich meine, dass* zeigt sich in der Ontogenese früher als die Prozedur *meiner Meinung nach*.

Da in der vorliegenden Studie Texte nicht nur als Endprodukt, sondern auch in ihrer Entstehung erfasst wurden, wurden pro Kind zwei TTR errechnet: eine anhand des Textes als Endprodukt und eine anhand der S-Notation, die alle während des Schreibens produzierten sprachlichen Zeichen umfasst.

8.3.2.2 Grammatischer Fehlerquotient

Sowohl im Bereich der grammatischen als auch der orthographischen Kompetenz liegt es aus methodischen Gründen nahe, nach fehlerhaften Verwendungen zu suchen und Texte aufgrund eines Fehlerquotienten zu qualifizieren. Das widerspricht auf den ersten Blick dem Grundgedanken der aktuellen Sprachlern- und Sprachlehrforschung, die eine Defizitperspektive möglichst zu verhindern sucht und Kindersprache nicht als Abweichung von einer bestimmten (erwachsenensprachlichen) Norm, sondern als eigenaktiv aufgebaute Lernervarietät versteht. Im Zentrum stünde dadurch die Frage, welches Wissen ein Kind nutzt, das die Konjunktion *dass* mit einem *s* schreibt (das Beispiel stammt aus Feilke 2001: 107). Die Fehlschreibung illustriert zudem ein weiteres Problem der Qualifizierung grammatischer resp. orthographischer Kompetenz: Geht es bei genannter Fehlschreibung um ein orthographisches oder um ein grammatisches Erwerbsproblem oder um beides zugleich? Ein weiteres Problem der Fehlerannotation beschreiben Siemen, Lüdeling & Müller (o. J.) in Bezug auf FALKO, ein fehlerannotiertes Lernerkorpus des Deutschen: Jede Korrektur einer Lerneräußerung setzt eine Hypothese darüber voraus, was als korrekt angesehen wird resp. was als Zielstruktur anzunehmen ist. Häufig kann eine Äußerung auf verschiedene Arten korrigiert werden; es bestehen also unterschiedliche Zielhypothesen (Siemen, Lüdeling & Müller o. J.). Daraus folgt teilweise eine unterschiedliche Anzahl zu korrigierender Fehler. In der vorliegenden Studie wurde so verfahren, dass eine möglichst naheliegende Zielhypothese angenommen wurde und darauf aufbauend Fehler (oder fehlende Elemente) kategorisiert wurden. Aus arbeitsökonomischen Gründen wurde darauf verzichtet, die verwendete Zielhypothese überall zu notieren, wie es in FALKO gemacht wird.

Sowohl eine konstruktive Sicht auf grammatische und orthographische Kompetenz im freien Schreiben als auch die Abgrenzung zwischen den beiden Teilbereichen stellt methodisch eine Herausforderung dar, die für den vorliegenden Zweck mangels gut operationalisierbarer Alternative die Berechnung eines Fehlerquotienten nahelegt; wenn auch unter Rückgriff auf Zielhypothesen möglichst aus der Perspektive der Lernervarietät gedacht und korrigiert wird. Es wird so pro Kindertext ein Fehlerquotient für den Bereich *Grammatik* und ein Fehlerquotient für den Bereich *Orthographie* ermittelt.

Grammatische Fehler wurden unterschiedlichen Fehlerkategorien zugeteilt. Der Kategorienkatalog bestand in seinem ersten Arbeitsentwurf aus Kategorien, auf die im standardisierten Untertest *Grammatik* aus dem Verfahren *KEKS 4Ü* (May & Bennöhr 2013b, 2013a) ein Fokus liegt. Das betrifft etwa die Subjekt-Verb-Kongruenz, die Rektion / Subkategorisierung, die strukturell fehlerhafte

Verwendung von Konjunktionen, die fehlerhafte Kombination von Verben mit Präpositionen oder fehlerhafte Konjugationen (May & Bennöhr 2013a: 36). Die Kategorien wurden dann aber anhand einer Auswahl von 20 Kindertexten datengeleitet angepasst und erweitert, von einer zweiten Korrektorin eingesetzt und revidiert und schliesslich auf alle Kindertexte angewendet, wobei unklare Fälle diskutiert und aufgrund möglichst objektiv nachvollziehbarer Argumente einer bestimmten Kategorie zugeteilt wurden. Die Einteilung in unterschiedliche Kategorien diente in erster Linie als Arbeitsmittel, weswegen auf eine detaillierte Beschreibung und Auflistung hier verzichtet wird. Für die später folgenden Analysen wurden sie zusammen zu einem Fehlerquotienten verrechnet, der sich durch die Mittelung der mit dem Faktor 100 multiplizierten Gesamtfehlerzahl an der Anzahl Wörter im Text ergibt. Wenn einzelne Kategorien für die statistischen Auswertungen separat analysiert werden, wird das an entsprechender Stelle ausgewiesen und begründet.

8.3.2.3 Orthographischer Fehlerquotient

Wie die grammatische Textqualität wurde auch die orthographische Qualität aus einer Defizitperspektive bestimmt und durch einen Fehlerquotienten operationalisiert, der sich durch die mit dem Faktor 100 multiplizierte und an der Gesamtwortzahl des Textes gemittelte Fehlerzahl ergibt. Die Abgrenzungsprobleme, die sich zwischen Grammatik und Orthographie ergeben, wurden im vorangehenden Abschnitt beschrieben. Daneben kommt es auch bei der Auszählung orthographischer Fehler zu Zweifelsfällen. Es muss etwa entschieden werden, ob Wiederholungsfehler ein- oder mehrmals gezählt werden und wie Tippfehler von Orthographiefehlern unterschieden werden. Hier wurde jeweils zu Gunsten des Kindes entschieden: Wiederholungsfehler wurden einmal gezählt und Tippfehler ignoriert.[47] Eine zweifelsfreie Abgrenzung ist gerade bei Tippfehlern nicht möglich, oft aber durchaus plausibel zu begründen. Insgesamt waren, wie die doppelte Kodierung von ca. 20 % der Kindertexte zeigte, die Abweichungen zwischen den Korrektoren und damit an Zweifelsfällen im Bereich der Orthographie sehr gering.

8.3.3 Syntaktische Komplexität

Die syntaktische Strukturierung der Kindertexte wurde für die Analyse ebenfalls berücksichtigt. Sie wurde einerseits am durchschnittlichen Umfang der

---

[47] Das Identifizieren von Tippfehlern ist immer eine Interpretation der Daten. Oftmals lässt sich aber plausibel nachvollziehen, dass das Kind sich vertippte, so z. B. wenn ein Buchstabe verschriftet wurde, eigentlich aber derjenige der Taste daneben korrekt wäre.

Tab. 8.1: Beispiele für die annotierten Nebensatztypen aus dem Korpus.

Nebensatztyp	Beispiel
Subjektsatz	Es ist ja gut und recht *das wier hochdeutsch lernen* (4mu13)
Objektsatz	Ich möchte *das wir auch auf dem Schulhausplatz Mundart sprechen dürfen* (4ml15)
Prädikativsatz	Es sol gefeligst so bleiben *wie es schon immer war* (4ms10)
Adverbialsatz	ich spreche zu hause Dialekt *weil ich dass so gelernt habe und dass nicht wie die Schule ist* (4ml13)
Attributsatz inkl. Relativsatz	Aber in der Pause will ich nicht Standartsprache sprechen lieber das Dialekt *wo ich spreche zu Hause* (4ws13)

Anm.: Die Textausschnitte sind aus den Originaltexten übernommen und sprachlich nicht normiert.

Satzglieder und andererseits anhand der realisierten Nebensätze operationalisiert. Letztere wurden ausgezählt und zudem nach ihrer Funktion kategorisiert in *Subjektsätze, Objektsätze, Prädikativsätze, Adverbialsätze* und *Attributsätze inkl. Relativsätze.* Tabelle 8.3 führt für jeden annotierten Nebensatztyp ein Beispiel aus dem Korpus auf.

9 Erhebungsinstrumente und Methode

Das folgende Kapitel widmet sich der Auswahl der Erhebungsinstrumente, die in der vorliegenden Untersuchung zum Einsatz kamen, sowie dem Ablauf der Datenerhebung. Die Dokumentation umfasst auch die Erhebungsinstrumente für Variablen, die nicht im Zentrum der Fragestellung stehen, aber als Zusatzinformation über die Kinder für die Beschreibung der Probanden oder als potenzielle Kontrollvariable miterhoben wurden. Die Erhebungs- und Auswertungsverfahren zeigen, dass für die vorliegende Studie methodisch eine Kombination quantitativer und qualitativer Zugänge angezeigt ist. Gewisse Testverfahren sind ausschliesslich für quantitative Auswertungen geeignet, während sich andere Fragen aber nur aufgrund qualitativer Analysen überhaupt sinnvoll diskutieren lassen. Letzteres betrifft die Auswertung der transkribierten Gesprächsdaten, die bewusst auf einem induktiven Analysevorgehen beruht.

9.1 Dokumentation der Erhebungsinstrumente

Die Erhebungsinstrumente, die ausgewählt wurden, um die in Kapitel 8 beschriebenen Variablen zu erheben, werden im Folgenden vorgestellt. Die Wahl der Instrumente wird mit Verweis auf einschlägige Studien begründet. Zu einzelnen Verfahren werden die Gütekriterien aufgrund der erhobenen Daten berechnet. Die verwendeten Erhebungsinstrumente sind im Anhang der Arbeit eingefügt, sofern es sich nicht um publizierte Testverfahren handelt.

9.1.1 Erhebung allgemeiner Daten sowie des sozioökonomischen Status

Personenbezogene Merkmale wie das Alter, das Geschlecht, die Muttersprache und eine allfällige Mehrsprachigkeit, das Herkunftsland, erhaltene Fördermassnahmen wie Logopädie sowie der sozioökonomische Status der Familie wurden durch einen Eltern- und einen Schülerfragebogen erfragt. Die Konzeption des Fragebogens orientiert sich an ähnlichen Fragebögen aus anderen Studien und an entsprechenden methodischen Empfehlungen zur Konzeption und Durchführung von Forschungsprojekten (Carigiet Reinhard 2012; Bortz 1993; Bühner 2006; Lienert, Raatz & Lienert-Raatz 1994; Raab-Steiner & Benesch 2010; Mummendey 2003). Einige der von den Kindern verlangten Angaben wurden der Vollständigkeit halber erhoben, gehen in die Analysen der Daten aber nicht mit ein, weil sie in Bezug auf die Untersuchungsfragen keine Relevanz haben oder durch eine andere Variable bereits miterfasst werden (das ungefähre Alter etwa geht in die Variable *Klassenstufe* ein). Andere Auskünfte (etwa allfällige sprachliche Therapiemassnahmen durch einen Logopäden) könnten aufschlussreich sein für Auffälligkeiten, die sich in der Datenaufbereitung und -analyse ergeben, und wurden deshalb miterfasst. Ein dritter Bereich von Angaben wurde als Massnahme zur Erhöhung der internen Validität der Untersuchung erhoben. Das gilt für die vorliegende Studie für den sozioökonomischen Status und den Bildungshintergrund der teilnehmenden Kinder sowie für die Aufmerksamkeits- und Konzentrationsleistung.

Seit den PISA-Studien kommt dem Einfluss der Schichtzugehörigkeit auf Sprachleistungen von Kindern neue Aktualität zu (Baumert 2002; Carigiet Reinhard 2012; Steinig et al. 2009). Der sozioökonomische Status wird in Studien zur kindlichen Entwicklung systematisch miterhoben (Desgrippes & Lambelet 2016: 83). Es ist daher plausibel davon auszugehen, dass die Sprachleistungen der Kinder, wie sie in der vorliegenden Studie erhoben werden, auch von dieser Einflussgrösse abhängen. Bortz & Döring (2006) empfehlen die Erhebung von potentiellen Kontroll- und Störvariablen und die Bereinigung der abhängigen Variablen um dieselben. Da sowohl die unabhängige Variable (C-Test) als auch die abhängigen Variablen der Hauptfragestellungen Sprachleistungen und keine stabilen Personenmerkmale wie das Geschlecht oder das Alter darstellen, erscheint es nicht angezeigt, den sozioökonomischen Status als Störvariable oder als Kontrollvariable aus den abhängigen Variablen herauszupartialisieren. Es ist vielmehr davon auszugehen, dass der sozioökonomische Status und der Bildungshintergrund auf die abhängigen Variablen *und* die unabhängige Variable einwirken und so unberücksichtigt bleiben können. Die Auswertungen zum sozioökonomischen Status gehen hingegen in die Beschreibung der Stichprobe ein (Kap. 10.2.3). Als Mass für den sozioökonomischen Status wurde für die vorliegende Untersuchung in Anlehnung an andere Studien der *International Socio-Economic Index of Occupational Status* (ISEI) respektive der Wert des als höher bewerteten Elternteils (*H*ISEI) verwendet (vgl. etwa für PISA 2000 Baumert 2002; Carigiet Reinhard 2012; Winkes 2014). In der Bildungsforschung ist es üblich, die Einkommensverhältnisse einer Familie sowie andere Aspekte ihres sozioökonomischen Status in erster Linie auf der Basis von Angaben zur Berufsausübung der Eltern zu bestimmen (Baumert 2002: 36). Der linearskalierte sozioökonomische Index basiert auf dem Einkommen, der erworbenen Bildung und dem Beruf (Carigiet Reinhard 2012: 210). Der von Ganzeboom, de Graaf & Treiman (1992) entwickelte sozioökonomische Index hat im Gegensatz zu anderen den Vorteil, die ökonomische Stellung vom Berufsprestige zu trennen. Er wird anhand von Informationen zur Bildung und zum Einkommen der Berufstätigen bestimmt und kann Werte zwischen 16 (forstwirtschaftliche Hilfs-

Tab. 9.1: Indikatoren des sozioökonomischen Status.

Erfasster Indikator	Quelle*	Fragenummer
höchster Schulabschluss der Mutter	Elternfragebogen	5
höchster Schulabschluss des Vaters	Elternfragebogen	5
Erwerbstätigkeitsstatus der Mutter	Elternfragebogen	6
Erwerbstätigkeitsstatus des Vaters	Elternfragebogen	6
Beruf der Mutter	Elternfragebogen	7
Beruf des Vaters	Elternfragebogen	7
berufliche Funktion der Mutter	Elternfragebogen	8
berufliche Funktion des Vaters	Elternfragebogen	8
Weisungsbefugnis der Mutter	Elternfragebogen	9
Weisungsbefugnis des Vaters	Elternfragebogen	9
Bücherbesitz der Familie	Schülerfragebogen	17

* Die Eltern- und Schülerfragebögen sind im Anhang abgedruckt.

kraft) und 90 (Richter) annehmen. Ganzeboom, de Graaf & Treiman (1992) gehen davon aus, dass Schul- und Berufsbildung über die ausgeübten Berufe in Einkommen und in Chancen zur Teilhabe an Macht umgesetzt werden. Da Berufe also bestimmte Qualifikationen voraussetzen und zu bestimmten Einkommen führen, werden sie als Vermittler zwischen Bildungsabschlüssen und Einkommenslagen betrachtet (Baumert 2002: 37). Im Eltern- und Schülerfragebogen wurden die in Tabelle 9.1 aufgeführten Indikatoren erhoben. In PISA 2000 stellte sich der Bücherbesitz der Familie als aussagekräftiger Indikator für die Bildungsnähe und die Voraussage von Leseleistungen heraus (Carigiet Reinhard 2012: 209). Aus diesem Grund wurde die Frage in den Schülerfragebogen aufgenommen. Die Angaben der Eltern zu ihren momentanen oder zu ihren zuletzt ausgeübten Berufen wurden anhand der *Internationalen Standardklassifikation der Berufe* ISCO-88 (COM) unter Berücksichtigung des höchsten Bildungsabschlusses, des Erwerbstätigkeitsstatus, der beruflichen Funktion und der Weisungsbefugnis kategorisiert und den dreistelligen Codes der Berufsuntergruppen zugeordnet. Davon ausgehend wurde mithilfe eines Umsteigeschlüssels[48] der sozioökonomische Status (ISEI) der Mutter und des Vaters ermittelt und schliesslich in den *H*ISEI recodiert, indem der jeweils höhere

---

[48] Die Umrechnung der ISCO 88-Codes in ISEI-Indexpunkte wurde anhand des Umsteigeschlüssels der Gesellschaft Sozialwissenschaftlicher Infrastruktureinrichtungen (GESIS) vorgenommen. Verfügbar unter: http://www.gesis.org/missy/studie/klassifikationen/sozialwissenschaftliche-klassifikationen/isei/ (letzter Zugriff: 1.5.2016).

ISEI als Indikator für die sozioökonomische Stellung der Familie ausgewählt wurde.[49]

9.1.2 Erhebung der globalen Sprachkompetenz (C-Test)

Im Rahmen der vorliegenden Studie wurde die globale Sprachkompetenz der Kinder erhoben, um zu prüfen, ob sie für Schreibprozess- und Textvariablen sowie Aspekte der metasprachlichen Kompetenz Vorhersagekraft besitzt. Dafür wurde ein möglichst objektives Verfahren ausgesucht, auf dessen Grundlage die Bildung von Kompetenzgruppen unter den teilnehmenden Kindern möglich ist. Es existiert insbesondere für frühe Altersstufen eine Vielzahl an standardisierten Sprachtests, die unterschiedliche Teilkompetenzen messen und abbilden. Im Zentrum standen in der vorliegenden Studie aber eine sogenannte globale Sprachkompetenz und genau nicht spezifische Teilkompetenzen, da sich erfolgreiches Textschreiben gerade durch deren Integration auszeichnet. Für die Erhebung der globalen Sprachkompetenz haben sich C-Tests als hoch reliables Messinstrument etabliert,

> weil im Zuge der Bearbeitung eines derartigen omnibus-Tests auf die tiefer liegende, abstrakte Sprachkompetenz zugegriffen werden muss, die ihrerseits auf einem komplexen Zusammenspiel einer ganzen Reihe inhaltlicher und sprachlicher Komponenten beruht, wobei linguistische Elemente auf verschiedenen Ebenen der Sprachstruktur integriert werden müssen. (Vockrodt-Scholz & Zydatiß 2010: 38)

Neben inhaltlichen Argumenten bietet sich das Verfahren auch aus durchführungstechnischen Gründen an: Der Test ist zeitökonomisch und ohne erheblichen Materialaufwand durchführbar.

9.1.2.1 C-Tests als Instrument der Sprachdiagnose

C-Tests wurden ursprünglich insbesondere als Instrument für die Sprachstandsbestimmung erwachsener, fremdsprachiger Lernender entwickelt und

---

49 Die verschiedenen Indikatoren für den sozioökonomischen Status der Familie wurden erhoben, um eine möglichst zweifelsfreie Kategorisierung zu den Berufscodes zu gewährleisten. In der Datenaufbereitung waren die verschiedenen Angaben in der Tat von Vorteil, wenn etwa die Berufsbezeichnungen nicht aussagekräftig oder nicht zu interpretieren waren. In solchen Fällen half z. B. die Angabe zum höchsten Schulabschluss für die Zuordnung. In anderen Fällen führte das Vorliegen der unterschiedlichen Angaben zu einer Konfundierung der Variablen: Teilweise stimmten der aktuelle Beruf des Elternteils mit der absolvierten Ausbildung nicht überein. In solchen Fällen wurde der ausgeübte Beruf als ausschlagekräftiger Indikator gewählt, da Baumert (2002: 37) Berufe als Vermittler zwischen Bildungsabschlüssen und Einkommenslagen betrachtet.

Vom 16. bis zum 19. Jh. war Großbritannien die weltweit führende See- und Kolonialmacht. Daher ko_____ es, da_____ Englisch schli_____ zur Welts_____ wurde. D_____ Industrielle Revol_____, die z _____ entscheidenden sozi_____ und polit_____ Umwälzungen füh_____, begann u_____ 1760 i_____ Großbritannien u_____ verschaffte d_____ Lande au_____ eine wirtsch_____ Führungsposition. He_____ haben vi_____ alte Indus_____ an Bede_____ verloren, denn in der modernen Gesellschaft stehen Dienstleistungsbranchen wie Banken und Versicherungen im Vordergrund. Das in der Nordsee geförderte Öl sichert die Energieversorgung des Landes.

Abb. 9.1: Ausschnitt aus einem deutschsprachigen C-Test[50]. Quelle: www.C-Test.de (letzter Zugriff: 1. 7. 2016).

eingesetzt (vgl. insbesondere Grotjahn 1992, 1994, 1996, 2002a, 2006, 2010, 2014), werden heute aber ebenfalls für die Bestimmung des Sprachstandes bei Muttersprachlern verwendet (Baur & Spettmann 2009: 115, vgl. zum Einsatz bei Muttersprachlern auch Wockenfuß & Raatz 2014). Das Testverfahren setzt die Festigung grundlegender Lese- und Schreibkompetenzen voraus. Baur & Spettmann (2009: 116) empfehlen den Einsatz von C-Tests ab der vierten Jahrgangsstufe. Der Test besteht in der Regel aus vier Texten, die stufengerecht ausgewählt – die Textinhalte sollen dem Wissensstand und dem Weltwissen der Probanden entsprechen – und anhand einer bestimmten Systematik zu Lückentexten umgewandelt werden. Unter dem klassischen Tilgungsprinzip wird in der Literatur in der Regel die Tilgung der hinteren Hälfte jedes zweiten Wortes verstanden, es finden sich aber auch andere Tilgungsprinzipien; Baur & Spettmann (2009: 117) schlagen für die Klassen vier bis sieben die Tilgung der hinteren Hälfte von jedem dritten Wort vor.[50] Das Prinzip der ‚Beschädigung' authentischer Texte bleibt bei jeder Art der Wort(teil)tilgung bestehen und zeichnet das Testverfahren von C-Tests im Kern aus. Abbildung 9.1 bildet ein von den Entwicklern zur Verfügung gestelltes Anschauungsbeispiel eines C-Tests ab, da der CT-D 4 (Raatz & Klein-Braley 1992), der in der vorliegenden Untersuchung eingesetzte C-Test, hier nicht abgedruckt werden darf.

---

50 Je nach Art der Tilgung kann laut Baur & Spettmann (2009: 117) zwischen der Kompetenzbestimmung in verschiedenen sprachlichen Teilbereichen unterschieden werden; die Stammtilgung etwa ermöglicht laut den Autoren die klare Unterscheidung zwischen Lexik und Morphologie.
51 Der abgedruckte Textausschnitt ist ein Beispiel für einen C-Test. Der Ausschnitt wurde von den Autoren der Website c-test.de zur Verfügung gestellt. Unglücklich am abgedruckten Beispiel ist die Trennung des bestehenden Wortteils und der dazugehörigen leeren Linie, die für den fehlenden Teil vorgesehen ist, auf verschiedene Zeilen. Das sollte in Tests vermieden wer-

9.1.2.2 Bottom-up- und top-down-Prozesse der Sprachverarbeitung in C-Tests

Wenn im Folgenden der Kürze halber von einer allgemeinen oder globalen Sprachkompetenz gesprochen wird, dann ist zu präzisieren, dass damit primär eine allgemeine schriftliche oder schriftbasierte Kompetenz gemeint ist. Die mündliche Sprachverständigung ist integraler Bestandteil einer globalen Sprachkompetenz, wird mit C-Tests aber nicht getestet.

> Zwischen der tiefer liegenden, latenten Sprachkompetenz (die der C-Test als eine Form des indirekten Testens messen will) und dem kommunikativen Umgang mit Sprache können zum Teil beträchtliche Unterschiede liegen, weil ein ‚guter Sprecher' kein ‚guter Grammatiker' und ein ‚guter Hörer' kein ‚guter Schreiber' sein muss. (Vockrodt-Scholz & Zydatiß 2010: 5)

Der Vorteil von C-Tests im Gegensatz zu anderen Instrumenten der Sprachstandsbestimmung besteht darin, dass sie eine global-ganzheitliche, also eine integrative Sprachstandsmessung erlauben und damit eine punktuelle Momentaufnahme der allgemeinen Sprachkompetenz abgeben (Vockrodt-Scholz & Zydatiß 2010: 4). Leistungen im C-Test weisen erstaunlich hohe Korrelationen mit verschiedenen Aussenkriterien wie Schulnoten, Lehrerurteilen über den Sprachstand der Kinder oder Ergebnissen aus anderen Sprachtests auf (Grotjahn 2002b: 215). In der Praxis erprobte C-Tests weisen eine hohe Reliabilität auf. Dissens besteht in der Forschung jedoch darüber, was die Konstruktvalidität des Tests ausmacht, also darüber, was der Test eigentlich genau misst. Diskutiert wird insbesondere die Frage, welche mental-kognitiven Prozesse beim Bearbeiten des Tests aktiviert werden; ob es insbesondere mikrostrukturelle Verarbeitungsprozesse sind, auf die sich die Probanden konzentrieren oder ob makrostrukturelle Verarbeitungsprozesse ebenfalls eingesetzt werden. Vertreten werden hier zwei gegenteilige Positionen: Die Analyse introspektiver Aussagen von Probanden weisen darauf hin, dass *bottom up*-Prozesse die übergeordnete Rolle spielen, wohingegen Fehleranalysen Verarbeitungszusammenhänge zwischen sprachlichen Elementen nachweisen, die im Text weite Abstände haben (Vockrodt-Scholz & Zydatiß 2010: 5–6). Sowohl Klein-Braley (1996) als auch Hastings (2002) betonen beide die Relevanz makrostruktureller Verarbeitungsprozesse: Sie zeigen, dass mikrostrukturelle Verarbeitungsprozesse nur bei Probanden mit schlechten Testergebnissen dominieren, wohingegen fortgeschrittene Lerner viel stärker den Makrokontext berücksichtigen. Die erfolgreiche Bearbeitung von C-Tests setzt die wechselseitige Synthese von *bot-*

---

den, da davon auszugehen ist, dass die Aufgabe für gewisse Probanden dadurch zusätzlich erschwert wird.

tom up- und *top down*-Prozessen der Sprachverarbeitung voraus. Es müssen orthographische, lexikalische, morphologische, syntaktische, semantische und kontextuelle Informationen integriert werden. Vockrodt-Scholz & Zydatiß (2010: 6) vermuten daher, dass die ablaufenden Prozesse mit den Vorgängen vergleichbar sind, die für komplexe Sprachleistungen im Kontext natürlicher Sprachverwendung benötigt werden, und warnen davor, das Testkonstrukt des C-Test zu sehr in die Nähe der rezeptiven Leseverstehenskompetenz zu rücken, zu deren Messung er in seiner ursprünglichen Form entwickelt worden war.

9.1.2.3 Zur Rolle sprachproduktiver Fähigkeiten für die Bearbeitung von C-Tests

Ein strittiger Aspekt in der Diskussion über C-Tests ist die Frage, inwiefern rezeptive und/oder produktive Sprachkompetenzen getestet werden. Vockrodt-Scholz & Zydatiß (2010: 6) untersuchten in ihrer Studie, ob eine Zuordnung von untergeordneten Teilkompetenzen zu einem übergeordneten globalen Kompetenzniveau möglich ist und gehen dabei von der Annahme aus, dass sprachproduktive Faktoren für die Testbearbeitung einen sehr viel höheren Stellenwert haben, als in der einschlägigen Literatur eingeräumt wird. Sie weisen tatsächlich erstaunlich deutliche Zusammenhänge zwischen einzelnen Teilkompetenzen und dem ‚Gesamt' der fremdsprachlichen Fähigkeiten der Probanden nach, was die Robustheit des C-Tests als Instrument zur Erfassung der tiefer liegenden (latenten) Sprachkompetenz von Fremdsprachlernern unterstreicht (Vockrodt-Scholz & Zydatiß 2010: 36). Die Leistungen in den zwei von den Autoren eingesetzten Schreibaufgaben – dabei handelt es sich zum einen um eine schriftliche Zusammenfassung eines gesprochenen Monologs und um das Verfassen einer Bildergeschichte – weisen statistisch einen hohen Zusammenhang mit den Leistungen im C-Test auf. Als besonders aufschlussreich stellte sich für die von Vockrodt-Scholz & Zydatiß untersuchten Probanden der Fehlerquotient als qualitatives Merkmal textsortengebundenen Schreibens heraus. Er erreichte vergleichsweise hohe Signifikanz- und Zuordnungswerte. Die formalsprachliche Richtigkeit (*accuracy*) scheint bei fortgeschrittenen fremdsprachlichen Lernenden ein zuverlässiger Indikator für deren Niveau zu sein (Vockrodt-Scholz & Zydatiß 2010: 37).

Dem Zusammenhang zwischen den C-Test-Leistungen und verschiedenen textqualitativen Merkmalen geht die vorliegende Studie nach, indem die Kindertexte anhand orthographischer, grammatischer, lexikalischer und syntaktischer Variablen ausgewertet wurden. Was hingegen unberücksichtigt bleibt, ist die inhaltliche Qualität und Struktur der Texte. Das *Raten* der inhaltlichen Qualität von Texten ist immer mit subjektiven Normvorstellungen verbunden (Egli Cuenat 2016: 63). Die Analyse der Kindertexte beruht im vorliegenden

Kontext auf Variablen, die kein holistisches *Raten* der Texte notwendig machen.

9.1.2.4 Der CT-D 4 und seine Testgütekriterien

Reliabilität

Die Analyse der Testgütekriterien erfolgt üblicherweise anhand einer Reliabilitätsprüfung der inneren Konsistenz des Tests, der Berechnung der Trennschärfekoeffizienten und der Schwierigkeit der einzelnen Items. Es werden im Folgenden sowohl die von den Testentwicklern angegebenen Gütekriterien als auch die aufgrund der selber erhobenen Daten berechneten Werte angegeben.

C-Tests bestehen aus Texten und beschränken sich explizit nicht auf die Arbeit an einzelnen Sätzen. Das heisst für die Auswertung von C-Tests gleichzeitig, dass die einzelne Lücke nicht als einzelnes Item im Sinne der klassischen Testtheorie betrachtet werden kann, deren je 25 Lücken voneinander stochastisch nicht unabhängig sind. Die kleinsten Einheiten eines C-Tests sind darum die einzelnen Texte, die Raatz & Klein-Braley (1992) als sogenannte ‚Superitems' verstehen (vgl. dazu auch Eckes 2011: 416). In die Berechnungen geht der einzelne Text als einzelnes Superitem ein, wodurch der Gesamttest vier Superitems aufweist. Im Sinne der klassischen Testtheorie ist die Schwierigkeit eines solchen Superitems die auf den Maximalwert bezogene durchschnittliche Punktzahl.

Der CT-D 4 von Raatz & Klein-Braley (1992) liegt in zwei Parallelversionen vor. Die Reliabilität liegt laut den Autoren bei deutschen Schülern und Schülerinnen für die Version A nach Cronbachs Alpha bei α, = .88 (N = 731) und für die Version B bei α, = .86 (N = 698). Insgesamt kann die Reliabilität damit als zufriedenstellend gelten. Als Retest-Zuverlässigkeit geben Raatz & Klein-Braley (1992) für dieselbe Testform im Mittel r_{tt} = .69, für verschiedene Testformen r_{tt} = .73 an.

Die Reliabilitätsprüfung (innere Konsistenz) der einzelnen Superitems ergibt für die hier erhobene 4. Klasse ein Cronbachs Alpha von α = .891 (Testversion A) respektive α = .887 (Testversion B) und für die 6. Klasse ein Cronbachs Alpha von α = .894 (Testversion A) respektive α = .877 (Testversion B). Nach Fisseni (1997: 124) sind Reliabilitäten mit Alphas < .80 als niedrig, Alphas zwischen .80 und .90 als mittel und Reliabilitäten > .90 als hoch zu bewerten. Die Alphas für die vier Teilgruppen liegen also im mittleren Bereich. Für alle 115 Kinder zusammen erreicht der Test ein Cronbachs Alpha von α = .915, das damit im hohen Bereich liegt. Die Alphas verbessern sich durch Weglassen eines Superitems nicht, was dafür spricht, die Summe aller vier Texte als Ankervariable für die Studie zu wählen und keinen der Texte auszuschliessen.

Tab. 9.2: Trennschärfen und Schwierigkeit des CT-D 4.

	Klassenstufe 4		Klassenstufe 6	
	r	*p*	*r*	*p*
CT-D 4 Text 1	.76	58.0	.73	78.3
CT-D 4 Text 2	.77	53.2	.78	71.2
CT-D 4 Text 3	.78	53.9	.77	67.3
CT-D 4 Text 4	.76	47.4	.71	68.6
Gesamt	*.77*	*53.1*	*.75*	*71.4*

Anm.: *r* = Trennschärfekoeffizient, *p* = Schwierigkeitsindex

Da der Test für die 4. Klassenstufe entwickelt, aber auch für die zwei Jahre älteren Kinder eingesetzt wurde, gilt besonderes Augenmerk der Frage, ob der Test für die 6. Klasse zu leicht war. Die Graphiken zu den Lagemassen (Abb. 9.2, Tab. 9.5: Die Kinder der 6. Klassenstufe erzielten insgesamt bessere Ergebnisse (zwischen 41 und 96 bei maximalen 100 Punkten, SD = 13.8) als die jüngeren Kinder (zwischen 24 und 85 bei maximalen 100 Punkten, SD = 16.5), es gibt aber keinen Deckeneffekt, im Gegenteil: Es erreichte keines der älteren Kinder den Maximalwert. Der Test scheint also für die älteren Kinder nicht zu leicht zu sein. Präziser lässt sich die Aufgabenschwierigkeit (p, in Tab. 9.2 zu lesen als Prozente) statistisch ermitteln: Sie entspricht dem prozentualen Anteil der Probanden, die eine Aufgabe korrekt gelöst haben (Lienert, Raatz & Lienert-Raatz 1994: 73). Der Schwierigkeitsgrad sollte zwischen 25 % und 75 % richtiger Lösungen liegen. Da die einzelnen Lücken im C-Test stochastisch nicht unabhängig sind (ein Text mit je 25 Lücken stellt eine Aufgabe dar), errechnet sich der Schwierigkeitsgrad aus dem erreichten Punktmittelwert relativ zur möglichen Lückenzahl (Vockrodt-Scholz & Zydatiß 2010: 9). Die Aufgabenschwierigkeit liegt bei nur einem Superitem für die 6. Klassenstufe bei knapp über 75 % richtiger Lösungen (Text 1 für die 6. Klassenstufe). Die Schwierigkeit des Tests ist also für die älteren Kinder keinesfalls zu gering; im Gegenteil erweist sich der CT-D 4 für die 4. Klassenstufe als recht anspruchsvoll. Wäre davon auszugehen, dass viele Kinder unter Zeitdruck einen Text gar nicht bearbeiten konnten, wäre eine Schwierigkeitsanalyse unter Inangriffnahmekorrektur angezeigt. Da von allen Probanden nur ein einziges Kind der 4. Klasse in einem Text 0 Punkte erzielte, ist diese Korrektur nicht nötig. Das entsprechende Mädchen hat sich am Ausfüllen der Lücken auch in den Texten 3 und 4 versucht, wie das Testheft zeigt; die fehlenden Punkte sind also nicht darauf zurückzuführen, dass für die Bearbeitung gar keine Zeit geblieben ist.

Die Trennschärfe respektive der Trennschärfekoeffizient eines Items (r) entspricht der korrigierten Korrelation einer Aufgabe mit einer Skala. Die Trennschärfe drückt also aus, wie gut ein Item eine Skala widerspiegelt. Nur Items mit hoher Trennschärfe unterscheiden zwischen ‚guten' und ‚schlechten' Probanden (Brosius 2013: 828–829; Carigiet Reinhard 2012: 205). Fisseni (1997: 124) bezeichnet Trennschärfen von < .30 als niedrig, Werte zwischen .30 und .50 als mittel und Werte > .50 als hoch. Die Trennschärfekoeffizienten liegen also alle im sehr hohen Bereich, wie Tabelle 9.2 zu entnehmen ist.

Validität
Die Validität des Tests bestimmen Raatz & Klein-Braley (1992) anhand des Vergleichs mit den Zeugnisnoten im Fach Deutsch. Insgesamt gesehen ergibt sich eine zwischen Deutschnote und Testergebnis eine mittlere Korrelation von r = .72 (zwischen r = .20 und r = .92) (Raatz & Klein-Braley 1992: 13–14). Obwohl der Zusammenhang mit der Deutschnote damit hoch ausfällt, ist dieses Vorgehen zur Prüfung der Validität unbefriedigend. Aus diesem Grund wird die Validität für die vorliegende Studie aufgrund der Sprachstandsmessung KEKS überprüft.

Wie aus Tabelle 9.3 hervorgeht, korrelieren die globale Sprachkompetenz und die Kompetenz in den einzelnen Teilbereichen sehr signifikant. Mit Werten von r = .777 (Grammatik), r = .663 (Wortschatz) und r = .712 (Rechtschreibung) liegen die Korrelationen nach Pearson im hohen Bereich.[52]

Insgesamt bestätigen die Ergebnisse damit die Annahme, dass ein bedeutsamer Zusammenhang besteht zwischen Leistungen im C-Test und Leistungen in den Teilbereichen Grammatik, Lexik und Orthographie. Die Korrelationskoeffizienten liegen zudem alle recht nahe beieinander, es fällt also keiner der drei sprachlichen Teilbereiche deutlich ab, wenn deren Zusammenhang mit der globalen Sprachkompetenz im Zentrum steht. Mithilfe einer multiplen Regressionsanalyse wurde weiter überprüft, welche der Variablen (z-transformierte Werte des Untertests *Grammatik*, des Untertests *Wortschatz* und des Untertests *Rechtschreibung*) signifikanten Aufklärungswert für die Leistungen im C-Test (z-transformiert), also für die globale schriftliche Sprachkompetenz, haben. Damit sollte gleichzeitig geklärt werden, wie sich die drei Faktoren (Untertest Grammatik, Untertest Wortschatz und Untertest Rechtschreibung) zuei-

---

[52] Nach Cohen (1992: 157) gelten Werte über r = .30 als mittlere und Werte über r = .50 als grosse Effektstärke. Werden die Korrelationen getrennt nach Altersgruppen berechnet, ergeben sich für die 4. Klasse bei N = 44 Werte von r = .776 (Grammatik), von r = .549 (Wortschatz) und von r = .636 (Rechtschreibung) und für die 6. Klasse bei N = 71 Werte von r = .724 (Grammatik), von r = .560 (Wortschatz) und von r = .628 (Rechtschreibung).

Tab. 9.3: Korrelationen der globalen Sprachkompetenz und der Kompetenz in einzelnen sprachlichen Teilbereichen und Interkorrelationen der Merkmale.

		1	2	3	4
1	C-Test[b]	1.00			
2	Untertest Grammatik	.78**	1.00		
3	Untertest Wortschatz	.66**	.63**	1.00	
4	Untertest Rechtschreibung[a]	.71**	.65**	.52**	1.00

* $p < .05$ (2-seitig), ** $p < .01$ (2-seitig)
Anm.: $N = 115$, a. Total der Untertests zur Rechtschreibung (bestehend aus den Subtests zur Schreibung deutscher Wörter und zu Pseudowortschreibungen); b. Version B gemäss Auswertungshinweisen um 4 Punkte korrigiert

nander verhalten, wenn sie alle drei als erklärende Variablen für die C-Test-Leistungen angenommen werden. Die Bedingungen für eine lineare Regression sind erfüllt: Es besteht ein linearer Zusammenhang zwischen der abhängigen und den unabhängigen Variablen. Es liegt zudem Homoskedastizität (eine Gleichverteilung der Residuen) vor, es besteht keine Autokorrelation der Residuen (der Durbin-Watson-Wert liegt bei 2.091[53]) und keine Multikollinearität (die Toleranzwerte liegen zwischen .463 und .587 und die Werte des Varianzinflationsfaktors[54] zwischen 1.703 und 2.162).

Durch ein schrittweises Vorgehen (Methode *schrittweise* in SPSS) wurden die unabhängigen Variablen nacheinander in das Modell aufgenommen. Prädiktoren werden bei diesem Vorgehen einzeln integriert, aber auch ausgeschlossen, wenn ein Prädiktor nach der Integration eines anderen Prädiktors nicht mehr signifikant ist. Dadurch zeigt sich, welches Modell (ob mit einer, zwei oder allen drei unabhängigen Variablen) am meisten Varianz aufklärt. Die Anpassungsgüte des Modells wird durch das Bestimmtheitsmass R^2 angegeben, das durch die Multiplikation mit 100 ausweist, wie viel Prozent der Varianz der abhängigen Variable durch das entsprechende Modell aufgeklärt wird. Da R^2 durch Hinzufügen zusätzlicher erklärender Variablen grösser wird oder gleich gross bleibt, sich der Fit der Gleichung aber niemals verkleinern

---

[53] Ein Durbin-Watson-Wert von 0 deutet auf eine vollständig positive Autokorrelation, ein Wert von 2 auf keine Autokorrelation und ein Wert von 4 auf eine vollständige negative Autokorrelation hin (vgl. zum Durbin-Watson-Koeffizient Brosius 2013: 577–580).
[54] SPSS überprüft das Vorhandensein resp. das Fehlen von Multikollinearität anhand des Toleranzwerts und des Variationsinflationsfaktors. Der Toleranzwert sollte nicht kleiner als 0.250 und der Varianzinflationsfaktor nicht grösser als 5.000 sein. Sind die Werte kleiner bzw. grösser liegt keine Multikollinearität vor (vgl. zur Kollinearitätsprüfung u. a. Brosius 2013: 580).

Tab. 9.4: Ergebnisse der multiplen Regressionsanalyse.

Modell	Prädiktoren	β	R^2	korrigiertes R^2	F
1	Grammatik	.777***	.604	.601	172.72***
2	Grammatik	.545***	.678	.672	117.81***
	Rechtschreibung	.357***			
3	Grammatik	.429***	.710	.702	90.40***
	Rechtschreibung	.312***			
	Wortschatz	.233**			

* $p < .05$; ** $p < .01$; *** $p < .001$
Anm.: β = standardisierte Regressionskoeffizienten mit ermitteltem Signifikanzniveau, R^2 / korrigiertes R^2 = Bestimmtheitsmass / Fit der Gleichung mit ermitteltem Signifikanzniveau[54], F = F-Wert mit ermitteltem Signifikanzniveau

kann (und dadurch durch die Integration einer Vielzahl von Variablen theoretisch künstlich erhöht werden kann), wird neben dem R^2 häufig das *korrigierte R^2* betrachtet, bei dessen Berechnung zusätzlich die Anzahl der bei der Schätzung verwendeten erklärenden Variablen berücksichtigt wird (Brosius 2013: 541–567).

Tabelle 9.4 zeigt die Ergebnisse der Regressionsanalyse. Die von den Kindern erzielten Leistungen in den Bereichen *Grammatik*, *Rechtschreibung* und *Wortschatz* erweisen sich alle als (hoch) signifikante Prädiktoren für die sogenannte globale Sprachkompetenz, wie sie im C-Test gemessen wird. Die drei Variablen zusammen (Modell 3) klären rund 70 % der Varianz (*korrigiertes R^2*) auf und sagen die globale Sprachkompetenz damit bemerkenswert gut voraus. Aufschlussreich ist ebenfalls, dass die Regressionskoeffizienten für alle drei Prädiktoren hoch sind. Das Resultat bestätigt die These, dass in C-Tests nicht ausschliesslich Lesekompetenzen gemessen werden, sondern insbesondere auch sprachproduktive Fähigkeiten in der Grammatik, der Orthographie und im Wortschatz, die des Weiteren für die kompetente Beherrschung des schriftlichen Ausdrucks von besonderer Relevanz sind.

---

55 Beim *korrigierten R^2* wird – anders als bei R^2 – mitberücksichtigt, wie viele erklärende Variablen in das Modell aufgenommen werden. Da der Fit der Gleichung durch das Hinzufügen weiterer erklärender Variablen niemals schlechter werden kann, führt die Aufnahme vieler erklärender Variablen in das Regressionsmodell zu einem immer höheren R^2, aber nur zu einer vermeintlich guten Regressionsschätzung. Das wird durch das korrigierte R^2 ausgeschlossen.

9.1.2.5 Der CT-D 4 im Vergleich der Altersgruppen

Der CT-D 4 wurde als Sprachleistungstest für 4. Klassen konzipiert und normiert, in der vorliegenden Studie aber auch für die 6. Klassen eingesetzt. Die deskriptiven Masszahlen für die einzelnen Klassenstufen sowie die Paralleltestversionen A und B für die Texte 1 bis 4, aus denen der Test insgesamt besteht, sind Tabelle 9.5 zu entnehmen. Pro Text konnten maximal 25 Punkte erreicht werden. Die Streuung der Rohwerte bewegt sich bei den vierten Klassen zwischen 3.20 und 6.09 Standardabweichungen und bei den 6. Klassen zwischen 2.51 und 4.63 Standardabweichungen um den Mittelwert.

Tab. 9.5: Ermittelte Kennwerte für die Texte (‚Superitems') 1–4 des CT-D 4.

	N	Min.	Max.	M	SD
4. Klasse Serie A					
CT-D 4 Text 1	24	3	23	15.58	4.45
CT-D 4 Text 2	24	6	21	14.96	4.17
CT-D 4 Text 3	24	7	21	15.42	3.20
CT-D 4 Text 4	24	4	23	12.38	4.46
4. Klasse Serie B[a]					
CT-D 4 Text 1	20	5	22	13.20	4.6
CT-D 4 Text 2	20	2	22	11.30	4.79
CT-D 4 Text 3	20	0	22	11.15	6.09
CT-D 4 Text 4	20	2	20	11.20	5.56
6. Klasse Serie A					
CT-D 4 Text 1	37	12	25	21.05	2.51
CT-D 4 Text 2	37	10	25	19.76	3.50
CT-D 4 Text 3	37	7	23	17.89	3.77
CT-D 4 Text 4	37	6	25	17.43	4.57
6. Klasse Serie B[a]					
CT-D 4 Text 1	34	8	24	17.97	4.17
CT-D 4 Text 2	34	9	23	15.65	4.18
CT-D 4 Text 3	34	8	25	15.65	3.93
CT-D 4 Text 4	34	7	24	16.85	4.63

Anm.: a. Die Parallelversionen A und B des CT-D 4 können als hinreichend parallel angesehen werden (Interkorrelation von $\alpha = .73$ bei $N = 46$, vgl. Raatz & Klein-Braley 1992: 13), Testform B muss aber um 4 Punkte korrigiert werden. Hier aufgeführt sind die effektiv erreichten Punkte in den einzelnen Texten, die 4 Punkte sind noch nicht dazugerechnet.
N = Anzahl Probanden, *Min.* = minimal erreichter Wert, *Max.* = maximal erreichter Wert, M = Mittelwert, SD = Standardabweichung

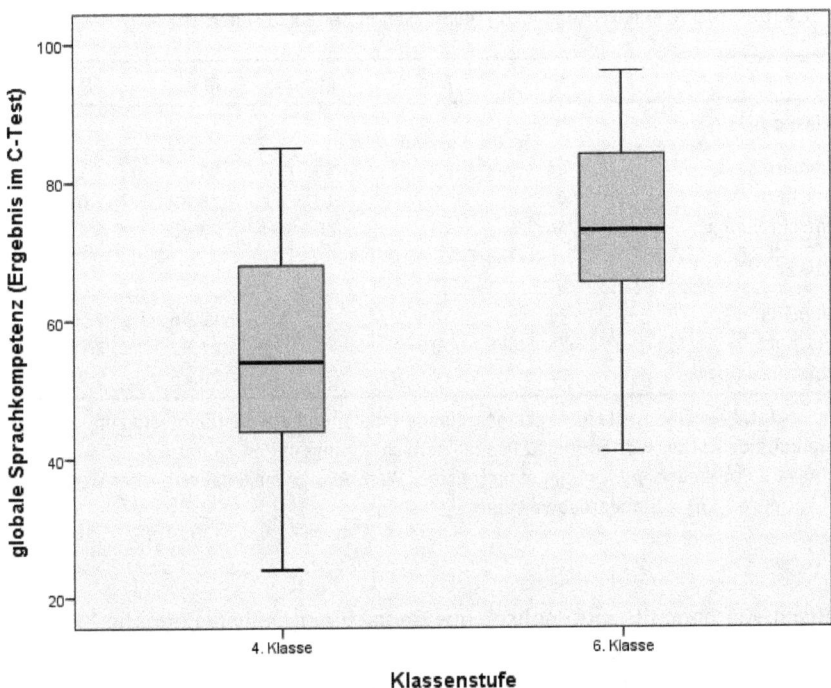

Abb. 9.2: Boxplot zu den Ergebnissen der KEKS-Untertests getrennt nach Klassenstufe.

Empfohlen wird von Raatz & Klein-Braley (1992: 13) aufgrund eines etwas höheren Schwierigkeitsgrades der Version B eine Korrektur der Ergebnisse um vier Punkte. Ein Mittelwertvergleich des arithmetischen Mittels der C-Test-Resultate (Version B korrigiert um 4 Punkte) der jüngeren mit jenem der älteren Kinder mittels T-Test ergibt einen hoch signifikanten Unterschied ($t(113) = 6.44$, $p < .001$, $d = 1.21$). Die Kinder der 6. Klasse schneiden im C-Test also im Schnitt signifikant besser ab als die jüngeren. Tabelle 9.5 und Abbildung 9.2 zeigen für beide Altersstufen die errechnete Spannbreite zwischen dem minimal und dem maximal erreichten Testwert.

9.1.3 Erhebung der Kompetenz in der Lexik, der Grammatik und der Orthographie

Die Kompetenz in den Bereichen Lexik, Grammatik und Orthographie wurde anhand einzelner Untertests aus der Testbatterie *KEKS: Kompetenzerfassung in Kindergarten und Schule*, einem diagnostischen Konzept zur Erfassung von Kompetenzen und zur Beschreibung von Lernentwicklungen in den Bereichen

Tab. 9.6: Deskriptive Kennwerte zu den Ergebnissen in den KEKS-Untertests.

	N	Min.	Max.	M	SD
4. Klasse					
Grammatik	44	5	15	10.52	3.19
Wortschatz	44	2	15	8.89	3.01
Rechtschreibung[a]	44	14	38	23.68	5.47
6. Klasse					
Grammatik	71	3	15	12.56	2.53
Wortschatz	71	3	15	11.82	2.46
Rechtschreibung[a]	71	7	39	29.65	5.91

Anm.: a. Total der Untertests zur Rechtschreibung (bestehend aus den Subtests zur Schreibung deutscher Wörter und zu Pseudowortschreibungen)
N = Anzahl Probanden, *Min.* = minimal erreichter Wert, *Max.* = maximal erreichter Wert, *M* = Mittelwert, *SD* = Standardabweichung

Deutsch, Mathematik und Englisch aus Deutschland (May & Bennöhr 2013a: 5; May 2014), erhoben. Die Testbatterie wurde für die Klassenstufen bis Ende des vierten Schuljahres (KEKS 4Ü) konzipiert. Die Version KEKS 4Ü, die für das Ende des 4. resp. den Beginn des 5. Schuljahrs vorgesehen ist, wurde in der vorliegenden Studie sowohl für die 4. als auch für die 6. Klasse eingesetzt. Da vergleichbare Sprachtests für die 6. Klasse nicht vorliegen und kein anderer Sprachtest für die 4. *und* die 6. Klasse existiert, schien es nach Rücksprache mit den Testentwicklern angemessen, den KEKS 4Ü auch für die ältere Schülergruppe zu verwenden.

Da die KEKS-Testserie auch für die Kinder der 6. Klasse eingesetzt wurde, gilt es, eine entsprechende Überprüfung der Kennwerte und der Testschwierigkeit vorzunehmen. Die in den Untertests aus der Testserie erzielten Ergebnisse im Klassenvergleich sind in Tabelle 9.6 aufgeführt.

Die Graphik zu den Lagemassen (Abb. 9.3) und die deskriptiven Kennwerte (Tab. 9.6) zeigen, dass die Testergebnisse bei den Kindern der 6. Klasse durchschnittlich besser sind. Es liegt eine breite Streuung vor, auch wenn relativ viele Kinder der 6. Jahrgangsstufe im Test sehr hohe Werte erreicht haben. Insbesondere beim Untertest zur grammatischen Kompetenz (arithmetisches Mittel von 12.56 bei einem maximal erreichbaren Wert von 15) könnte ein Deckeneffekt vermutet werden, so dass die Kinder in den höheren Punktbereichen nicht hinreichend differenziert würden. Den testtheoretischen Maximalwert von 15 Punkten erreichten 25 Kinder, was einem prozentualen Anteil von knapp 28 % entspricht. Werden Kinder, die 14 oder 15 erreicht haben, mitge-

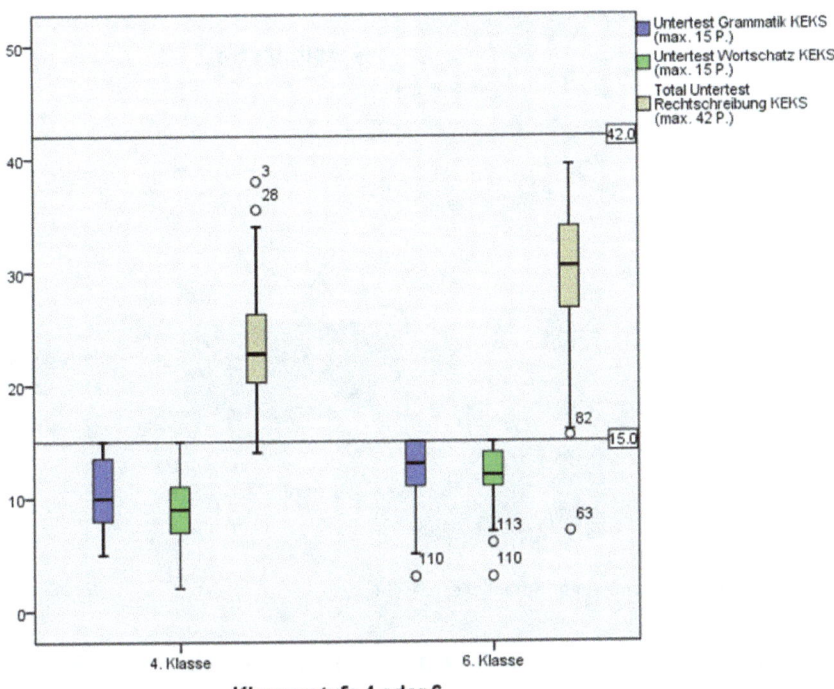

Abb. 9.3: Boxplot zu den Ergebnissen der KEKS-Untertests getrennt nach Klassenstufe.

zählt, ergibt sich auch hier ein prozentualer Anteil von etwas über 46 % – auch dieser Wert weist insgesamt noch auf einen mittleren Schwierigkeitsgrad hin. Der Test unterscheidet also ausreichend in grammatisch schwache, mittlere und hohe Kompetenzen. Die interne Konsistenz für die drei Untertests ist zufriedenstellend: Die Reliabilitätsstatistik ergibt für die 4. Klassenstufe ein Cronbachs Alpha von $\alpha = .751$ und für die 6. Klassenstufe ein Cronbachs Alpha von $\alpha = .775$.

Insgesamt stellt sich die KEKS-Batterie damit als taugliches Instrument heraus, um bei den Kindern der 4. sowie der 6. Klasse Kenntnisse und Kompetenzen in der Orthographie, der Grammatik und im Wortschatz zu erheben. Zudem zeigt sich, dass Kinder, die in einem der Bereiche gut abschneiden, tendenziell auch in den anderen entsprechend gute Werte erzielen.

Die Untertests aus der Sprachstandsmessung KEKS (vgl. Kap. 9.1.3) erheben die grammatische, die orthographische und die lexikalische Kompetenz. Hier wird argumentiert, dass sie durch das Erhebungssetting ebenfalls explizites Sprachwissen in den drei Teilbereichen miterfassen. Sie zielen im Rahmen einer klas-

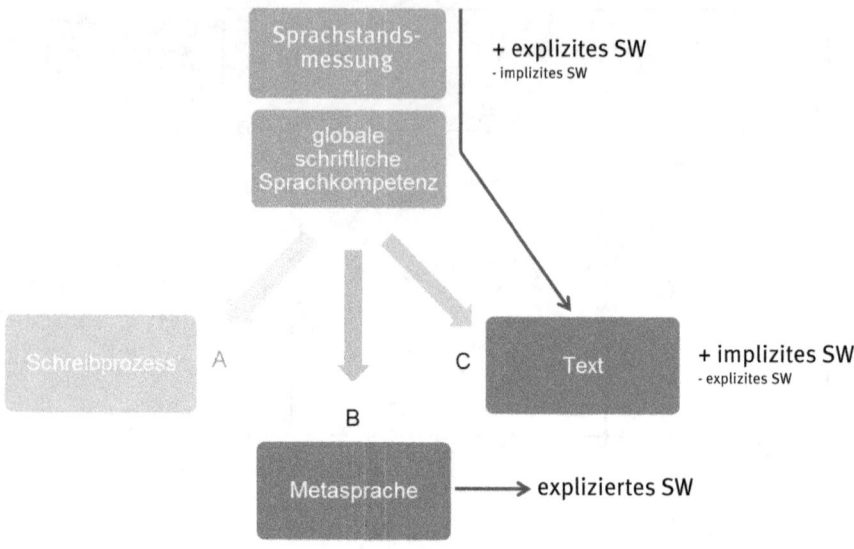

Abb. 9.4: Erhebung verschiedener Sprachwissenstypen.

sischen Testsituation (den Kindern werden insbesondere Sätze zur Vervollständigung vorgelegt) zwar auf eine Kompetenzmessung ab. Das Setting führt aber dazu, dass von den Kindern tendenziell stärker explizites Wissen (in Abb. 7.3 und Abb. 9.4 als *+explizites Wissen* aufgeführt) abgerufen wird. Im freien Schreiben hingegen spielt der Rückgriff auf implizites Sprachwissen (in Abb. 9.4 als *+implizites Wissen* aufgeführt) eine grössere Rolle: Das Auswählen eines korrekt flektierten Verbs für einen Satz mit Lücke (Testsituation) dürfte viel eher Bezüge zu explizitem Wissen über das Sprachsystem fordern als das Verfassen eines Satzes oder eines Textes mit einer bestimmten kommunikativen Absicht (freies Schreiben). Während die Sprachstandsmessung Sprachwissen also in einem klar konturierten Teilbereich abfragt, liegt der Fokus im freien Schreiben nicht auf einem sprachlichen Teilbereich, sondern verlangt im Gegenteil ein kompetentes Kombinieren verschiedener Fertigkeiten.

Zwischen diesen beiden beschriebenen Typen von Aufgaben und Anforderungen an die Kinder bildet der C-Test, das Instrument zur Messung der globalen Sprachkompetenz, den Übergang, indem er den Einsatz expliziten Wissens und den Rückgriff auf implizites Wissen gleichermassen begünstigt. Die in der Studie erhobenen Daten ermöglichen daher die empirisch gestützte Diskussion darüber, wie +implizites, +explizites und expliziertes Sprachwissen zusammenhängen. Das explizierte Wissen wird in den Gesprächen mit den Kindern erhoben, wie im folgenden Kapitel geschildert wird. Abbildung 9.4 führt die Wissenstypen und die Korpora, anhand derer sie untersucht werden, auf.

9.1.4 Erhebung des Textes

Schreiben ist als Mittel zur Kommunikation immer kontextabhängig und zielgerichtet. Das gilt ebenso, wenn auch in eingeschränktem Mass, für schulisches Schreiben. Es ist eingegliedert in didaktische Settings, die ihrerseits entsprechenden Einfluss haben auf den Schreibprozess, das intendierte Ziel und den Text; „das didaktische Setting formt den Text der Lerner" (Bachmann & Becker-Mrotzek 2010: 195). Der kommunikative Zweck ist in vielen Fällen des Schreibunterrichts nicht unmittelbar gegeben respektive entspricht nicht einer authentischen Alltagssituation. Bachmann & Becker-Mrotzek (2010: 195) empfehlen, Schreibaufgaben und Schreibanlässe darauf hin auszurichten, dass sie sinnvolle und lernförderliche Lernprozesse anregen und den Schreibauftrag so situieren, dass die Lernenden darauf mit einer sinnvollen Textform reagieren können. Sie fassen das Konstrukt eines lernförderlichen Schreibunterrichts unter dem Terminus *Aufgaben mit Profil* zusammen (Bachmann & Becker-Mrotzek 2010: 194). Zu den Bedingungen zählen sie folgende vier Merkmale (Bachmann & Becker-Mrotzek 2010: 195):

– Der zu schreibende Text muss für die Schüler/innen eine identifizierbare Funktion erfüllen; sie müssen erkennen können, welches kommunikative Problem damit bearbeitet werden soll. Denn nur wenn sie das Ziel und die Adressaten ihres Textes kennen, können sie sinnvolle Entscheidungen über den Aufbau, den propositionalen Gehalt und die Auswahl der sprachlichen Muster und Mittel treffen.
– Des Weiteren müssen die Schüler/innen Gelegenheit haben, sich das erforderliche Weltwissen, aber auch von Fall zu Fall einschlägiges sprachliches Wissen, anzueignen, damit sie wissen, worüber sie schreiben können und sollen.
– Die Schüler/innen müssen die Gelegenheit bekommen, ihren Text in einem Kontext sozialer Interaktion zu verfassen. Eingebettet in eine soziale Situation können vor allem junge Lerner die Zerdehnung der Sprechsituation leichter überwinden.
– Und schliesslich müssen sie Gelegenheit haben, die Wirkung ihres Textes auf die Leser zu überprüfen, so wie sie es aus der mündlichen Kommunikation gewöhnt sind (einigermassen etabliert haben sich in diesem Zusammenhang sogenannte ‚Schreibkonferenzen').

Sind diese Bedingungen erfüllt, wird von gut profilierten Aufgaben gesprochen. Das ist bei der Schreibaufgabe, die in der vorliegenden Studie eingesetzt wurde, weitgehend der Fall (vgl. Abb. 9.5): Die Kinder waren dazu angehalten, einen Brief an die zukünftige Schulleiterin zu verfassen, die aus Deutschland stammt und sich zum Zweck der Standardsprachförderung zum Ziel gesetzt

Deine Schule bekommt eine neue Schulleiterin aus Deutschland. Sie möchte, dass an der Schule kein Dialekt mehr gesprochen werden darf. Im Unterricht und auch in den Pausen müssen alle Kinder Hochdeutsch sprechen, damit sie gut Hochdeutsch lernen.
Schreib der Schulleiterin einen Brief und beschreib, wann und warum du Dialekt oder Hochdeutsch sprichst. Schreib deine Meinung zu ihrem Vorschlag und begründe sie.

Abb. 9.5: Schreibaufgabe.

hat, dass Schüler und Schülerinnen auch in der Pause und zwischen Schullektionen zum Hochdeutschsprechen angehalten werden. Als *identifizierbare Funktion* kann die Rückmeldung an die neue Schulleiterin und deren Beeinflussung gelten. Diese stellt eine zwar unbekannte, aber durch bestimmte Merkmale (sie stammt aus Hamburg und ist neu in der Schweiz) konturierte Person mit einer spezifischen Funktion im schulischen Kontext dar. Allerdings ist einzuräumen, dass in den entsprechenden Schulen kein tatsächlicher Wechsel der Schulleitung anstand. Obwohl Rückfragen zur Authentizität des Schreibanlasses durch die Probanden selten waren, muss doch davon ausgegangen werden, dass sie sich des fiktiven Charakters der beschriebenen Situation bewusst waren.

Die Schreibaufgabe war zudem so ausgerichtet, dass jedes Kind auf das eigene *Weltwissen* zurückgreifen konnte: Dem Nebeneinander von Dialekt und Standard begegnen die Schüler der Deutschschweiz spätestens mit der Einschulung und sie ist damit Teil der individuellen Spracherfahrung. Die Reflexion über die Schweizer Diglossie ist in diesem Alter im Lehrplan empfohlen: Das Lehrmittel *Die Sprachstarken* (Lötscher et al. 2007), das kantonal vorgeschrieben und in allen befragten Klassen verwendet wird, integriert das Thema im vierten Schuljahr (*Sprechweisen – Wo sprichst du wie?* Lötscher et al. 2007, S. 24 f.) und nimmt es später verschiedentlich wieder auf. Die Kinder kennen die Verwendung zweier Varietäten damit einerseits aus der eigenen Spracherfahrung und andererseits aus dem Unterricht, wobei die Bearbeitung des entsprechenden Kapitels nach Aussagen der Lehrpersonen für die ältere Klassenstufe ca. zwei Jahre und für die jüngere mindestens einige Monate zurücklag. Diese vorangehende Auseinandersetzung mit dem Thema ermöglichte den Kindern die Aneignung von Weltwissen, teilweise – wenn auch in eingeschränktem Mass – auch von sprachlichem Wissen. Mit der Schreibaufgabe wurde also bewusst an ein alltagsrelevantes Thema angeknüpft, gleichzeitig aber eine Dekontextualisierung elizitiert, indem darauf hingewiesen wurde, dass die neue Schulleiterin aus Deutschland stamme. Die Einbettung der Schreibaufgabe in einen *Kontext sozialer Interaktion* war ebenso wie die *Überprüfung der Leserwir-*

kung bedingt gegeben: Die Untersuchungsleiterin war in der Schreibstunde anwesend und wurde als Person vorgestellt, die sich für die Meinung der Kinder interessiert, was die Zerdehnung der Kommunikationssituation insofern zu überbrücken half, als der imaginierten Schulleiterin eine präsente Person als Überbringerin der Nachrichten an die tatsächliche Adressatin zugeordnet wurde. Das anschliessende Gespräch mit der Untersuchungsleiterin, in dem eingangs auch die Meinung des Kindes, die im Brief vertreten wurde, Gegenstand war, ermöglichte zwar eine gewisse Überprüfung der Textwirkung, diese war aber sehr eingeschränkt. Die Einschränkung bestand insbesondere durch den Umstand der asymmetrischen Hierarchie: Schreibkonferenzen, die Bachmann & Becker-Mrotzek (2010: 195) in Zusammenhang mit diesem Aspekt der Aufgabenprofilierung als Beispiel anführen, ermöglichen den Austausch unter *peers* und gerade nicht zwischen Lehrperson (oder Untersuchungsleiterin) und Kind. Damit darf die Aufgabe insgesamt als teilweise profiliert bezeichnet werden.

Durch die Schreibaufgabe wurden die Kinder angehalten, sich einer Textsorte zu bedienen, die sie in dieser Form aller Wahrscheinlichkeit nach nicht aus Übung beherrschen, da das ausgebaute erörternde Schreiben und das Verfassen formal und kommunikativ adäquater Briefe in der Grundschule nicht Gegenstand der Vermittlung ist. Damit wird vermieden, dass die Kinder auf im Unterricht erworbene Textschablonen oder Musterargumentationen zurückgreifen (vgl. dazu auch Augst et al. 2007: 200, die das gleiche Vorgehen gewählt haben).

Für die Schreibaufgabe standen den Kindern maximal 45 Minuten zur Verfügung. Die volle Zeitspanne wurde nur von einem Kind ausgenutzt. Zeitdruck war also keine relevante Einflussgrösse für die Texte. Erprobt wurde die Schreibaufgabe von einer Studentin im Rahmen einer Masterarbeit (Rotzetter 2012) sowie in der Vorerhebung für die Datengewinnung der vorliegenden Studie. Zudem wurde sie zusammen mit der Lehrperson, in deren Klasse die Vorerhebungen stattgefunden hatten, besprochen und angepasst. In Bezug auf das Anspruchsniveau, die Verständlichkeit und das Thema hat sie sich daher in mehreren Anwendungen als angemessen herausgestellt.

9.1.5 Erhebung des Schreibprozesses durch *Keystroke Logging*

Zur Erhebung der Textprodukte und -prozesse wurde auf ein Erhebungsinstrument zurückgegriffen, das im deutschsprachigen Raum, insbesondere in der Schweiz, bislang noch selten zum Einsatz kam: *Keystroke Logging*. Das verwendete Programm *inputlog* (Leijten & van Waes 2014) wurde zur Erhebung von Prozessdaten zu Schreibvorgängen entwickelt. Eine computerbasierte Erhe-

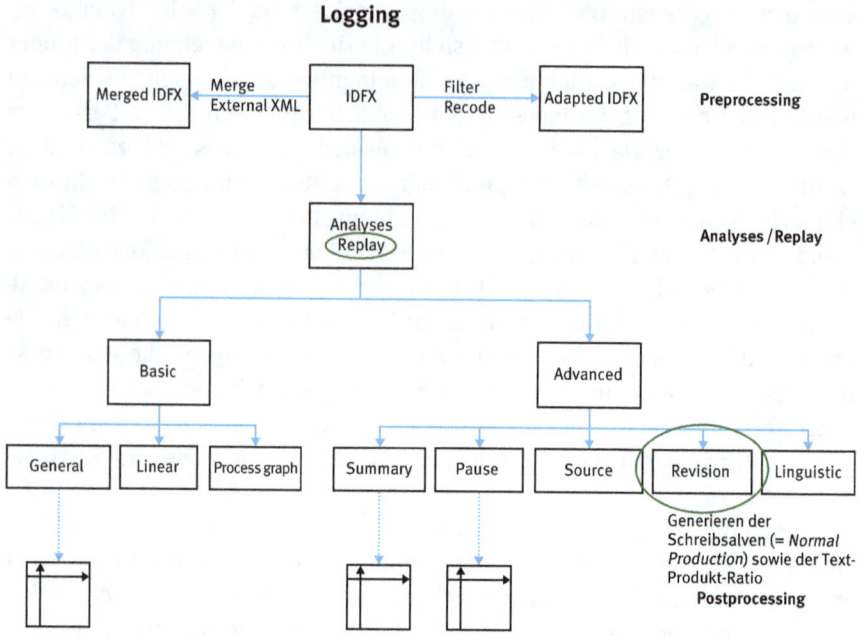

Abb. 9.6: Detaillierte Übersicht über den Flow von *inputlog* (Vgl. Leijten & van Waes 2014).

bung mit *Keystroke Logging* liefert drei Datenbereiche: das Schreibprodukt als statisches Endprodukt des Schreibens, ein Log-File mit dem zeitlichen Verlauf der Textproduktion inklusive Schreib-, Lösch- und Revisionsoperationen und den entsprechenden Zeitangaben sowie einen Abspielmodus, der die Textproduktion visualisierbar macht (vgl. hierzu auch Weder 2010: 88). Die in *inputlog* möglichen Analyseschritte und die dadurch generierten Files sind in Abbildung 9.6 ersichtlich. Für eine Beschreibung der Inhalte der einzelnen Analysen sei auf Leijten & van Waes (2014) verwiesen. Die in der vorliegenden Studie ausgewerteten Variablen (*Text-Prozess-Ratio* und *Salvenumfang*) und Auswertungsgrundlagen (als Grundlage dienten die aufgezeichneten Filme sowie die Darstellung in S-Notation und der Prozess-Graph) wurden mit Hilfe der Software generiert und teilweise manuell korrigiert und angepasst.

Ob von Hand oder von Computer geschrieben wird, verändert den Schreibprozess und die Untersuchungsmöglichkeit desselben. Empirische Studien (vgl. beispielsweise Morphy & Graham 2012) belegen, dass sich das Schreiben am Computer insbesondere bei schwachen Schreibern und Schreiberinnen positiv auf die Textqualität, auf die Textstruktur, auf die grammatische und die orthographische Korrektheit und insbesondere auf die Schreibmotivation auswirkt. Zu einem ähnlichen Befund kommt die Schweizer Interventionsstudie von Schneider et al. (2012): Sie konnte einen stärkeren Leistungszuwachs für Kinder in ihren narrativen (nur bedingt aber in den instruktionalen) Texten nachweisen, die statt auf Papier auf einer Internetplattform schrieben. Dies gilt für die 4. und 5. Primarklasse, nicht aber für die 1. und 2. Klasse (Schneider et al. 2013: 52). Diese Befunde sprechen dafür, dass sich computergestützte Erhebungsverfahren für Kinder im Alter der hier untersuchten Probanden (4. und 6. Klassenstufe) eignen, um prozessbezogene Aspekte des Schreibens zu untersuchen.

Was auch die computergestützte Erfassung von Schreibprozessen nicht erfassen kann, sind kognitive Vorgänge und Denkprozesse. Daher „münden in der Schreibprozess-Forschung alle Überlegungen zur Methodenwahl in der Erkenntnis, dass *Keystroke-Logging* mit direkten Beobachtungsmethoden zu kombinieren sei, z. B. mit Verbalisierung, um objektiv gewonnene Daten unter Beizug subjektiver Daten zu interpretieren" (Weder 2010: 88–89). In der vorliegenden Studie wurde zur Erhebung metasprachlicher Äusserungen und des Sprachwissens der Kinder die Text- und Produkterhebung ergänzt durch eine Konfrontation der Kinder mit ihrem Schreibprozess.

9.1.6 Erhebung und Aufbereitung der Daten zum explizierten Sprachwissen

Studien zu metasprachlichen Kompetenzen und Sprachbewusstheit erheben ihre Daten häufig, indem die Probanden Akzeptabilitätsurteile zu ihnen vorgelegten sprachlichen Strukturen abgeben sollen. Alternativ sind sie angehalten, abstrakte Kategorien zu erklären oder zu beschreiben, so etwa die Kategorie *Wort*. Diese Äusserungen werden dann als Indiz für eine vorliegende oder fehlende Sprachbewusstheit gewertet. In der vorliegenden Studie wurde ein anderes Vorgehen gewählt: Anschliessend an die Schreibstunde wurde den Kindern ihr Textentstehungsprozess vorgespielt mit der Bitte, diesen und Beobachtungen aller Art zu kommentieren. Methodisch lehnt sich das Vorgehen an die Erhebung von retrospektiven *Think-aloud*-Protokollen an. Die Methode des lauten Denkens wurde in der Sprachforschung angewendet, um Hinweise auf Prozesse zu erhalten, die sich auf der kognitiven Ebene abspielen: Die Probanden sind angehalten, während des Schreibens oder während des Lösens bestimmter Aufgaben laut zu artikulieren, was ihnen dabei durch den Kopf geht, sie sollen also laut denken (vgl. für den Einsatz in der Fremdsprachforschung etwa Heine 2005; Heine & Schramm 2007). Als erheblicher Nachteil des Vorgehens ist (gerade bei Kindern) die zusätzliche kognitive Belastung durch eine weitere Aktivität, das Aussprechen dessen, was gedacht wird, zu nennen. Retrospektive Kommentierungen andererseits können nur das betreffen, was erinnert wird, sie unterliegen also dadurch bereits Restriktionen. Im Unterschied zu diesem Verfahren werden die Kommentare der Kinder in der vorliegenden Studie nicht synchron, sondern zeitlich versetzt zum Schreibvorgang, also asynchron respektive *off-line*, anhand retrospektiver Gespräche (*stimulated recall*) erhoben (vgl. zur Methode Gass & Mackey 2000, Hinweis in Weder 2010: 88). Die Methode hat das Ziel, „to stimulate writers' retrospective accounts of their composing strategies and to raise their awareness of them" (Abdel Latif 2008: 42). Innere Vorgänge werden nach dem Schreiben aufgrund eines Stimulus – im vorliegenden Fall der Textentstehungsprozess – verbalisiert. Die Verbalisierungen lassen auf Wissensstrukturen, kognitive Prozesse und Problemlösestrategien schliessen (Weder 2010: 88), die der direkten Beobachtung nicht zugänglich gemacht werden können:

> In vielen Fällen jedoch kann das, was sich äußerlich als Ringen ums richtige Wort darstellt, auch andere Ursachen [als Formulierungsprobleme] haben. Die Materialisierung eines Gedanken [sic] umfasst nicht nur das Abrufen und Aneinanderreihen einzelner Wörter, sondern auch viele Schritte der Konkretisierung, die sich zum Teil abwechselnd auf der mentalen, averbalen Ebene und der verbalen schriftlichen Oberfläche abspielen, teilweise auch zwischen den beiden Ebenen auf dem Weg vom Gedanken zum Wort. Dem Bewusstsein ist das Wenigste davon zugänglich, doch gibt es in der Schreib- und Sprachproduktionsforschung Ansätze zur Diagnose und Erklärung der kognitiven Prozesse, die hier ablaufen. (Molitor-Lübbert 2002: 35)

Recalls sind in Kombination mit *Keystroke-Logging* ein geeignetes Verfahren, um zu beschreiben, wie sich Kinder über Sprachliches äussern, wie sie sich erklären, was sie kommentieren und welche eigene „Grammatik" sie dabei ansetzen. Dies ungeachtet dessen, ob darauf sprachhandelnd in der konkreten Situation, die den Anlass für das Gespräch bildete, tatsächlich zurückgegriffen wurde, was methodisch auch mit lautem Denken oder anderen Zugängen in keinem Fall zweifelsfrei zu entscheiden ist. Zudem ist als weiterer Unterschied zu *Think-aloud*-Protokollen anzumerken, dass die Kommentierungen des Kindes in ein Gespräch mit der Untersuchungsleiterin eingebettet sind. Die Äusserungen kamen im Rahmen eines Gesprächs zustande und nicht im Rahmen eines Monologs zu einem vorgegebenen Input. Die Gespräche stellen damit eine Art ‚sprachbetrachtende Diskussion' mit dem Schreibprozess als Input dar. Dieser wurde den Kindern als Film, der beschleunigt oder verlangsamt sowie jederzeit gestoppt werden konnte, vorgespielt. Das Vorgehen hat den Nachteil der erschwerten Vergleichbarkeit von Äusserungen, weil sich der Input von Proband zu Proband unterscheidet. Ausserdem spielen das Beisein und die Gesprächsteilnahme der Untersuchungsleiterin eine Rolle dabei, wie die Äusserungen zustande kommen, zumal teilweise Rückfragen gestellt wurden. Dieser Einfluss ist allerdings zu relativieren, da sich die Nachfragen der

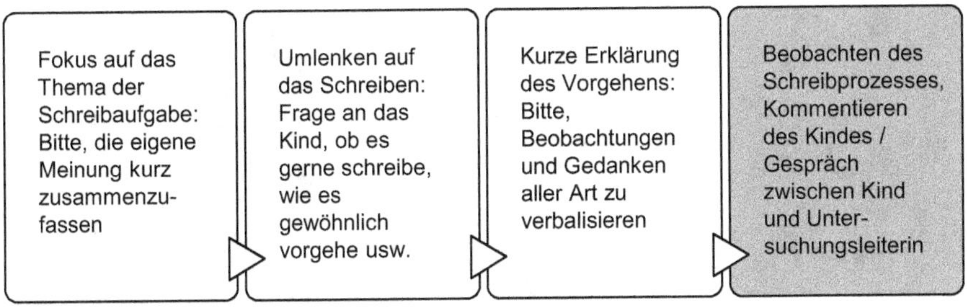

Fokus auf das Thema der Schreibaufgabe: Bitte, die eigene Meinung kurz zusammenzufassen	Umlenken auf das Schreiben: Frage an das Kind, ob es gerne schreibe, wie es gewöhnlich vorgehe usw.	Kurze Erklärung des Vorgehens: Bitte, Beobachtungen und Gedanken aller Art zu verbalisieren	Beobachten des Schreibprozesses, Kommentieren des Kindes / Gespräch zwischen Kind und Untersuchungsleiterin

Abb. 9.7: Ablauf und inhaltliche Struktur der *recalls*.

Untersuchungsleiterin weitgehend darauf beschränkten, nach einer Begründung einer getätigten Revision zu fragen, die das Kind nicht von sich aus kommentierte. Die Einbettung in ein Gespräch war notwendig, um für die Kinder die Hemmschwelle, die die Erhebungssituation hervorrufen konnte, möglichst tief zu halten. Als entscheidenden Vorteil des Settings ist hervorzuheben, dass die Kinder unmittelbar auf eine individuelle Sprachproduktionserfahrung zurückgreifen konnten, da ihnen nicht irgendein Schreibprozess, sondern der eigene vorgelegt wurde.

Der Ablauf der Erhebung gestaltete sich auch hier in allen Klassen gleich: Nach dem Verfassen des Textes gingen die Kinder zurück in das Klassenzimmer und folgten dem regulären Unterricht. Jeweils ungefähr 30 Minuten nach dem Ende der Schreibstunde wurde das erste Kind zur mündlichen Befragung aus der Klasse geholt. Nach dem Zufallsprinzip wurde bis zur Mittagspause ein Kind nach dem anderen befragt, danach wurde die erste Erhebungsphase – unabhängig davon, wie viele *recalls* erhoben werden konnten – abgeschlossen. Die Zeit zwischen Schreibvorgang und Kommentierung desselben unterscheidet sich von Kind zu Kind, beträgt aber für alle mindestens 30 und maximal 110 Minuten. Inhaltlich bestehen die Gespräche aus vier Teilen (vgl. Abb. 9.7). In die spätere Auswertung miteinbezogen wurde nur der Hauptteil des Gesprächs (in der Abbildung blau hervorgehoben).

Die Gespräche mit den Kindern wurden mit der Software *f4* (Dresing & Pehl 2013) vollständig transkribiert (zu den verwendeten Transkriptionsregeln vgl. die Ausführungen im Anhang) und mit Hilfe von *MaxQda*, einer Software zur qualitativen Datenauswertung, annotiert und ausgewertet. Mit Bezug auf die Studie zur Struktur und Funktion metasprachlicher Kommentare von Vorschulkindern von Stude (2012) wurde dabei von Referenzbereichen metasprachlicher Kommunikation und Reflexion ausgegangen. Diese können jeweils etwa metasyntaktische, metasemantische oder metapragmatische Aspekte gleichermassen umfassen.

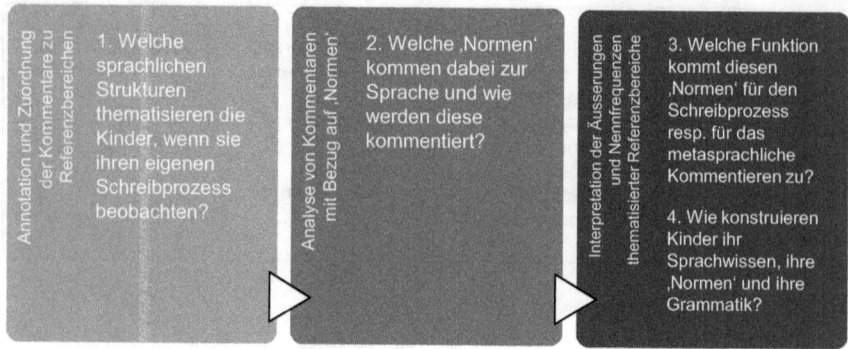

Abb. 9.8: Fragen und Vorgehen bei der Auswertung der Kindergespräche.

Da während des Gesprächs mit den Kindern durch den Input automatisch Revisionen in den Fokus der Aufmerksamkeit gerückt wurden, bildet die Zuordnung der Kinderkommentare zu verschiedenen Referenzbereichen zu einem grossen Teil ebenfalls ab, auf welchen sprachlichen Ebenen die Kinder im Schreibprozess ihre Texte überarbeitet haben. Die Metasprachprofile sind damit teilweise auch Überarbeitungsprofile. In der Auswertung wird der Frage nachgegangen, ob und inwiefern sich diese Profile zwischen sprachstarken und sprachschwächeren Kindern unterscheiden. Die Gegenüberstellung liesse Rückschlüsse darauf zu, welche Arten und Bereiche von ‚Normen' bei den Kindern präsent sind und welchen Funktionen sie diesen zuordnen.

Abbildung 9.8 visualisiert in drei vereinfachten Schritten das Vorgehen von der Annotation der Gespräche bis zu deren Interpretation in Bezug auf die Normvorstellungen.

9.1.7 Erhebung des Selbstkonzepts der Kinder

In Kapitel 3.3.4 wurde die Rolle der Überzeugungen in Bezug auf die eigenen Kompetenzen diskutiert. In der psychologischen Forschung werden diese Überzeugungen unter dem Terminus *Selbstkonzept* (Bandura 1986) subsumiert. Das Selbstkonzept stellte sich in verschiedenen Studien zu unterschiedlichen Fähigkeitsbereichen als zentraler Prädiktor für die Leistungen eines Individuums heraus (vgl. Kap. 3.3.4). Im Rahmen der Datenerhebung für diese Studie wurde das Selbstkonzept der Kinder in Bezug auf das Fach Deutsch, das Schreiben, den Umgang mit dem PC und die Tastaturkompetenz erhoben. Die Daten dienen der Beschreibung der Probanden (vgl. Kap. 10.2.4) sowie als Kontrollvariablen: So ermöglicht das Selbstkonzept der Kinder in Bezug auf das Tastaturschreiben einzuschätzen, ob das Textschreiben von den Kindern der beiden Altersgruppen aufgrund der Tastaturbeherrschung unterschiedlich ausfiel (vgl. Kap. 11.1.1).

Die Erhebung des Selbstkonzepts gestaltete sich folgendermassen: Im Schülerfragebogen wurde den Schülern und Schülerinnen eine Reihe von Skalen vorgelegt, die Aussagen zum Selbstkonzept in Bezug auf das Fach Deutsch, in Bezug auf das Schreiben, in Bezug auf die PC- und in Bezug auf die Tastaturbeherrschung messen. Bandura (1995, 1997, vgl. Pajares 2003: 142) hat klare Richtlinien für die Operationalisierung und Messung des Selbstkonzepts erstellt: Das Selbstkonzept in Bezug auf einen bestimmten Bereich wird anhand einer oder mehrerer Skalen bestehend aus verschiedenen Items erhoben. Letztere sind zu formulieren als *kann*-Sätze, die eine Beurteilung der eigenen Kapazität abgeben (*Ich kann gut Briefe schreiben.*). Bandura (1995, 1997) empfiehlt, den Probanden die Fragen zum Selbstkonzept in zeitlich möglichst kleinem Abstand vor der Erhebung dessen, was mit ihm verglichen werden soll, vorzulegen. Letzteres war im vorliegenden Fall nicht möglich. Der Zeitraum, der zwischen den beiden Erhebungsdaten lag, war hingegen nicht allzu gross (4–6 Wochen).

Die Konzeption der Skalen und Ausformulierungsarten der Items lehnt sich in der vorliegenden Studie an eine der aktuell umfangreichsten Erhebungen, an die PISA-Studie (Baumert 2001; Moser 2001), an. In Bezug auf die Formulierungsmuster wurde dort von Banduras (1995) Empfehlung abgewichen: Den Kindern wurden keine *kann*-Sätze vorgelegt, sondern Behauptungen in Bezug auf die eigenen Vorlieben (*Ich schreibe Aufsätze lieber auf dem Computer als von Hand.*) oder die eigene Kompetenz (*Ich schreibe ohne grosse Probleme auf der Tastatur.*). Der Unterschied zu den *kann*-Sätzen entspricht der mittlerweile etablierten Differenzierung in Selbstkonzept (Einschätzung in Bezug auf die eigenen Fähigkeiten) und Selbst*wirksamkeits*konzept (Einschätzung in Bezug darauf, was mit den eigenen Fähigkeiten bewirkt werden kann) (Pajares 2003). Verwendet wurde wie in der PISA-Studie eine 4-stufige Skala, auf der 1 die negativste (*stimmt gar nicht*) und 4 die positivste Einschätzung (*stimmt genau*) darstellt.

Die Reliabilitätsanalysen ergeben für die erhobenen Skalen Werte zwischen $\alpha = .791$ und $\alpha = .861$ und Trennschärfen mit sehr guten Werten (vgl. Tab. 9.7). Aufgrund der errechneten Mittelwerte und der Streuung können Boden- und Deckeneffekte ausgeschlossen werden. Es kann also davon ausgegangen werden, dass die Skalen den entsprechenden Bereich gut erfassen und die verschiedenen Kinder durch sie differenziert werden. Für die Validität der Skalen spricht ebenfalls, dass sie – auch wenn einzelne Items in der Formulie-

Tab. 9.7: Ermittelte Kennwerte der Skalen zur Messung des Selbstkonzepts.[55]

Skala	n_{Items}	Alpha	r_{itc}
1 Selbstkonzept in Bezug auf das Fach Deutsch	5	.86	.68
2 Selbstkonzept in Bezug auf das Schreiben	5	.81	.59
3 Selbstkonzept in Bezug auf den Umgang mit dem PC	6	.79	.55
4 Selbstkonzept in Bezug auf den Umgang mit der Tastatur	5	.80	.59

Anm.: r_{itc} = gemittelter Trennschärfekoeffizient, Alpha = Cronbachs Alpha (N = 111 für Skala 1, N = 112 für Skalen 2 und 3, N = 110 für Skala 4)

rung leicht angepasst oder gar neu hinzugefügt wurden – in anderen Studien bereits eingesetzt und evaluiert wurden.

9.1.8 Erhebung kognitiver Grundfähigkeiten

Im zweiten Erhebungsteil wurde neben der Erhebung der globalen schriftlichen Sprachkompetenz und den Sprachkompetenzen in einzelnen sprachlichen Teilbereichen auch die Aufmerksamkeits- und Konzentrationsleistung erhoben. Das Erhebungssetting für die Schreibaufgabe im Rahmen der vorliegenden Studie wurde für die Kinder massgeblich dadurch beeinflusst, dass sie ihren Text auf PC verfassten. Neben der Selbsteinschätzung der Kinder in Bezug auf ihre Tastaturschreibkompetenz und die Übung, die sie im Umgang mit dem PC haben, könnte, so die Vermutung, die Aufmerksamkeits- und Konzentrationsfähigkeit Einfluss darauf nehmen, wie intensiv und wie konzentriert die Kinder auf dem PC an ihrem Text arbeiten. Konzentration erforderte zudem die Bearbeitung des C-Tests: Die Kinder mussten die vier Lückentexte unter Zeitdruck möglichst sorgfältig bearbeiten. Um einen möglichen Einfluss der Konzentrationsleistung zu kontrollieren oder sie als erklärende Grösse hinzuziehen zu können, wurde die Aufmerksamkeits- und Konzentrationsleistung erhoben.

Als Testverfahren wurde der *Aufmerksamkeits- und Konzentrationstest d2-Revision* (d2-R) (Brickenkamp, Schmidt-Atzert & Liepmann 2010) gewählt. Der Test wurde vielfach erprobt und liegt in einer revidierten Fassung vor. Er erfüllt die Testgütekriterien mehr als zufriedenstellend und ist in der Durchführung zeitökonomisch und unkompliziert. Die Probanden sind im *d2-R* vor die Aufgabe gestellt, auf Zeilen mit ähnlichen Graphemen jeweils ein mit zwei Strichen

---

[56] Da sich hinsichtlich der beiden Gruppen keine grossen Unterschiede ergaben (vgl. Kap. 10.2.4), werden die Kennwerte für die Probanden beider Altersgruppen zusammen aufgeführt.

markiertes *d* zu finden und durchzustreichen, was dem Testverfahren seinen Namen gibt (Brickenkamp, Schmidt-Atzert & Liepmann 2010).

Die Auswertung wurde gemäss Anleitung vorgenommen, woraus sich für jeden Probanden verschiedene Kennzahlen (Konzentrationsleistung, bearbeitete Zielobjekte, Fehlerprozent, Konzentrationsverlauf und Arbeitsstil) ergaben. Der hier interessierende Wert, die Konzentrationsleistung (KL), wurde anhand der Normtabellen in einen Standardwert (SW) transformiert. Ausschlaggebend dafür war das Alter des Probanden. Der Standardwert gibt an, wie die Leistung des Kindes im Vergleich zu der Leistung gleichaltriger Kinder zu beurteilen ist (Brickenkamp, Schmidt-Atzert & Liepmann 2010: 36).

Aus der Schreibforschung ist bekannt – und das geht auch aus den visuellen Modellierungen des Schreibprozesses hervor (vgl. etwa die Modelle von Hayes 1996 oder Berninger & Winn 2008, beschrieben in Kap. 4.2) –, dass das Arbeitsgedächtnis einen zentralen Einfluss auf die Schreibfähigkeit hat. Es wäre daher wünschenswert, in Erhebungen der schriftsprachlichen Fähigkeiten die Arbeitsgedächtnisleistung zu integrieren, um sie als mögliche Einflussgrösse bei der Datenauswertung mit zu berücksichtigen, wie das in der vorliegenden Studie etwa mit dem sozioökonomischen Hintergrund gemacht wurde. Die Verfahren zur Erhebung des Arbeitsgedächtnisses sind allerdings zeitaufwändig und hätten die zur Verfügung stehende Erhebungszeit mit den Kindern überstrapaziert. Aus diesem Grund wurde darauf verzichtet.

9.2 Beschreibung der Datenerhebung

9.2.1 Rekrutierung der teilnehmenden Kinder und Klassen

Nach Einholen der benötigten Erlaubnis der Erziehungsdirektion des Kantons Freiburg CH wurden verschiedene Schulleitungen für eine Teilnahme an der Studie angefragt. Die Auswahl erfolgte weitgehend zufällig anhand einer Liste von Schulen aus dem deutschsprachigen Teil des Kantons respektive richtete sich nach der Bereitschaft und der Verfügbarkeit der Lehrpersonen und Klassen. Ausgeschlossen wurden innerhalb des Kantons Schulen, die zweisprachig sind oder die zwei Klassenstufen in einer Klasse unterrichten. Aus erhebungsökonomischen Gründen wurden zudem Schulen bevorzugt, die jeweils eine oder zwei vierte respektive sechste Klassen zur Verfügung stellen konnten.

9.2.2 Ablauf der einzelnen Erhebungen

Die Datenerhebung wurde zwischen Mitte März und Ende April 2013 in insgesamt sieben Klassen, davon drei 4. und vier 6. Klassen, an vier Primarschulen des Kantons Freiburg durchgeführt. Jede Klasse wurde zweimal besucht, wobei in einer ersten Phase die Texte und *recalls* und in einer zweiten die standardisierten Tests erhoben wurden. Der Erhebung voraus ging ein Informationsschreiben an die Eltern und eine Erhebung ausgewählter Sozialvariablen durch dieselben.

Die erste Erhebungsphase (vgl. Abb. 9.9) wurde im zeitlichen Ablauf in allen Klassen gleich gestaltet: Nach einer vorgängig abgesprochenen Einführung in die Thematik durch die Lehrperson zu Beginn der ersten Vormittagslektion schrieben die Kinder in einem eigens mit Laptops eingerichteten Raum den Text zur vorgegebenen Schreibaufgabe (vgl. Schreibaufgabe im Anhang). Die Untersuchungsleiterin war jeweils sowohl während des Einstiegs als auch während der Schreibstunde anwesend. Die Einführung in die Thematik war kurz gehalten (ca. 5 Minuten) und verfolgte zwei Zwecke: Anhand einiger Stichworte wurde das Thema der Schreibaufgabe (Dialekt – Standard) eingeführt, wobei ebenfalls Synonyme (Mundart/Dialekt, Standard/Schriftsprache/Hochdeutsch) geklärt wurden (vgl. Information z. H. der Lehrperson im Anhang). Die Reflexion der diglossischen Sprachsituation wird als Unterrichtsgegenstand im Lehrplan für die 4. Klasse empfohlen und in den folgenden Schuljahren wieder aufgenommen. Die Wissenssynchronisierung im Vorfeld der Erhebung sollte alle Kinder in Bezug auf den Faktor *Vorwissen* auf einen gleichen oder ähnlichen Stand bringen. Nach der Einführung wurde die Schreibaufgabe gemeinsam gelesen und allfällige Verständnisfragen konnten geklärt werden.

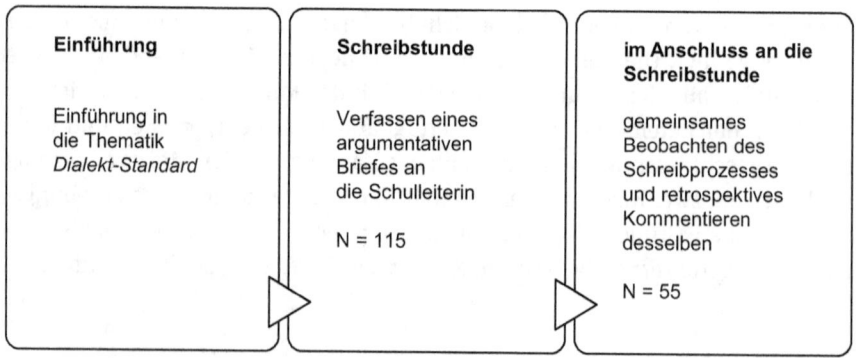

Abb. 9.9: Ablauf der ersten Erhebungsphase.

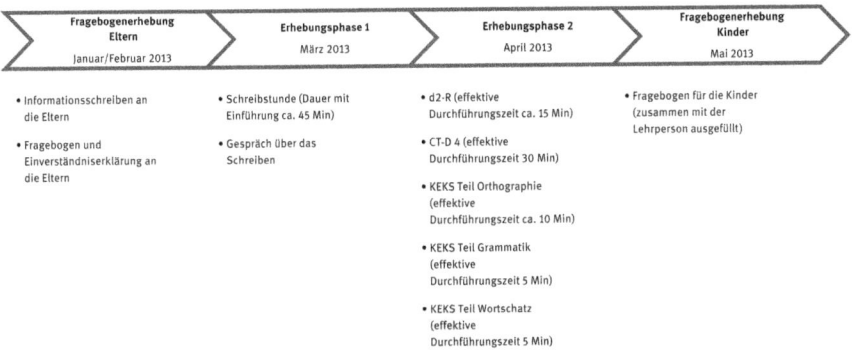

Abb. 9.10: Ablauf der gesamten Erhebung.

Die zweite Erhebungsphase war ca. 4–6 Wochen später. Sie beinhaltete einen standardisierten Test zur Erhebung der Aufmerksamkeit (d2-R), ein Verfahren zur Messung der globalen Sprachkompetenz (CT-D 4) sowie drei Untertests aus einer Sprachstandsmessung (KEKS). Die Erhebungen dauerten insgesamt rund 90 Minuten (zwei Schullektionen). Die Auflistung, wie sie in Abbildung 9.10 aufgeführt ist, entspricht der Reihenfolge der Testdurchführung.

9.3 Methoden der Datenanalyse und untersuchte Gruppen

Anhand der vorangehend präsentierten Erhebungsinstrumente werden Daten erhoben, die sich entweder ausschliesslich für die quantitative Auswertung, nur für eine qualitative Analyse oder für eine Kombination der beiden Methoden eignen. Die Kombination methodisch unterschiedlicher Zugänge als „Optimierungsstrategie" (Ecarius & Miethe 2011: 7) von Forschungsergebnissen ist nicht neu und nicht unproblematisch (vgl. bspw. Flick 2011 oder Berthele 2012). Auf eine Grundsatzdiskussion wird hier insbesondere darum verzichtet, weil sich die unterschiedlichen Methoden jeweils auf unterschiedliche Arten von Daten beziehen.[57]

---

[57] Als Ausnahme davon können die Frequenzen der kommentierten Referenzbereiche in den Kapiteln 11.2.2 und 11.2.3 betrachtet werden, die auf eine Abhängigkeit von den Altersgruppen und/oder den Kompetenzgruppen hin untersucht werden: Hier werden Kommentare Referenzbereichen zugeordnet und ausgezählt. Die Gegenüberstellung und Interpretationen von Häufigkeiten ist aber auch in der qualitativen Forschung durchaus üblich.

9.3.1 Form und Auswertung der Daten

Tabelle 9.8 führt die in der vorliegenden Studie verwendeten Verfahren auf und gibt über die Form der erhobenen Daten sowie über die Auswertungsmöglichkeiten Auskunft.

Tab. 9.8: Übersicht über das Korpus: Form der Daten und Auswertungsmöglichkeit.

	Form der Daten	Auswertung
Text	Texte (Word-Datei)	Qualitativ / quantitativ
Schreibprozess	u. a. S-Notation, Prozess-Graph, Film mit Schreibprozess	Qualitativ / quantitativ
recall	kommentierter Schreibprozess / Gespräch	qualitativ
C-Test	Punktwert	quantitativ
Elternfragebogen	geschlossene Fragen	quantitativ
Schülerfragebogen	geschlossene Fragen / (einzelne offene Fragen)	quantitativ
KEKS Untertests	Punktwerte *Orthographie*, *Grammatik* und *Wortschatz*	quantitativ
d2-R	Punktwert	quantitativ

Für einen Grossteil der Auswertungen wird auf statistische Verfahren zurückgegriffen. Diese werden hier vorgestellt, während methodische Aspekte zu den qualitativen Analysen in Kapitel 9.1.6 ausgeführt werden.

9.3.2 Überblick über die untersuchten Probandengruppen

Um die Lesbarkeit der Auswertungskapitel 10 und 11 zu erleichtern, werden hier die verwendeten statistischen Verfahren sowie die untersuchten Kindergruppen im Überblick dargestellt. Das hat ein Vorgreifen auf spätere Ausführungen zur Folge: Die untersuchten Kompetenzgruppen werden datengeleitet aufgrund der C-Test-Ergebnisse gebildet. Diese Gruppenbildung wird erst in Kapitel 10.3.2 vorgenommen und begründet. Dennoch werden die Kompetenzgruppen hier in einer Übersicht bereits dargestellt, wobei sich die Ausführungen auf eine kurze Beschreibung und insbesondere auf das Aufzählen der Gruppen beschränken. Für präzisere Angaben und entsprechende Kennwerte sei auf Kapitel 10.3 verwiesen.

In die meisten Analysen, die auf diese Kompetenzgruppen zurückgreifen, gehen zwei Kompetenzgruppen ein, die als Gruppe BC und DE bezeichnet wer-

Tab. 9.9: Kompetenzgruppen, Anzahl Probanden und durchschnittlicher Wert im C-Test.

	N	M	SD
Gruppe A	5	28.40	3.36
Gruppe B	15	41.47	3.93
Gruppe C	28	57.36	3.96
Gruppen BC	*43*	*51.81*	*8.59*
Gruppe D	28	69.93	2.43
Gruppe E	32	82.22	4.23
Gruppen DE	*60*	*76.48*	*7.10*
Gruppe F	7	94.14	1.77

Anm.: *N* = Anzahl Probanden; *M* = Mittelwert; *SD* = Standardabweichung

den. In Bezug auf einzelne Fragen werden die vier Gruppen B, C, D und E einzeln ausgewertet (vgl. etwa die Analysen zum Salvenumfang in Kap. 11.1.3). In einem Fall, für die Auswertungen zu den Referenzbereichen (vgl. Kap. 11.2.3), ist eine Neugruppierung nötig. Da das nur eine einzelne Auswertung betrifft, wird diese im entsprechenden Kapitel begründet. Tabelle 9.9 führt die Gruppen mit der jeweiligen Anzahl Probanden, dem Mittelwert im C-Test und der Standardabweichung auf.

9.3.3 Übersicht über die statistischen Verfahren

Für die Datenaufbereitung und -auswertung wurden *inputlog*, das Transkriptionssystem *f4*, die Statistiksoftware *SPSS 21/22* und *MaxQda*, ein Programm zur qualitativen Datenanalyse, verwendet. Die Effektgrössen wurden mit dem Programm *G-Power* berechnet. In der vorliegenden Studie werden Text, Schreibprozess und Sprachwissen in Bezug auf zwei Dimensionen untersucht: Eine davon ist die globale Sprachkompetenz. Sie steht im Zentrum des Interesses. Die zweite Dimension ist die Altersdimension (vgl. dazu die Konkretisierung der Forschungsfragen in Kap. 7.1, speziell Abb. 7.4 in Unterkap. 7.2.4). Die beiden Dimensionen unterscheiden sich im Skalenniveau: Bei der Altersgruppe handelt es sich um ordinale Daten, während die Ergebnisse zur globalen Sprachkompetenz intervallskaliert sind. Aus diesem Grund wird für die statistischen Analysen auf unterschiedliche Verfahren zurückgegriffen: Für die Vergleiche zwischen den Altersgruppen werden T-Tests durchgeführt. Es handelt sich bei allen durchgeführten T-Tests um *T-Tests für unabhängige Stichproben*.

Die notwendigen Eigenschaften für die Durchführung eines T-Tests sind ein Intervallskalenniveau und eine Normalverteilung. Bortz (1993: 91) geht für praktische Zwecke allerdings davon aus, dass die Verteilung der Mittelwerte für beliebige Verteilungsformen des Merkmals in der Population schon bei einem Stichprobenumfang von $N \geq 30$ hinreichend normalverteilt ist. Zudem wird die Normalverteilungsannahme für den T-Test häufig als nicht allzu kritisch angesehen, da der Test relativ robust auf Verletzungen der Annahme reagiert (Brosius 2013: 479). Ein Levene-Test auf Homogenität der Varianzen geht der Durchführung eines T-Tests jeweils voraus. Dieser Schritt wird im Untersuchungsbericht für die einzelnen Durchführungen des Tests nicht eigens vermerkt. Angegeben wird jeweils die Effektgrösse d. Sie wird durch das Programm *G-Power* berechnet. Cohen (1988) bezeichnet bei T-Tests für unabhängige Stichproben Effektgrössen von $d = .20$ als klein, Effektgrössen von $d = .50$ als mittel und Effektgrössen von $d = .80$ als gross.

T-Tests ermöglichen in SPSS keine Mitberücksichtigung einer Kontrollvariable. Für die Berechnungen, die das voraussetzen, wird deswegen auf ein allgemeines lineares Modell (univariat) zurückgegriffen. Es ermöglicht das Kontrollieren einer Variable, indem diese als Kovariate aufgenommen wird. Wie für die ANOVAS werden pro Kennwert (F) zwei Freiheitsgrade, das Signifikanzniveau und die Effektstärke f angegeben. Nach Cohen (1988) wird bei Werten von $f = .10$ von einem schwachen Effekt, bei $f = .25$ von einem mittleren Effekt und bei $f = .40$ von einem starken Effekt gesprochen.

Wenn zwei intervallskalierte Variablen auf ihren Zusammenhang hin untersucht werden, wird jeweils der Korrelationskoeffizient r nach Pearson berechnet. Der Korrelationskoeffizient nach Pearson gibt gleichzeitig die Effektgrösse an. Nach Cohen (1992: 157) gelten Werte über $r = .30$ als mittlere und Werte über $r = .50$ als grosse Effektstärke. Teilweise wird partialkorreliert, d.h. dass die Korrelation zweier Variablen berechnet wird, während eine dritte Variable statistisch kontrolliert wird. Mit Bortz & Döring (2006: 740) wird von folgenden Signifikanzniveaus ausgegangen: p-Wert $\leq 5\%$: signifikant, p-Wert $\leq 1\%$: sehr signifikant, p-Wert $\leq 0.1\%$: hoch signifikant.

Für die Berechnung der Korrelation zwischen einer intervallskalierten und einer ordinalskalierten Variable (beispielsweise dem Selbstkonzept) werden Rangkorrelationen berechnet. Die Daten werden dafür in Rängen ausgedrückt und mit *Spearmans Rangkorrelationskoeffizient* (*Spearmans Rho*) angegeben. Koeffizienten ab .1 werden als kleiner, ab .3 als mittlerer und ab .5 als grosser Effekt aufgefasst (Cohen 1988).

Für alle Mittelwertsvergleiche über mehr als zwei Gruppen hinweg werden einfaktorielle Varianzanalysen (ANOVA) durchgeführt. Die Effektstärke f wird mit dem Programm *G-Power* berechnet. Ein signifikantes Ergebnis durch die ANOVA sagt noch nichts darüber aus, welche der untersuchten Gruppen sich voneinander unterscheiden. Dafür wurden Post-Hoc-Mehrfachvergleiche (Bonferroni[58]) eingesetzt.

Die datengestützte Validitätsanalyse des C-Tests aufgrund der standardisierten Sprachstandsmessung in den Teilbereichen *Wortschatz, Grammatik* und *Orthographie* greift auf eine multiple hierarchische Regressionsanalyse zurück. Durch das Verfahren werden diejenigen unabhängigen Variablen (Prädiktoren) extrahiert, die einen statistisch bedeutsamen Aufklärungswert für die Varianz der abhängigen Variable haben und diese am besten vorhersagen können. Solche Regressionen werden auch durchgeführt, wenn sich für eine Variable sowohl eine Abhängigkeit vom Alter als auch von der globalen Sprachkompetenz zeigt. Die Regression zeigt in solchen Fällen, wie das Verhältnis der Prädiktoren zueinander ist respektive ob und wieviel Varianz sie jeweils aufklären, wenn sie gemeinsam betrachtet werden. Für alle Regressionen wird die Methode *schrittweise* in SPSS ausgewählt, die die unabhängigen Variablen nacheinander in das Modell aufnimmt. Prädiktoren werden bei diesem Verfahren einzeln integriert oder ausgeschlossen, wenn ein Prädiktor nach der Integration eines anderen Prädiktors nicht mehr signifikant ist. So kann gezeigt werden, welches Modell am meisten Varianz aufklärt. Die Anpassungsgüte des Modells wird durch das Bestimmtheitsmass R^2 angegeben, das durch die Multiplikation mit 100 ausweist, wie viel Prozent der Varianz der abhängigen Variable durch das entsprechende Modell aufgeklärt wird. Das R^2 (auch Fit genannt) kann durch Hinzufügen zusätzlicher erklärender Variablen grösser werden oder gleich gross bleiben, allerdings kann es sich niemals verkleinern. So kann der Fit der Gleichung durch die Integration einer Vielzahl von Variablen theoretisch künstlich erhöht werden. Aus diesem Grund wird neben dem R^2 häufig das *korrigierte* R^2 betrachtet. Es berücksichtigt zusätzlich die Anzahl der bei der Schätzung verwendeten erklärenden Variablen (Brosius 2013: 541–567).

---

58 Für die Mehrfachvergleiche stehen verschiedene Verfahren zur Verfügung, die von der Gleichheit/Ungleichheit der Gruppengrössen und der Varianzen abhängen. Bonferroni ist ein konservativer Test, eignet sich aber für alle Varianten (Field 2013: 459–460).

10 Korpus und Beschreibung der Stichprobe

Vor der Dokumentation der Datenanalyse in Bezug auf die Forschungsfragen (Kap. 11) wird in Kapitel 10 auf das erhobene Korpus und auf die Probanden eingegangen. Es handelt sich dabei bereits um deskriptive Analysen der erhobenen Daten. Sie geben einerseits datengestützt Auskunft über die Zusammensetzung des Samples, andererseits werden Teilerhebungen deskriptiv aufbereitet, auf die in den danach folgenden Analysen zurückgegriffen wird oder die als potentielle Kontrollvariablen in die Auswertungen zu den Forschungsfragen eingehen.

10.1 Datenstruktur

Das in der vorliegenden Studie erhobene Korpus ist in Tabelle 10.1 aufgeführt. Die Textprodukte wurden im Rahmen der Schreibstunde direkt auf PC erhoben. Die Texte der Kinder liegen daher bereits in elektronischer Form vor. Daten zu den Schreibprozessen wurden anhand der Software *inputlog* generiert. Die aufgezeichneten Gespräche mit den Kindern wurden vollständig transkribiert.[59] Damit für die spätere Analyse das Gespräch als Ganzes vorliegt und die einzelnen genauer betrachteten Sequenzen kontextualisiert werden können, hatte eine vollständige Transkription gegenüber der Feinheit derselben Priorität. Die Interviews wurden auf Dialekt geführt und auch so verschriftet. Die Dialekt-Schreibweise richtet sich nach dem Dieth'schen Prinzip (Dieth 1938): Sie ist möglichst nahe an der Lautung, orientiert sich aber gleichzeitig so weit wie möglich am gewohnten und dem Leser vertrauten (standardsprachlichen) Schriftbild (vgl. dazu die Ausführungen zu den Merkmalen des Transkriptionssystems im Materialband).

Aus den sieben ausgewählten Klassen nahmen fast alle Kinder an der Erhebung teil. Ein Kind konnte aufgrund einer Behinderung nicht berücksichtigt werden und bei einem zweiten erklärten sich die Eltern mit der Teilnahme des Kindes an der Studie nicht einverstanden. Der Unterschied in der Gruppengrösse zwischen der ersten und zweiten Erhebungsphase ist nur gering, es waren also fast alle Kinder zu beiden Erhebungszeitpunkten anwesend. Der Rücklauf des Elternfragebogens liegt bei 92 %.

---

[59] Eine Ausnahme hiervon bilden längere Sequenzen aus dem einleitenden Gespräch mit dem Kind (Einleitung, längere Erklärungen der Gesprächsleiterin zum Vorgehen usw.) und (wenn vorhanden) das Schlussgespräch (Anweisung, zurück in die Klasse zu gehen, Rückfragen des Kindes o. ä.).

Tab. 10.1: Übersicht über das Korpus: Datenumfang.

	4. Klasse	6. Klasse	Gesamt
Text	$N = 43$	$N = 70$	$N = 113$
Schreibprozess	$N = 43$	$N = 70$	$N = 113$
recall	$N = 23$	$N = 32$	$N = 55$
C-Test	$N = 44$	$N = 71$	$N = 115$
Elternfragebogen (sozioökonomischer Status)	$N = 39$	$N = 67$	$N = 106$
Schülerfragebogen (Selbstkonzept, sprachlicher Hintergrund, offene Fragen zu Stärken und Schwächen beim Schreiben)	$N = 43$	$N = 71$	$N = 114$
KEKS Untertests	$N = 44$	$N = 71$	$N = 115$
d2-R	$N = 43$	$N = 71$	$N = 114$

10.2 Charakterisierung der Probanden

10.2.1 Alter

Die Probandengruppe, die an der Erhebung teilgenommen hat, umfasst insgesamt 115 Kinder. Die Kinder stammen aus insgesamt 7 verschiedenen Klassen, verteilt auf vier Schulen im Kanton Freiburg. Insgesamt 44 (26 Mädchen und 18 Jungen) der Kinder besuchten zum Erhebungszeitpunkt die 4. und 71 (33 Mädchen und 38 Jungen) die 6. Primarschulklasse. Die Kinder der 4. Klasse waren zwischen 9;7 und 11;4 Jahre, die Kinder der 6. Klasse zwischen 11;6 und 13;8 Jahre alt. Das Durchschnittsalter beträgt für die 4. Klasse 10;6 Jahre und für die 6. Klasse 12;5 Jahre.

10.2.2 Sprachlicher Hintergrund

Ein Grossteil (80.9 %) der Kinder spricht zuhause Schweizerdeutsch und / oder Hochdeutsch, knapp 16 % zudem zusätzlich eine oder mehrere andere Sprachen. Unter den Probanden finden sich nur zwei, die zuhause weder Schweizerdeutsch noch Hochdeutsch sprechen (vgl. Tab. 10.2).

Befragt wurden die Eltern mittels Fragebogen, ob ihr Kind aus sprachentwicklungsbezogenen Gründen irgendwann von einer Fachperson abgeklärt worden war und ob nach einer Abklärung Massnahmen ergriffen wurden. 38 (33 %) der 115 Kinder wurden von einer Logopädin, einer Psychologin oder

Tab. 10.2: Sprache(n), die zuhause gesprochen wird/werden.

	Häufigkeit	%
Schweizerdeutsch und/oder Hochdeutsch	93	80.9
Schweizerdeutsch und/oder Hochdeutsch sowie eine oder mehrere andere Sprache(n)	18	15.7
Eine oder mehrere andere Sprache(n)	2	1.7
Fehlend	2	1.7
Gesamt	115	100.0

einem Kinderarzt abgeklärt und 27 (23 %) besuchten laut Angaben der Eltern danach regelmässig eine Fachperson.

10.2.3 Sozioökonomischer Status

Die Auswertungen zum sozioökonomischen Status der Familien der untersuchten Probanden werden in die vorliegende Arbeit für eine umfassende Beschreibung der Probanden aufgenommen (vgl. zur Erhebung 9.1.1). Für die später folgenden Datenauswertungen, die die Abhängigkeit verschiedener Variablen von der globalen Sprachkompetenz prüft, wird der sozioökonomische Status nicht mitberücksichtigt. Das hat mit der zeitlichen Organisation der Datenaufbereitung im Projekt und den erst gegen Projektende verfügbaren Daten zum sozioökonomischen Status der Familien zu tun.[60]

Der Mittelwert des *H*ISEI (N = 104) für die untersuchten Probanden liegt bei 47.07 (SD = 14.32). Die Werte reichen von 16 bis 85 (möglich sind Werte zwischen 16 und 90, vgl. Kap. 9.1.1). Rund 39 der insgesamt 104 Werte, also 37.5 %, liegen zwischen 49 und 52, wie das Histogramm (Abb. 10.1) verdeutlicht. Der Mittelwert für die hier untersuchten Probanden liegt leicht unter dem Schweizer Mittelwert zum Zeitpunkt der PISA-Erhebungen im Jahr 2000, als der sozioprofessionelle Status der Eltern im Schnitt M = 49.20 betrug (Vellacott et al. 2003: 75).

Es ergibt sich ein statistisch sehr signifikanter Zusammenhang ($p < .01$, 1-seitig) zwischen dem *H*ISEI der jeweiligen Familie und der globalen schriftlichen Sprachkompetenz (C-Test) der Kinder, der allerdings mit $r = .288$ eine geringe Effektstärke aufweist. Der Vergleich der Mittelwerte des *H*ISEI über die vier Kompetenzgruppen B bis E (vgl. zu den Kompetenzgruppen Kap. 9.3) zeigt

---

[60] Als Kontrollvariable in die Auswertungen aufgenommen wurde der sozioökonomische Status in Schaller (2017).

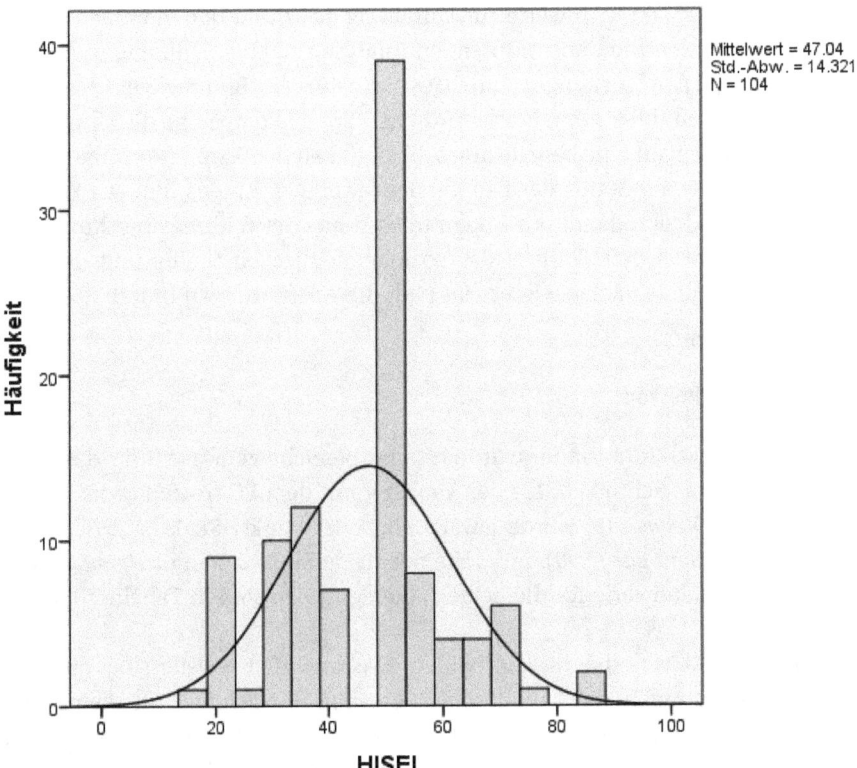

Abb. 10.1: Histogramm der Verteilung des *HI*SEI.

Tab. 10.3: Deskriptive Kennwerte des sozioökonomischen Status der Kompetenzgruppen B–E.

	N	*M*	*SD*
Kompetenzgruppe B	14	39.07	11.84
Kompetenzgruppe C	25	45.16	16.03
Kompetenzgruppe D	26	47.12	11.56
Kompetenzgruppe E	28	52.93	15.29

Anm.: *N* = Anzahl Probanden, *M* = Mittelwert, *SD* = Standardabweichung

eine Zunahme über die Gruppen hinweg (vgl. Tab. 10.3). Eine einfaktorielle Varianzanalyse (ANOVA) zeigt signifikante Unterschiede ($F(5.98) = 2.12$, $p < .05$, *partielles* $\eta^2 = .098$). Ein Post-Hoc-Mehrfachvergleich (Bonferroni) ergibt eine signifikante Mittelwertsdifferenz zwischen den Kompetenzgruppen B und E ($p < .05$).

Die deskriptiven Kennwerte zur Verteilung des *H*ISEI der Familien der untersuchten Kinder und die einführenden Analysen zu einem allfälligen Zusammenhang mit den Leistungen im C-Test, die für die Bildung verschiedener Gruppen aufgrund der globalen schriftlichen Sprachkompetenz die Grundlage bildeten, weisen auf eine bedeutsame Abhängigkeit der Schülerleistungen vom sozioökonomischen Status der Familie des jeweiligen Kindes hin. Der Zusammenhang deckt sich damit mit Erkenntnissen aus der Bildungsforschung, die für Leistungstests den Einfluss des sozioökonomischen Status und des Bildungshintergrunds nachgewiesen hat (vgl. die Ausführungen in Kap. 9.1.1).

10.2.4 Selbstkonzept

Das Selbstkonzept der Kinder wurde für vier Bereiche gemessen: für das Fach Deutsch, für das Schreiben, für den Umgang mit dem PC sowie für das Tastaturschreiben. Verwendet wurde jeweils eine Vier-Punkte-Skala, auf der 1 die negativste (*stimmt gar nicht*) und 4 die positivste Einschätzung (*stimmt genau*) darstellt. Die Kennwerte für die beiden Altersgruppen sind in Tabelle 10.4 aufgeführt.

Die Mittelwerte sind für die beiden Klassenstufen jeweils sehr ähnlich. T-Tests für unabhängige Stichproben ergeben tatsächlich für keine der Skalen eine bedeutsame Mittelwertsdifferenz zwischen den Altersgruppen ($t(112) = -.15$, $p = .88$ für Skala 1, $t(112) = 1.35$, $p = .18$ für Skala 2, $t(113) = 1.27$, $p = .21$ für Skala 3, $t(111) = -1.56$, $p = .12$ für Skala 4).

Einfaktorielle Varianzanalysen (ANOVAS) für die Kompetenzgruppen B bis E ergeben für die Skalen 1 und 2 einen signifikanten Unterschiede der Mittel-

Tab. 10.4: Deskriptive Kennwerte zum Selbstkonzept.

Skala	Klassenstufe	N	M	SD
1 Selbstkonzept in Bezug auf das Fach Deutsch	4. Klasse	43	2.83	0.76
	6. Klasse	70	2.84	0.65
2 Selbstkonzept in Bezug auf das Schreiben	4. Klasse	43	2.88	0.76
	6. Klasse	70	2.69	0.69
3 Selbstkonzept in Bezug auf den Umgang mit dem PC	4. Klasse	43	3.44	0.67
	6. Klasse	70	3.54	0.56
4 Selbstkonzept in Bezug auf das Tastaturschreiben	4. Klasse	43	3.02	0.80
	6. Klasse	70	3.26	0.76

Anm.: *N* = Anzahl Probanden, *M* = Mittelwert, *SD* = Standardabweichung. Der errechnete Mittelwert ergibt sich als Mittelwert der Mediane für die einzelnen Skalen. Da es sich nicht um Intervallskalen handelt, wurde für jedes Kind zuerst der Median berechnet.

werte ($F(3.98) = 4.12$, $p < .01$, $d = 0.08$ für Skala 1, $F(3.98) = 3.15$, $p < .05$, $d = 0.08$ für Skala 2). Post-Hoc-Mehrfachvergleiche (Bonferroni) zeigen für die beiden Skalen signifikante Mittelwertsunterschiede zwischen den Kompetenzgruppen B und E ($p < .01$ für Skala 1, $p < .05$ für Skala 2).

10.2.5 Kognitive Grundfähigkeiten

Die Aufmerksamkeits- und Konzentrationsleistung wurde erhoben, um einen allfälligen Einfluss auf die Resultate im C-Test oder das Tastaturschreiben in den späteren Auswertungen kontrollieren zu können. Für die Auswertung des Tests zur Aufmerksamkeits- und Konzentrationsleistung konnte auf das entsprechende Testmanual zurückgegriffen werden (Brickenkamp, Schmidt-Atzert & Liepmann 2010). Durch das Auszählen der richtig markierten Zeichen im Test kann für jedes Kind ein Standardwert berechnet werden. Die Standardwerte für die Konzentrationsleistung der 114 Kinder, für die ein d2-R vorliegt, liegen zwischen 70 und 130 bei einem Mittelwert von 101.20 ($SD = 10.24$, die Werte sind nicht normalverteilt: Kolmogorov-Smirnov $p = .200$) (vgl. für eine Übersicht über die Werte Tab. 10.5 und Abb. 10.2).

Werden die Standardwerte den fünf Kategorien zugeordnet, die Brickenkamp, Schmidt-Atzert & Liepmann (2010) zur Verbalisierung der Werte vorschlagen, ergibt sich eine Verteilung, wie Abbildung 10.3 sie illustriert (die Werte sind nicht normalverteilt, Kolmogorov-Smirnov $p = .000$).

Die Auswertungen ergeben bei einem sehr tiefen Korrelationskoeffizienten keinen signifikanten Zusammenhang der Aufmerksamkeits- und Konzentrationsleistung der Kinder mit ihren Ergebnissen im C-Test ($r = .016$, $p = .432$, 1-seitig).

Auch der Zusammenhang zwischen der Aufmerksamkeits- und Konzentrationsleistung und dem Selbstkonzept in Bezug auf das Tastaturschreiben wird bei einem ebenfalls sehr kleinen Korrelationskoeffizienten nicht signifikant ($p = .474$, 1-seitig). Da die Variable zum Selbstkonzept nicht intervallskaliert

Tab. 10.5: Deskriptive Kennwerte zur Konzentrationsleistung.

	N	M	SD
Kompetenzgruppe B	15	99.13	10.18
Kompetenzgruppe C	27	100.56	11.97
Kompetenzgruppe D	28	100.86	11.38
Kompetenzgruppe E	32	102.13	8.56

Anm.: N = Anzahl Probanden, M = Mittelwert, SD = Standardabweichung

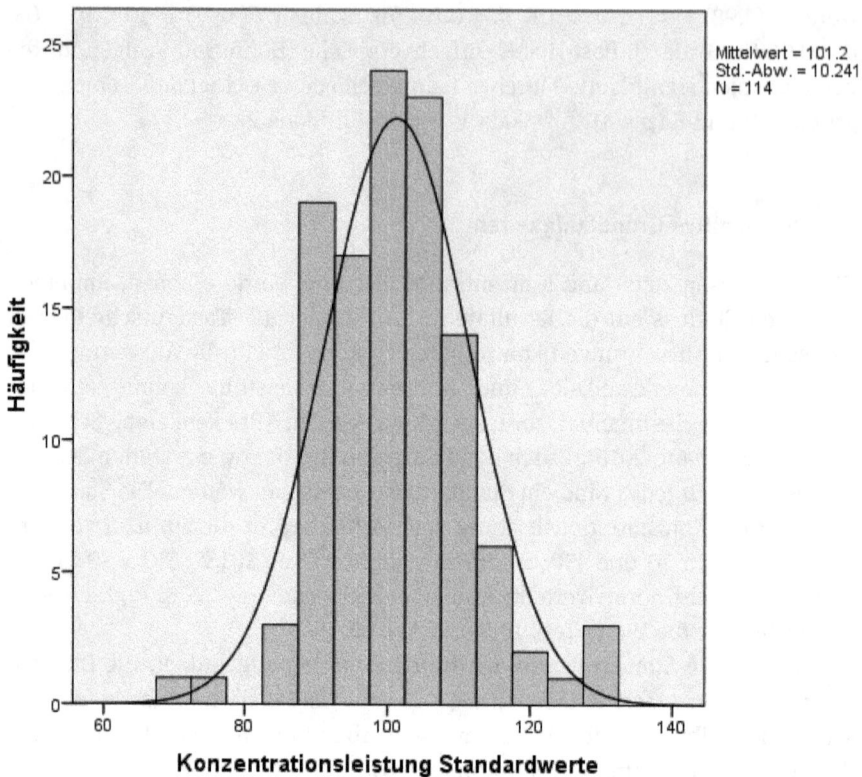

Abb. 10.2: Histogramm der Verteilung der Konzentrationsleistung (Standardwerte).

ist, wurde die Korrelation nach *Spearmans Rho* berechnet.[61] Die Daten werden dafür in Rängen ausgedrückt. Der Rangkorrelationskoeffizient für den Zusammenhang zwischen dem Selbstkonzept in Bezug auf die Tastaturkompetenz und dem Umfang der Überarbeitungen (Produkt-Prozess-Ratio) beträgt nach *Spearmans Rho* .006 und ist damit sehr klein.

Für die späteren Auswertungen, in denen verschiedene Sprachprozess- und Sprachproduktvariablen in Bezug auf die globale schriftliche Sprachkompetenz untersucht werden, ist aufgrund der errechneten Werte nicht von einem

---

61 Häufig werden solche Skalen als intervallskaliert angenommen, obwohl sie das streng genommen nicht sind. Bei einer Vier-Punkte-Skala ist die Annahme einer Intervallskala kaum vertretbar (Brosius (2013: 479), daher wird auf ein Verfahren zurückgegriffen, das dieses Datenniveau nicht voraussetzt.

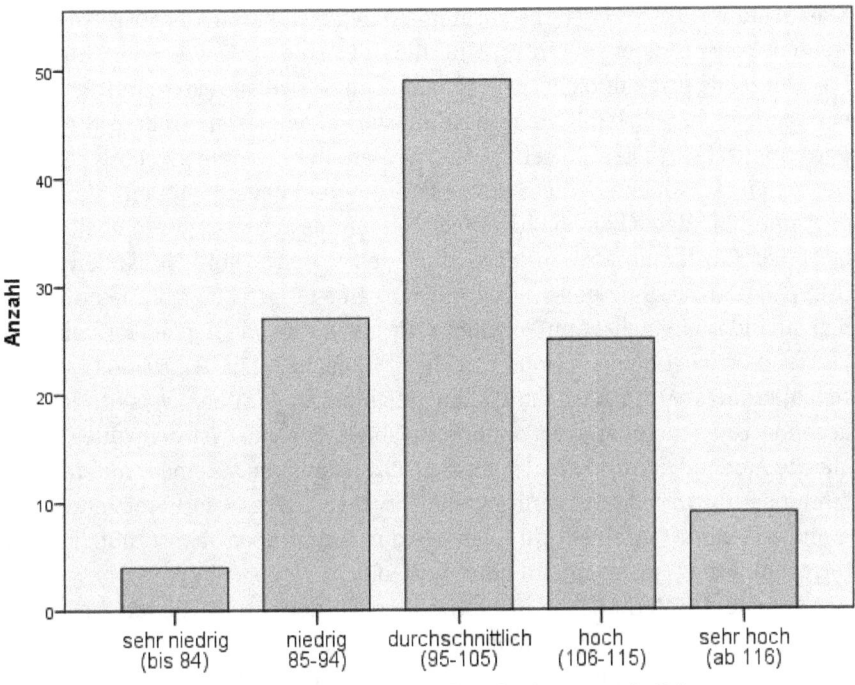

Abb. 10.3: Verteilung der Konzentrationsleistung (Standardwerte recodiert in fünf Gruppen).

Einfluss der Aufmerksamkeits- und Konzentrationsleistung auf die untersuchten Zusammenhänge auszugehen. Sie wird als Kontrollvariable daher nicht berücksichtigt.

10.3 Kompetenzgruppen als Grundlage für die Datenanalyse

Anhand der Testleistungen der Kinder im CT-D 4 werden diese im Folgenden in Gruppen eingeteilt, die es ermöglichen, Analysen auf der Ebene der metasprachlichen Kompetenz und auf der Ebene des Textprodukts unter verschiedenen Gesichtspunkten einander gegenüberzustellen und der Frage nachzugehen, ob eine hohe respektive eine tiefere globale Sprachbeherrschung mit spezifischen Schreibprozess- und Schreibproduktmerkmalen zusammenhängt. Das Ziel hierbei ist es, Gruppen einander gegenüberzustellen, die sich in der globalen Sprachkompetenz deutlich unterscheiden. Für die Gruppenbildung bieten sich verschiedene mögliche Verfahren an: Die Kinder könnten (nach

Klassenstufe getrennt oder alle zusammen) in gleich grosse Gruppen eingeteilt werden, seien dies etwa Terzile, Quartile oder eine andere Anzahl Gruppen. Die Einteilung erfolgte nicht nach inhaltlichen Gesichtspunkten; das Perzentil mit den sprachstärksten Kindern bestünde aus gleich vielen Kindern wie jenes der sprachschwächsten; Kriterien wie das Mass der Zusammengehörigkeit, die Heterogenität respektive die Homogenität der gebildeten Gruppen, die Streuung innerhalb derselben etc. hätten keinen Einfluss. Anders gestaltet sich dies bei einer Clusteranalyse, die dazu dient, eine Menge von Probanden so in Gruppen (Cluster) aufzuteilen, dass die demselben Cluster zugeordneten Personen einander möglichst ähnlich sind, während sie sich von jenen der anderen Cluster möglichst deutlich unterscheiden[62] (Brosius 2013: 711). Daraus ergeben sich allerdings nur in Ausnahmefällen gleich grosse Gruppen, was für die vorliegende Untersuchung aber keine Rolle spielt. Zentraler ist der Vorteil, dass gleiche Probandengruppen möglichst gleiche Qualitäten vereinen. Auf das Verfahren der Clusterbildung wird oftmals zurückgegriffen, wenn Probanden aufgrund mehrerer Variablen gruppiert werden, es ist aber ebenso nützlich zur Gruppenbildung basierend auf einer Variable.

Anhand der Methode der Clusterbildung wurden die 115 Kinder, die an der vorliegenden Studie teilgenommen haben und von denen ein C-Test vorliegt, gruppiert. Da weder die Anzahl sinnvoll zu bildender Gruppen noch deren typischste Vertreter im Vornherein bekannt sind, wird eine *hierarchische* Clusteranalyse durchgeführt. Die Statistiksoftware *SPSS* definiert dabei vorerst für jeden Probanden einen eigenen Cluster, bildet dann Paare aus denjenigen, die am besten zusammenpassen und fährt so fort, bis alle Probanden in einem einzigen Cluster enthalten sind. Die Clusterbildung ist so Schritt für Schritt nachzuvollziehen. Sie ist anhand von verschiedenen (intervall- oder ordinalskalierten) Variablen möglich. Neben dem C-Test könnten also auch andere Variablen in die Gruppenbildung miteinbezogen werden. Aus inhaltlichen

---

[62] Die Messung der Distanz zwischen den Clustern ist theoretisch auf verschiedene Arten möglich: So können aus beiden Clustern jeweils die Werte betrachtet werden, die am nächsten beieinander liegen, wobei der Abstand zwischen den Clustern dann dem Abstand zwischen diesen beiden Werten entspricht. Ebenfalls können jeweils die beiden gewählt werden, die am weitesten voneinander entfernt sind, um den Abstand dann so anzugeben. Bei der vorliegenden hierarchischen Clusteranalyse wurde die Methode gewählt, die bei SPSS voreingestellt ist und wie folgt funktioniert: Aus beiden Clustern werden für alle Paare, die sich auf den Probanden einer Gruppe bilden lassen, die Distanzwerte berechnet. Als Distanz zwischen den Clustern wird dann das arithmetische Mittel der Distanzen zwischen den einzelnen Werten betrachtet. Der Vorteil besteht bei diesem Vorgehen darin, dass nicht nur ein einzelner Wert pro Cluster herangezogen wird, sondern alle gleichermassen berücksichtigt werden (Brosius 2013: 723).

Überlegungen, die in den vorangehenden Kapiteln hinreichend dargelegt wurden, stützt sich die Gruppenbildung im Folgenden ausschliesslich auf die Leistung im C-Test. Unterschieden wird dabei konsequenterweise ebenfalls nicht zwischen den Kindern der 4. und jenen der 6. Klasse, da sie alle exakt den gleichen Test absolviert haben.

10.3.1 Clusterbildung aufgrund der C-Test-Werte

Abbildung 10.4 visualisiert in einem sogenannten Dendrogramm das schrittweise Zusammenfassen in Cluster. Aus Gründen der Darstellung wurde das Diagramm stark verkleinert und rechtsum gekippt: Auf der Horizontalen sind die 115 Fälle abgebildet und auf der Vertikalen die transformierten Distanzen auf einer Skala von 1 bis 25, wobei ein tiefer Wert eine niedrige Heterogenität und ein höherer Wert eine höhere Heterogenität innerhalb des Clusters anzeigt. Es ist für die nachfolgenden Analysen von Interesse, dass die Vertreter einer Gruppe untereinander möglichst homogen sind. Da der Heterogenitätswert nach dem Wert 5 einen grossen Sprung macht, wird der Cut-Off-Wert, bis zu dem die Cluster zu weiteren übergeordneten Clustern zusammengefasst werden, unterhalb des Wertes 5 (rote Linie) angesetzt. Dadurch ergeben sich 6 Cluster unterschiedlicher Grösse, die in Tabelle 10.6 anhand der Kürzel für die Kinder aufgeführt sind.

Das Streudiagramm (vgl. Abb. 10.5) zeigt die 6 Cluster sowie die C-Test-Werte der entsprechenden Probanden. Die Clusternummerierung erfolgt durch *SPSS* gemäss Abfolge der Clusterbildung und geht daher nicht chronologisch mit zunehmender Punktzahl im C-Test einher; nebeneinander kommen jeweils die beiden Cluster zu liegen, die im nächsten Fusionierungsschritt zu einem Cluster zusammengefasst würden.

Die sechs Gruppen unterscheiden sich in ihren Mittelwerten hoch signifikant: Eine einfaktorielle Varianzanalyse (ANOVA) ergibt einen hoch signifikan-

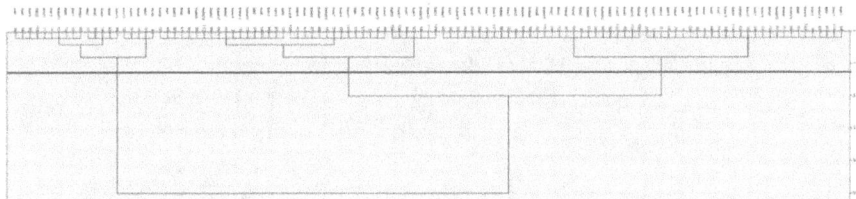

Abb. 10.4: Dendrogramm der hierarchischen Clusteranalyse.
Anm.: Auf der Horizontalen sind die einzelnen Probanden (Kürzel) abgebildet, rechts vertikal die Distanzwerte von 1 (oben) bis 25 (unten).

Tab. 10.6: Cluster inklusive Werte im C-Test.

Cluster 3 Gruppe A C-Test: 24–32		Cluster 5 Gruppe B C-Test: 34–47		Cluster 1 Gruppe C C-Test: 49–64		Cluster 4 Gruppe D C-Test: 65–74		Cluster 2 Gruppe E C-Test: 75–89		Cluster 6 Gruppe F C-Test: 92–96	
4ws9	24	4ms11	45	4ws3	51	4ml10	70	4ws1	79	6wbb13	95
4wu8	32	4wl8	43	4wu1	56	4wu2	67	4ws14	84	6wl5	92
4ws12	29	4wu3	37	4ml1	54	4mu5	69	4wl4	83	6wl13	95
4ws8	31	4mu7	34	4wl12	61	4wl3	74	4wl6	85	6wl18	93
4mu9	26	4ms5	37	4ml13	53	4wu11	67	4wl14	80	6ws12	92
		4ml16	46	4mu10	58	4ws2	70	4ws6	75	6ml21	96
		4wu12	38	4wl7	56	4ms7	72	6ml1	89	6ws15	96
		4ml5	47	4ml15	53	6wbb1	74	6mbb2	77		
		4ms4	38	4mu13	49	6mbb4	68	6ws4	79		
		4wl9	46	4wu14	59	6wba4	70	6ml4	80		
		6mbb9	41	4wu4	54	6ml7	72	6wbb8	86		
		6mbb11	43	4mu6	54	6ws5	71	6ws7	81		
		6ml19	42	4ms10	54	6ws6	69	6mba7	84		
		6ml11	41	4ws13	55	6mba6	67	6ws9	78		
		6ml22	44	4wl11	59	6ws8	73	6mbb16	84		
				4ml2	63	6wba10	68	6wl20	89		
				6ml3	56	6wba15	73	6wba11	84		
				6mbb5	60	6ws1	72	6mba12	84		
				6wbb10	60	6ms2	71	6mba13	79		
				6mbb12	64	6ws3	68	6wba16	77		
				6mba1	60	6mba2	69	6ml2	85		
				6mba3	55	6mbb6	70	6wbb3	77		
				6ml9	60	6mba5	72	6wl6	88		
				6ml12	63	6mba9	65	6wbb7	87		
				6wbb16	60	6mbb15	71	6ml8	86		
				6ws10	61	6wl17	68	6ml10	75		
				6ml23	55	6ms13	72	6wl16	88		
				6ms17	63	6ms16	66	6ml15	83		
								6ml16	82		
								6ws11	80		
								6ws16	76		
								6wba14	87		

Anm.: Aufgeführt ist neben dem Kürzel die erreichte Punktzahl im C-Test. Die Klassenstufe geht aus dem Kürzel hervor (erste Ziffer). Grau markiert sind die Probanden, zu denen ein *recall* vorliegt.

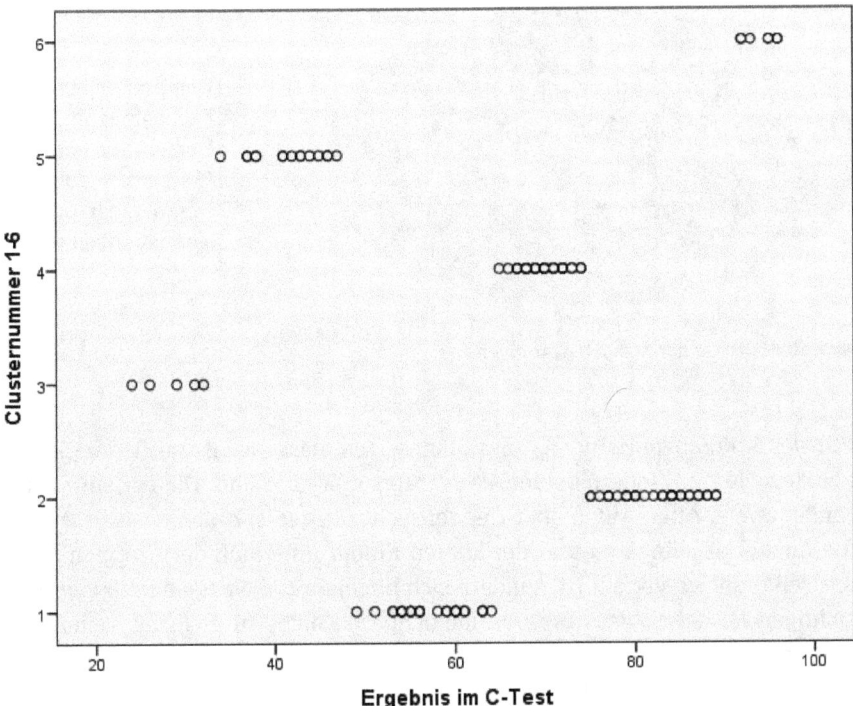

Abb. 10.5: Streudiagramm der Punktzahl im C-Test und der 6 gebildeten Cluster.

ten Unterschied zwischen den Gruppen ($F(5, 109) = 500.98$, $p < .001$, $f = 0.25$). Post-hoc-Mehrfach-vergleiche (Bonferroni) zeigen hoch signifikante Mittelwertsunterschiede zwischen allen Gruppen ($p < .001$).

10.3.2 Bildung von Kompetenzgruppen

Die vorangehend gebildete Clusternummerierung bezieht sich auf den Prozess der Gruppenbildung durch die Statistiksoftware; die Ziffern 1 bis 6 bezeichnen daher nicht eine zunehmende Sprachkompetenz der Gruppen. Aus diesem Grund wird die Clusterzugehörigkeit zur Zugehörigkeit von Kompetenzgruppen recodiert: Gruppen A bis F bilden so nun die zunehmend höheren Werte im C-Test ab. Abbildung 10.6 visualisiert anhand eines Kreisdiagramms die Gruppengrössen.

Aus Tabelle 10.6 wird ersichtlich, dass sich der Cluster mit den tiefsten C-Test-Werten und jener mit den höchsten Werten jeweils ausschliesslich aus Kindern der 4. (Cluster 3, Kompetenzstufe F) respektive der 6. Klassenstufe

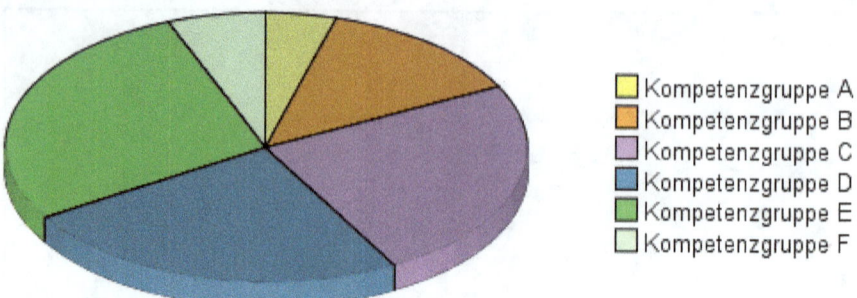

Abb. 10.6: Grösse der Kompetenzgruppen A–F.

(Cluster 6, Kompetenzstufe A) zusammensetzen, dass die vier mittleren Cluster aber jeweils von Kindern beider Altersgruppen besetzt sind. Die Verteilung der Kinder zweier Altersstufen über vier der sechs Cluster ist beachtenswert, zumal die Anzahl der jüngeren und der älteren Kinder innerhalb der Gruppen nicht speziell ungleich verteilt ist, sondern sich ungefähr die Waage hält. Zu berücksichtigen ist dabei, dass die Gesamtstichprobe nicht zu gleichen Teilen aus Kindern der 4. und der 6. Klasse besteht, sondern dass 44 jüngere und 71 ältere Kinder an der Studie teilnahmen.

Auf die Clusterbildung aufgrund der globalen Sprachkompetenz, wie sie hier vorgenommen wurde, wird in den folgenden Auswertungen Bezug genommen. Wenn im Rahmen der Datenanalyse Kompetenzgruppen miteinander verglichen werden, wird entweder auf vier Kompetenzgruppen (B, C, D und E) oder auf zwei (BC und DE) zurückgegriffen (vgl. Tab. 10.7). Die beiden Gruppen A und F umfassen verhältnismässig sehr wenige Probanden (5 in Gruppe A und 7 in Gruppe F) und werden aus der Analyse ausgeschlossen. Das ganze Sample wird so um die Kinder mit den allerbesten und den allerschlechtesten Resultaten im C-Test gekürzt.

Das Zusammenfassen von jeweils zwei Gruppen (B und C zu BC sowie D und E zu DE) widerspricht insofern dem gewählten Vorgehen der Clusterbildung, als unter Einbezug aller Probanden auf einer nächsten Stufe der Clusterbildung Gruppen A und B, Gruppen C und D sowie Gruppen E und F zusammengefasst würden (vgl. Dendrogramm in Abb. 10.4). Unter Ausschluss der sprachstärksten und sprachschwächsten Gruppe ist ein Zusammenschluss dieser Art nicht mehr möglich. Inhaltlich begründen lässt sich das Vorgehen aber dennoch: Es lässt sich für den C-Test eine hoch signifikante Mittelwertsdifferenz ($t(101) = -15.92$, $p < .001$) zwischen den Gruppen nachweisen (für die Gruppe BC ergibt sich ein Mittelwert von 51.81 Punkten, $SD = 8.60$, $N = 43$; für die Gruppe DE ein Mittelwert von 76.48 Punkten, $SD = 7.10$, $N = 60$). Die beiden

Tab. 10.7: Deskriptive Kennwerte zum C-Test nach Kompetenzgruppen.

	N	M	SD	Min.	Max.
Gruppe A	5	28,40	3,36	24	32
Gruppe B	15	41,47	3,93	34	47
Gruppe C	28	57,36	3,96	49	64
Gruppen BC	43	51,81	8,60	34	64
Gruppe D	28	69,93	2,43	65	74
Gruppe E	32	82,22	4,23	75	89
Gruppen DE	60	76,48	7,10	65	89
Gruppe F	7	94,14	1,77	92	96

Anm.: *N* = Anzahl Probanden, *M* = Mittelwert, *SD* = Standardabweichung, *Min.* = minimal erreichter Wert, *Max.* = maximal erreichter Wert.

neu gebildeten Gruppen BC und DE erfüllen damit das Kriterium, dass sie sich möglichst signifikant voneinander unterscheiden.

Zusammenfassend stellt Tabelle 10.7 von den gebildeten Kompetenzgruppen A bis F, inklusive Neugruppierung durch Zusammenzug der Gruppen BC sowie DE die zentralen Kennwerte zu den im C-Test erreichten Ergebnissen dar.

III Untersuchungsbericht

11 Auswertungen entlang der Hauptfragestellungen

Das folgende Kapitel stellt die Ergebnisse der empirischen Studie vor. Es folgt dabei der in Abbildung 11.1 dargestellten Aufteilung in die Teilkorpora A (Kap. 11.1), B (Kap. 11.2) und C (Kap. 11.3 und 11.4).

Die Unterkapitel bearbeiten systematisch die Forschungsfragen und Untersuchungshypothesen, wie sie in Kapitel 7.2.3 ausformuliert wurden, und verfolgen das Ziel, die statistischen Auswertungen und qualitativen Analysen möglichst präzise und vollständig zu dokumentieren. Die einzelnen Forschungsfragen und Untersuchungshypothesen werden den Auswertungen jeweils vorangestellt. Abgeschlossen wird jedes Kapitel durch eine Zusammenfassung der Ergebnisse mit Bezug auf die Fragen und Hypothesen. Zusammengeführt und in ihrer Bedeutung für die aktuelle Forschung im Bereich der Schriftsprachaneignung diskutiert werden die Erkenntnisse der hier folgenden Datenanalysen anschliessend in Kapitel 12. Eine Ausnahme bilden die qualitativen Analysen in den Kapiteln 11.2.4 und 11.2.5, die bereits eine erste Einordnung und Interpretation der Daten einschliessen.

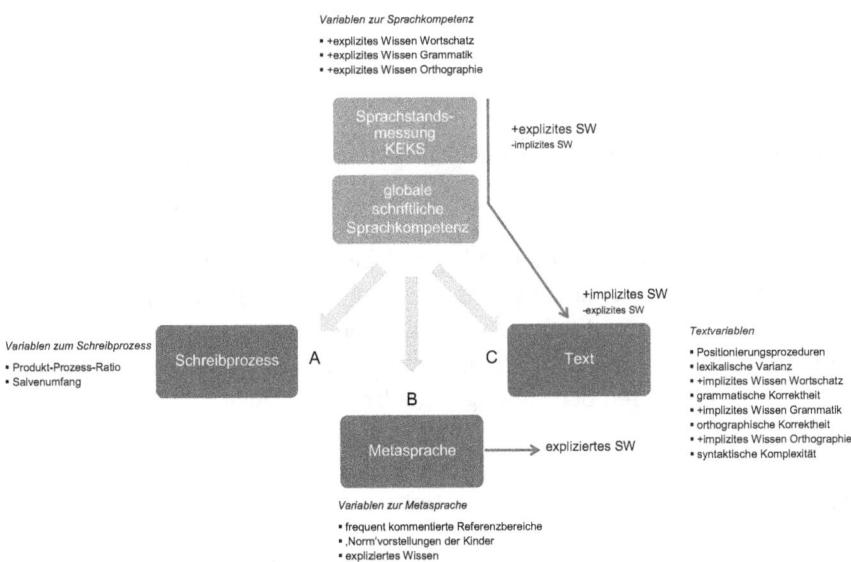

Abb. 11.1: Übersicht über die Teilkorpora und die bearbeiteten Zusammenhänge.

Open Access. © 2018 Pascale Schaller, publiziert von De Gruyter. Dieses Werk ist lizenziert unter der Creative Commons Attribution-NonCommercial-NoDerivatives 4.0 Lizenz.
https://doi.org/10.1515/9783110555165-011

11.1 Ergebnisse zum Schreibprozess

Zum Schreibprozess wurden zwei Variablen operationalisiert, die Produkt-Prozess-Ratio und der Salvenumfang. Dazu wurden folgende Forschungsfragen und Untersuchungshypothesen ausformuliert:

A.1 Besteht ein bedeutsamer Zusammenhang zwischen der globalen Sprachkompetenz und dem Umfang der Überarbeitungen?

A.2 Besteht in Bezug auf den Umfang der Überarbeitungen ein bedeutsamer Unterschied zwischen den Altersgruppen?

H.A.1 Zwischen dem Umfang der Überarbeitungen und der globalen Sprachkompetenz besteht kein bedeutsamer Zusammenhang.

H.A.2 Die Altersgruppen unterscheiden sich in Bezug auf den Umfang der Überarbeitungen.

A.3 Besteht ein bedeutsamer Zusammenhang zwischen der globalen Sprachkompetenz und dem durchschnittlichen Salvenumfang?

A.4 Besteht in Bezug auf den Salvenumfang ein bedeutsamer Unterschied zwischen den Altersgruppen?

H.A.3 Zwischen dem durchschnittlichen Salvenumfang und der globalen Sprachkompetenz besteht ein bedeutsamer Zusammenhang.

H.A.4 Die Altersgruppen unterscheiden sich in Bezug auf den Salvenumfang.

Bevor die beiden Variablen in ihren deskriptiven Kennwerten und in Zusammenhang mit der Klassenstufe und der globalen schriftlichen Sprachkompetenz vorgestellt und diskutiert werden, widmet sich ein Unterkapitel der Frage, ob von einem Einfluss des gewählten Schreibmediums, des PCs, auf die Prozessvariablen auszugehen ist. Wenn dem so wäre, sollte ein entsprechender Effekt bei den späteren Berechnungen kontrolliert werden.

11.1.1 Zur Rolle des Selbstkonzepts im Tastaturschreiben

Die Texterhebung mit *Keystroke Logging* setzt das Schreiben auf PC voraus und bestimmt dadurch das Erhebungssetting und die Anforderungen an die Kinder entscheidend mit. Der Einsatz von Computern in der Grundschule hat sich zwar in den letzten Jahren sehr verbreitet, dennoch muss das Tastaturschreiben wie die Graphomotorik erworben und geübt werden. Um dem Vorbehalt zu entgegnen, dass die Schreibprozessdaten durch mangelnde Tastaturkompetenz stark beeinflusst werden, wurde das Selbstkonzept im Umgang mit der Tastatur erhoben (vgl. zu den Kennwerten Kap. 10.2.4). Die Fähigkeit, problemlos und schnell auf der Tastatur zu schreiben, wurde aus zeit- und testökonomischen Gründen nicht direkt gemessen: Die Schreibstunde um eine Aufgabe zu erweitern, die spezifisch Auskunft gibt über die Tastaturkompetenz, hätte den zeitlichen Rahmen der Erhebungen überstiegen. Die Flüssigkeit des Tastaturschreibens aus den gleichen Daten – also dem Schreibprozess zur Schreibaufgabe – zu errechnen, die später Gegenstand der Analyse sind, wäre wiederum methodisch problematisch. Aus diesem Grund wurde auf eine Erhebung des Selbstkonzepts zurückgegriffen.

In Anwendung eines Rangkorrelationskoeffizienten wird die Korrelation zwischen dem Selbstkonzept in Bezug auf das Tastaturschreiben und dem Umfang der Überarbeitungen (Produkt-Prozess-Ratio) überprüft. Da die Variable zum Selbstkonzept nicht intervallskaliert ist, wurde die Korrelation nach *Spearmans Rho* berechnet. Die Daten werden dafür in Rängen ausgedrückt. Der Koeffizient für den Zusammenhang zwischen dem Selbstkonzept in Bezug auf die Tastaturkompetenz und dem Umfang der Überarbeitungen (Produkt-Prozess-Ratio) beträgt nach *Spearmans Rho* −.20 und ist signifikant ($p < .05$, 1-seitig), auch wenn der Effekt klein ist.[63] Der negative Zusammenhang erklärt sich dadurch, dass ein Mehr an Revisionstätigkeit durch eine tiefere Ratio ausgedrückt wird. Der Umfang an getätigten Revisionen steht also in einem statistisch signifikanten negativen Zusammenhang mit dem Selbstkonzept in Bezug auf das Tastaturschreiben: Je weniger kompetent sich die Kinder im Umgang mit dem PC einschätzen, desto weniger umfangreich fällt ihre Revisionstätigkeit aus; umgekehrt überarbeiten Kinder mit einer guten Selbsteinschätzung ihrer Tastaturfähigkeit ihre Texte tendenziell umfangreicher.

Der Zusammenhang zwischen dem Selbstkonzept und der durchschnittlichen Salvenlänge wurde mit dem gleichen Vorgehen berechnet. Der Koeffizient beträgt nach *Spearmans Rho* .06 und wird nicht signifikant ($p = .250$). Das Selbstkonzept in Bezug auf das Tastaturschreiben steht also in keinem Zusammenhang mit der durchschnittlichen von den Kindern produzierten Salvenlänge.

Für die nachfolgenden Auswertungen wird das Selbstkonzept in Bezug auf das Tastaturschreiben in die Analyse der Produkt-Prozess-Ratio als Kontrollvariable integriert. Für die Berechnungen zum durchschnittlichen Salvenumfang

---

[63] Koeffizienten ab .1 werden als kleiner, ab .3 als mittlerer und ab .5 als grosser Effekt aufgefasst (Cohen (1988)).

ist das nicht nötig, da der Zusammenhang hier wie aufgezeigt nicht signifikant ist.

11.1.2 Überarbeitungsintensität: Produkt-Prozess-Ratio

11.1.2.1 Produkt-Prozess-Ratio im Vergleich der Altersgruppen

Die durchschnittliche Produkt-Prozess-Ratio fällt für beide Altersstufen sehr ähnlich aus (vgl. Tab. 11.1). Da das Selbstkonzept in Bezug auf das Tastaturschreiben als Einfluss kontrolliert werden soll, wird ein Mittelwertsvergleich anhand eines allgemeinen linearen Modells vorgenommen: Es ergibt sich kein signifikanter Unterschied zwischen den beiden Altersgruppen ($F(2, 108) = 1.94$, $p = .148$). Die Kinder der 6. Klassen zeigen also im Schnitt keine höhere Überarbeitungstätigkeit als jene der 4. Klassenstufe.

Interessant ist ein Vergleich dieses Ergebnisses mit der Zunahme der Textlänge[64] zwischen der 4. und der 6. Klasse. Ein T-Test ergibt für die beiden Altersgruppen eine hoch signifikante Mittelwertsdifferenz ($t(111) = -5.72$, $p < .001$, $d = 1.14$). Die Texte der jüngeren Kinder sind im Schnitt 430.42 Zeichen ($N = 43$, $SD = 181.08$) lang, während diejenigen der älteren im Schnitt 753.87 ($N = 70$, $SD = 358.11$) Zeichen umfassen.

Tab. 11.1: Deskriptive Kennwerte zur Produkt-Prozess-Ratio im Klassenvergleich.

	N	M	SD	Min.	Max.
4. Klasse	43	0.75	0.15	0.26	0.92
6. Klasse	70	0.79	0.13	0.17	0.98

Anm.: N = Anzahl Probanden, M = Mittelwert, SD = Standardabweichung, $Min.$ = minimal erreichter Wert, $Max.$ = maximal erreichter Wert

---

[64] Die Textlänge wurde nicht als Untersuchungsvariable operationalisiert. Sie wird hier dargestellt, da die Produkt-Prozess-Ratio ebenfalls auf der Textlänge beruht: Sie wird berechnet, indem die Summe aller Zeichen im Textprodukt durch die Summe aller während des Schreibprozesses produzierten Zeichen dividiert wird. Dass sich nun zwar eine hoch signifikante Differenz zwischen den Gruppen für die Textlänge, nicht aber für die Produkt-Prozess-Ratio zeigt, ist aufschlussreich, weil beide Variablen rein quantitative Variablen sind und keinerlei Aussagen über die inhaltliche Qualität des Textes machen. Die Anzahl produzierter Zeichen in der Textendversion besitzt für die vorliegenden Daten in Bezug auf die Altersstufe Aussagekraft, nicht aber die im Rahmen von Revisionstätigkeiten produzierten Zeichen während des Schreibprozesses.

11.1.2.2 Produkt-Prozess-Ratio in Abhängigkeit von der globalen Sprachkompetenz

Da die einleitenden Analysen zur Produkt-Prozess-Ratio einen statistisch bedeutsamen Zusammenhang der Variable mit dem Selbstkonzept in Bezug auf die Tastaturbeherrschung ergeben haben, wurde eine Partialkorrelation berechnet, die den Einfluss einer dritten Variable auf eine Korrelation zweier Variablen statistisch kontrolliert (Brosius 2013: 531–540; Bortz & Döring 2006: 544)[65] Die Analysen zeigen mit und ohne Berücksichtigung der Tastaturbeherrschung als Kontrollvariable keinen statistisch bedeutsamen Zusammenhang der Produkt-Prozess-Ratio mit der globalen Sprachkompetenz (r = .106, p = .135, 1-seitig)[66]

11.1.3 Salvenumfang

11.1.3.1 Salvenumfang im Vergleich der Altersgruppen

Die deskriptiven Kennwerte zur Salvenlänge – gemessen in Wörtern[67] – für die beiden Altersstufen sind in Tabelle 11.2 dargestellt: Die Salvenlänge umfasst

---

[65] Die folgende Berechnung überprüft Hypothese H.A.1, die davon ausgeht, dass zwischen der globalen Sprachkompetenz und der Produkt-Prozess-Ratio *kein* bedeutsamer Zusammenhang besteht. Das heisst also, dass die Nullhypothese die Forschungshypothese ist und nicht wie üblich die Alternativhypothese. In der Regel wird empirisch eine Alternativhypothese angenommen, die als vorläufig bestätigt gilt, wenn die Nullhypothese mit einer akzeptablen Irrtumswahrscheinlichkeit abgelehnt werden kann. Die Alpha-Fehler-Wahrscheinlichkeit darf dabei höchstens 5 % betragen. Wird nun die Nullhypothese als Untersuchungshypothese angenommen, werden methodische Anpassungen nötig. Bortz & Döring (2006: 650) weisen darauf hin, dass die Auffassung, ein nicht signifikantes Ergebnis sei ein Beleg für die Gültigkeit einer Nullhypothese, falsch sei. Bortz & Döring (2006: 651) plädieren darum dafür, α = 10 % zu setzen, wodurch das β-Fehler-Risiko kleiner ist als bei konventionellen Signifikanzschranken. Auch bei einem Signifikanzniveau von 10 % wird das Modell hier nicht signifikant. Die Nullhypothese kann daher angenommen und die Untersuchungshypothese H.A.1 vorläufig bestätigt werden.

[66] Interessanterweise zeigt sich hingegen auch hier der Textumfang als aussagekräftig: Die Berechnung der Partialkorrelation zwischen globaler schriftlicher Sprachkompetenz (C-Test) und der Textlänge mit dem Selbstkonzept in Bezug auf das Tastaturschreiben als Kontrollvariable ergibt bei *Pearsons* Korrelationskoeffizient von r = .49, der nahezu eine grosse Effektstärke erreicht, eine hoch signifikante Differenz (p < .001). Dass der Umfang an Revisionen während des Schreibens am PC bei den hier untersuchten Probanden aber in keinem bedeutsamen Zusammenhang mit der Altersstufe oder der globalen schriftlichen Sprachkompetenz steht, weist also nicht auf eine Untauglichkeit der Variable hin, sondern darauf, dass diese in Bezug auf das Alter und die globale Sprachkompetenz tatsächlich keine Rolle spielt.

[67] Es liegen die Ergebnisse für die Salvenlänge in Wörtern und in Zeichen (inkl./exkl. Leerzeichen) vor. Hier werden die Wörter als zentrale Einheit gewählt. Die Salvenlängen gemessen in

Tab. 11.2: Deskriptive Kennwerte zur Salvenlänge im Klassenvergleich.

	N	Min.	Max.	M	SD
4. Klasse	43	2.25	7.05	3.82	1.00
6. Klasse	70	2.76	10.20	4.67	1.37

Anm.: N = Anzahl Probanden, M = Mittelwert, SD = Standardabweichung, $Min.$ = minimal erreichter Wert, $Max.$ = maximal erreichter Wert

bei den jüngeren Kindern durchschnittlich 3.82 und bei den älteren 4.67 Wörter. Ein Mittelwertsvergleich durch einen T-Test ergibt einen hoch signifikanten Unterschied der Mittelwerte der beiden Altersgruppen ($t(111) = -3.53$, $p < .01$, $d = 0.71$). Die älteren Kinder produzieren während des Schreibens umfangreichere Einheiten als die jüngeren.

11.1.3.2 Salvenumfang in Abhängigkeit von der globalen Sprachkompetenz

Neben dem Altersfaktor erweist sich auch die globale Sprachkompetenz als bedeutsame Grösse: Die durchschnittliche Salvenlänge korreliert mit einem Korrelationskoeffizienten von $r = .257$ sehr signifikant ($p < .01$, 1-seitig) mit der globalen Sprachkompetenz. Da die Variable *Salvenlänge* aufgrund ihrer weitgehend automatisierten Berechnung anhand der *inputlog*-Daten relativ fehleranfällig ist (vgl. Kap. 8.1.2 zur Bestimmung der Salven), ist der Zusammenhang vorerst beachtenswert. Allerdings wird der Zusammenhang bei der Berechnung eines partiellen Korrelationskoeffizienten unter Berücksichtigung des Alters als Kontrollvariable bei einem Koeffizienten von $r = .115$ nicht mehr signifikant ($p = .113$), was nahelegt, dass der oben ausgewiesene statistisch bedeutsame Zusammenhang eine Scheinkorrelation darstellt. Gestützt wird dieses Ergebnis durch eine Analyse anhand der Kompetenzgruppen: Getrennt nach den vier aufgrund des C-Tests geclusterten und der zwei nachträglich gebildeten Kompetenzgruppen (vgl. zum Vorgehen Kap. 10.3.2) ergeben sich Mittelwerte, die alle sehr nahe beieinander liegen (vgl. Tab. 11.3) und sich tatsächlich auch nicht signifikant voneinander unterscheiden: Unter Berücksichtigung der vier Kompetenzgruppen B bis D zeigt die Überprüfung der Mittelwerte durch eine

---

Wörtern und die Salvenlängen gemessen in Zeichen korrelieren zudem in hohem Mass (Pearson-Korrelation von $r = .96$); die separate Berechnung anhand der Länge in Zeichen erübrigt sich also auch aus diesem Grund.

Tab. 11.3: Deskriptive Kennwerte zur durchschnittlichen Salvenlänge sortiert nach Kompetenzgruppen.

	N	M	SD	Min.	Max.
Gruppe B	15	3.80	1.00	2.25	5.32
Gruppe C	27	4.28	1.59	2.47	10.20
Gruppen BC	42	*4.10*	*1.39*	*2.25*	*10.20*
Gruppe D	27	4.18	0.93	2.96	6.38
Gruppe E	32	4.72	1.31	2.64	7.78
Gruppen DE	59	*4.47*	*1.18*	*2.64*	*7.78*

Anm.: *N* = Anzahl Probanden, *M* = Mittelwert, *SD* = Standardabweichung, *Min.* = minimal erreichter Wert, *Max.* = maximal erreichter Wert

einfaktorielle Varianzanalyse (ANOVA) keine statistisch bedeutsame Differenz zwischen den Gruppen ($F(3, 97) = 2.08$, $p = .108$, $f = .07$).

Zusammenfassend lässt sich sagen, dass auf die Produkt-Prozess-Ratio weder der Altersfaktor noch die globale Sprachkompetenz einen bedeutsamen Einfluss haben. Hypothese H.A.1, die davon ausgeht, dass zwischen der Produkt-Prozess-Ratio und der globalen Sprachkompetenz kein Zusammenhang besteht, wird damit vorläufig bestätigt. Hypothese H.A.2, die einen Unterschied zwischen den Altersgruppen in Bezug auf die globale Sprachkompetenz annimmt, wird hingegen falsifiziert.

Zwischen dem durchschnittlichen Salvenumfang und der globalen Sprachkompetenz zeigt sich entgegen der Annahme in Hypothese H.A.3 kein Zusammenhang. Diese wird damit falsifiziert. Allerdings zeigt sich für den durchschnittlichen Salvenumfang ein Unterschied zwischen den Altersgruppen. Hypothese H.A.4, die diesen Zusammenhang annahm, wird also vorläufig bestätigt.

11.2 Ergebnisse zum explizierten Sprachwissen

Den folgenden Analysen liegen die Transkripte der Gespräche mit den Kindern zugrunde. Die Daten werden sowohl quantitativ als auch qualitativ ausgewertet. Zum Teilkorpus B wurden folgende Forschungsfragen und Untersuchungshypothesen ausformuliert:

B.1   Unterscheiden sich sprachstarke und sprachschwache Kinder darin, welche Referenzbereiche sie frequent thematisieren?

B.2 Unterscheiden sich die älteren und die jüngeren Kinder darin, welche Referenzbereiche sie frequent thematisieren?

H.B.1 Sprachstarke und sprachschwache Kinder unterscheiden sich darin, welche Referenzbereiche sie frequent thematisieren.

H.B.2 Die älteren und die jüngeren Kinder unterscheiden sich darin, welche Referenzbereiche sie frequent thematisieren.

B.3 Welche ‚Normen' bringen die Kinder frequent zur Sprache und welche Funktion kommt ihnen im Schreibprozess und im metasprachlichen Reflektieren zu?

B.4 Wie verhalten sich metasprachlich expliziertes Sprach- und Schreibhandlungswissen und tatsächlich vorgenommene Überarbeitungen/ Schreibhandlungen zueinander?

Aufgrund der annotierten Kinderkommentare wird im Folgenden den aufgeführten Fragen und Hypothesen nachgegangen. Nach einer Darstellung der Daten im Überblick (Kap. 11.2.1) widmet sich ein Unterkapitel der Darstellung frequent kommentierter Referenzbereiche in verschiedenen Kompetenzgruppen, bevor in zwei weiteren Unterkapiteln anhand ausgewählter Fallanalysen ein detaillierter Blick auf ausgewählte Kinderkommentare, ihr Zustandekommen und ihren Referenzgegenstand – die beobachtete sprachliche Struktur – geworfen wird. Abbildung 11.2 visualisiert die Fragen, die für die Analyse leitend sind.

Terminologisch bedienen sich die folgenden Auswertungen, wie in Kapitel 8.2.2 ausgeführt und begründet, der Begriffe *Referenzbereiche* (= Codes) und *Subcodes*. Die qualitativen Auswertungen in den Kapiteln 11.2.4 und 11.2.5 führen Beispiele aus dem Gesprächskorpus auf. Wenn die Ausschnitte die Grund-

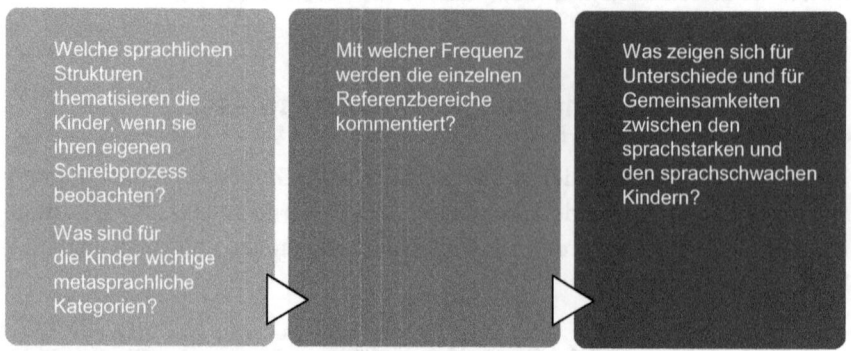

Abb. 11.2: Leitende Fragen für die Auswertung der Kindergespräche.

lage für eine genaue Analyse bilden, werden sie als Korpusauszüge aufgeführt und betitelt. Soll eine Aussage lediglich anhand eines Beispiels illustriert werden, wird auf den entsprechenden Auszug in einer Fussnote verwiesen.

11.2.1 Deskriptive Kennwerte zu den Referenzbereichen

Die Datengrundlage für die folgenden Analysen bilden 55 transkribierte Gespräche mit Kindern der 4. und 6. Primarklasse. Sie folgten der Aufforderung, den ihnen vorgespielten Entstehungsprozess ihres eigenen argumentativen Briefes zu verfolgen und zu kommentieren. Die Gespräche verteilen sich auf 23 Kinder der 4. und 32 Kinder der 6. Klasse. Das Vorgehen zum Annotieren der Daten wurde in den vorangehenden Kapiteln hergeleitet und begründet (für eine Übersicht über die verwendeten Codes und Subcodes vgl. Kap. 8.2.2). Die vorwiegend datengeleitete Annotation führte zu einer Struktur, in der die datengestützt bestimmten Kategorien als Subcodes enthalten sind, die sich wiederum verschiedenen Codes unterordnen lassen. Letztere sind in Abbildung 11.3 in ihrer Verteilung auf die 55 Gespräche dargestellt. Die Abbildung führt die prozentualen Anteile an insgesamt 493 annotierten Kinderkommentaren auf.

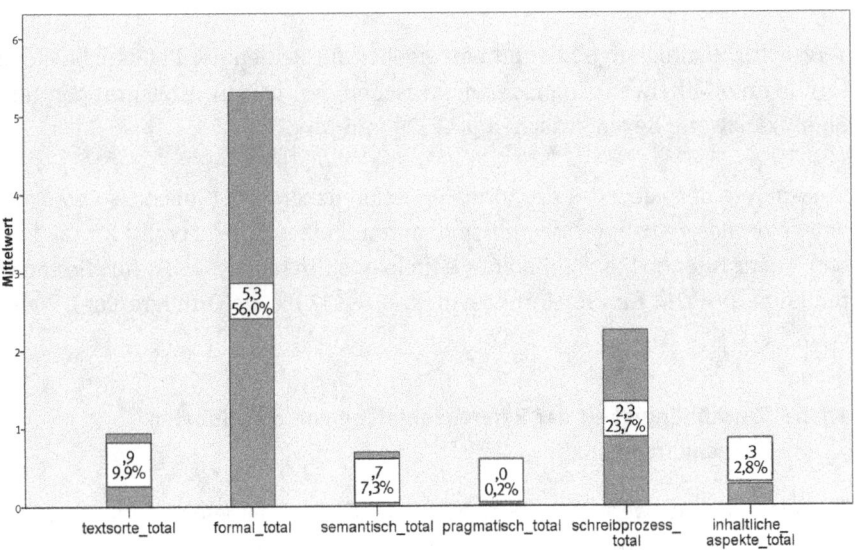

Abb. 11.3: Verteilung der Kommentare über die Referenzbereiche für alle 55 Kinder.
Anm.: Insgesamt 493 Zuordnungen, abgebildet hier die Mittelwerte sowie die prozentuale Verteilung der Nennungen über die Referenzbereiche hinweg.

Die 493 codierten Kinderäusserungen betreffen zu über 56 % den formalen Sprachbereich. Knapp ein Viertel der Äusserungen thematisieren Aspekte des Schreibprozesses, ca. 7.5 % lassen sich dem semantischen Bereich zuordnen und knapp 10 % beziehen sich auf die Struktur oder Konvention der Textsorte. Inhaltliche Bereiche werden kaum und pragmatische Aspekte des Briefes nahezu gar nicht angesprochen.

11.2.2 Zur Abhängigkeit der Referenzbereiche von der Altersgruppe

Um die Frequenzen, mit denen einzelne Referenzbereiche thematisiert werden, über die Alters- und Kompetenzgruppen hinweg zu vergleichen, wurde die Anzahl Nennungen pro Referenzbereich jeweils recodiert zu einem relativen Wert. Dieser sagt aus, wie viel Prozent der Nennung die einzelnen Referenzbereiche betreffen. Die einzelnen Kinder haben jeweils unterschiedlich viele Kommentare gemacht. Dieser Einfluss wird so ausgeschaltet. Für die Grosszahl der Subcodes ist die Anzahl Nennungen so gering, dass sie nicht einzeln, sondern zusammengefasst zu Referenzbereichen, wie Abbildung 11.3 sie zeigt, ausgewertet werden. Eine Ausnahme hiervon bildet der formale Referenzbereich, der insgesamt 56 % der Äusserungen beinhaltet. Für ihn werden die Subcodes einzeln analysiert.

T-Tests für unabhängige Stichproben ergeben für keinen der Referenzbereiche signifikante Mittelwertsunterschiede zwischen den beiden Altersgruppen (die Signifikanzwerte liegen zwischen $p = .329$ und $p = .762$).

Die Analyse der Subcodes des formalen Referenzbereichs (Subcodes *Orthographie*, *Morphosyntax* und *Interpunktion*) anhand eines T-Tests ergibt für die beiden Altersstufen keine signifikante Mittelwertsdifferenz ($p = .70$ für die Interpunktion, $p = .214$ für die Morphosyntax, $p = .532$ für die Orthographie).

11.2.3 Zur Abhängigkeit der Referenzbereiche von der globalen Sprachkompetenz

Die folgenden Auswertungen beziehen sich auf die Kompetenzgruppen, deren Bildung in Kapitel 10.3.2 ausführlich beschrieben wird. Da die Kinder für den *recall* zufällig und ohne Rücksicht auf die Ergebnisse im C-Test aus ihren Klassen ausgewählt wurden, verteilen sich die Gespräche, wie Tabelle 11.4 ausweist, ungleich über die sechs gebildeten Kompetenzgruppen.

Tab. 11.4: Gesprächskorpus: Anzahl Gespräche für die Kompetenzgruppen A bis F.

	A	B	C	D	E	F
Anzahl Gespräche	2	5	14	15	18	1

Tab. 11.5: Anzahl Gespräche für die Kompetenzgruppen B bis E getrennt nach Klassenstufe und total.

	B	C	D	E
Klassenstufe 4 (N = 21)	2	10	5	4
Klassenstufe 6 (N = 31)	3	4	10	14
Total	5	14	15	18

Werden die Kompetenzgruppen A und F aus der Analyse ausgeschlossen, wie es in Kapitel 10.3.2 begründet wurde, reduziert sich die Anzahl Gespräche um 3 auf insgesamt 52. Die folgenden Auswertungen basieren auf diesen 52 Gesprächen, verteilt auf die Gruppen B, C, D und E (vgl. Tab. 11.5).

Die Verteilung der insgesamt 483 Kommentare auf die sechs Referenzbereiche zeigt für alle vier Kompetenzgruppen ein relativ ähnliches Bild, wie Abbildung 11.4 visualisiert. Für alle Gruppen beziehen sich zwischen ca. 55 und 70 Prozent der Kommentare auf formale sprachliche Aspekte. An zweiter Stelle folgen ebenfalls für alle Gruppen Thematisierungen, die den Schreibprozess betreffen.

Da der formale Referenzbereich für die Kinder besonders frequent kommentiert wird, zeigt Abbildung 11.5 die Verteilung der insgesamt 276 Nennungen dieses Referenzbereichs auf die drei Subcodes *Orthographie*, *Morphosyntax* und *Interpunktion*. Deutlich am frequentesten kommentiert wird mit über einem Viertel aller Kommentare die Orthographie.

Zwischen den Gruppen B, C, D und E ergeben ANOVAs keine signifikanten Unterschiede für die kommentierten Referenzbereiche (die Signifikanzwerte liegen zwischen p = .29 und p = .97). Da sich die 52 Gespräche ungleich auf die Gruppen verteilen (vgl. Tab. 11.5), werden die Gruppen in einem weiteren Schritt recodiert, und zwar werden die Kompetenzgruppen B und C zusammengefasst (neu unter der Bezeichnung *Gruppe 1*) und jeweils mit der Kompetenzgruppe E (neu unter der Bezeichnung *Gruppe 2*) verglichen. Wenn sich die frequent thematisierten Bereiche zwischen sprachschwachen und sprachstarken Kindern unterscheiden, dann wird sich das in der Gegenüberstellung zweier Gruppen, die sich im Kriterium der globalen Sprachkompetenz möglichst deut-

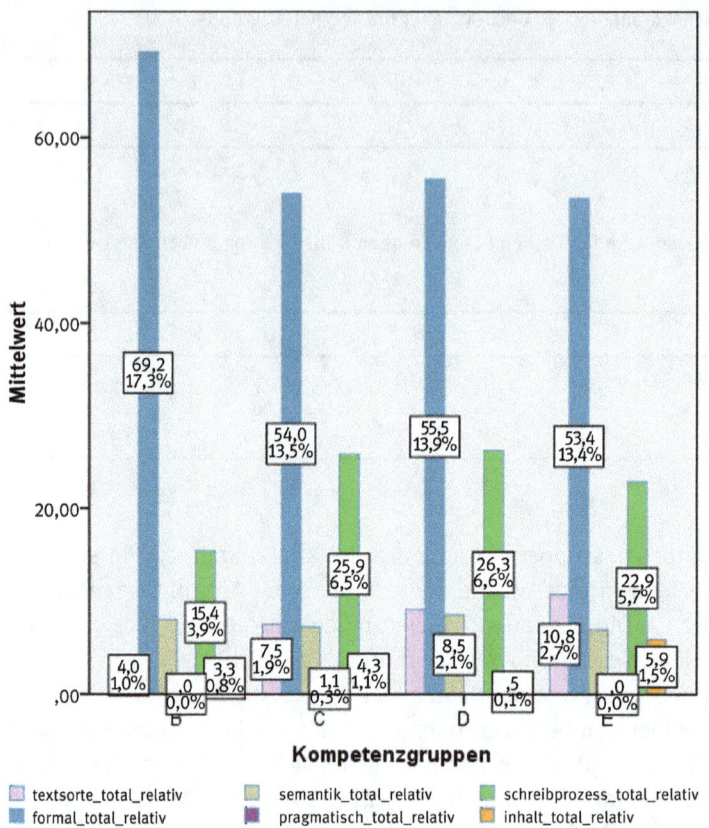

Abb. 11.4: Diagramm zur Verteilung der annotierten Kommentare über die Kompetenzgruppen. Anm.: Insgesamt 483 Zuordnungen, abgebildet hier die Mittelwerte sowie die prozentuale Verteilung der Nennungen über die Referenzbereiche hinweg pro Gruppe.

lich unterscheiden, zeigen. Das ist hier gegeben, zumal zwischen den beiden neu gebildeten Gruppen 1 und 2 eine Gruppe (Gruppe D) aus der Analyse ausgeschlossen wird. Die neu gebildeten Gruppen (Gruppe 1 mit Gesprächen von 19 Probanden und Gruppe 2 mit Gesprächen von 18 Probanden) unterscheiden sich in den durchschnittlichen C-Test-Resultaten tatsächlich hoch signifikant ($t(27.54) = -15.82$, $p < .001$).

Der Vergleich von Gruppe 1 und Gruppe 2 hinsichtlich der Verteilung der Kommentare auf die Referenzbereiche mittels T-Test zeigt für keinen Referenzbereich eine bedeutsame Differenz (die Signifikanzwerte liegen zwischen $p = .242$ und $p = .952$). Sprachschwache und sprachstarke Kinder unterscheiden sich nicht darin, wie frequent sie einen bestimmten Bereich metasprachlich thematisieren.

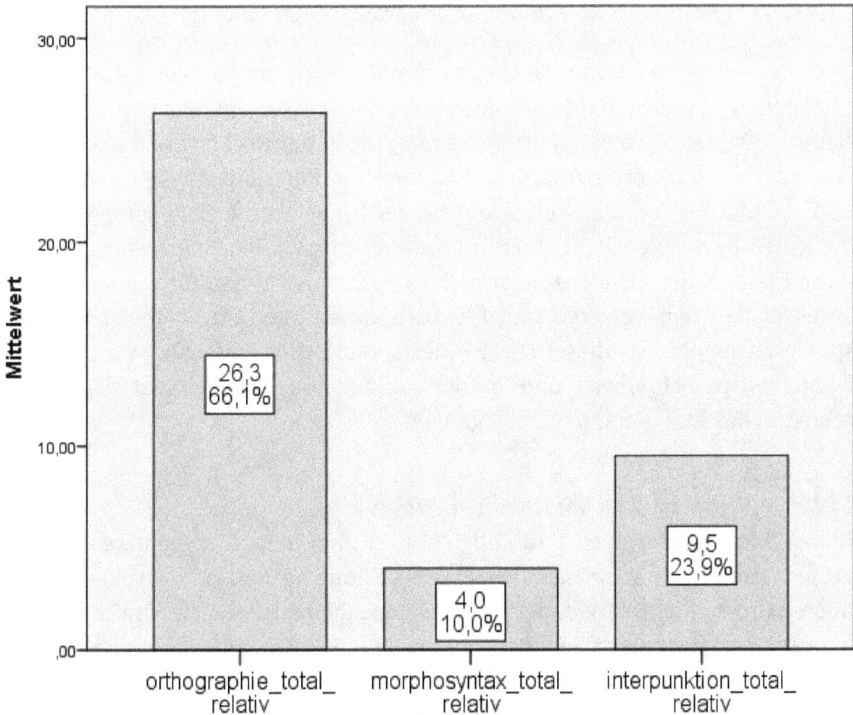

Abb. 11.5: Verteilung der Kommentare über die Subcodes des formalen Referenzbereichs. Anm.: Insgesamt 276 Zuordnungen verteilt über 55 Gespräche, abgebildet hier die Mittelwerte sowie die prozentuale Verteilung der Nennungen über die Referenzbereiche hinweg pro Gruppe.

Für die Analyse der einzelnen Subcodes des formalen Referenzbereichs (Subcodes *Orthographie*, *Morphosyntax* und *Interpunktion*) anhand einer einfaktoriellen Varianzanalyse (ANOVA) ergibt keine signifikanten Unterschiede der Mittelwerte für die Gruppen B bis E (p = .079 für die Morphosyntax, p = .129 für die Interpunktion, p = .724 für die Orthographie). Für die recodierten Gruppen 1 und 2 ergibt ein T-Test ebenfalls keine signifikante Mittelwertsdifferenz (p = .155 für die Interpunktion, p = .505 für die Morphosyntax, p = .354 für die Orthographie).

Zusammenfassend zeigt sich damit, dass weder die Referenzbereiche noch die Subcodes des formalen Referenzbereichs in einer statistisch bedeutsamen Abhängigkeit mit dem Alter oder der globalen Sprachkompetenz der Kinder stehen.

11.2.4 Zum Verhältnis von Normbezug und Schreibhandlung

Die Auswertung der Daten zeigt ganz deutlich eine starke Konzentration der Kommentare innerhalb des formalen Referenzbereichs bei der Orthographie: Nahezu 70 % aller Kommentare betreffen Fragen der Rechtschreibung. Das illustriert, wie stark orthographische Aspekte die Revisionstätigkeit der Kinder und – damit verbunden, zumal letztere der Input für die Kommentare war – ihr Reflektieren über den Schreibprozess bestimmen. Beachtenswert ist, dass diese Feststellung für alle Kinder gleichermassen gilt, also für die älteren im Vergleich mit den jüngeren und für die sprachstarken im Vergleich mit den sprachschwachen. Da dieser Bereich des sprachlichen Wissens für die Kinder während des Schreibens und in der Reflexion besonders zentral zu sein scheint, wird ihm genauer nachgegangen.

11.2.4.1 Versatzstücke sprachlichen Wissens

In den Daten zeigt sich eine auffällige Konzentration der Kommentare auf zwei orthographische Phänomene: die Grossschreibung bei Satzanfang und die satzinterne Gross-/Kleinschreibung. Diese Aspekte thematisieren die Kinder speziell frequent, und zwar nach dem Beobachten einer Revision, die sie vorgenommen haben, aber auch in ihren Rand- und Schlusskommentaren zum Text generell, also ohne Vorliegen eines visuellen Inputs. Es liegt nahe, diesen Umstand auf den Unterricht zurückzuführen; die satzinitiale und -interne Gross-/Kleinschreibung ist Gegenstand des Rechtschreibunterrichts in der Grundschule (vgl. Lehrplan für die Primarschule, Fach Deutsch). Ebenfalls darauf zurückzuführen ist die Art des Zugriffs auf die Norm, für die sich im Gesprächskorpus viele Belege finden: Es handelt sich im Wesentlichen um das Zitieren transitorischer Normen. Als transitorische Norm (vgl. auch Kap. 3.2.3) wird mit Feilke (2014b) eine zu didaktischen Zwecken und zur Erleichterung von Aneignungsprozessen angepasste linguistische Norm verstanden. Sie soll eine Steigbügelfunktion übernehmen, im Lauf der Schreibontogenese dann aber überwunden werden. Ein Beispiel für den Bezug auf eine transitorische Norm zeigt Korpusauszug 1.

Korpusauszug 1: Auszug aus dem Transkript 6mbb11.[68]
Anm.: In eckigen Klammern wird die Revision verschriftet, die der Junge beobachtet und kommentiert.
6mbb11: *weil das (..) reicht in der schule (..) schule gross (.) in schweizerdeutsch (...) zu sprechen*

---

[68] Standardsprachliche Version der Dialektpassagen:
ul: (mhm (zustimmend)) aber warum sprechen gross?

[schreibt *sprechen* gross]
ul: (mhm (zustimmend)) aber wärùm sprechen gross?
6mbb11: das sprechen

Der Junge zieht zur Begründung seiner Revision einen Merksatz heran, der ihn zur Grossschreibung eines Verbs führt. Die traditionelle Grammatik bestimmt die Grossschreibung auf der Grundlage der Wortart *Substantiv*, wohingegen neuere Ansätze von der syntaktischen Funktion ausgehen, die ein Wort im Satz hat (Bredel 2010). Bei dem Jungen präsent ist offensichtlich der Merksatz, dass Wörter, die auf *der, die, das* folgen, grossgeschrieben werden.

Auch die zweite Äusserung (Korpusauszug 2) zeigt auf, wie ein Kind eine Revision, die zu einer Fehlschreibung führt, nachträglich mit einem Normbezug begründet, der mit der Entscheidung für die Realisierung des betroffenen Wortes nicht in direktem Zusammenhang steht: Das Substantiv *Respekt* wird, so die Aussage des Jungen,[69] mit der Kleinschreibung akzeptiert aufgrund der Regel, dass Verben klein zu schreiben sind. Diese wiederum werden durch das Merkmal der Flektierbarkeit – *ich habe Respekt, du hast Respekt* – identifiziert, was hier misslingt, da der Junge die Gültigkeit der transitorischen Norm auf die Akkusativergänzung erweitert.

Korpusauszug 2: Auszug aus dem Transkript 6mbb9.[70]
6mbb9: *ich rede mit den lehrer hochdeutsch weil (.) die schüler (.) respekt haben müssen*
ul: hm (.) faut der hye öppis uf (.) däm satz?
6mbb9: *respekt* schrybt me das nid gross?
ul: wärùm minsch?
6mbb9: ney me schrybts chly isch doch es verb ich habe respekt du hast respekt

---

[69] Es ist der Autorin bei der gesamten Auswertung in diesem Kapitel durchaus bewusst, dass die Kinder nachträglich nicht zwingend die Normen oder Regeln zur Sprache bringen, auf die sie während des Schreibens tatsächlich zurückgegriffen haben. Die Behauptung, die geäusserte Begründung habe zu einer bestimmten Realisierung eines Lexems geführt, ist damit unzulässig.
[70] Standardsprachliche Version der Dialektpassagen:
  ,ul: hm (.) fällt dir hier etwas auf (.) [in] dem satz?
  6mbb9: respekt schreibt man das nicht gross?
  ul: warum meinst du?
  6mbb9: nein man schreibt es klein es ist doch ein verb ich habe respekt du hast respekt

Beide angeführten Beispiele zeigen ein Phänomen, das im Gesprächskorpus vielfach belegt ist: Die Kinder begründen die Schreibung eines Wortes mit einem Normbezug, der ihnen für das entsprechende Phänomen nicht zur korrekten Schreibung verhilft. Ebenfalls finden sich Beispiele, bei denen analog auf eine transitorische Norm Bezug genommen wird, die für das beobachtete und kommentierte Phänomen unangemessen ist, aber nicht zu einer Falschschreibung führt. Zwischen der Schreibhandlung und dem expliziten metasprachlichen Wissen der Kinder, das sie retrospektiv mit dieser in Zusammenhang bringen, besteht damit für viele der kommentierten Sequenzen keine inhaltliche Verbindung. Übertragen auf die von Weingarten (2001) beschriebenen vier Wissenstypen *sprachliches Wissen I* bis *IV* (vgl. Kap. 5.3.4) bestätigt sich einerseits, was Weingarten herausarbeitete: Zwischen dem sprachlichen Wissen I, der angemessenen Sprachverwendung, und dem sprachlichen Wissen II, das seinen Ausdruck in Urteilen über sprachliche Äusserungen und in der Anwendung grammatischer Operationen auf dieselben findet (das wird im Gesprächskorpus der vorliegenden Studie durch die Revisionen sichtbar gemacht), besteht kein ersichtlicher Zusammenhang. Ergänzend zu diesem Befund stellt sich in der vorliegenden Studie andererseits heraus, dass das ebenso für die Wissenstypen III und IV gilt: Auf metasprachliche Bezeichnungen sprachlicher Einheiten, Funktionen und Operationen über alltagssprachliche Begrifflichkeiten (sprachliches Wissen III) oder anhand fachsprachlicher Termini (sprachliches Wissen IV) greifen die Kinder auch immer wieder zurück (vgl. Korpusauszug 3 und Korpusauszug 4). Der Terminus *Nomen* etwa kann aus der Perspektive der Kinder als fachsprachlicher Terminus gelten. Er wird von den Kindern verwendet, um die Grossschreibung eines Wortes zu begründen, was teilweise tatsächlich mit einer korrekten Umsetzung einhergeht, teilweise aber andere Wortarten betrifft (Korpusauszug 4).

Korpusauszug 3: Auszug aus dem Transkript 4ws9.[71]

6wba4: *und wenn sich diese (.) leute nicht anpassen wollen an diese gesetze die dort gilten (.) müssen sie halt in ein anderes land auswan(.)(dern* (lachend)) *dort wo ihre* (lange Pause) *rechte und (.) meinungen gilten*

ul: (mhm (zustimmend)) *worùm hesch rechte gross gschribe (.) zersch chly?*

6wba4: *wùùs es nome isch*

---

[71] Standardsprachliche Version der Dialektpassagen:
    ul: (mhm (zustimmend)) warum hast du rechte gross geschrieben (.) zuerst klein?
    6wba4: weil es ein nomen ist

Korpusauszug 4: Auszug aus dem Transkript 6wba4.[72]
```
ul:    ok ù itz hesch hie herzlich zersch chlynn ù nai groos
4ws9:  ja
ul:    wärùm de?
4ws9:  wyl (.) (räuspert sich) herzlichen schrybt mù groos
ul:    wärùm de?
4ws9:  as isch a nomen
```

Das Gesprächskorpus der vorliegenden Studie ist nicht dafür geeignet, systematisch zu untersuchen, von welchen Faktoren es abhängt, ob der von den Kindern explizit hergestellte Normbezug die Schreibhandlung korrekt begründet oder mit ihr nicht in direktem inhaltlichen Zusammenhang steht. Dafür wären experimentell angelegte Erhebungsverfahren respektive alternative Frage-Methoden (etwa das Vorlegen der immer gleichen Fehlschreibungen) geeigneter. Was die Gespräche hingegen deutlich werden lassen, ist ein frequenter Rückgriff der Kinder auf transitorische Normen, und zwar oft unabhängig vom beobachteten Phänomen.

Diese transitorischen Normen erscheinen auch als Versatzstücke in unerwarteten Zusammenhängen oder als inhaltlich unklare Aussage, wie es folgende Äusserung illustriert (vgl. Korpusauszug 5).

Korpusauszug 5: Auszug aus dem Transkript 4wl3.[73]
[korrigiert *neu*]
```
4wl3:  und so würden wir neue wörter (..) im dialekt und in (.)
       hochdeutsch lernen
```

---

[72] Standardsprachliche Version der Dialektpassagen:
```
   ul:    ok und jetzt hast du hier herzlich zuerst klein und dann gross
   4ws9:  ja
   ul:    warum denn?
   4ws9:  weil (.) (räuspert sich) herzlichen schreibt man gross
   ul:    warum denn?
   4ws9:  es ist ein nomen
```
[73]
```
   ul:    super (.) jetzt hast du hier zuerst noch ehm neu hast du gross geschrieben und
          dann klein (.) jetzt hast du es klein am schluss
   4wl3:  (mhm (zustimmend))
   ul:    (findest (unv.)) gut?
   4wl3:  ja
   ul:    warum?
   4wl3:  weil (..) ehm (lange Pause) weil dort wörter hintendran ist ehm gross (.) und
          weil man sagt zum beispiel (.) der elefant dann macht man ja dann ehm (.) dann
          schreibt man ja dann auch nicht gross
```

```
u1:     super (.) itz hesch hye zersch no ehm neu hesch grooss gschribe ùnd
        de chlyy (.) itz heschs chlyy em schlùss
4wl3:   (mhm (zustimmend))
u1:     (fùndsch (unv.)) guet?
4wl3:   ja
u1:     werùm?
4wl3:   wùù (..) ehm (lange Pause) ùù dert wörter hingerdran isch ehm
        grooss (.) u we me seyt zum bispiù (.) der elefant de seyt de tuet
        me ja när ehm (.) der tuet me j/ när o nid grooss schrybe
```

Das Mädchen stellt einen Bezug zu einer tradierten Regel her (*der Elefant* wird in die Diskussion um die Gross-/Kleinschreibung des Adjektivs *neu* eingebracht), der in dieser verkürzten Form vorerst nicht nachvollziehbar ist. Das wird er erst, indem rekonstruiert wird, dass die Thematisierung der Gross-/Kleinschreibung im Gespräch automatisch einen Rückbezug auf eine übernommene Regel auslöst. Diese wird zudem falsch verwendet, da die Artikelkombination des Substantivs (*der Elefant*) eine Grossschreibung nahelegen würde. Solche Gesprächssequenzen weisen erstens darauf hin, dass das explizite Sprachwissen der Kinder sehr stark von übernommenen Merksätzen dominiert wird. Zweitens lassen sie vermuten, dass die Kinder beim Sprechen über sprachliche Aspekte dem erwachsenen Gesprächspartner automatisch die Absicht unterstellen, Regelwissen zu ‚testen'.

11.2.4.2 Restrukturierung sprachlichen Wissens?

Die unterschiedlichen Beispiele zeigen einerseits ein kreatives Potenzial der Kinder, transitorische Normen zu erweitern, und lassen andererseits deutlich werden, dass das Sprechen über sprachliche Regularitäten und über verschiedene Arten von Sprachwissen basierend auf dem beobachteten Text/Schreibprozess für sie eine enorme Herausforderung ist. Sie verfügen über einen eingeschränkten metasprachlichen Zugriff auf sprachliche Wissensbestände, wenn der Input aus sprachlichen Strukturen *im Textkontext* besteht. Die Kinder zeigen durchaus die Fähigkeit, sprachliche Strukturen aus der Textumgebung auszugliedern und sich vom betrachteten Gegenstand zu distanzieren sowie Handlungsroutinen in der retrospektiven Reflexion zu deautomatisieren. Die *Distanzierung* und die *Deautomatisierung* formuliert Bredel (2007: 23–25) als Merkmal metasprachlicher Diskurse (vgl. Kap. 5.4). Das dritte von ihr aufgeführte Merkmal, die *Dekontextualisierung*, erscheint den Kindern auf den ersten Blick auch möglich zu sein: Die Ausschnitte aus den Gesprächstranskripten zeigen, dass sie einzelne Lexeme aus dem Satz- und Textzusammenhang ausgliedern und sie dekontextualisieren, indem sie sie in einen expliziten Normbezug stellen: Das Verb *sprechen* in Korpusauszug 1 wird dekontextualisiert und mit Rückgriff auf eine transitorische Norm mit einem Artikel kombiniert. Diese Kombinierbarkeit mit dem Artikel führt wiederum zur (falschen) Grossschreibung. Gerade diese Operation macht deutlich, dass die drei Merkmale Bredels um den Aspekt der *Re-Kontextualisierung* erweitert werden müssen, wie es oben (vgl. Kap. 5.4) vorgeschlagen wurde. Was den Kindern nämlich in aller Regel nicht oder nur zufällig gelingt, ist das Kommentieren einer sprachlichen Handlung *im Satz- und Textzusammenhang*. Die syntaktische Funktion eines einzelnen Lexems wird nur unter Rückbezug auf den ganzen Satz nachvollziehbar. Bleibt letzterer aber aus, bleibt die Anwendung einer oder deren gegenteiliger transitorischer Norm eine Zufallswahl.

Zu unterstellen, die oben zitierten Kinder griffen rein zufällig auf ein Versatzstück sprachlicher Normen zurück, würde zu kurz greifen. Das Zusammenspiel von sprachlichem Handeln (dem Schreiben respektive im Sinne Weingartens sprachlichem Wissen I) und den metasprachlichen Kommentaren, die dadurch ausgelöst werden, verdient eine genauere Analyse. Dass nämlich die Schreibhandlung und der explizite Wissensbezug nicht zwingend miteinander einhergehen, liessen die theoretischen Vorüberlegungen aufgrund der aktuellen Forschungslage vermuten. Die Annahme von Andresen & Funke (2006: 441), „dass mit dem sprachpraktischen Können nicht zwangsläufig eine Zugänglichkeit sprachlicher Kenntnisse gegeben ist", wird hier empirisch bestätigt. Die Analyse zeigt überdies aber auch, dass die terminologische Unterscheidung zwischen Sprachbewusstheit und Sprachwissen / metasprachlichem Wissen, die etwa von Andresen & Funke (2006: 439) vorgeschlagen wird und die die Fähigkeit, den Sprachproduktionsprozess zu unterbrechen und die Aufmerksamkeit auf sprachliche Phänomene zu lenken (= Sprachbewusstheit), vom Zugang zu explizitem Wissen (= Sprachwissen / metasprachliches Wissen) unterscheidet, zwar auch für die Empirie sinnvoll ist, aber gleichzeitig zu kurz greift: Ein Sprachbewusstsein zeigen die Kinder immer dann, wenn sie während des Schreibens den Schreibfluss unterbrechen und eine Revision vornehmen. Ebenfalls zeigen sie es über eigenaktiv angebrachte Kommentare während des Beobachtens des Schreibprozesses retrospektiv, d. h. durch die metasprachliche Ausgliederung eines bestimmten beobachteten Phänomens. Was diese Bewusstheit dann aber auslöst, lässt sich nicht unter einem Terminus – Sprachwissen / metasprachliches Wissen o. ä. – subsumieren. Karmiloff-Smith konnektionistisch-konstruktivistisches Modell des Lernens (Kap. 4.3.3) bietet eine Erklärung an, wie über den Prozess der *representational redescription* implizite Wissensbestände sukzessive einem expliziten Zugriff zugänglich gemacht werden. Das geschieht nicht auf direktem Weg, sondern phasenweise über die Restrukturierung inneren Wissens. Ein Merkmal dieses Prozesses ist eine vorübergehende Fehleranfälligkeit (Karmiloff-Smith cop. 1992: 19 verortet sie in der zweiten Phase ihres Modells, vgl. Kap. 5.3.3), die sich dadurch auszeichnet, dass der externe Input überlagert wird von den Repräsentationen des Kindes aus seiner aktuellen Lernervarietät. Übertragen auf das Zusammenspiel transitorischer Normen und sprachlichen Handelns hiesse das, dass die Verschiebung zwischen den beiden Aspekten zeitweise einem fehlenden Abgleich des externen Inputs und des inneren sprachlichen Wissens geschuldet sein kann. Die Verbalflexion, in die der oben zitierte Junge die Akkusativergänzung miteinschliesst (*ich habe Respekt* in Korpusauszug 2), könnte vor diesem Hintergrund ein positives Indiz für eine Restrukturierung sprachlichen Wissens in Richtung eines Abgleichs von Norm und korrekter Umsetzung der Norm darstellen. Dieser Schluss bedürfte einer eingehenderen empirischen Untersuchung, er ist aber mindestens ebenso plausibel wie etwa die Annahme Weingartens (2001: 223), die Kinder verfügten über ein „chaotische[s] und zu einem guten Teil falsche[s] sprachliche[s] Wissen". Die empirischen Befunde der vorliegenden Studie widersprechen also nicht zwingend dem Nutzen transitorischer Normen, stellen aber didaktisch eine weitere Anforderung an ihre Konstruktion: Die Forderung Feilkes (2014b), die Didaktik habe „Normen so zu konstruieren, anzupassen und fortzuschreiben, dass sie Lernen ermöglichen und die Aneignung stützen können", ist damit um die Anforderung zu ergänzen, dass den Kindern die Normen selbst und ihre Gültigkeit anhand authentischer sprachlicher Äusserungen im (schriftlichen wie mündlichen) Gebrauchszusammenhang metasprachlich zugänglich gemacht werden. Myhill (2005: 88) weist auf diesen Aspekt zu Recht hin, wenn sie betont, dass gerade für schwache Schreiber über Instruktion erworbenes explizites Wissen das fehlende innere Wissen (tacit knowledge) ersetzen kann. Das ist hingegen nur dann möglich, wenn mitbedacht wird, „that knowledge about grammar is not the same as knowing how to make effective and appropriate grammatical choices" (Myhill 2005: 88). Zwischen explizitem grammatischem Wissen und seiner Umsetzung im Verwendungszusammenhang braucht es also eine Übersetzungsleitung.

Als Erfordernis an die Sprachstandsdiagnostik stellt die von Karmiloff-Smith (cop. 1992) erarbeitete Aneignungsdynamik, die sie als U-Kurve beschreibt, das wiederholte Beobachten eines bestimmten Phänomens. Das gilt für Fehlschreibungen, die, wie oben beschrieben, einer eigentlich positiv zu wertenden Umstrukturierung sprachlichen Wissens geschuldet sein können. Ebenso zeigt sich diese Notwendigkeit aber in den metasprachlichen Äusserungen der Kinder: Die explizit hergestellten Normbezüge, die mit der tatsächlich vorgenommenen Schreibhandlung nicht zwingend einhergehen, könnten sich – beobachtet über eine bestimmte Zeit hinweg – als positive Aneignungsdynamik herausstellen. Der explizierte Normbezug liesse sich als Hinweis darauf deuten, dass dieser sprachliche Aspekt zu einem bestimmten Zeitpunkt bei dem entsprechenden Kind besonders präsent ist, und zwar unabhängig davon, ob der Bezug inhaltlich korrekt ist oder nicht. Ehlich (2007: 25) weist auf diesen Aspekt hin und unterscheidet basierend auf dieser Aneignungsdynamik zwischen resultativen und aneignungsstrategischen Ressourcen:

> Die Entdeckung neuer Regularitäten sowie die Entdeckung des Zusammenspiels von Regeln und Ausnahmen erfordern diverse Umbauprozesse einmal ausgebildeter individueller Varietäten, die wegen des u-kurvenförmigen Verlaufs an der sprachlichen Oberfläche bisweilen als ‚Rückschritt' erscheinen.
>   Es ist zwischen *resultativen* und (aneignungs-)*strategischen* Ressourcen der Kinder einerseits, Defiziten bei der Sprachaneignung andererseits zu unterscheiden. Statistisch-punktuelle Erhebungen zum Sprachstand sind nicht in der Lage, dies angemessen zu berücksichtigen. (Ehlich 2007: 25)

Was das Gesprächskorpus der vorliegenden Studie vermuten lässt, ist, dass diese Dynamik nicht nur für das beim Kind beobachtete sprachliche Handeln und die Sprachwissensbezüge gilt, die daraus abgeleitet werden, sondern ebenfalls für die von den Kindern explizit hergestellten Normbezüge, also für das *explizierte* Wissen.

11.2.4.3 Ontogenese einer Metasprache

Während des Annotationsprozesses der transkribierten Gespräche sowie in der abschliessenden Kurzbeschreibung des Gesprächsverhaltens der Kinder und beobachteter Auffälligkeiten (zum Vorgehen vgl. Abb. 8.1) fiel ein Aspekt immer wieder auf, und zwar die (fehlende) Beobachtungskompetenz der Kinder. Als Subcode definiert wurde während des Auswertungsprozesses eine (fehlende) Fehlersensibilität, die einen Teil dieser (fehlenden) Beobachtungskompetenz ausmacht, aber das Phänomen dennoch nur ansatzweise umfasst, zumal sie sich explizit auf formalsprachliche Fehler bezieht und nach dem Umgang der Kinder mit Defiziten im Text fragt. Darüber hinaus fällt eine interindividuell sehr unterschiedliche Fähigkeit auf, Beobachtungen zu verbalisieren. Anknüpfend an die vorangehenden exemplarischen Analysen sind damit zwei Aspekte gemeint: Es zeigt sich bei den Kindern einerseits eine ganz unterschiedlich ausgeprägte Sprachbewusstheit generell. Andererseits illustrieren die Gespräche sehr heterogene Formen realisierter oder oftmals auch deutlich eingeschränkter Formen der Überführung von Sprachbewusstheit in metasprachliche Äusserungen: Den Kindern fehlt weitgehend eine Sprache, um über Sprachliches zu reden, also Beobachtungen metasprachlich zu kommunizieren. Um diesen Aspekt zu vertiefen, wird auf einen zweiten Teil von Annotationen der Gesprächstranskripte zurückgegriffen: Die datengeleitete Annotation der Gespräche mit den Kindern führte, wie in Kapitel 8.2.2 detailliert beschrieben, nicht nur zum Identifizieren von Referenzbereichen, sondern ebenfalls zur Annotation von Beobachtungen, die zum Gesprächsverhalten der Kinder gemacht wurden. Als Orientierung dienten hier die Bestimmungsmerkmale metasprachlicher Äusserungen nach Bredel (2007: 23–25). Bredel (2007) beschreibt drei Merkmale, anhand derer eine metasprachliche Äusserung als solche qualifiziert werden kann, und zwar beziehen sich diese Merkmale nicht auf die Struktur der Äusserung, sondern auf die *Handlung* des Individuums: Das Individuum distanziert sich von der beobachteten sprachlichen Struktur (Merkmal der *Distanzierung*), es deautomatisiert Sprachhandlungsprozesse, die sonst automatisiert ablaufen (Merkmal der *Deautomatisierung*) und es dekontextualisiert die betrachtete Struktur, indem es sie aus dem Verwendungskontext löst (Merkmal der *Dekontextualisierung*). In Kapitel 5.4 wurde dafür argumentiert, die drei Merkmale um ein viertes zu ergänzen, und zwar um die *Re-Kontextualisierung*. Es ist davon auszugehen, dass gerade der Rückbezug auf die konkrete Verwendung einer sprachlichen Struktur im metasprachlichen Kommentieren eine wichtige Kompetenz darstellt. Das mag darauf zurückzuführen sein, dass die Kinder wenig Übung darin haben, sprachliche Phänomene überhaupt im *Verwendungszusammenhang* zu betrachten: Sie verfügen zwar, wie es für den sprach-formalen Bereich gezeigt wurde, über das dafür notwendige Sprachbewusstsein, aber nicht über die Routine, bestimmte Strukturen mit Bezug auf die Wort-, Satz- oder gar Textumgebung zu reflektieren und zu beschreiben. Die notwendige Distanzierung vom betrachteten Phänomen, die Deautomatisierung impliziter Sprachproduktionsabläufe sowie die De-Kontextualisierung und Re-Kontextualisierung einer sprachlichen Entität sind erst die Bedingungen für metasprachliches Reflektieren. Sie stellen aber noch nicht die dafür notwendige Sprache bereit. Diese Versprachlichung selber muss – wie das Beobachten – angeeignet werden. Sie ist von höchster Relevanz, wie die für die vorliegenden Auswertungen aufgezeichneten Gespräche zeigen, und zwar in zweierlei Hinsicht: Das explizierte sprachliche Wissen stellt, folgt man dem Konzept Vygotskijs, sozusagen den Eintritt in das *Niveau der nächsten Entwicklung* dar (vgl. Kap. 3.3.2). Vygotskij versteht darunter diejenigen Handlungen und Einsichten, die eine Person mit Hilfe anderer oder durch Vermittlung zu vollziehen in der Lage ist (Corso 2001: 40, Vygotskij & Cole 1978). Über diese metasprachliche explizite Verständigung im Gespräch (sei das mit einer Lehrperson oder mit Peers) wird es also erst möglich, Sprachwissen zu entschlüsseln, zu diskutieren und zu verhandeln – und damit schliesslich in Sprachhandlungen zu überführen. Erinnert sei in diesem Zusammenhang an die Forderung von Ehlich, Bredel & Reich (2008c: 18), diese Zone der nächsten Entwicklung – sie definiert sich als Distanz zwischen der echten und dem Niveau der nächsten Entwicklung – in der Sprachförderung besonders zu beachten. Erfolgreiches Lernen nämlich stelle jenes Lernen dar, das der Entwicklung vorausgeht. Das explizite Verhandeln über sprachliche Aspekte, über Schreibhandlungen, über sprachliche Normen und über die Wirkung eines Ausdrucks im Textzusammenhang der Kinder mit anderen Kindern oder einer erwachsenen Person sind das Mittel für diese Art von Lernen.

Der zweite Grund, warum dieser Meta*sprache* Relevanz zukommt, liegt darin, dass sie das Mittel für die Einschätzung der eigenen Kompetenz darstellt. Ehlich (2007: 25) weist darauf hin, dass sich mit der Aneignung der Schriftsprache bei den Kindern „nicht nur ein Metawissen über Sprache, sondern auch ein Wissen über ihre eigene sprachliche Kompetenz" ausbildet, und betont, Selbstevaluationen (Fehlersensibilität) seien für die förderdiagnostische Arbeit von höchster Relevanz, würden bislang aber kaum beachtet. Wenn sich Ehlich spezifisch auf die Fehlersensibilität der Kinder bezieht, gilt das für Beobachtungen ihrer eigenen Fähigkeiten generell. Verschiedene Aspekte, die durch die Annotation der aufgezeichneten Gespräche zu Tage treten, stützen die Annahme, dass die metasprachliche Gesprächskompetenz der Kinder neben dem primärsprachlichen Handeln als eigener Aspekt in der Ontogenese ausgebildet wird und als solcher von aussen gefördert werden sollte.[74]

Festzuhalten ist in Bezug auf die hier aufgezeichneten und ausgewerteten Gespräche zusammenfassend, dass sie auf die Dominanz formalsprachlicher Fragen im metasprachlichen Reflektieren der Kinder und auf interindividuell grosse Unterschiede in der Verfügbarkeit einer Meta*sprache* und der entsprechenden metasprachlichen Diskurskompetenz hinweisen.

11.2.5 Konstruktionen an den Rändern tradierter Normen

Anhand der Gespräche, die mit den Kindern im Rahmen der vorliegenden Studie aufgezeichnet wurden, soll ebenfalls herausgearbeitet werden, welche Normvorstellungen die Kinder äussern. Von Interesse ist besonders auch die Frage, welche Normvorstellungen zur Sprache kommen, die sich mit schulgrammatischen Modellen gerade nicht decken und sich sozusagen an den Rändern tradierter Normen verorten lassen.

---

74 In eine ähnliche Richtung weisen etwa auch Myhill (2016) und Myhill et al. (2012) mit dem Konzept des *metalinguistic talk*.

Hier wurde ein kreatives Potenzial bei den Kindern erwartet, und zwar in der Hinsicht, dass sie basierend auf der ihnen eigenen Lernervarietät nicht nur im sprachlichen Ausdruck, sondern auch im explizierten sprachlichen Wissen eigenaktiv Normvorstellungen in Bezug auf die Sprache und das Schreiben entwickeln (vgl. Forschungsfrage B.3). Bereits während der datengeleiteten Analyse der transkribierten Gespräche zeigte sich, dass Äusserungen hierzu seltener als erwartet zu verzeichnen sind. Den Nachweis dafür erbrachte die datengeleitete Kategorienbildung gleich selbst: Die Codes und Subcodes, die sich aufgrund der Analyse ergaben, umfassen zu grossen Teilen Bereiche, die sich mit schulgrammatischen Termini und Kategorien decken. Die einzige Ausnahme davon stellt der Subcode mit der Bezeichnung *Visuelles/Akustisches* unter dem Referenzbereich *Textsorte* dar. Er umfasst insgesamt 24 Kommentare. Diese stellen jeweils eine Begründung für eine Schreibhandlung dar und ziehen dafür das visuelle oder akustische Erscheinungsbild eines Satzes oder eines Abschnittes heran. Dabei handelt es sich entweder um die Verwendung von Majuskeln für die Auszeichnung eines wichtigen Wortes[75] oder um die Positionierung der Anrede[76] oder der Grussformel[77]. Alternativ wird die Wahl eines Wortes mit der Begründung, es ‚töne' besser, kommentiert. Dieses Begründungsmuster ist in mehreren Fällen eine Art Passepartout-Begründung für Revisionen,[78] die die Kinder (oftmals auf eine Rückfrage hin) nicht inhaltlich begründen können. Zu konstatieren ist daher zur Forschungsfrage B.3, welche ‚Normen' (verstanden als kindliche Normvorstellungen) die Kinder frequent zur Sprache und bringen und welche Funktion ihnen im Schreibprozess und im metasprachlichen Reflektieren zukommt (Forschungsfrage B.4), das weitgehende Fehlen solcher ‚Normen' in den Kinderäusserungen. Ein Grund dafür kann die Erhebungsmethode, im Speziellen das Erhebungssetting, sein: Einerseits fordert das Beobachten des eigenen Schreibprozesses und sein Kommentieren sowie die Kombination dieser anspruchsvollen Aktivitäten die Kinder

---

75 Beispiel 4wu2:
 ul: ùnd hesch egschtra ales grossbuechstabe gno? (.) wärùm de?
 4wu2: öh dass sie sieht das sie das ehm wichtig ist //(lacht) +++//
76 Beispiel 6ws7:
 6ws7: wùy äs gfù/ ha komisch gfùne ha we mu +++ *liebe schulleiterin* am aafang fù/ aso
  schrybt (.) schùsch schryb me das schùsch schrybeny äbe das ging ide mitty
77 Beispiel 4wl3:
 4wl3: wùù i ha dänkt es gseet vilech besser us wenn me da chly abstand laat für när
  de gruess
78 Beispiel 6mba13:
 ul: //ùnd wörùm hye *re*/ // wörùm hye *sprechen* statt *reden*?
 6mba13: wöùs ingendwye besser tönt

heraus. Andererseits stellt die Gesprächskonstellation, in der ein Kind einer erwachsenen Untersuchungsleiterin gegenübersitzt, ein asymmetrisches Verhältnis dar.

Worüber die Gespräche ebenfalls kaum Aufschluss bringen, ist die Frage, welche sprachlichen Konstruktionen die Kinder als zusammengehörige Einheiten kommentieren. Im Zusammenhang mit gebrauchsbasierten, dynamischen Sprachmodellierungen (Kap. 5) und mit der Diskussion, welche Entitäten Einheiten metasprachlicher Reflexion und Verständigung darstellen (Kap. 4.3.1), wurde diese Frage aufgeworfen. Ihre Klärung würde Rückschlüsse darauf geben, in welche Konstruktionen Kinder ihre Texte metasprachlich segmentieren.

Die Ergebnisse zu den Frequenzen thematisierter Referenzbereiche lassen sich folgendermassen zusammenfassen: Die Hypothesen H.B.1 und H.B.2, die einen Unterschied in Bezug auf frequent thematisierte Referenzbereiche zwischen sprachstarken und sprachschwachen sowie zwischen älteren und jüngeren Kindern angenommen haben, werden beide falsifiziert. Es zeigen sich keine Gruppenunterschiede: Die Zuordnungen der Kommentare zu den Referenzbereichen und den Subcodes sehen für alle Kinder nahezu identisch aus. Am frequentesten kommentiert wird jeweils der formale Referenzbereich.

Auf die Resultate der qualitativen Analysen der Kinderkommentare zu den Forschungsfragen B.3 und B.4 wird in der Diskussion der Ergebnisse (Kap. 12) zusammenfassend eingegangen.

11.3 Ergebnisse zu Positionierungsprozeduren in den Kindertexten

Die bisherigen Analysen beruhen auf der Auswertung des Texteschreibens als Vorgang: Der Schreibprozess ging anhand zweier Variablen in die Auswertungen zum Formulierungsprozess ein und bildete den Input für die Kommentare der Kinder. Dem Textprodukt, das die Kinder schliesslich als solches abgegeben haben, widmen sich die folgenden exemplarischen Auswertungen. Sie gehen dabei folgenden Forschungsfragen und Untersuchungshypothese nach:

C.1   Unterscheiden sich sprachstarke und sprachschwache Kinder in Bezug auf die Quantität und die Literalität der realisierten Positionierungsprozeduren in den Kindertexten?

C.2   Unterscheiden sich die Altersgruppen in Bezug auf die Quantität und Literalität der realisierten Positionierungsprozeduren in den Kindertexten?

H.C.1 Sprachstarke und sprachschwache Kinder unterscheiden sich in Bezug auf die Quantität und die Literalität der realisierten Positionierungsprozeduren in den Kindertexten.

H.C.2 Die Altersgruppen unterscheiden sich in Bezug auf die Quantität und die Literalität der realisierten Positionierungsprozeduren in den Kindertexten.

In Kapitel 6.4 wurden Positionierungsprozeduren in einer Entwicklungsfolge dargestellt, wie sie von Gätje, Rezat & Steinhoff (2012) herausgearbeitet wurde. In Abbildung 11.6 sind die Konstruktionen zur Meinungsäusserung noch einmal aufgeführt. Die folgenden Auswertungen stützen sich im Wesentlichen auf die Studie von Gätje, Rezat & Steinhoff (2012). Die Auflistung der Prozeduren nach zunehmender Literalität wird für diesen Zweck als eine Art Entwicklungsreihenfolge gelesen, in der die Zunahme an konzeptioneller Schriftlichkeit literaler Prozeduren einhergeht mit einer weiter fortgeschrittenen Schreibkompetenz und Schreiberfahrung. Das ist insofern plausibel, als die genannten Autoren eine Zunahme der Verwendung auf der Altersdimension feststellen, die Reihenfolge also auf einem empirischen Nachweis beruht.

Die im Rahmen der vorliegenden Studie erhobenen Kindertexte der 4. und der 6. Klassenstufe wurden auf die von Gätje, Rezat & Steinhoff (2012) dargestellten Prozeduren hin untersucht. Die Analyse konzentrierte sich dabei ausschliesslich auf die dort herausgearbeiteten Positionierungsprozeduren, auch wenn sich in den Kindertexten alternative Formulierungen zur Meinungsäusserung finden.[79] Drei Ausnahmen von Prozeduren, um die die Liste von Gätje, Rezat & Steinhoff (2012) ergänzt wurde, bilden die in Abbildung 11.6 mit dem Vermerk *(erg)* gekennzeichneten Formulierungen. Es handelt sich dabei jeweils um ein semantisch ähnliches Verb (*denken* statt *finden* resp. *glauben* statt *meinen*) in der syntaktisch gleichen Struktur. Da mehrere Kindertexte die entsprechenden Prozeduren aufweisen und diese eine durchaus vergleichbare Funktion als Positionierung übernehmen, schien diese Erweiterung angemessen.

---

[79] Sie werden hier von den Analysen ausgeschlossen, stellen aber einen Fundus an Positionierungsprozeduren dar, denen nachzugehen sich für eine qualitative Analyse lohnen würde. Ausgeschlossen wurden Prozeduren wie *Meine Meinung lautet: ...* oder solche, die im Text die Funktion einer Positionierung übernehmen können. Letztere umschreiben z. B. eine Art Wunsch wie *Ich möchte, dass ...* Es wäre eine lohnenswerte Analyse, die Kindertexte induktiv auf sprachliche Potenziale der Positionierung zu untersuchen. Für viele der zusätzlich annotierten Prozeduren, die in die Datenauswertung nicht einflossen, müsste der Status der Positionierung zuerst im Textkontext diskutiert und nachgewiesen werden. Das führt von der hier verfolgten Fragestellung zu weit weg, weshalb diese Diskussion in der vorliegenden Arbeit nicht aufgenommen wird.

11.3 Ergebnisse zu Positionierungsprozeduren in den Kindertexten

```
                          p1: ich finde + NP + Adj
                          p2: ich finde, dass + ich denke, dass (erg)
                          p3: ich finde + HS/ ich denke + HS (erg)
                          p4: ich bin für/ gegen + NP
                          p5: ich bin dafür / dagegen, dass
                          p6: ich bin der / Ihrer Meinung
                          p7: ich bin der Meinung / Ihrer Meinung, dass
                          p8: ich meine, dass / ich glaube, dass (erg)
                          p9: ich halte + NP + für +
                          p10: meiner Meinung (Auffassung, Ansicht) nach
                          p11: meines Erachtens
                          p12: m. E.
```
zunehmend literal / konzeptionell schriftlich

Abb. 11.6: Positionierungsprozeduren. (auf der Grundlage von Gätje, Rezat & Steinhoff 2012, S. 138, ergänzt um drei Prozeduren).
Anm.: Die vorangestellten Nummerierungen entsprechen dem Variablenkürzel, das auch in den folgenden Kreisdiagrammen verwendet wird. Die grüne Linie markiert den Literalitätsgrad, der laut Gätje, Rezat & Steinhoff (2012, S. 138) von Kindern bis zur 4. Klassenstufe erreicht wird, die rote Linie den Literalitätsgrad der von Kindern bis zur 6. Klassenstufe erworbenen und verwendeten Prozeduren.

11.3.1 Positionierungsprozeduren der 4. und der 6. Klassenstufe

Auch wenn sich das Hauptinteresse der nachfolgenden Auswertungen der Frage widmet, ob sich globale Sprachkompetenzen – über Altersstufen hinweg – in der Verwendung literaler Konstruktionen als zentrales Merkmal konzeptioneller Schriftlichkeit zeigt, werden die in den Kindertexten annotierten Prozeduren in einem ersten Schritt in Abhängigkeit von der Klassenstufe dargestellt. Dadurch wird die Frage geklärt, ob und inwieweit sich die von Gätje, Rezat & Steinhoff (2012) aus bestehenden Korpora herausgearbeitete Verteilung von Positionierungsprozeduren über verschiedene Altersstufen hinweg mit den Daten der vorliegenden Studie deckt.

Tabelle 11.6 zeigt, dass die Anzahl realisierter Positionierungsprozeduren (Mittelwerte) für die älteren Kinder deutlich höher ist. Der T-Test bestätigt den Eindruck und weist eine hoch signifikante Mittelwertsdifferenz zwischen den beiden Gruppen nach ($t(113) = -4.39$, $p < .001$, $d = 0.24$). Abbildung 11.7 illustriert den quantitativen Unterschied: Die Kinder der 6. Klasse verwenden insge-

Tab. 11.6: Deskriptive Kennwerte zur Anzahl verwendeter Prozeduren pro Altersgruppe.

	N	*M*	*SD*
Anzahl Prozeduren 4. Klasse	44	0.77	0.75
Anzahl Prozeduren 6. Klasse	71	1.56	1.16

Anm.: *N* = Anzahl Probanden, *M* = Mittelwert, *SD* = Standardabweichung

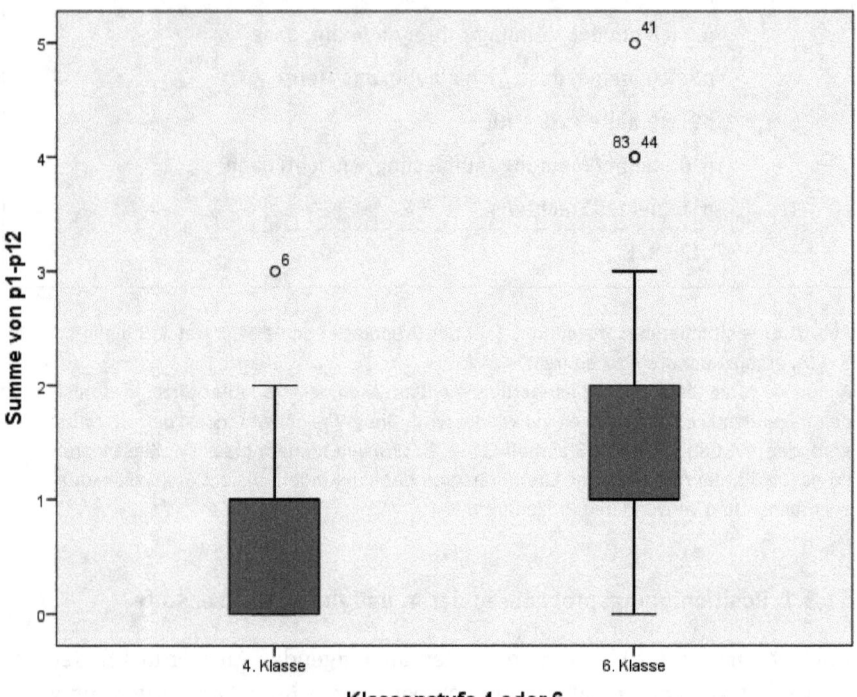

Abb. 11.7: Boxplot Anzahl verwendeter Positionierungsprozeduren pro Klassenstufe.

samt deutlich mehr literale Prozeduren als die Kinder der jüngeren Klassenstufe.

Auf eine qualitative Differenz zwischen den Altersgruppen weist Abbildung 11.8 hin: Prozeduren bis zur Stufe p8 werden von beiden Klassengruppen eingesetzt, darüberhinausgehende – bis zur Stufe p10 – nur von den älteren Kindern. Die Prozeduren p8 und p10 markieren bei Gätje, Rezat & Steinhoff (2012) exakt den Einschnitt zwischen diesen beiden Altersgruppen (vgl. grüne und rote Markierung in Abb. 11.6). Den Ergebnissen von Gätje, Rezat & Steinhoff (2012) entsprechen die Daten der vorliegenden Analyse ebenfalls insofern,

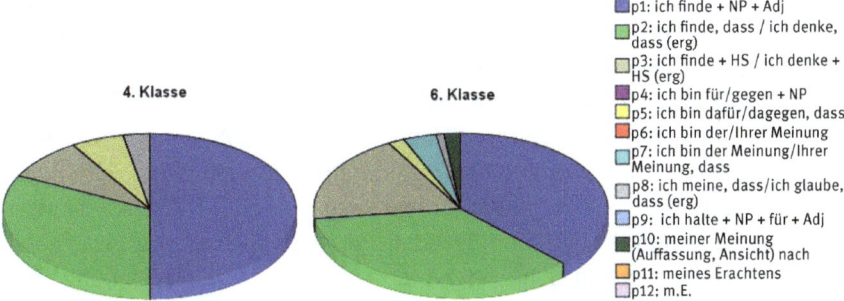

Abb. 11.8: Kreisdiagramme zu Anteilen verwendeter Prozeduren pro Klassenstufe.
Anm.: Dargestellt sind die Mittelwerte. Anzahl berücksichtigter Positionierungsprozeduren:
4. Klasse: $N = 44$; 6. Klasse: $N = 71$.

als dass auch Gätje, Rezat & Steinhoff (2012) sowohl für die 4. wie auch für die 6. Klasse eine überproportional häufige Verwendung von *ich finde* und *ich bin (da)für/(da)gegen(, dass)* (diese Konstruktionen entsprechen in den hier abgebildeten Illustrationen den Prozeduren p1–p5) hinweisen, wobei in der 4. Klassenstufe Prozedur p1 noch viel deutlicher präferiert wird (Gätje, Rezat & Steinhoff 2012: 137, vgl. dort vor allem Abb. 2). Ebenfalls analog zu Gätje, Rezat & Steinhoff (2012) werden die literal höher klassierten Prozeduren p11 und p12 von den Kindern noch nicht eingesetzt (bei Gätje, Rezat & Steinhoff 2012 bleiben sie Jugendlichen ab der 10. Klasse und Studierenden vorbehalten). Insgesamt zeigt der Abgleich der hier ausgewerteten Daten mit den Resultaten von Gätje, Rezat & Steinhoff (2012) eine beachtenswert genaue Übereinstimmung im erstmaligen Auftreten literaler Positionierungsprozeduren und in deren Verteilung in einem bestimmten Altersraum. Die Ausgangshypothese von Gätje, Rezat & Steinhoff (2012: 136), „dass sich schriftlich-konzeptionelle Fähigkeiten nicht willkürlich entwickeln, sondern überindividuellen Regularitäten der Ausdifferenzierung folgen" und sich diese Ausdifferenzierung im Schreibprozess nicht nur gesamthaft, sondern auch auf der Ebene literaler Prozeduren zeigt, wird durch die Daten der vorliegenden Studie bestätigt.

Als Ergänzung zur deskriptiven Darstellung der Daten werden die annotierten Prozeduren in den Kindertexten so recodiert, dass für die neue Variable Unterschiede zwischen den Altersgruppen und den Kompetenzgruppen statistisch berechnet werden können. Das ist insbesondere sinnvoll, um zu überprüfen, ob der qualitative Unterschied der verwendeten Prozeduren zwischen den Altersgruppen, auf den Abbildung 11.8 hinweist, tatsächlich statistisch nachgewiesen werden kann. Für die Recodierung in die neue Variable wird eine

Gewichtung vorgenommen: Den Prozeduren werden ‚Literalitätswerte' zugeordnet, eine literale Struktur wird also mit einem höheren Wert versehen. Dafür wird für jede verwendete Prozedur *p1* der Wert *1*, für *p2* der Wert *2*, für *p3* der Wert *3* etc. vergeben. Hätte eines der Kinder die Prozedur *p12* verwendet, würde dies mit *12* Punkten in das Total der neuen Variable eingehen. Dieses Vorgehen nimmt eine Erwerbsreihenfolge der Prozeduren an, die sich mit der Realität keineswegs decken muss. Zudem wird von einheitlichen Distanzen zwischen einer und der jeweils folgenden Prozedur ausgegangen, was ebenfalls diskutabel ist, zumal suggeriert wird, der Schritt von der Aneignung einer Prozedur zur nächsten sei jeweils gleich gross. Da jede Art von Gewichtung der Daten mit diesem Problem behaftet ist, ist das Vorgehen für die Abbildung von Komplexitätsstufen der Prozedurenverwendung dennoch angemessen.[80] Um dem Umstand Rechnung zu tragen, dass die Kinder unterschiedlich viele Prozeduren realisiert haben, wird die gewichtete Variable an der Anzahl vom Kind realisierter Prozeduren gemittelt. Ein T-Test zeigt für die Altersgruppen keine signifikante Mittelwertsdifferenz ($p = .249$). Der Eindruck, den die Kreisdiagramme erwecken, bestätigt sich damit nicht: Zwischen den Altersgruppen besteht kein bedeutsamer Unterschied in der Literalität der realisierten Prozeduren.

Zusammenfassend zeigt sich damit, dass zwar die Quantität der realisierten Prozeduren, nicht aber ihre Literalität von der Altersgruppe abhängt.

11.3.2 Positionierungsprozeduren sprachstarker und sprachschwacher Kinder

Die in den Kindertexten annotierten Positionierungsprozeduren werden im Folgenden auf ihre Verteilung über die Kompetenzgruppen BC und DE untersucht. Die Anzahl realisierter Positionierungsprozeduren für beide Gruppen zusammen beläuft sich auf $N = 102$. Sie verteilen sich ungleich auf die Kompetenzgruppen: Gruppe BC umfasst 42 Positionierungsprozeduren (mit einem Mittelwert von 0.98 pro Kind, $SD = 1.15$), Gruppe DE 60 (mit einem Mittelwert von 1.48 pro Kind, $SD = .99$). Ein T-Test ergibt eine signifikante Mittelwertsdifferenz für die Summe realisierter Prozeduren zwischen den beiden Gruppen ($t(101) = -2.41$, $p < .05$, $d = 0.47$). Da sich auch für die beiden Altersgruppen ein Einfluss auf die Quantität realisierter Prozeduren zeigt, wird die Zugehörig-

---

[80] Aufgrund der unterstellten Erwerbsreihenfolge wird die Variable als intervallskaliert interpretiert. Auch das entspricht streng genommen nicht der Realität, da wie beschrieben nicht von gleichen Abständen zwischen den einzelnen Prozeduren auszugehen ist.

11.3 Ergebnisse zu Positionierungsprozeduren in den Kindertexten — 235

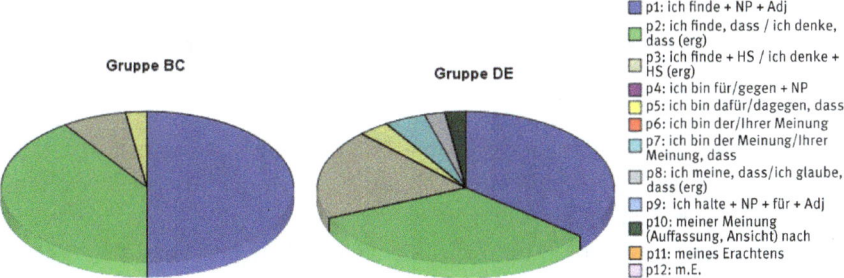

Abb. 11.9: Verteilung der Positionierungsprozeduren: Vergleich der Gruppe BC (links) und der Gruppe DE (rechts).
Anm.: Dargestellt sind die Mittelwerte. Anzahl berücksichtigter Positionierungsprozeduren:
Gruppen BC: $N = 42$, Gruppen DE: $N = 60$

keit zur Altersgruppe als Kovariate in ein allgemeines lineares Modell aufgenommen.[81] Der Zusammenhang zwischen der erklärenden (Kompetenzgruppenzugehörigkeit) und der abhängigen Variable (Anzahl realisierter Prozeduren) bleibt sehr signifikant ($F(2, 100) = 6.86$, $p < 0.01$, $\eta^2 = .121$).

Wie Abbildung 11.9 vermuten lässt, sind Gruppenunterschiede zwischen den sprachstärkeren und den sprachschwächeren Kindern zu verzeichnen, die den Grad konzeptioneller Schriftlichkeit der verwendeten Prozeduren betrifft: Insgesamt liegt auch bei den sprachstärkeren Kindern eine offensichtliche Verwendungstendenz bei den Prozeduren *p1* und *p2*. Das entspricht durchaus der Erwartung, da (wie oben gezeigt wurde) diese Prozeduren in der Ontogenese bei beiden Altersgruppen überproportional vertreten sind. Es zeigt sich aber dennoch, dass ihre Verwendung von den sprachstärkeren im Vergleich mit den sprachschwächeren Kindern deutlich weniger exklusiv ist und durch literalere Prozeduren ergänzt wird. Bei den sprachschwächeren Kindern indes kommen nur wenige Positionierungsprozeduren vor, die über die Formulierungen *ich finde + NP + Adj* oder *ich finde/denke, dass* hinausgehen.

Wird in die Berechnung einer Abhängigkeit der Prozedurenverwendung von der globalen Sprachkompetenz die Variable aufgenommen, die die realisierten Prozeduren entsprechend ihrer Literalität gewichtet und sie an der Anzahl aller Prozeduren pro Kind mittelt, zeigt sich eine sehr signifikante Korrelation zwischen der globalen Sprachkompetenz und der gewichteten Proze-

---

[81] Bei T-Tests können in SPSS keine Variablen kontrolliert werden, daher wird auf ein allgemeines lineares Modell zurückgegriffen, das auf einem ähnlichen Vorgehen beruht (Brosius 2013: 626 ff.).

durenverwendung ($r = .255$, $p < .01$, 1-seitig, $N = 113$). Eine Gegenüberstellung der Kompetenzgruppen BC und DE anhand eines T-Tests ergibt eine signifikante Mittelwertsdifferenz ($t(101) = -2.47$, $p < .05$, $d = 0.52$).

Die Verteilung der Positionierungsprozeduren über die Kompetenzgruppen BC und DE zeigt deutlich eine Abhängigkeit der Verwendung literaler Prozeduren von der globalen Sprachkompetenz, und zwar in quantitativer (Anzahl vorhandener Positionierungsprozeduren) wie auch in qualitativer (Literalität der Positionierungsprozeduren) Hinsicht.

Zusammenfassend zeigen die Auswertungen zu den literalen Prozeduren in den Kindertexten, dass die Verwendung von Positionierungsprozeduren in quantitativer wie qualitativer Hinsicht in Abhängigkeit von der globalen Sprachkompetenz steht, während das Alter nur auf die Anzahl realisierter Prozeduren, nicht aber auf die Qualität einen Einfluss hat. Hypothese H.C.1, die für die Quantität und die Qualität der Prozeduren einen Unterschied zwischen sprachstarken und sprachschwachen Kindern annimmt, wird damit vorläufig bestätigt. Hypothese H.C.2 wiederum, die von den gleichen Unterschieden auch für die älteren und jüngeren Kinder ausgeht, wird falsifiziert, was die Qualität der Prozeduren angeht, und vorläufig bestätigt, was die Quantität der Prozeduren betrifft.

11.4 Ergebnisse zu Lexik, Grammatik, Orthographie und Syntax

Das folgende Kapitel widmet sich Schreibproduktvariablen, die in der Schreibforschung als ‚klassische' Variablen gelten dürfen: Die grammatische und orthographische Richtigkeit eines Textes, die lexikalische Varianz und die syntaktische Komplexität.

Die Forschungsfragen und Untersuchungshypothesen, denen in diesem Kapitel nachgegangen wird, werden der Übersichtlichkeit halber direkt den entsprechenden Unterkapiteln vorangestellt. Die drei Unterkapitel 11.4.1 (zur Lexik), 11.4.2 (zur Grammatik) und 11.4.3 (zur Orthographie) folgen jeweils einem Aufbau, der erstens deskriptive Kennzahlen zu den entsprechenden Variablen präsentiert, zweitens auf einen allfälligen Zusammenhang mit der Altersgruppe und drittens auf den Zusammenhang mit der Kompetenzgruppe eingeht. Abschliessend wird viertens auf den Vergleich mit den durch die Testreihe KEKS erhobenen Fertigkeiten eingegangen. Dieser jeweils letzte, vierte Teil geht dabei für jeden der drei Bereiche (Lexik, Grammatik und Orthographie) auf die Frage ein, ob die Kompetenz in der standardisierten Sprachstandsmessung KEKS (+explizites Wissen) und im freien Schreiben (+implizites Wissen) bezogen auf den jeweiligen sprachlichen Bereich (Lexik, Grammatik und Orthographie) miteinander einhergehen.

11.4.1 Lexikalische Varianz

Zur lexikalischen Varianz wurden folgende Forschungsfragen und Untersuchungshypothesen ausformuliert:

C.3a   Besteht ein bedeutsamer Zusammenhang zwischen der lexikalischen Varianz der Kindertexte und der globalen Sprachkompetenz?

C.3b   Unterscheiden sich die Altersgruppen in Bezug auf die lexikalische Varianz der Kindertexte?

C.3c   Besteht ein bedeutsamer Zusammenhang zwischen der lexikalischen Varianz der Kindertexte (+implizites lexikalisches Wissen) und den standardisiert gemessenen Kompetenzen im Teilbereich Lexik (+explizites lexikalisches Wissen)?

H.C.3a Die lexikalische Varianz der Kindertexte steht in einem bedeutsamen Zusammenhang mit der globalen Sprachkompetenz.

H.C.3b Die Altersgruppen unterscheiden sich in Bezug auf die lexikalische Varianz der Kindertexte nicht.

H.C.3c Die lexikalische Varianz der Kindertexte (+implizites lexikalisches Wissen) steht in einem bedeutsamen Zusammenhang mit den standardisiert gemessenen Kompetenzen im Bereich Lexik (+explizites lexikalisches Wissen).

11.4.1.1 TTR des Textes als Endprodukt und der S-Notation

Die *Type-Token-Ratio* wurde für alle Kindertexte in zwei Versionen berechnet, und zwar einerseits für den fertigen Text und andererseits für den gesamten Schreibprozess, also das gesamte während des Schreibens produzierte Sprachmaterial. Tabelle 11.7 führt die Kennwerte zu den TTR auf, die in Abbildung 11.10 anhand eines Liniendiagramms visualisiert werden.

Um zu überprüfen, ob die Differenz zwischen der TTR des Textes und der TTR der S-Notation in einem bedeutsamen Zusammenhang mit der Klassenstufe und/oder mit der globalen Sprachkompetenz steht, werden mittels T-Test

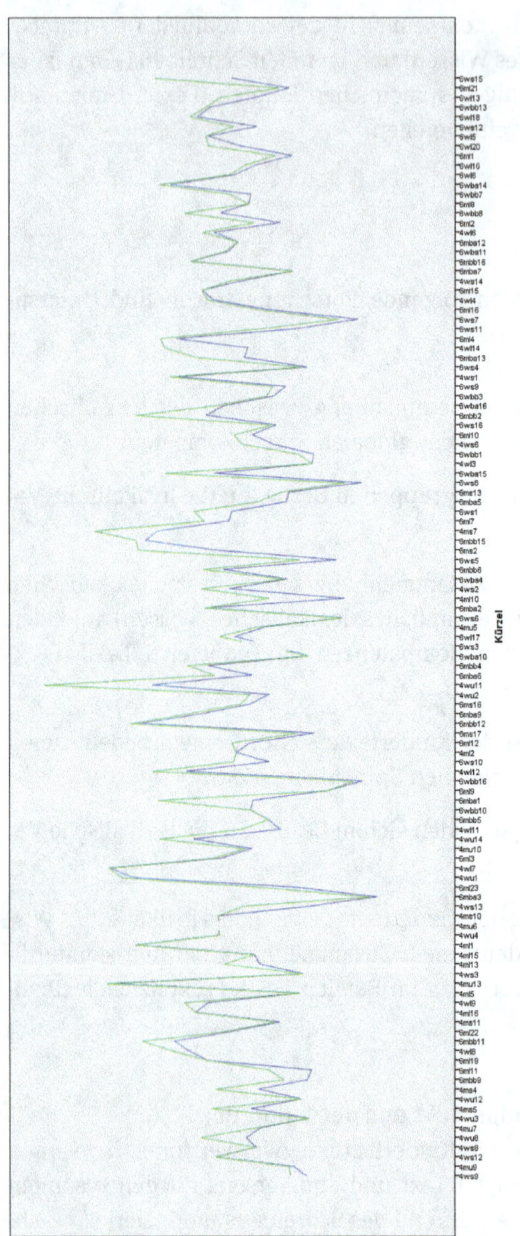

Abb. 11.10: Liniendiagramm zur TTR. blau: logarithmierte TTR des Textes als Endprodukt, grün: logarithmierte TTR des Schreibprozesses.
Anm.: Die Probanden (Kürzel auf der Abszissenachse) sind nach globaler Sprachkompetenz angeordnet (zunehmend von links nach rechts). Unterbrochen sind die Linien an zwei Stellen: Für die entsprechenden Probanden ist kein Text vorhanden.

Tab. 11.7: Deskriptive Kennwerte der TTR.

	N	Min.	Max.	M	SD
logarithmierte TTR des Textes	113	0.785	0.951	0.865	0.034
logarithmierte TTR der S-Notation	113	0.789	0.992	0.877	0.037
Differenz		0.004	0.067	0.012	0.014

Anm.: *N* = Anzahl Probanden, *Min.* = minimal erreichter Wert, *Max.* = maximal erreichter Wert, *M* = Mittelwert, *SD* = Standardabweichung

(für den Vergleich der Altersgruppen) und einfaktorieller Varianzanalyse (ANOVA) für die Kompetenzgruppen B–E die gemittelten Differenzen verglichen. T-Test und ANOVA ergeben weder eine signifikante Mittelwertsdifferenz für die beiden Altersgruppen (p = .532) noch für die Kompetenzgruppen (p = .288). Diese Ergebnisse entsprechen dem Umstand, dass sich das Überarbeitungsmass (Produkt-Prozess-Ratio) nicht als bedeutsamer Indikator für die Zugehörigkeit zu einer höheren respektive tieferen Klassen- oder Kompetenzgruppe herausgestellt hat (vgl. dazu die Auswertungen in Kap. 11.1.2). Die Differenz zwischen dem Sprachmaterial, das im Endprodukt vorliegt, und dem Sprachmaterial, das während des Schreibprozesses produziert wurde, steht nicht in Zusammenhang mit einer grösseren oder kleineren Schreibroutine oder einer globalen Sprachkompetenz. Aus diesem Grund wird die TTR der S-Notation für weitere Auswertungen nicht mehr berücksichtigt.

11.4.1.2 TTR im Vergleich der Altersgruppen

Für die Kinder der 4. Klassenstufe ergab sich eine durchschnittliche TTR von 0.87 (N = 43, SD = .04) und für die Kinder der 6. Klassenstufe eine durchschnittliche TTR von 0.86 (N = 70, SD = .03). Ein Mittelwertsvergleich der beiden Altersgruppen für die TTR anhand eines T-Tests ergibt keinen signifikanten Unterschied ($t(111)$ = –1.77, p = .080).[82] Die lexikalische Varianz scheint sich zwischen den beiden Altersgruppen nicht wesentlich zu unterscheiden. Es zeigt sich zudem, dass die durchschnittliche TTR der älteren Kinder sogar leicht tiefer ist als jene der jüngeren. Das weist entweder darauf hin, dass die lexikalische Varianz entgegen der Forschungsmeinung von der 4. bis zur 6. Klasse nicht zunimmt oder dass die TTR ein ungeeignetes Mass für eine positive lexikalische Varianz in der Hinsicht darstellt, dass sie trotz Wort-

---

[82] Vgl. Fussnote 64 zum Testen der Nullhypothese. Auch beim Anpassen des Signifikanzniveaus auf .25 wird der Mittelwertsunterschied nicht signifikant.

schatzreichtum durch ausreichende Redundanz das Verständnis sicherstellt und die Textkohärenz gewährleistet.[83]

11.4.1.3 TTR in Abhängigkeit von der globalen Sprachkompetenz

Die Auswertungen zeigen wie für den Alters-Faktor auch für die globale Sprachkompetenz keinen statistischen Effekt auf die TTR. Zwischen den beiden intervallskalierten Variablen C-Test und TTR zeigt sich keine signifikante Korrelation (Pearsons Korrelationskoeffizient von $r = .053$, $p = .287$, 1-seitig). Ein T-Test ergibt auch keinen signifikanten Unterschied zwischen den Gruppen BE und DE ($p = .701$).

11.4.1.4 TTR im Vergleich mit den Testwerten im Untertest Wortschatz (KEKS)

Es zeigt sich für das gesamte Sample kein statistisch bedeutsamer Zusammenhang zwischen den Testergebnissen im Untertest *Wortschatz* und der TTR (Pearsons Korrelationskoeffizient von $r = .078$, $p = .414$, 2-seitig). Wird die Korrelation für die zwei Kompetenzgruppen BC und DE getrennt berechnet, zeigt sich ein statistisch bedeutsamer Zusammenhang für die sprachstarken Kinder (Gruppe DE) mit einem Korrelationskoeffizienten mittlerer Effektgrösse von $r = .308$ ($p = .018$, 2-seitig), während für die sprachschwachen Kinder (Gruppe BC) der Zusammenhang nicht signifikant wird ($r = -.090$, $p = .572$, 2-seitig).

Die Ergebnisse zur lexikalischen Varianz in den Kindertexten und zu ihrem Vergleich mit der standardisiert gemessenen Kompetenz im Bereich *Wortschatz* lassen sich folgendermassen zusammenfassen: Die lexikalische Varianz steht in keinem Zusammenhang mit der globalen Sprachkompetenz. Hypothese H.A.3a, die einen solchen annimmt, wird falsifiziert. Ebenfalls zeigt sich in Bezug auf die lexikalische Varianz kein Unterschied zwischen den Altersgruppen. Hypothese H.C.3b wird damit vorläufig bestätigt. Für den Zusammenhang zwischen +explizitem lexikalischem Wissen und +implizitem lexikalischem Wissen zeigt sich für die sprachstarken Kinder ein Zusammenhang, für die sprachschwachen hingegen nicht. Hypothese H.C.3c wird für die sprachstarken Kinder damit vorläufig bestätigt, für die sprachschwachen hingegen falsifiziert.

---

[83] Der letzten Vermutung widerspricht hingegen das Ergebnis, dass die TTR für die sprachstarken Kinder mit der standardisiert gemessenen Kompetenz im Bereich Wortschatz einhergeht, für die sprachschwachen hingegen kein Zusammenhang nachgewiesen werden kann (vgl. Kap. 11.4.1.4).

11.4.2 Grammatische Qualität

Zur grammatischen Qualität der Kindertexte sowie zum +expliziten und +impliziten Wissen im Bereich *Grammatik* wurden folgende Forschungsfragen und Untersuchungshypothesen ausformuliert:

C.4a Besteht ein bedeutsamer Zusammenhang zwischen der grammatischen Qualität der Kindertexte und der globalen Sprachkompetenz?

C.4b Unterscheiden sich die Altersgruppen in Bezug auf die grammatische Qualität der Kindertexte?

C.4.c Besteht ein bedeutsamer Zusammenhang zwischen der grammatischen Qualität der Kindertexte (+implizites grammatisches Wissen) und den standardisiert gemessenen Kompetenzen im Teilbereich Grammatik (+explizites grammatisches Wissen)?

H.C.4a Die grammatische Qualität der Kindertexte steht in einem bedeutsamen Zusammenhang mit der globalen Sprachkompetenz.

H.C.4b Die Altersgruppen unterscheiden sich in Bezug auf die grammatische Qualität der Kindertexte.

H.C.4c Die grammatische Qualität der Texte (+implizites grammatisches Wissen) steht in einem bedeutsamen Zusammenhang mit den standardisiert gemessenen Kompetenzen im Bereich der Grammatik (+explizites grammatisches Wissen).

Die grammatische Angemessenheit eines Textes wird in der vorliegenden Studie anhand eines Fehlerquotienten ausgedrückt, der die Anzahl grammatischer Fehler, multipliziert mit dem Faktor 100, an der Textlänge mittelt (vgl. zum Vorgehen Kap. 6.5.2). Die deskriptiven Kennwerte für alle erfassten 113 Kinder sind Tabelle 11.8 zu entnehmen.

Tab. 11.8: Deskriptive Kennwerte zum Fehlerquotienten Grammatik.

	N	Min.	Max.	M	SD
Fehlerquotient Grammatik	113	0	10.3	1.44	1.64

Anm.: *N* = Anzahl Probanden, *Min.* = minimal erreichter Wert, *Max.* = maximal erreichter Wert, *M* = Mittelwert, *SD* = Standardabweichung

11.4.2.1 Fehlerquotient Grammatik im Vergleich der Altersgruppen

Als deskriptive Kennwerte für den Fehlerquotienten Grammatik getrennt nach Altersstufen ergeben sich die in Tabelle 11.9 dargestellten Kennwerte. Die jüngeren Kinder weisen durchschnittlich einen Fehlerquotienten von 1.64 und die älteren einen etwas niedrigeren von 1.31 auf.

Tab. 11.9: Deskriptive Kennwerte zum Fehlerquotienten Grammatik im Vergleich der Altersgruppen.

	N	Min.	Max.	M	SD
Fehlerquotient Grammatik 4. Klasse	43	0	6.4	1.64	1.75
Fehlerquotient Grammatik 6. Klasse	70	0	10.3	1.31	1.56

Anm.: N = Anzahl Probanden, Min. = minimal erreichter Wert, Max. = maximal erreichter Wert, M = Mittelwert, SD = Standardabweichung

Die Mittelwerte der Altersgruppen unterscheiden sich gemäss T-Test nicht signifikant voneinander ($p = .295$).

11.4.2.2 Fehlerquotient Grammatik in Abhängigkeit von der globalen Sprachkompetenz

Die Auswertungen ergeben eine statistisch hoch signifikante Korrelation zwischen der globalen Sprachkompetenz und der grammatischen Angemessenheit eines Textes. Da Letztere durch einen Fehlerquotienten angegeben wird, der sich verringert, je angemessener die grammatische Korrektheit ist, erscheint der Korrelationskoeffizient von $r = -.352$ ($p < .001$, 1-seitig) mit negativem Vorzeichen. Die Effektstärke liegt im mittleren Bereich. Abbildung 11.11 bildet die Verteilung des Fehlerquotienten für die Kompetenzgruppen BC und DE ab. Ein T-Test ergibt einen hoch signifikanten Mittelwertsunterschied ($t(55.01) = 3.41$, $p < .001$, $d = 0.73$). Die Korrelation zwischen der globalen Sprachkompetenz und dem Fehlerquotienten Grammatik fällt für die beiden Gruppen ungleich aus: Bei den sprachschwächeren Kindern (Gruppe BC) korrelieren globale Sprachkompetenz und Fehlerquotient mit Pearsons Korrelationskoeffizient von $r = -.264$ ($p < .05$, 1-seitig), während für die sprachstarken Kinder kein statistisch bedeutsamer Zusammenhang nachweisbar ist. Der Korrelationskoeffizient ist mit $r = -.028$ ($p = .416$, 1-seitig) zudem extrem klein. Die globale Sprachkompetenz geht also nur bei den sprachschwachen Kindern mit der grammatischen Qualität ihrer Texte einher.

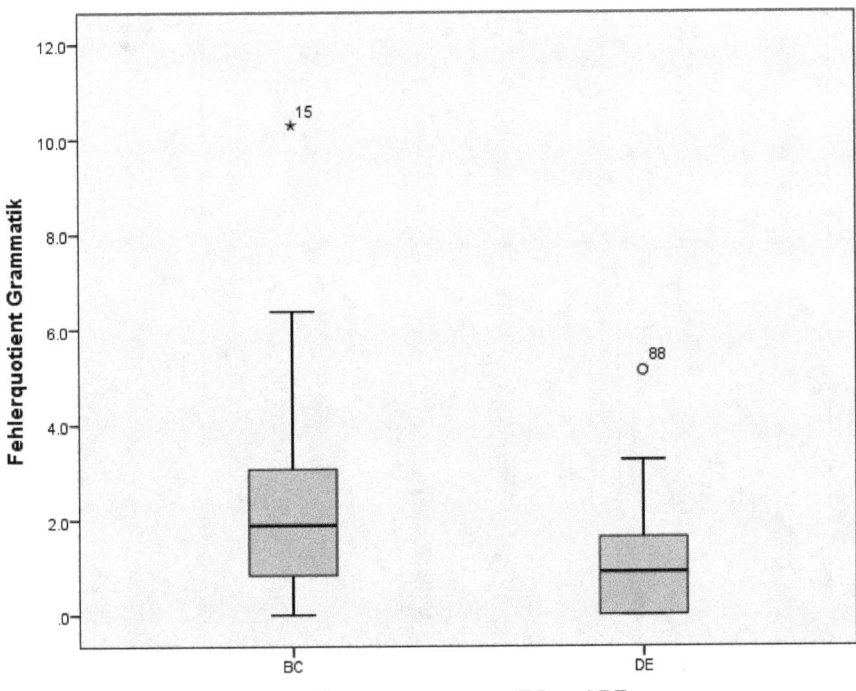

Abb. 11.11: Fehlerquotient Grammatik für die Kompetenzgruppen BC und DE.

11.4.2.3 Fehlerquotient Grammatik im Vergleich mit den Testwerten im Untertest Grammatik (KEKS)

Zwischen der Kompetenz im Bereich Grammatik, wie sie standardisiert gemessen (KEKS) und wie sie aufgrund des Fehlerquotienten aus den Kindertexten ermittelt wurde, zeigt sich bei Pearsons Korrelationskoeffizient von $r = -.448$ eine hoch signifikante Korrelation ($p < .001$, 2-seitig, $N = 113$). Für die jüngere Altersgruppe ist der Korrelationskoeffizient höher und erreicht mit $r = -.495$ beinahe eine grosse Effektstärke ($p < .01$, 2-seitig). Für die ältere Gruppe ergibt sich ein Korrelationskoeffizient mittlerer Effektstärke von $r = -.398$ ($p < .01$, 2-seitig). Das +explizite grammatische Wissen (KEKS) und das +implizite Wissen (freies Schreiben) gehen also in beiden Altersgruppen miteinander einher.

Abbildung 11.12 zeigt die Verteilung der Werte der zwei Kompetenzgruppen BC und DE für den Grammatiktest und den Fehlerquotienten Grammatik. Es zeigen sich für die beiden Kompetenzgruppen unterschiedliche Korrelationen zwischen den beiden Variablen zur Grammatikkompetenz: Für die Kindergruppe mit der tieferen globalen Sprachkompetenz (Kompetenzgruppe BC) ergibt sich mit einem Korrelationskoeffizient grosser Effektstärke von $r = -.504$ ein

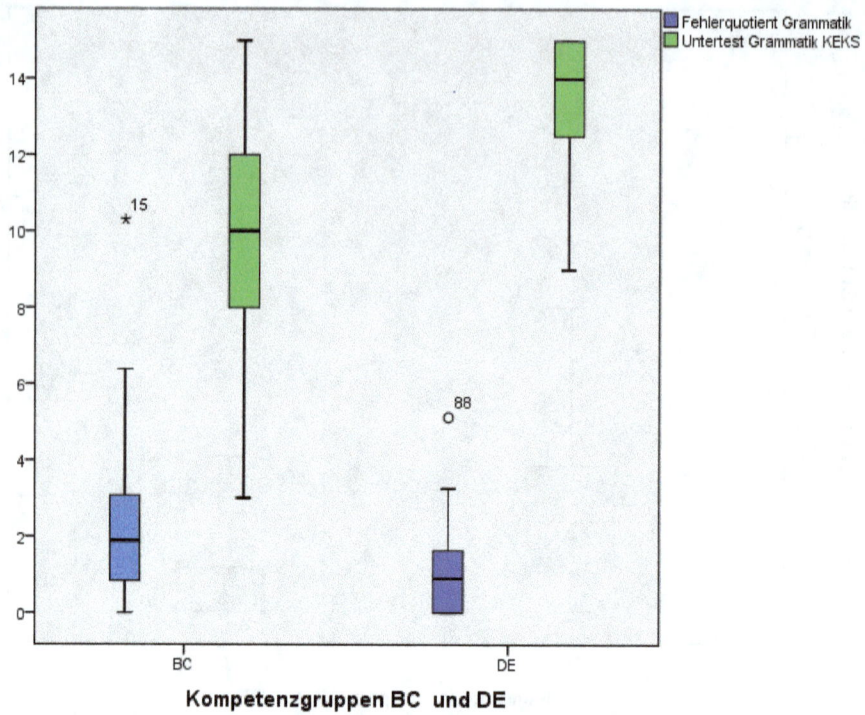

Abb. 11.12: Boxplot zum Grammatiktest und zum Fehlerquotienten Grammatik für die Kompetenzgruppen BC und DE.

hoch signifikanter Zusammenhang ($p < .001$, 2-seitig), während sich für die Kinder mit einer höheren globalen Sprachkompetenz (Kompetenzgruppen DE) mit einem sehr niedrigen Korrelationskoeffizienten von $r = -.091$ kein statistisch signifikanter Zusammenhang nachweisen lässt ($p < .493$, 2-seitig).

Zusammenfassen lassen sich die Ergebnisse zur Grammatik folgendermassen: Die grammatische Qualität der Kindertexte steht in einem bedeutsamen Zusammenhang mit der globalen Sprachkompetenz. Hypothese H.C.4a wird dadurch vorläufig bestätigt. Kein Unterschied zeigt sich hingegen zwischen den Altersgruppen. Hypothese H.C.4b, die von einem solchen Unterschied ausgeht, wird falsifiziert.

Der Zusammenhang zwischen +explizitem und +implizitem grammatischem Wissen, von dem Hypothese H.C.4c ausgeht, zeigt sich für die sprachschwachen Kinder, nicht aber für die sprachstarken. Die Hypothese wird damit für die sprachschwachen Kinder vorläufig bestätigt, für die sprachstarken aber falsifiziert.

Tab. 11.10: Deskriptive Kennwerte zum Fehlerquotienten Orthographie.

	N	Min.	Max.	*M*	*SD*
Fehlerquotient Orthographie	113	0	29.8	9.84	7.33

Anm.: *N* = Anzahl Probanden, *Min.* = minimal erreichter Wert, *Max.* = maximal erreichter Wert, *M* = Mittelwert, *SD* = Standardabweichung

11.4.3 Orthographische Qualität

Der Orthographiekompetenz wird anhand folgender Forschungsfragen und Untersuchungshypothesen nachgegangen:

C.5a Besteht ein bedeutsamer Zusammenhang zwischen der orthographischen Qualität der Kindertexte und der globalen Sprachkompetenz?

C.5b Unterscheiden sich die Altersgruppen in Bezug auf die orthographische Qualität der Kindertexte?

C.5.c Besteht ein bedeutsamer Zusammenhang zwischen der orthographischen Qualität der Kindertexte (+explizites orthographisches Wissen) und den standardisiert gemessenen Kompetenzen im Teilbereich Orthographie (+implizites orthographisches Wissen)?

H.C.5a Die orthographische Qualität der Kindertexte steht in einem bedeutsamen Zusammenhang mit der globalen Sprachkompetenz.

H.C.5b Die Altersgruppen unterscheiden sich in Bezug auf die orthographische Qualität der Kindertexte.

H.C.5c Die orthographische Qualität der Texte (+explizites orthographisches Wissen) steht in einem bedeutsamen Zusammenhang mit den standardisiert gemessenen Kompetenzen im Bereich der Orthographie (+implizites orthographisches Wissen).

Die orthographische Qualität der Texte wird analog zur Grammatik anhand eines Fehlerquotienten ausgedrückt, der die Anzahl grammatischer Fehler, multipliziert mit dem Faktor 100, an der Textlänge mittelt (vgl. zum Vorgehen Kap. 6.5.2). Die deskriptiven Kennwerte sind in Tabelle 11.10 aufgeführt.

Im Bereich der Orthographie zeigt sich eine breitere Streuung des Fehlerquotienten und durchschnittlich eine höhere Fehlerzahl als für die Grammatik (vgl. Abb. 11.13).

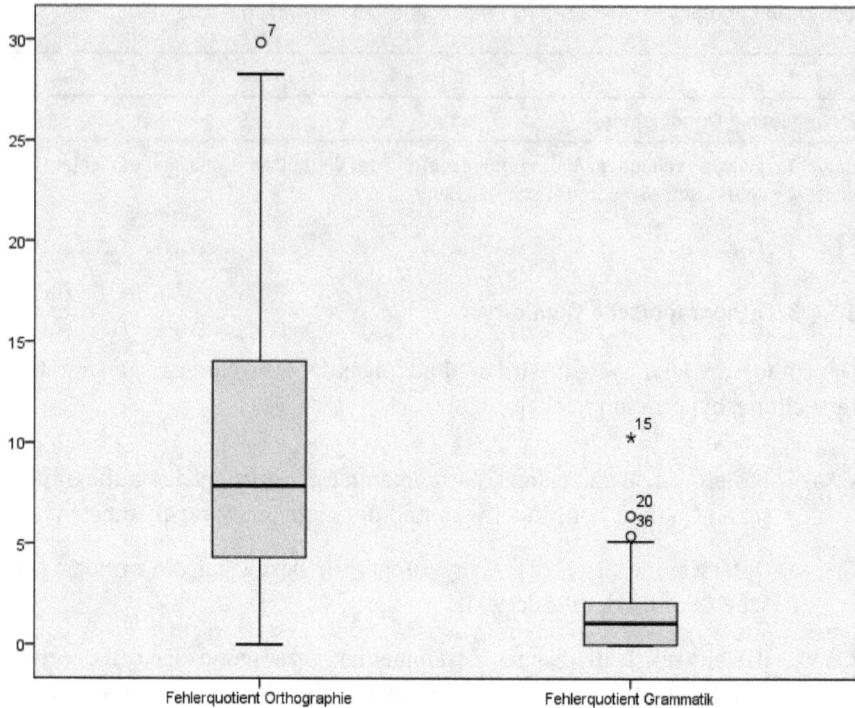

Abb. 11.13: Boxplot zu den Fehlerquotienten Grammatik und Orthographie.

11.4.3.1 Fehlerquotient Orthographie im Vergleich der Altersgruppen

Während der Altersfaktor mit der grammatischen Kompetenz in keinem statistisch nachweisbaren Zusammenhang steht (vgl. 11.4.2.1), wird dieser im Bereich der Orthographie hoch signifikant: Die Mittelwerte der Fehlerquotienten unterscheiden sich gemäss T-Test zwischen den beiden Altersgruppen hoch signifikant ($t(111) = 4.41$, $p < .001$, $d = 0.81$): Die älteren Kinder machen deutlich weniger orthographische Fehler als die jüngeren.

Tab. 11.11: Deskriptive Kennwerte zum Fehlerquotienten Orthographie im Vergleich der Altersgruppen.

	N	Min.	Max.	M	SD
Fehlerquotient Orthographie 4. Klasse	43	0	29.8	13.43	8.39
Fehlerquotient Orthographie 6. Klasse	70	0	10.3	7.63	5.61

Anm.: *N* = Anzahl Probanden, *Min.* = minimal erreichter Wert, *Max.* = maximal erreichter Wert, *M* = Mittelwert, *SD* = Standardabweichung

11.4 Ergebnisse zu Lexik, Grammatik, Orthographie und Syntax — 247

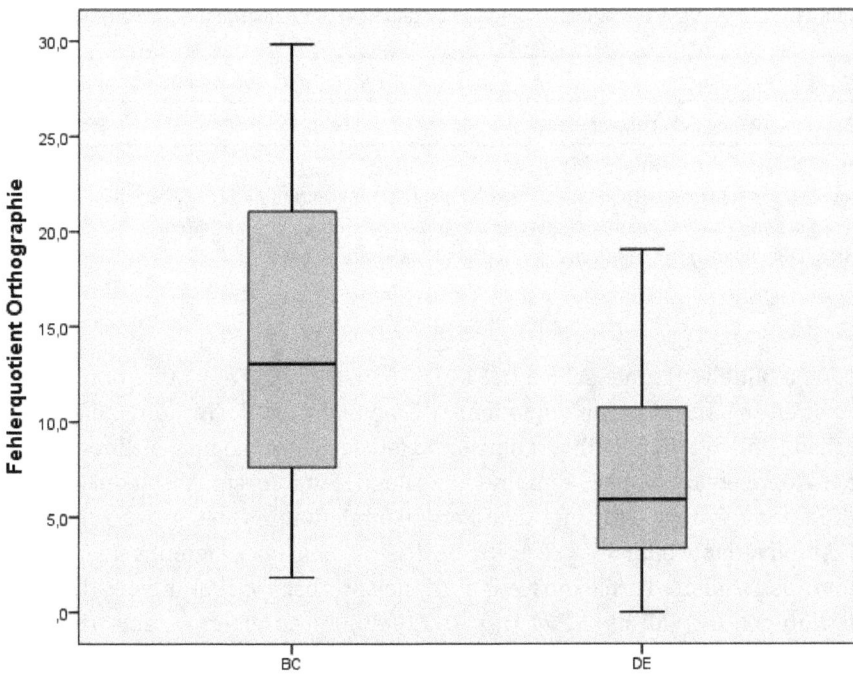

Abb. 11.14: Fehlerquotient Orthographie für die Kompetenzgruppen BC und DE.

11.4.3.2 Fehlerquotient Orthographie in Abhängigkeit von der globalen Sprachkompetenz

Wie für die Grammatik lässt sich auch für die Orthographie eine statistisch hoch signifikante Korrelation zwischen dem Fehlerquotienten und der globalen Sprachkompetenz nachweisen. Der Korrelationskoeffizient liegt mit $r = -.613$ im hohen Bereich ($p < .001$, 1-seitig). Da sich zwischen den Altersgruppen ein signifikanter Unterschied im Fehlerquotienten zeigt, wird zwischen dem Fehlerquotienten und der globalen Sprachkompetenz zusätzlich eine Partialkorrelation mit der Klassenstufe als Kontrollfaktor berechnet. Auch die partielle Korrelation fällt mit einem Koeffizienten grosser Effektstärke von $r = -.524$ hoch signifikant aus ($p < .001$, 1-seitig). Auch wenn also die Klassenstufe aus der Berechnung herauspartialisiert wird, zeigt sich ein statistisch hoch signifikanter Effekt der globalen Sprachkompetenz auf die orthographische Angemessenheit der Texte. Je höher die globale Sprachkompetenz der Kinder ist, desto weniger Orthographiefehler kommen in ihren Texten vor.

Abbildung 11.14 bildet die Verteilung des Fehlerquotienten Orthographie für die Kompetenzgruppen BC und DE ab. Ein T-Test ergibt einen hoch signifi-

Tab. 11.12: Ergebnisse der multiplen Regressionsanalyse zum Fehlerquotienten Orthographie.

Modell	Prädiktoren	β	R^2	korrigiertes R^2	F
1	globale Sprachkompetenz	–.613***	.376	.371	66.98***

* $p < .05$; ** $p < .01$; *** $p < .001$
Anm.: β = standardisierte Regressionskoeffizienten mit ermitteltem Signifikanzniveau, R^2 / korrigiertes R^2 = Bestimmtheitsmass / Fit der Gleichung mit ermitteltem Signifikanzniveau, F = F-Wert mit ermitteltem Signifikanzniveau

kanten Mittelwertsunterschied ($t(62.56) = 5.41$, $p < .001$, $d = 1.08$). Analog zur Auswertung für den Fehlerquotienten Grammatik wird die Korrelation zwischen Fehlerquotient Orthographie und globaler Sprachkompetenz für die beiden Kompetenzgruppen getrennt berechnet: Für die sprachstarken Kinder (Kompetenzgruppe BC) zeigt eine Partialkorrelation mit der Altersgruppe als Kontrollvariable mit $r = -.486$ ($p < .001$, 1-seitig) eine hoch signifikante Korrelation, während die Partialkorrelation für die sprachschwachen Kinder (Kompetenzgruppe DE) mit $r = -.324$ ($p < .01$, 1-seitig) zwar einen etwas geringeren Korrelationskoeffizienten ergibt, aber ebenfalls sehr signifikant ist.

Da sowohl das Alter als auch die globale Sprachkompetenz auf die orthographische Qualität (Fehlerquotient Orthographie) der Texte einwirken, werden sie beide als Prädiktoren in eine lineare Regression aufgenommen, die deren Verhältnis zueinander erhellen soll. Die Bedingungen für eine lineare Regression sind erfüllt: Es besteht ein linearer Zusammenhang zwischen der abhängigen und den unabhängigen Variablen. Es liegt zudem Homoskedastizität (eine Gleichverteilung der Residuen) vor, es besteht keine Autokorrelation der Residuen (Durbin-Watson-Wert: 1.9) und keine Multikollinearität (Toleranzwert = 1.000 und Varianzinflationsfaktors = 1.000).[84] Die Ergebnisse der Regression sind in Tabelle 11.11 aufgeführt: Bei der schrittweisen Integration der einzelnen Prädiktoren wird das Alter aus dem Modell ausgeschlossen, da es keine zusätzliche Varianz aufklärt. Die globale Sprachkompetenz spielt also für die orthographische Qualität der Texte eine bedeutendere Rolle als das Alter der Kinder. Der Anteil der erklärten Varianz liegt für die globale Sprachkompetenz bei 37 % (*korrigiertes* $R^2 = .371$). Sie erklärt damit einen sehr hohen Anteil der Varianz.

---

[84] Vgl. zu den Werten Fussnoten 52 und 53.

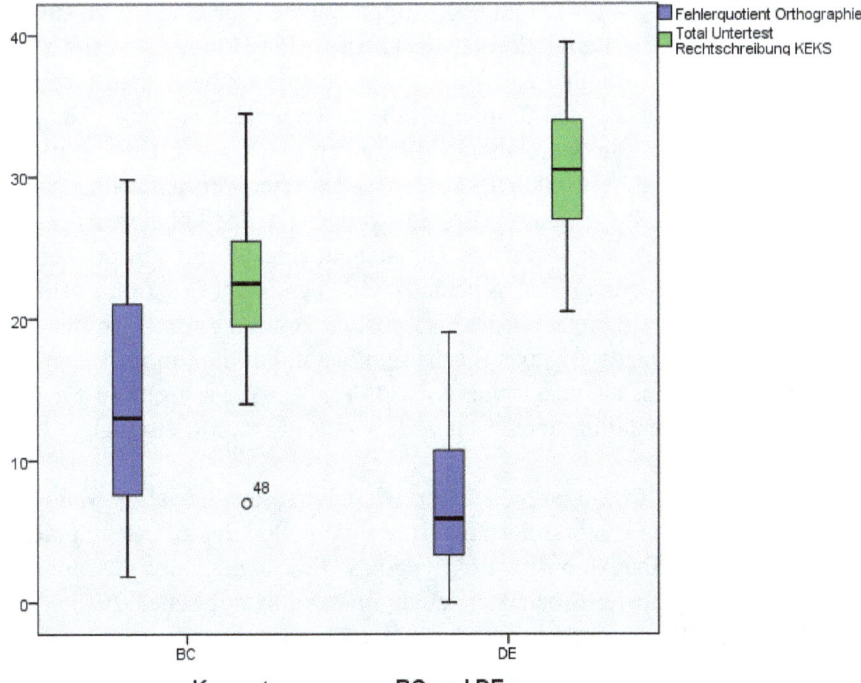

Abb. 11.15: Boxplot zum Orthographietest und zum Fehlerquotienten Orthographie für zwei Kompetenzgruppen.

11.4.3.3 Fehlerquotient Orthographie im Vergleich mit den Testwerten im Untertest Orthographie (KEKS)

Die zwei Variablen zur Orthographiekompetenz korrelieren mit Pearsons Korrelationskoeffizient von $r = -.637$ hoch signifikant miteinander ($p < .001$, 2-seitig). Wird die Korrelation getrennt nach Altersgruppen betrachtet, ergibt sich für die jüngere Altersgruppe ein Korrelationskoeffizient mit grosser Effektstärke von $r = -.684$, der hoch signifikant ist ($p < .001$, 2-seitig), und für die älteren Kinder ebenfalls eine hoch signifikante Korrelation ($p < .001$, 2-seitig) mit einem Koeffizienten von $r = -.499$, der beinahe ebenfalls eine grosse Effektstärke erreicht, aber tiefer ist als für die jüngere Kindergruppe.

Analog zum Vorgehen bei den Auswertungen der Grammatikkompetenz wird auch hier für eine Überprüfung einer allfälligen Abhängigkeit von der globalen Sprachkompetenz der Kinder auf die Kompetenzgruppen BC und DE zurückgegriffen. Abbildung 11.15 zeigt, dass die erreichten Werte im Bereich Orthographie in den Untertests der Sprachstandsmessung und im freien Schreiben für die Gruppe mit der tieferen globalen Sprachkompetenz näher beieinander liegen als für die andere Gruppe. Werden für beide Kompetenzgruppen getrennt die Korrelationskoeffizienten für den Zusammenhang zwischen den beiden Variablen zur Orthographiekompetenz berechnet, ergeben sich folgende Werte: Für die Gruppe mit der tieferen globalen Sprachkompetenz (BC) ist mit einem Korrelationskoeffizienten von $r = -.421$ der mittlere Effektstärke erreicht, ein statistisch sehr bedeutsamer Zusammenhang ist nachweisbar ($p < .01$, 2-seitig). Für die Gruppe mit der höheren globalen Sprachkompetenz (DE) ist der Zusammenhang mit einem leicht höheren Korrelationskoeffizienten von $r = -.456$ ebenfalls hoch signifikant ($p < .001$, 2-seitig). Wird in einer Partialkorrelation die Klassenstufe kontrolliert, bleiben die Zusammenhänge für beide Gruppen (hoch) signifikant: Für die Gruppe BC ergibt sich ein Korrelationskoeffizient von $r = -.387$ ($p < .05$, 2-seitig) und für die Gruppe DE ein Korrelationskoeffizient von $r = -.465$ ($p < .001$, 2-seitig).

Die Ergebnisse zur Orthographie können wie folgt zusammengefasst werden: Die orthographische Qualität der Kindertexte hängt von der globalen Sprachkompetenz, nicht aber vom Alter ab. Hypothese H.C.5a, die einen Zusammenhang zwischen globaler Sprachkompetenz und orthographischer Qualität in den Texten annimmt, wird also vorläufig bestätigt. Falsifiziert wird hingegen Hypothese H.C.5b, die von einem bedeutsamen Unterschied zwischen den Altersgruppen ausgeht.

Der Zusammenhang zwischen +explizitem und +implizitem orthographischem Wissen ist sowohl für die sprachstarken als auch für die sprachschwachen Kinder signifikant. Hypothese H.C.5c wird dadurch vorläufig bestätigt.

11.4.4 Ergebnisse zur syntaktischen Komplexität

Der syntaktischen Komplexität wird anhand folgender Forschungsfragen und Untersuchungshypothesen nachgegangen:

C.6 Besteht ein bedeutsamer Zusammenhang zwischen der syntaktischen Komplexität der Texte und der globalen Sprachkompetenz der Kinder?

C.7 Unterscheiden sich die Altersgruppen in Bezug auf die syntaktische Komplexität der Kindertexte?

H.C.6 Die syntaktische Komplexität steht in einem bedeutsamen Zusammenhang mit der der globalen Sprachkompetenz der Kinder.

H.C.7 Die Altersgruppen unterscheiden sich in Bezug auf die syntaktische Komplexität der Kindertexte.

Tab. 11.13: Deskriptive Kennwerte zu den Nebensätzen und zum durchschnittlichen Satzgliedumfang.

	N	Min.	Max.	M	SD	Varianz
Anzahl Nebensätze	113	0	31	7.12	5.28	27.82
Subjektsätze	113	0	6	0.72	1.11	1.22
Objektsätze	113	0	12	2.50	2.52	6.38
Prädikativsätze	113	0	1	0.04	0.19	0.03
Adverbialsätze	113	0	17	3.38	2.79	7.79
Attributsätze	113	0	5	0.49	0.99	0.98
Satzgliedumfang	113	1.32	2.30	1.65	0.20	0.04

Anm.: *N* = Anzahl Probanden, *Min.* = minimal erreichter Wert, *Max.* = maximal erreichter Wert, *M* = Mittelwert, *SD* = Standardabweichung

11.4.4.1 Syntaktische Komplexität im Vergleich der Altersgruppen

Die syntaktische Komplexität wurde einerseits anhand des durchschnittlichen Satzgliedumfangs und andererseits anhand der Nebensatzanzahl und der Nebensatztypen operationalisiert. In Tabelle 11.13 sind die deskriptiven Kennwerte zu den Nebensätzen und zum Satzgliedumfang für alle Probanden, in Tabelle 11.14 für die beiden Altersgruppen getrennt dargestellt.

Ein Mittelwertsvergleich der beiden Altersgruppen für die durchschnittliche Anzahl verwendeter Nebensätze sowie den durchschnittlichen Satzgliedumfang anhand eines T-Tests ergibt (hoch) signifikante Unterschiede für die Anzahl verwendeter Nebensätze ($t(106.49) = -6.39$, $p < .001$, $d = 1.14$) sowie für den durchschnittlichen Satzgliedumfang ($t(111) = -2.15$, $p < .05$, $d = 0.42$). Die Anzahl Realisierungen von Nebensätzen sowie der Umfang der Satzglieder nehmen damit auf der Altersachse zu. Werden die Nebensätze nach Typen differenziert, ergibt der T-Test eine Mittelwertsdifferenz für die Subjektsätze ($t(111) = -2.29$, $p < .05$, $d = 0.46$), die Objektsätze ($t(105.15) = -5.79$, $p < .001$, $d = 1.03$) sowie die Adverbialsätze ($t(110.33) = -4.32$, $p < .001$, $d = 0.80$), nicht aber für die anderen Satztypen.

11.4.4.2 Syntaktische Komplexität in Abhängigkeit von der globalen Sprachkompetenz

Zwischen der globalen Sprachkompetenz und der Anzahl verwendeter Nebensätze sowie den Nebensatztypen ergeben sich mit Ausnahme der Prädikativsätze (sehr) signifikante Korrelationen. Da sich für die Anzahl Nebensätze, die Subjektsätze, die Objektsätze, die Adverbialsätze sowie die Attributsätze das Alter ebenfalls als Einflussfaktor zeigt (vgl. 11.4.4.1), wird für diese Variablen zusätzlich die Partialkorrelation mit der Kontrollvariable Altersgruppe berech-

Tab. 11.14: Deskriptive Kennwerte zur syntaktischen Komplexität inkl. signifikante Gruppenunterschiede.

		N	Min.	Max.	M	SD	Varianz
Anzahl Nebensätze***	4. Klasse	43	0	10	4.02	2.71	7.36
	6. Klasse	70	0	31	9.03	5.57	31.01
Subjektsätze*	4. Klasse	43	0	3	0.42	0.85	0.73
	6. Klasse	70	0	6	0.90	1.21	1.45
Objektsätze***	4. Klasse	43	0	5	1.14	1.28	1.65
	6. Klasse	70	0	12	3.34	2.73	7.48
Prädikativsätze	4. Klasse	43	0	1	0.02	0.15	0.02
	6. Klasse	70	0	1	0.04	0.20	0.04
Adverbialsätze***	4. Klasse	43	0	8	2.14	1.96	3.84
	6. Klasse	70	0	17	4.14	2.96	8.76
Attributsätze	4. Klasse	43	0	4	0.30	0.77	0.60
	6. Klasse	70	0	5	0.60	1.10	1.20
Satzgliedumfang*	4. Klasse	43	1.32	2.23	1.60	0.17	0.03
	6. Klasse	70	1.32	2.30	1.68	0.21	0.05

* $p < .05$ (2-seitig), ** $p < .01$ (2-seitig), *** $p < .001$ (2-seitig).
Anm.: N = Anzahl Probanden, *Min.* = minimal erreichter Wert, *Max.* = maximal erreichter Wert, *M* = Mittelwert, *SD* = Standardabweichung

net (in Tab. 11.15 kursiv markiert). Für beide Variablen verringert sich dadurch der Korrelationskoeffizient, die Korrelation bleibt aber jeweils (sehr) signifikant.

Keine signifikante Korrelation zeigt sich zwischen der allgemeinen Sprachkompetenz und dem durchschnittlichen Satzgliedumfang ($p = .063$).

Für fünf (Variablen 2, 3, 4, 6 und 7 in Tab. 11.15) der sieben Variablen zur syntaktischen Komplexität zeigt sich eine Abhängigkeit sowohl von der Altersgruppe als auch von der globalen Sprachkompetenz. Für diese Variablen wird darum jeweils eine multiple lineare Regression durchgeführt, die die Altersgruppe und die globale Sprachkompetenz auf ihre individuelle und gemeinsame Vorhersagekraft für die abhängige Variable befragt. Die Bedingungen für die lineare Regression (Homoskedastizität, keine Autokorrelation der Residuen, keine Multikollinearität) sind erfüllt. Die Ergebnisse der Regressionen sind in Tabelle 11.16 zusammengefasst.

Für die Anzahl realisierter Nebensätze sowie für den Nebensatztyp *Objektsatz* klären beide Prädiktoren zusammen am meisten Varianz auf. Es werden 27 % Prozent Varianz für die Anzahl Nebensätze und 23 % Varianz für den Objektsatz aufgeklärt. Für die beiden anderen Nebensatztypen (*Subjektsatz* und *Adverbialsatz*) wird hingegen das Alter als Prädiktor aus dem Modell ausge-

Tab. 11.15: Korrelationen der Nebensatztypen und des Satzgliedumfangs mit der globalen Sprachkompetenz und Interkorrelationen der Merkmale.

		1	2	3	4	5	6	7	8
1	globale Sprachkompetenz	1.00							
2	Anzahl Nebensätze	.458**/ *.289**	1.00						
3	Subjektsätze	.244**/ *.160*	.430**	1.00					
4	Objektsätze	.432**/ *.274**	.831**	.301**	1.00				
5	Prädikativsätze	−.015	.078	.180	.076	1.00			
6	Adverbialsätze	.313**/ *.166*	.778**	.076	.404**	−.043	1.00		
7	Attributsätze	.185*	.519**	.185	.386**	−.046	.216*	1.00	
8	Satzgliedumfang	.145	−.062	.145	−.048	−.088	−.082	−.005	1.00

* $p < .05$ (1-seitig), ** $p < .01$ (1-seitig), *** $p < .001$ (1-seitig)
Anm.: Kursiv markiert: Korrelationskoeffizienten mit Partialkorrelation (Kontrollvariable Altersgruppe)

schlossen, weil es neben der globalen Sprachkompetenz keine weitere Varianz aufklärt.

Die Ergebnisse zur syntaktischen Komplexität sollen abschliessend zusammengefasst werden. Dabei ist vorwegzunehmen, dass sich die ausformulierten Hypothesen jeweils auf die syntaktische Komplexität insgesamt beziehen. Die einzelnen dafür ausgewerteten Variablen verhalten sich aber unterschiedlich, wodurch die Hypothesen für gewisse Aspekte falsifiziert und für andere teilweise bestätigt werden.[85]

Eine Abhängigkeit vom Alter *und* von der globalen Sprachkompetenz zeigt sich für die *Anzahl realisierter Nebensätze* sowie für den Nebensatztyp *Objektsatz*. Für diese beiden Variablen können sowohl Hypothese H.C.6, die eine Ab-

---

[85] Für die Variablen, die sich getrennt als beeinflusst vom Alter als auch von der globalen Sprachfähigkeit zeigen und die daher in eine lineare Regression als abhängige Variablen mit dem Alter und der Sprachkompetenz als Prädiktoren aufgenommen werden, wird hier das Ergebnis nach der Regression aufgeführt. Wird ein Prädiktor aus dem Modell ausgeschlossen, wird die Variable hier nur als abhängig vom anderen Prädiktor ausgewiesen.

Tab. 11.16: Ergebnisse der multiplen Regressionsanalysen zur syntaktischen Komplexität.

Abhängige Variable	Prädiktoren	β	R^2	korrigiertes R^2	F
Anzahl Nebensätze	Altersstufe globale Sprachkompetenz	.309*** .298**	.280	.266	21.34***
Subjektsätze	globale Sprachkompetenz	.244**	.059	.051	7.013**
Objektsätze	Altersstufe globale Sprachkompetenz	.267** .289**	.242	.229	17.597***
Adverbialsätze	globale Sprachkompetenz	.350***	.123	.115	15.497***

* $p < .05$; ** $p < .01$; *** $p < .001$

Anm.: β = standardisierte Regressionskoeffizienten mit ermitteltem Signifikanzniveau, R^2 / korrigiertes R^2 = Bestimmtheitsmass / Fit der Gleichung mit ermitteltem Signifikanzniveau, F = F-Wert mit ermitteltem Signifikanzniveau

Wenn zwei Prädiktoren aufgeführt sind, klärt das Modell mit beiden Prädiktoren zusammen am meisten Varianz auf. Wenn nur ein Prädiktor aufgeführt ist, wird der andere aus dem Modell ausgeschlossen, da er zum ersten Prädiktor keine zusätzliche Varianz aufklärt.

hängigkeit von der globalen Sprachkompetenz annimmt, als auch Hypothese H.C.7, die von einem Unterschied zwischen den Altersgruppen ausgeht, vorläufig bestätigt werden. Für die Nebensatztypen *Subjektsatz*, *Adverbialsatz* und *Attributsatz* dominiert die Abhängigkeit von der globalen Sprachkompetenz. Für diese Aspekte der syntaktischen Komplexität kann Hypothese H.C.6 vorläufig bestätigt werden, für die anderen Variablen wird sie falsifiziert. Für den durchschnittlichen Satzgliedumfang wird ein Unterschied zwischen den Altersgruppen, nicht aber eine Abhängigkeit von der globalen Sprachkompetenz nachgewiesen. Hypothese H.C.7 wird für diese Variable damit vorläufig bestätigt.

12 Zusammenfassung und Diskussion

Die hier präsentierte Studie weist empirisch nach, auf welchen Ebenen der Schreibhandlung und des sprachlichen Wissens sich sprachstarke und sprachschwache Kinder unterscheiden. Insgesamt 115 Kinder der 4. und der 6. Klassenstufe (Harmos 6 und Harmos 8) haben im Rahmen der Datenerhebung während einer Unterrichtsstunde auf PC einen argumentativen Brief an ihre zukünftige Schulleiterin geschrieben. Eine Software zeichnete dabei gleichzeitig die Schreibprozesse auf, die das Entstehen des Textes mitsamt allen Revisionen in *real time* dokumentieren. Insgesamt 55 Kindern wurden diese Prozesse im Anschluss an die Schreibstunde als Film vorgespielt. Die Kinder wurden aufgefordert, ihre Beobachtungen zu kommentieren, zu erklären und zu begründen. Daraus entwickelten sich Gespräche über unterschiedliche Aspekte der Schreibhandlung und über sprachliche Normvorstellungen der Kinder. Die untersuchten Variablen – im Überblick dargestellt sind sie in Abbildung 12.1, S. 257 – umfassen damit sowohl den Schreibprozess als auch das Textprodukt sowie das metasprachlich explizierte Sprachwissen der Kinder. Die Konzeption der Untersuchung und die Auswertung der Daten folgten zwei Leitfragen:
1. Welche Rolle spielen die globale Sprachkompetenz und das Lernalter der Kinder für das Schreiben?
2. In welchem Verhältnis stehen implizites, explizites und expliziertes sprachliches Wissen zueinander?

Die erste Frage erweitert die Forschungsperspektive über die Altersdimension hinaus: Während Studien zur Schriftsprachaneignung häufig die Entwicklung ausgewählter sprachlicher Variablen über verschiedene Altersgruppen hinweg untersuchen und damit das Lernalter der Kinder als Motor des Kompetenzzuwachses annehmen, ging die vorliegende Untersuchung einen entscheidenden Schritt weiter: Ihren Ausgangspunkt bildete die Annahme, dass die globale Sprachkompetenz eine zentrale Rolle dafür spielt, wie Kinder schreiben, in welcher Form sie auf sprachliches Wissen zurückgreifen und wie sie sich metasprachlich zu äussern vermögen. Aufgrund der globalen Sprachkompetenz, erhoben anhand eines C-Tests (dem CT-D 4 von Raatz & Klein-Braley 1992), wurde zwischen sprachstarken und sprachschwachen Kindern unterschieden. Die Einteilung in Kompetenzgruppen erfolgte anhand einer Clusteranalyse, die die Probanden so in Gruppen (Cluster) einteilt, dass diese in sich homogen sind, sich aber von den anderen Gruppen möglichst deutlich unterscheiden.

Auch wenn im Zentrum die globale Sprachkompetenz der Kinder stand, sah die Konzeption der Untersuchung eine Verteilung der Kinder auf zwei Altersgruppen vor. Die Integration der Altersdimension diente dazu, den Einfluss der globalen Sprachkompetenz mit dem Einfluss des Alters auf die einzelnen Variablen zu kontrastieren. Das ermöglichte es, für die einzelnen Variablen zu analysieren, ob sie stärker von einer der beiden Dimensionen abhängen oder ob sie sowohl mit dem Alter der Kinder als auch mit der globalen Sprachkompetenz einhergehen.

Die zweite Leitfrage bezieht sich auf die unterschiedlichen Arten sprachlichen Wissens, die für das Schreiben und für das metasprachliche Reflektieren eine Rolle spielen. Die im Wissenschaftsdiskurs tradierte Unterscheidung zwischen implizitem und explizitem Wissen wurde in der vorliegenden Studie um einen dritten Typ, um das *explizierte* sprachliche Wissen, erweitert. Über dieses explizierte Sprachwissen geben die Äußerungen und Beschreibungen aus den Gesprächen mit den Kindern Aufschluss. Das explizite Sprachwissen wurde anhand einer standardisierten Sprachstandserhebung in den Bereichen *Wortschatz*, *Grammatik* und *Orthographie* gemessen (Untertests aus KEKS von May & Bennöhr 2013b). Als Ausdruck vorwiegend impliziten Wissens wurde das Textschreiben verstanden. Das Setting des freien Schreibens zeichnet sich insgesamt besonders durch den Rückgriff auf implizites Wissen aus, da im Zentrum das Kommunizieren von Informationen und das Unterbreiten von Argumenten steht und weit weniger das korrekte Umsetzen sprachlicher Normen. Die Operationalisierung des impliziten Wissens erfolgte darum über die Analyse der Kindertexte hinsichtlich ihrer lexikalischen, grammatischen und orthographischen Qualität. Um dem Umstand Rechnung zu tragen, dass der Rückgriff auf implizites Wissen immer auch mit explizitem Wissen einhergeht und umgekehrt, wurden die beiden Typen in der vorliegenden Studie als +explizites Wissen und +implizites Wissen bezeichnet (vgl. Abb. 12.2, S. 261). In der Diskussion der Ergebnisse im vorliegenden Kapitel wird aus Gründen der Übersichtlichkeit auf diese Auszeichnung verzichtet. Anhand der vergleichenden Analyse dieser verschiedenen Wissenstypen will die hier präsentierte Studie erhellen, in welchem Verhältnis implizites, explizites und expliziertes Wissen zueinander stehen, und ob sich dieses Verhältnis zwischen sprachstarken und sprachschwachen Kindern unterscheidet.

Die Ergebnisse der empirischen Untersuchung werden im Folgenden in Form einer Synthese zusammengeführt und in ihrer Bedeutung für die aktuelle Schriftspracherwerbsforschung diskutiert. Die Zusammenfassung wird anhand von drei Graphiken vorgenommen, von denen sich eine (Abb. 12.1, S. 257) auf die erste der oben aufgeführten Fragen bezieht und die anderen zwei (Abb. 12.2, S. 261, und Abb. 12.3, S. 264) die Ergebnisse zur zweiten Frage illustrieren.

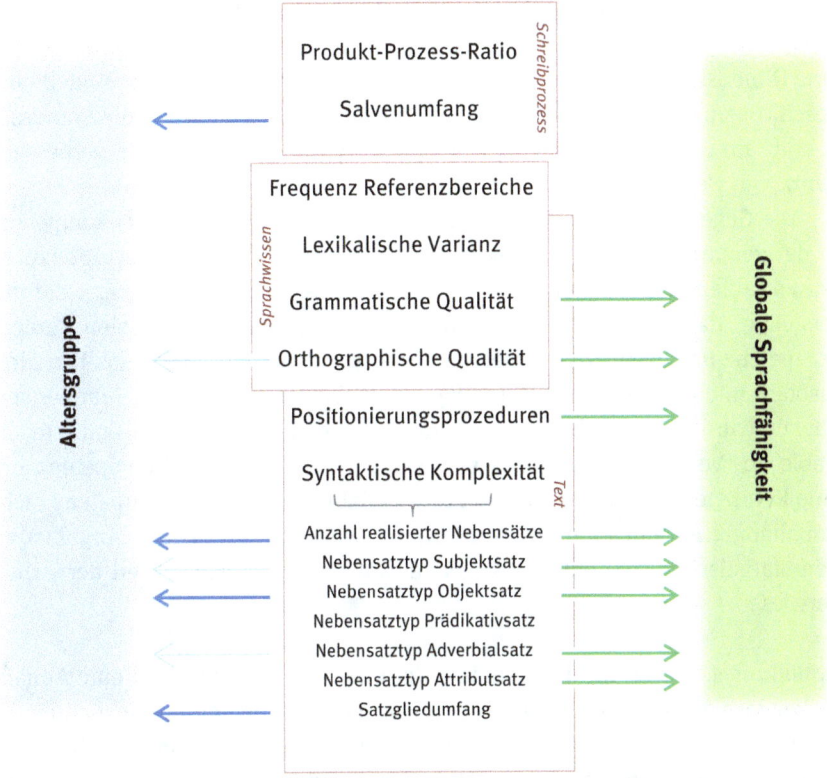

Abb. 12.1: Übersicht über die untersuchten Variablen und die Ergebnisse.

Die erste Graphik (Abb. 12.1) führt linkerhand die Altersdimension und rechts die globale Sprachfähigkeit auf. Diese beiden Dimensionen wurden allen Auswertungen zugrunde gelegt, um zu klären, welche Variablen eher vom Alter und welche zusätzlich oder ausschliesslich von der globalen Sprachkompetenz der Kinder abhängen. Mittig sind in der Graphik alle ausgewerteten Variablen aufgelistet. Die Umrahmungen weisen diese Variablen den Ebenen *Schreibprozess*, *Metasprache* und *Text* zu. Mittels Pfeilen – sie verdeutlichen so viel wie „hängt ab von" – wird für jede der aufgelisteten Variablen ihre Abhängigkeit vom Alter und/oder von der globalen Sprachkompetenz der Kinder visualisiert. Wenn sich keine statistisch bedeutsame Abhängigkeit zeigte, wird kein Pfeil aufgeführt. Wo die Einzelauswertungen in der getrennten Analyse einen Zusammenhang sowohl mit der globalen Sprachkompetenz als auch einen Gruppenunterschied zwischen den Altersstufen ergaben, wurde mittels linearer Regression überprüft, welche der beiden Dimensionen die Ausprägungen der einzelnen Variable eher voraussagen kann. Dabei sind zwei Ergebnisse möglich: Entweder zeigt das statistische Modell, dass *beide Dimensionen zusammen* die grösste Aufklärung ermöglichen (vgl. *Anzahl realisierter Nebensätze*) oder eine Dimension erweist sich als ‚stärker' (die andere wird aus dem Modell ausgeschlossen, was heisst, dass sie zusätzlich zur ersten Dimension die Voraussagekraft für die Ausprägung der entsprechenden Variable nicht verbessern kann, vgl. Nebensatztyp *Subjektsatz*).

Die Gegenüberstellung des Lernalters und der globalen Sprachkompetenz in der genannten Visualisierung dient der Veranschaulichung der untersuchten Variablen und der eruierten Zusammenhänge. Sie soll dabei aber nicht unterstellen, dass es sich bei den Lernaltersgruppen und der globalen Sprachkompetenz um zwei Grössen gleicher Qualität handelt: Während das Lernalter insofern in die Untersuchung einging, als zwei Altersgruppen miteinander verglichen wurden, bildet die globale Sprachkompetenz eine intervallskalierte Variable ab. Vor allem handelt es sich bei der globalen Sprachkompetenz um eine Kompetenzdimension, die von den Variablen zur Schreibkompetenz nicht unabhängig ist. Für eine differenzierte Auswertung und genaue Angaben zu den statistischen Ergebnissen sei daher auf den empirischen Teil der Arbeit verwiesen.

Abbildung 12.1 zeigt für die Mehrzahl der untersuchten Variablen eine Abhängigkeit von der globalen Sprachkompetenz. Da zwischen den untersuchten Altersgruppen zwei Schuljahre liegen, erstaunen besonders die Resultate zur grammatischen und orthographischen Qualität der Texte. Grammatik und Orthographie stellen Bereiche dar, die in der Schule als wichtiger Teil des Sprachunterrichts vermittelt und gefördert werden. Die Ergebnisse der vorliegenden Studie weisen nun aber darauf hin, dass die Altersdimension, also die Klassenzugehörigkeit der Kinder, keine zentrale Rolle für die orthographische und grammatische Kompetenz der Kinder spielt. Da nichts darüber bekannt ist, anhand welcher didaktischen Methoden die untersuchten Kinder unterrichtet wurden, eignen sich die hier ausgewerteten Daten nicht dazu, eine Wirkung der schulischen Steuerung auf den Schriftspracherwerb zu beurteilen. Was aber feststeht, ist, dass die zwei Jahre älteren Kinder mehr Schreiberfahrung generell gesammelt, aber auch mehr Unterrichtsstunden durchlaufen haben, in denen ihnen grammatisches und orthographisches Wissen vermittelt wurde. Das scheint nun aber nicht dazu zu führen, dass die Kinder orthographisch und grammatisch qualitativ bessere Texte schreiben als die jüngeren. Vielmehr hängt die Kompetenz in diesen sprachlichen Teilbereichen von der globalen Sprachfähigkeit ab.

Beachtenswert ist weiter, dass die Abhängigkeit von der globalen Sprachkompetenz auch Bereiche des Schreibens umfasst, die nicht sprachliche Teilqualifikationen darstellen, sondern Ausdruck literaler Kompetenz im Sinne von konzeptioneller Schriftlichkeit sind. So zeigte sich nämlich auch, dass die Verwendung literaler Positionierungsprozeduren mit der globalen Sprachkompetenz einhergeht. Literale Positionierungsprozeduren wurden hergeleitet als sprachliche Routineformeln, die in argumentativen Texten dazu dienen, die eigene Meinung darzulegen. Beispiele dafür sind die von Kindern frequent verwendete Wendung *Ich finde, dass* oder die literalere Variante *Meiner Meinung nach* ... Die Schreibforschung der vergangenen Jahre (vgl. bspw. Gätje, Rezat & Steinhoff 2012; Rezat 2014; Langlotz 2014; Gätje & Langlotz 2016) untersuchte die Entwicklung literaler Prozeduren über unterschiedliche Altersstufen hinweg. Dabei wurde jeweils so vorgegangen, dass für jede Altersgruppe ein Textkorpus untersucht und darauf basierend gezeigt wurde, zu welchem Zeitpunkt eine bestimmte Prozedur erstmals verwendet wird und welche Prozeduren in welcher Altersgruppe besonders häufig vorkommen. Es wird damit jeweils unterstellt, dass die Altersdimension eine besonders zentrale Rolle für die Herausbildung zunehmend literaler Prozeduren darstellt. Das wird durch die Auswertungen der vorliegenden Studie relativiert. Es zeigte sich nämlich, dass sowohl in der Verwendungsfrequenz als auch in der Literalität der Prozeduren die sprachstarken Kinder den sprachschwachen voraus sind – und zwar unabhängig von ihrem Lernalter. Dieser Befund mag aus didaktischer Sicht ernüchternd sein, da er den Schluss nahelegt, dass neben sprachlichen Teilbereichen wie der Orthographie und der Grammatik auch Merkmale konzeptioneller Schriftlichkeit weit weniger ein Resultat des Lernalters und damit des didaktischen Einflusses als ein Ausdruck der globalen Sprachkompetenz sind. Da keine Angaben zum Schreibunterricht vorliegen, den die untersuchten Kinder durchlaufen haben, kann über seinen Einfluss auf die Schriftsprachkompetenz keine Aussage gemacht werden. Allerdings zeigen die durch diese Studie gewonnenen Einsichten, dass für didaktische Settings mit sehr grossen interindividuellen Unterschieden zwischen den Kindern einer Klassenstufe zu rechnen ist.

Als wichtig stellte sich der Einfluss der globalen Sprachkompetenz auch für den Grossteil der Variablen zur syntaktischen Komplexität heraus. Beachtenswert ist dabei, dass sich für die Nebensatztypen unterschiedliche Tendenzen zeigten: Subjektsätze, Adverbialsätze und Attributsätze werden von den sprachstarken Kindern deutlich häufiger realisiert als von den sprachschwachen, und zwar unabhängig von der Altersgruppe. Für die durchschnittliche Anzahl realisierter Nebensätze sowie für den Nebensatztyp *Objektsatz* hingegen ergaben sich bedeutsame Unterschiede zwischen den Altersgruppen, auch wenn hier die Sprachkompetenz ebenfalls einen Einfluss hatte. Worauf diese erstaunlichen Unterschiede zwischen den Satztypen zurückzuführen sind, kann hier nicht beantwortet werden; die Resultate weisen aber darauf hin, dass sich weitere Untersuchungen in diesem Bereich lohnen würden. Aufschlussreich wäre es insbesondere, die Merkmale syntaktischer Komplexität zueinander in Beziehung zu setzen: Die hier gewonnenen Einsichten könnten darauf hinweisen, dass die verschiedenen Nebensatztypen unterschiedliche Komplexitätsgrade repräsentieren. Diese Komplexitätsstufen empirisch nachzuweisen, wäre für die weitere Forschung mit Sicherheit gewinnbringend. Unter Umständen übernehmen gewisse syntaktische Typen im Aneignungsprozess eine Art Steigbügelfunktion, indem sie den Erwerb anderer Typen stützen. Angeregt sei an dieser Stelle ebenfalls dazu, über die metasprachliche Reflexion der Kinder genauere Einsichten darin zu erlangen, wie die Kinder mit syntaktischen Strukturen verfahren und welche Funktion und Wirkung sie ihnen zumessen. Die im Rahmen dieser Studie erhobenen Gespräche eignen sich dafür nur bedingt. Erfolgversprechender wäre ein Setting, das sich explizit auf bestimmte syntaktische Strukturen bezieht und diese als Gesprächsgegenstand vorgibt.

Gewisse der untersuchten Variablen stellten sich als ausschliesslich durch das Lernalter bedingt heraus. Das ist zum einen beim Salvenumfang und zum anderen beim durchschnittlichen Satzgliedumfang der Fall. Beim Salvenumfang handelt es sich um eine Schreibprozessvariable, die aussagt, in welche Einheiten die Kinder ihren Schreibfluss unbewusst gliedern. Sie wurden definiert als Strukturen, die durch einen Unterbruch im Schreibfluss zugunsten einer Textrevision abgeschlossen werden. Die Frage, warum diese beiden Variablen, der Salvenumfang als Schreibprozessvariable und der durchschnittliche Satzgliedumfang als Textmerkmal, im Gegensatz zu anderen untersuchten Grössen vom Alter der Kinder abhängen, muss hier offengelassen werden. Es kann ein Zufall sein, dass sich gerade für diese beiden Variablen als gemeinsames Merkmal die Abhängigkeit vom Alter herausstellt. Die Daten weisen aber darauf hin, dass es sich lohnen würde, dieser Frage anhand einer breiteren Datenbasis genauer nachzugehen. Insbesondere Schreibsalven als eine Art ‚kognitive Atemzüge' sollten in zukünftigen Studien genauer untersucht werden. In der vorliegenden Studie wurde angenommen, dass das Produzieren umfangreicherer Salven damit zu tun hat, dass die Kinder, die in besonders umfangreichen Salven schreiben, auch umfangreichere Strukturen kognitiv präsent haben. Ob das tatsächlich der Fall ist, kann hier allerdings nicht abschliessend beantwortet werden. Hier wären weitere quantitative Analysen sinnvoll, gleichfalls wäre aber eine qualitative Betrachtung der entsprechenden Einheiten gewinnbringend. Sie könnten nämlich erhellen, ob es sich bei den Schreibsalven auch um mehrteilige Strukturen handelt, deren Elemente zusammen abgespeichert und schreibend verarbeitet werden. Konstruktionsgrammatische Paradigmen postulieren, dass Konstruktionen *als Einheiten* mental gespeichert sind, sprachlich verarbeitet und in der Sprachverwendung

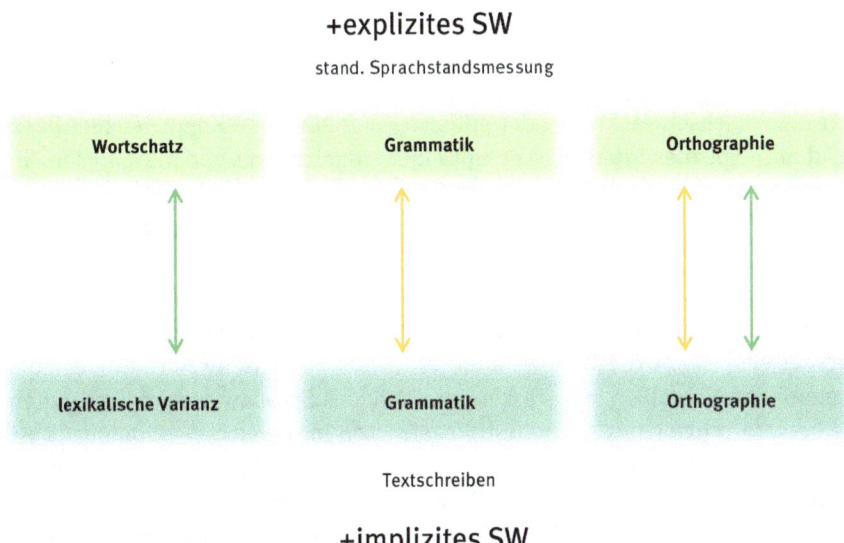

Abb. 12.2: Abhängigkeit von +explizitem und +implizitem Sprachwissen.
Anm.: Der orange Pfeil repräsentiert die Gruppe der sprachschwachen und der grüne die Gruppe der sprachstarken Kinder.

realisiert werden. Das heisst also, dass die gleichen Grössen auf der kognitiven Ebene, im Schreibprozess und in den Schreibprodukten zu finden sein müssten. Der Befund, dass der Salvenumfang mit einer besseren globalen Sprachkompetenz nicht zunimmt, dürfte zwar der Annahme widersprechen, dass Salven als Produktionseinheiten an Konstruktionen i. S. der Konstruktionsgrammatik gebunden sind. Vertiefende Forschungen hierzu wären allerdings wünschenswert.

Aufschluss bringen die Analysen ebenfalls in Bezug auf die Frage, inwiefern sich sprachstarke und sprachschwache Kinder hinsichtlich ihrer Sprachwissensvoraussetzungen unterscheiden. Diese zwei Kompetenzgruppen – die sprachstarken und die sprachschwachen Kinder – bilden die Basis für die zweite und dritte hier präsentierte Graphik (Abb. 12.2 und 12.3). Abbildung 12.2 stellt zwei Arten von Wissen einander gegenüber: explizites Wissen (in der Abbildung im oberen Teil hellgrün) und implizites Wissen (in der Abbildung im unteren Teil dunkelgrün dargestellt). Visualisiert wird anhand oranger (für die sprachschwachen) und grüner Pfeile (für die sprachstarken Kinder), für welche sprachlichen Teilbereiche explizites und implizites Wissen miteinander einhergehen respektive wo sich kein bedeutsamer Zusammenhang zeigte.

Die Orthographie stellte sich als Kompetenzbereich heraus, in dem explizites und implizites Wissen bei den sprachstarken und auch bei den sprachschwachen Kindern miteinander einhergehen. Sowohl für die sprachstarken als auch für die sprachschwachen Kinder gilt also, dass eine gute Kompetenz im Rückgriff auf explizites Sprachwissen mit einer entsprechend guten Kompetenz im Aktivieren impliziten Wissens in der Orthographie in Bezug steht.

Anders zeigt sich der Zusammenhang zwischen explizitem und implizitem Sprachwissen für die Grammatik und die Lexik: Im grammatischen Bereich ergab sich ein Zusammenhang zwischen explizitem grammatischen Wissen und implizitem grammatischen Wissen nur für die sprachschwachen Kinder. Es drängt sich damit die Interpretation auf, dass sprachschwache Kinder auch beim freien Schreiben viel stärker auf explizites Sprachwissen zurückgreifen. Je besser ihr explizites Norm- und Regelwissen im Bereich der Grammatik ist, desto besser ist die grammatische Qualität ihrer Texte im freien Schreiben. Bei den sprachstärkeren Kindern allerdings, die insgesamt auch im Grammatiktest deutlich besser abgeschnitten haben und gleichzeitig insgesamt eine bessere grammatische Leistung im freien Schreiben zeigten (vgl. Abbildung 12.1 und die Ausführungen dazu oben), gehen explizites und implizites Sprachwissen nicht miteinander einher. Sie sind für das Verfassen grammatisch guter Texte nicht auf den Rückgriff auf explizites grammatisches Wissen angewiesen.

Im Bereich der Lexik wiederum zeigte sich dieses Phänomen andersherum: Hier sind es die sprachstarken Kinder, für die ein besseres Wortschatzwissen mit einer höheren lexikalischen Varianz in den Texten einhergeht. Für die sprachschwachen Kinder allerdings hängen explizites lexikalisches Wissen und implizites Wissen nicht voneinander ab.

Diese Resultate sind besonders darum aufschlussreich, weil sie deutlich zeigen, dass sich sprachstarke und sprachschwache Kinder darin unterscheiden, wie sie auf explizite und implizite Wissensbestände Bezug nehmen. Im Wesentlichen legen die Resultate nahe, dass im strukturellen sprachlichen Bereich, zu dem die Grammatik gehört, explizites Wissen für die sprachschwachen Kinder eine wichtige Funktion hat. Je besser ihr explizites grammatisches Wissen ausgebaut ist, desto besser gelingt es ihnen auch, grammatisch korrekte Strukturen im freien Schreiben zu realisieren. Gerade die sprachschwachen Kinder scheinen auf die Aneignung von explizitem sprachstrukturellen Wissen angewiesen zu sein, das ihnen das sprachliche Handeln erleichtert. Daran kann die Vermutung angeschlossen werden, dass die sprachschwachen Kinder implizites Wissen, also eine Sprach- und Schreibroutine, durch das Verinnerlichen vorerst expliziten Wissens aufbauen. Das hiesse für die Sprachförderung möglicherweise weiter, dass sprachschwache Kinder speziell dadurch gefördert werden können, dass ihnen sprachliche Formen und ihre Funktion bewusst zugänglich gemacht werden.

Mit diesen Ausführungen ist ein Teil der zweiten Hauptfrage der vorliegenden Studie beantwortet: Es sollte geklärt werden, in welchem Verhältnis implizites, explizites und expliziertes sprachliches Wissen zueinander stehen. Das *explizierte* Wissen wurde in Gesprächen mit den Kindern über ihren Schreibprozess erhoben. Die terminologische Differenzierung soll verdeutlichen, dass es sich beim explizierten sprachlichen Wissen nicht – wie in der Forschung immer wieder unterstellt wird – um explizites Wissen in Abgrenzung von implizitem handelt, sondern dass Wissen, das die Kinder auch formulieren und explizieren können, eine zusätzliche Qualität hat. Es steht nicht nur als explizites Wissen dem bewussten Rückgriff zur Verfügung, sondern kann metasprachlich verbalisiert werden. Diesem explizierten Wissen wurde anhand einer datengeleiteten Kategorisierung in sogenannte Referenzbereiche nachgegangen: Im Zentrum stand dabei immer die Frage, auf welche sprachlichen (oder nicht sprachlichen) Aspekte sich die Kinder in ihren Äusserungen beziehen. Es interessierte also nicht die sprachliche Struktur der metasprachlichen Äusserung oder die Termini, anhand derer sich die Kinder äusserten, sondern die Frage, welche Strukturen und Aspekte sie thematisierten, wenn sie ihre Beobachtungen kommentierten. Die Ergebnisse zu den Referenzbereichen sind in Abbildung 12.3 visualisiert.

Die Abbildung zeigt vier nahezu identische Profile: Es liessen sich für die induktiv herausgearbeiteten Referenzbereiche keine statistisch bedeutsamen Unterschiede zwischen sprachstarken und sprachschwachen Kindern und ebenso wenig zwischen den beiden Altersgruppen nachweisen. Alle teilnehmenden Kinder zeichneten sich gleichermassen dadurch aus, dass sie im Kommentieren ihres Schreibprozesses und ihrer Revisionshandlungen sprachformale Aspekte fokussierten und benannten. Dabei ergaben die Kommentare insgesamt ein interessantes Bild davon, welche sprachlichen Normen bei den Kindern besonders präsent sind und welche Funktion diesen beigemessen wird. Besonders deutlich zeigten die Auswertungen, dass die Kinder in ihrem Inventar an expliziertem Sprachwissen Versatzstücke transitorischer Normen i. S. von Merksätzen gespeichert haben, die sie vermutlich aus dem Schulunterricht kennen. Als Beispiel diskutiert wurde im Rahmen der Datenauswertungen etwa die ‚Faustregel' *Wörter, die mit der, die, das kombinierbar sind, schreibt man gross.* Das explizierte Sprachwissen der Kinder stellt nun deutlich eine Problematik solcher Normen heraus, die in der Forschung seit Langem bekannt ist: Durch ihre Formbezogenheit haben diese Merksätze einen extrem eingeschränkten Gültigkeitsbereich und treffen damit auf viele Situationen nicht zu. Aufschlussreich ist hier aber, dass sie die Kinder auch nicht zwingend zu einer falschen Schreibung führen. Insgesamt weisen die Daten nämlich darauf hin, dass zwischen expliziertem Sprachwissen und implizitem (im freien Schreiben)

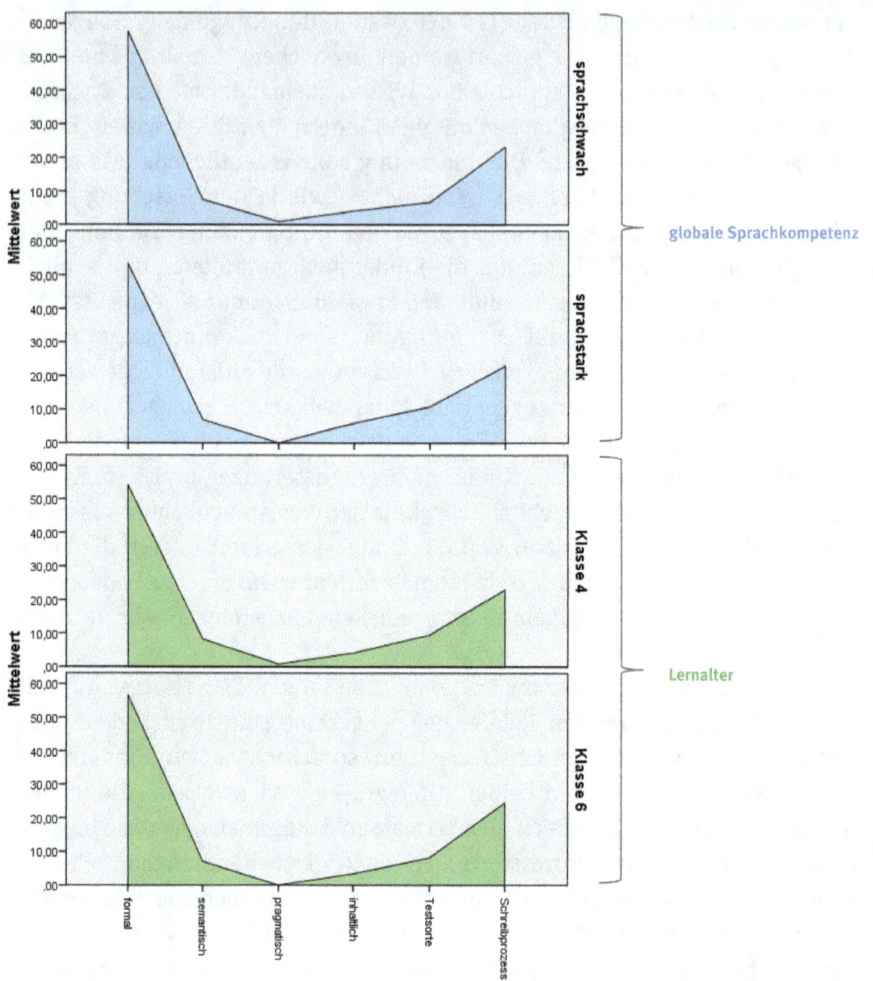

Abb. 12.3: Frequenz der thematisierten Referenzbereiche
Anm.: Die Abbildung zeigt die durchschnittliche Frequenz der thematisierten Referenzbereiche relativ zur Gesamtzahl aller Nennungen.

keine direkten Zusammenhänge bestehen. Das Sprechen über das Schreiben und das Schreiben selbst hängen für die hier untersuchten Kinder nicht auf nachvollziehbare Weise zusammen. Wofür spricht dieses Resultat?

Es können hier folgende Schlussfolgerungen gezogen werden: Die Kinder verfügen insgesamt über sehr wenig Routine darin, über Schreibprozesse, aber auch über einzelne sprachliche Bereiche zu sprechen. Wenn sich implizites und explizites Wissen über Sprache und über Schreibhandlungen durch die Sprach- und Schreibpraxis entwickeln, dann gilt das nicht für das explizite

Wissen. Die Metasprache selbst und die metasprachlichen Aktivitäten müssten sich die Kinder erst aneignen. Das bedingte nun in ihrem Fall kooperative Aneignungsprozesse und kooperative Lernstrukturen, da ein metasprachlicher Austausch einen Gesprächspartner voraussetzt. Die vorliegende Studie stützt damit die didaktische Relevanz, das metasprachliche Kommunizieren selber zum Lerngegenstand zu machen. Oben wurde aufgezeigt (vgl. die Ausführungen zu Abb. 12.2), dass sich sprachschwache und sprachstarke Kinder darin unterscheiden, ob ein gut ausgebautes explizites Sprachwissen mit einer entsprechend guten Kompetenz im Schreiben einhergeht oder nicht. Daraus wurde die Vermutung abgeleitet, dass gerade sprachschwachen Kindern das Zugänglichmachen expliziten Wissens über sprachliche Strukturen, ihre Funktion und ihre Wirkung im syntaktischen und textuellen Kontext das Schreiben erleichtern könnte. Dafür bräuchte es nun aber eine Form der metasprachlichen Reflexion und vor allem eine Form des Sprechens über diese Strukturen und vor allem über ihre Funktion. Ergebnisse aus der angelsächsischen Forschung stützen die Annahme, dass das Explizieren von Sprachwissen einen positiven Einfluss auf die Schreibkompetenz hat (vgl. aktuell etwa Myhill 2016). Hier sollte die Forschung im deutschsprachigen Raum anschliessen.

Zusammenfassend führten die Ergebnisse zum Verhältnis der verschiedenen Sprachwissenstypen zueinander vor allem zu zwei wesentlichen Einsichten: Zum einen zeigte sich das Erfordernis, in Bezug auf die Funktion expliziten und impliziten Sprachwissens zwischen sprachstarken und sprachschwachen Kindern zu unterscheiden. Die Kinder scheinen abhängig von ihrer globalen Sprachkompetenz individuelle Ressourcen und Bedürfnisse zu haben, was den Umgang mit sprachlichem Wissen angeht. Zum anderen bestätigte sich eine Vermutung, die der Konzeption dieser Studie vorausging: Die Differenzierung zwischen implizitem und explizitem Sprachwissen – und das gilt auch dann, wenn etwa mit Karmiloff-Smith (cop. 1992) oder Gombert (1990) von unterschiedlichen Graden expliziten Wissens ausgegangen wird – ist durch die Abgrenzung von expliziertem Sprachwissen zu erweitern. Den sprachlichen Mitteln, anhand derer über sprachliche Formen und Funktionen mit den Kindern gesprochen werden kann, ist künftig viel umsichtiger Rechnung zu tragen, als das bislang geschieht. Das Vorhandensein expliziten Sprachwissens, so zeigten die Daten, führt nämlich noch nicht automatisch zur Befähigung und zu den Mitteln, dieses Wissen auch zu explizieren.

Für die Schreibforschung decken die Ergebnisse zum explizierten Sprachwissen der Kinder weiter ein zentrales Desiderat auf: Bislang ist wenig darüber bekannt, wie die kindlichen Normvorstellungen von Sprache aussehen und wie Kinder ihr eigenaktiv aufgebautes Wissen über Sprache strukturieren. Die

Forderung, die Sprachdidaktik und insbesondere die Schreibdidaktik möge an das implizit gut ausgebaute Sprachwissen der Kinder anknüpfen, das diese aus der Mündlichkeit mitbringen, ist über Jahrzehnte zu einem Topos geworden (vgl. Kap. 3.2.3.2), allerdings wird der Frage, wie denn dieses kindliche Sprachwissen aussieht, wenig Aufmerksamkeit zuteil. Die vorliegende Studie zeigte, dass es ein anspruchsvolles Unterfangen darstellt, an das den Kindern eigene Sprach- und Normwissen zu gelangen. Diese empirische Herausforderung sollte hingegen nichts desto trotz wahrgenommen und nicht durch eine vorwiegend theoretische Diskussion umgangen werden. Die sprachwissenschaftliche und sprachdidaktische Forschung weist nicht erst in jüngerer Zeit darauf hin, dass sich Termini und Kategorien besonders gebräuchlicher Grammatikmodelle wie etwa der griechisch-lateinisch-basierten Grammatikkonzeption kaum mit den Lernervarietäten sprachlicher Normvorstellungen von Kindern decken. Umso mehr tut die empirische Erforschung in diesem Bereich Not.

Im kritischen Rückblick auf die Erhebungsverfahren und Auswertungsmethoden, die sich die vorliegende Studie zu Nutzen machte, gilt ein besonderes Augenmerk dem Vorteil standardisierter Erhebungsverfahren und statistischer Auswertungsmethoden: Durch die Messung der globalen Sprachkompetenz anhand eines standardisierten Verfahrens, einem C-Test, war ein objektives Vorgehen bei der Einteilung der Probanden in sprachstarke und sprachschwache Kinder möglich. Die statistischen Verfahren der Datenanalyse ihrerseits vermochten Annahmen, von der speziell die Schriftspracheignungsforschung ausgeht, zu differenzieren. Das gilt besonders für die Kontrastierung der Altersdimension mit der globalen Sprachkompetenz, die die Wichtigkeit des Alters für verschiedene Variablen relativieren konnte. Die Anwendung quantitativer Auswertungsmethoden muss indes nicht heissen, dass die Daten nicht ebenfalls einer qualitativen Analyse unterzogen werden können. Die datengeleitete Annotation der transkribierten Kindergespräche hat zu erhellenden Einsichten in das explizierte Sprachwissen der Kinder geführt. Exemplarisch führten die Analysen hier vor, dass dabei nicht nur Kategorien, die in den Daten frequent vorkommen, aufschlussreich sein können. Auffallend waren nämlich gerade auch ‚Leerstellen', die sich mit dem Blick auf die insgesamt rund 500 annotierten Kinderäusserungen zeigen: Im Besonderen bleibt die Frage, wie das eigenaktiv aufgebaute Normwissen der Kinder aussieht, offen. Dazu finden sich in den Gesprächen wenig Hinweise. Das mag auf verschiedene Gründe zurückzuführen sein. Einerseits stand die starke Fokussierung aller Kinder (unabhängig von ihrem Alter und ihrer globalen Sprachkompetenz) auf sprachformale Aspekte in den Gesprächen der Thematisierung ihrer eigenen Normvorstellungen im Weg. Diese Fokussierung wird hier unter anderem darauf zurückgeführt, dass die Kinder wenig Übung darin zu haben scheinen, über sprachliche Strukturen, ihre Form und Funktion oder über Schreibandlungen zu sprechen. Andererseits ist an dieser Stelle eine Methodenkritik in Bezug auf das gewählte Erhebungsverfahren angezeigt: Der Umstand, dass die Kinder ein Gespräch mit der Untersuchungsleiterin geführt haben, hatte möglicherweise zur Folge, dass sie dieser ihnen fremden, erwachsenen Person die Erwartungshaltung unterstellt haben, möglichst ‚richtige' und ‚gute' Erklärungen oder Kommentare hören zu wollen. Für weitere Studien, die sich vergleichbarer Fragen widmen, sei daher dazu angeregt, die Kinder miteinander über sprachliche Strukturen und Schreibprozesse sprechen zu lassen. Der Austausch unter *peers* stellt nicht wie das Gespräch eines Erwachsenen mit einem Kind ein asymmetrisches Verhältnis dar und könnte die Kinder eher dazu veranlassen, ihre Gedanken und Ideen möglichst frei zu äussern und zu diskutieren. Während in der Sprachdidaktik dem Austausch unter *peers* zunehmende Aufmerksamkeit zuteilwird, greift die Erforschung der kindlichen Metasprache im deutschen Sprachraum erst vereinzelt darauf zurück.

Insgesamt darf das methodische Vorgehen der vorliegenden Studie für sich geltend machen, die Ansätze der sprachwissenschaftlichen und sprachdidaktischen Schreibforschung sinnvoll erweitert zu haben. Langlotz (2014: 142) betonte unlängst die Wichtigkeit statistischer Verfahren für die zukünftige Schreibforschung und wies auf die Notwendigkeit hin, neben dem Lernalter weitere Faktoren zu erheben, die einen Einfluss auf die Schreibentwicklung haben könnten. Sie meint damit unterschiedliche kognitive und sozial-kommunikative Voraussetzungen der Individuen, die bereits im frühen Spracherwerb eine Rolle spielen (Langlotz 2014: 142). Die vorliegende Studie trägt dazu bei, die Kenntnisse über diese Voraussetzungen zu erweitern. Sie leistet einen Beitrag zur Differenzierung der Schriftsprachkompetenz auf der Prozess-, der Produkt- und der Sprachwissensebene und stellt heraus, welche Rolle die globale Sprachkompetenz für das Schreiben spielt respektive worin sich sprachstarke und sprachschwache Kinder in der Konstruktion von Sprache und Sprachwissen unterscheiden.

13 Fazit und Ausblick

Die vorliegende explorative Studie zeigt empirisch auf, dass die globale Sprachkompetenz für das Schreiben eine herausragende Rolle spielt und weist eine hohe Heterogenität der Kinder in Bezug auf ihre globale Sprachkompetenz nach. Für einen Teil der untersuchten Variablen stellte sich zwar heraus, dass sie stark vom Lernalter der Kinder abhängen. Die Mehrzahl der Variablen allerdings geht ebenfalls oder ausschliesslich mit der globalen Sprachkompetenz einher. Hier gilt es daher zwischen einzelnen Teilfertigkeiten der Schriftsprachkompetenz und verschiedenen Sprachwissenstypen zu differenzieren und zu berücksichtigen, dass sich diese in ihrer Ausprägung und in ihrer Funktion zwischen sprachstarken und sprachschwachen Kindern unterscheiden.

Was die vorliegende Studie ebenfalls zu leisten bemüht war, ist der Anschluss der Untersuchung der Schriftsprachkompetenz an die Spracherwerbsforschung allgemein. Insbesondere die sprachdidaktische Schriftsprachaneignungsforschung stellt einen Forschungszweig dar, der standardisierte Erhebungsverfahren und quantitative Methoden aus der Spracherwerbsforschung nur bedingt zur Kenntnis nimmt oder nutzbar macht. Genau das wäre hingegen als Ergänzung zu qualitativen Analysen aufschlussreich, wie die hier präsentierte Untersuchung zeigen kann. Dabei lohnt es sich, die Schreibhandlung als Prozess zu begreifen und ihr sowohl auf der Schreibprozessebene als speziell auch auf der Sprachwissensebene nachzugehen.

Gemeinhin wird an Studien zur Schriftsprachaneignung die Erwartung herangetragen, mit einem Ausblick auf didaktische Implikationen zu schliessen. So nachvollziehbar dieser Wunsch ist, so schwierig ist es, ihm zu entsprechen: Kenntnisse über Erwerbsinhalte und Erwerbsmechanismen sagen noch nichts darüber aus, ob oder gar wie sich didaktisch auf sie einwirken lässt. Dafür bedarf es Interventionsstudien, die sich auf empirisch erarbeitete Grundlagen beziehen. Angeregt sei vor dem Hintergrund der vorgenommenen Datenanalysen und der dadurch gewonnenen Einsichten allerdings dazu, in sprachdidaktischen Forschungen den Fokus über die Altersdimension hinaus zu erweitern und den interindividuellen Unterschieden der Kinder gleicher Klassenstufen Rechnung zu tragen. Damit sei nicht behauptet, die aktuelle Didaktik versäume hier eine angemessene Differenzierung. Vielmehr soll die Durchlässigkeit von Altersphasen im Erwerb schriftsprachlicher Kompetenzen vor dem Hintergrund dieser Untersuchung betont werden. Das gilt in gleichem Masse für die Förderung metasprachlicher Fertigkeiten der Kinder. Hierzu zeigte die vorliegende Studie, dass auch das Sprechen über sprachliche Strukturen, Normen und sprachliche Handlungen gelernt sein will. Es sei vor dem Hintergrund der hier präsentierten Forschungsergebnisse dafür plädiert, sich in diesem metasprachlichen Austausch nicht nur an der kommunikativen Funktion der Sprache zu orientieren, sondern die Sprache selbst zum Gegenstand der Reflexion zu machen, und zwar Sprachliches im engeren Sinn: grammatische und orthographische Strukturen, semantische Aspekte von Wörtern sowie konzeptionell schriftliche Prozeduren und jeweils deren Realisierung und Wirkung. Zentral ist dabei speziell der Funktionsbezug der metasprachlich thematisierten Grössen. Die metasprachliche Verständigung, die sich konkret auf die Funktion sprachlicher Strukturen und sprachlichen Wissens bezieht, hat das grösste Potenzial, positiv auf die Schreibkompetenz einzuwirken.

IV Anhang

14 Bibliographie

Abdel Latif, Muhammad Mahmoud (2008): A State-of-the-Art Review of Real-Time Computer-Aided Study of the Writing Process. *International Journal of English Studies* 8(1): 29–50.

Adamzik, Kirsten (2016): *Textlinguistik: Grundlagen, Kontroversen, Perspektiven*. Berlin: De Gruyter.

Aeppli, Tamara (2011): *Schreibkonferenz: Überarbeitungen und Erfahrungen. Eine empirische Forschungsarbeit über Schülerinnen und Schüler einer 4. Primarklasse*. Zug: PHZ Zug.

Ágel, Vilmos (2004): Phraseologismus als (valenz)syntaktischer Normalfall. In Katharina Steyer (Hrsg.), *Wortverbindungen – mehr oder weniger fest*, Jahrbuch Institut für Deutsche Sprache. Bd. 2003, 65–86. Berlin, New York: De Gruyter.

Alamargot, Denis & Lucile Chanquoy (2001): *Through the models of writing. Studies in writing*. Vol. 9. Dordrecht: Kluwer Academic Publishers.

Allal, Linda (2004): *Revision. Cognitive and instructional processes. Studies in writing*. Vol. 13. Boston: Kluwer Academic Publishers.

Alvès, R. A. (2012): The future is bright for writing research. In Virginia Wise Berninger (Hrsg.), *Past, present, and future contributions of cognitive writing research to cognitive psychology*, 591–598. New York: Psychology Press.

Andresen, Helga (1985): *Schriftspracherwerb und die Entstehung von Sprachbewußtheit*. Univ., Habil.-Schr. u.d.T.: Andresen, Helga: Schriftspracherwerb und die Bewußtwerdung von Sprache, Osnabrück, 1984. Opladen: Westdt. Verl.

Andresen, Helga (2011): Entstehung von Sprachbewusstheit und Spracherwerb. *Nachdenken über Sprache. Grundschule Deutsch*. Heft 32, 8–11. Seelze: Friedrich Verlag.

Andresen, Helga & Reinold Funke (2006): Entwicklung sprachlichen Wissens und sprachlicher Bewusstheit. In Ursula Bredel, Hartmut Günther, Peter Klotz, Jakob Ossner & Gesa Siebert-Ott (Hrsg.), *Didaktik der deutschen Sprache*, 438–451, 2., durchgesehene Aufl. Paderborn: Ferdinand Schöningh.

Andresen, Helga & Franz Januschek (1984): Sprachreflexion und Rechtschreibunterricht. In *Diskussion Deutsch. Zeitschrift für Deutschlehrer aller Schulformen in Ausbildung und Praxis*. Heft 77, 240–254. Frankfurt a. M. u. a.: M. Diesterweg, 15. Aufl.

Andrews, Richard, Carole Torgerson, Sue Beverton, Allison Freeman, Terry Locke, Graham Low & Die Zhu (2006): The effect of grammar teaching on writing development. In *British Educational Research Journal*, 32(1), 39–55.

Anskeit, Nadine & Torsten Steinhoff (2014): Schreibarrangements für die Primarstufe. Konzeption eines Promotionsprojekts und erste Ergebnisse zum Gebrauch von Schlüsselprozeduren. In Thomas Bachmann & Helmuth Feilke (Hrsg.), *Werkzeuge des Schreibens. Theorie und Potentiale einer Didaktik der Textprozeduren*, 129–155. Stuttgart: Fillibach bei Klett.

Antos, Gerd (1994–1996): Die Produktion schriftlicher Texte. In Hartmut Günther & Otto Ludwig (Hrsg.), *Schrift und Schriftlichkeit. Ein interdisziplinäres Handbuch internationaler Forschung / an interdisciplinary handbook of international research*, Handbücher zur Sprach- und Kommunikationswissenschaft, Band 10, 1527–1535. Berlin: De Gruyter.

Antos, Gerd (1996): Textproduktion. Überlegungen zu einem fächerübergreifenden Schreib-Curriculum. In Helmuth Feilke & Paul R. Portmann (Hrsg.), *Schreiben im Umbruch. Schreibforschung und schulisches Schreiben*, 186–196. Stuttgart: Klett.

Assmann, Aleida (1999): *Erinnerungsräume. Formen und Wandlungen des kulturellen Gedächtnisses*, C. H. Beck Kulturwissenschaft. München: C. H. Beck.

Assmann, Jan, Aleida Assmann & Christof Hardmeier (Hrsg.) (1983). *Schrift und Gedächtnis. Beiträge zur Archäologie der literarischen Kommunikation* 1, München: Wilhelm Fink.
Auer, Peter (2005): Syntax als Prozess. *InLiSt – Interaction and Linguistic Structures*, 41, January 2005, 1–35.
Auer, Peter (2010): Zum Segmentierungsproblem in der gesprochenen Sprache. *InLiSt – Interaction and Linguistic Structures*, 49, 1–19.
Auer, Peter (2015): Die Geschichte der germanistischen Soziolinguistik in Deutschland: eine Skizze. In Ludwig M. Eichinger (Hrsg.), *Sprachwissenschaft im Fokus. Positionsbestimmungen und Perspektiven. 50. Jahrestagung des Instituts für Deutsche Sprache, Mannheim 11.–13. März 2014*. Jahrbuch des Instituts für Deutsche Sprache, Band 2014, 379–412. Berlin: De Gruyter.
Augst, Gerhard, Katrin Disselhof, Alexandra Henrich, Thorsten Pohl & Paul-Ludwig Völzing (Hrsg.) (2007): *Text-Sorten-Kompetenz. Eine echte Longitudinalstudie zur Entwicklung der Textkompetenz im Grundschulalter*. Theorie und Vermittlung der Sprache, Bd. 48. Frankfurt a. M.: Peter Lang.
Augst, Gerhard & Peter Faigel (1986): *Von der Reihung zur Gestaltung. Untersuchungen zur Ontogenese der schriftsprachlichen Fähigkeiten von 13–23 Jahren*. Theorie und Vermittlung der Sprache, Bd. 5, Frankfurt u. a.: Peter Lang.
Baaijen, Veerle M., David Galbraith & Kees de Glopper (2012): Keystroke Analysis: Reflections on Procedures and Measures. In *Written Communication* 29(3), 246–277.
Bachmann, Thomas & Michael Becker-Mrotzek (2010): Schreibaufgaben situieren und profilieren. In Thorsten Pohl & Torsten Steinhoff (Hrsg.), *Textformen als Lernformen. Kölner Beiträge zur Sprachdidaktik*. Reihe A, Bd. 7, 191–209. Duisburg: Gilles & Francke.
Bachmann, Thomas & Michael Becker-Mrotzek (2011): Schreibaufgaben situieren und profilieren. In Johannes Berning (Hrsg.), *Textwissen und Schreibbewusstsein. Beiträge aus Forschung und Praxis*. Schreiben interdisziplinär. Studien, Bd. 6, 201–219. Münster: LIT Verlag Münster.
Bachmann, Thomas & Helmuth Feilke (Hrsg.) (2014): *Werkzeuge des Schreibens. Theorie und Potentiale einer Didaktik der Textprozeduren*. Stuttgart: Fillibach bei Klett.
Baer, Matthias, Michael Fuchs, Monika Reber-Wyss, Ueli Jurt & Thomas Nussbaum (1995): Das „Orchester-Modell" der Textproduktion. In Jürgen Baurmann & Rüdiger Weingarten (Hrsg.), *Schreiben. Prozesse, Prozeduren und Produkte*, 173–200. Opladen: Springer.
Bandura, Albert (1986): *Social foundations of thought and action. A social cognitive theory*. Prentice-Hall series in social learning theory. Englewood Cliffs, NJ: Prentice-Hall.
Bandura, Albert (1995): Guide for constructing self-efficacy scales. In Frank Pajares, *Division of Edicational Studies*, 307–337. Atlanta: Emory University.
Bandura, Albert (1997): *Self-efficacy. The exercise of control*. New York: W. H. Freeman.
Baumert, Jürgen (2001): *PISA 2000. Basiskompetenzen von Schülerinnen und Schülern im internationalen Vergleich*. Opladen: Leske + Budrich.
Baumert, Jürgen (2002): *Soziale Bedingungen von Schulleistungen. Zur Erfassung von Kontextmerkmalen durch Schüler-, Schul- und Elternfragebögen*. Berlin: Max-Planck-Institut für Bildungsforschung.
Baur, Rupprecht & Melanie Spettmann (2009): Der C-Test als Instrument der Sprachdiagnose und Sprachförderung. In Drorit Lengyel (Hrsg.), *Von der Sprachdiagnose zur Sprachförderung*, 115–127. Münster, New York, München, Berlin: Waxmann.
Baurmann, Jürgen (1994–1996): Aspekte der Aneignung von Schriftlichkeit und deren Reflexion. In Hartmut Günther & Otto Ludwig (Hrsg.), *Schrift und Schriftlichkeit. Ein interdisziplinäres Handbuch internationaler Forschung / an interdisciplinary handbook*

of international research, Handbücher zur Sprach- und Kommunikationswissenschaft, Bd. 10, 1118–1129. Berlin: De Gruyter.

Beach, Richard (1989): Showing students how to assess: Demonstrating techniques for response in the writing conference. In Christopher M. Anson (Hrsg.), *Writing and response*, 127–148. Urbana: National Council of Teachers of English.

Becker-Mrotzek, Michael (op. 1997): *Schreibentwicklung und Textproduktion. Der Erwerb der Schreibtätigkeit am Beispiel der Bedienungsanleitung*. Opladen: Westdeutscher Verlag.

Becker-Mrotzek, Michael (2004): *Schreibentwicklung und Textproduktion. Der Erwerb der Schreibfertigkeit am Beispiel der Bedienungsanleitung*. Opladen: Westdeutscher Verlag.

Becker-Mrotzek, Michael (Hrsg.) (2007): *Texte schreiben*. Duisburg: Gilles & Francke.

Becker-Mrotzek, Michael (2011): Aufsatz- und Schreibdidaktik. In Karlfried Knapp (Hrsg.), *Angewandte Linguistik. Ein Lehrbuch*. UTB. Band 8275, 36–55. Tübingen: A. Francke.

Becker-Mrotzek, Michael & Ingrid Böttcher (2006): *Schreibkompetenz entwickeln und beurteilen. Praxishandbuch für die Sekundarstufe I und II*. Berlin: Cornelsen Scriptor.

Behrens, Heike (2009): Konstruktionen im Spracherwerb. *Zeitschrift für Germanistische Linguistik* 37(3): 427–444.

Behrens, Heike (2011a): Die Konstruktion von Sprache im Spracherwerb. In Alexander Lasch (Hrsg.), *Konstruktionsgrammatik III. Aktuelle Fragen und Lösungsansätze*, Stauffenburg Linguistik, Bd. 58, 165–179. Tübingen: Stauffenburg Verlag.

Behrens, Heike (2011b): Grammatik und Lexikon im Spracherwerb: Konstruktionsprozesse. In Stefan Engelberg, Anke Holler & Kristel Proost (Hrsg.), *Sprachliches Wissen zwischen Lexikon und Grammatik*. Jahrbuch / Institut für deutsche Sprache, Bd. 2010, 375–396. Berlin: De Gruyter.

Bereiter, Carl (1980): Development in writing. In Lee W. Gregg & Erwin R. Steinberg (Hrsg.), *Cognitive processes in writing*, 73–93. Hillsdale, NJ: Erlbaum.

Bereiter, Carl & Marlene Scardamalia (1987): *The psychology of written composition. The psychology of education and instruction*. Hillsdale, NJ, u. a.: Erlbaum.

Bergh, Huub van den, Sven de Maeyer, Daphne van Weijen & Marion Tillema (2012): Generalizibility of Text Quality Scores. In Elke van Steendam, Marion Tillema, Gert Rijlaarsdam & Huub van den Bergh (Hrsg.), *Measuring Writing. Studies in writing*, 23–32. Leiden: BRILL.

Berninger, Virginia W. & Lee H. Swanson (1994): Modifying Hayes and Flower's model of skilled writing to explain beginning and developing writing. In *Advances in Cognition and Educational Practice* 2, 57–81.

Berninger, Virginia W. & William D. Winn (2008): Implications of Advancements in Brain Research and Technology for Writing Development, Writing Instruction, and Educational Evolution. In Charles A. MacArthur, Steve Graham & Jill Fitzgerald (Hrsg.), *Handbook of writing research*, 96–114. New York: Guilford Press.

Bernstein, Basil (1970): *Soziale Struktur, Sozialisation und Sprachverhalten. Aufsätze 1958–1970*. Schwarze Reihe (de Munter) 8. Amsterdam: Verlag de Munter.

Bernstein, Basil (Hrsg.) (1972): *Studien zur sprachlichen Sozialisation*. Sprache und Lernen, Bd. 7, Düsseldorf: Pädagogischer Verlag Schwann.

Bernstein, Basil B. (1964): Elaborated and restricted codes: their social origins and some consequences. In *American Anthropologist, Special Publication* 66, 55–69.

Bernstein, Basil B. (1967): *Elaborated and restricted codes. Their social origins and some consequences*. Bobbs-Merrill reprint series in the social sciences 549. Indianapolis, IN: Bobbs-Merrill.

Berthele, Raphael (2004): Vor lauter Linguisten die Sprache nicht mehr sehen – Diglossie und Ideologie in der deutschsprachigen Schweiz. In Helen Christen (Hrsg.), *Dialekt, Regiolekt und Standardsprache im sozialen und zeitlichen Raum. Beiträge zum 1. Kongress der Internationalen Gesellschaft für Dialektologie des Deutschen, Marburg/Lahn, 5.–8. März 2003*. Sektion Dialektsoziologie, 111–136. Wien: Edition Praesens.

Berthele, Raphael (2012): Multiple languages and multiple methods. Qualitative and quantitative ways of tapping into the multilingual repertoire. Postprint. In *Methods in Contemporary Linguistics*, 195.

Berthele, Raphael (2014): Zum selektiven Zelebrieren sprachlicher Diversität in der Schweiz. *Deutschblätter* 66: 75–83.

Bittner, Andreas (2011): Das Implizite ‚explizieren' – Überlegungen zum Wissen über Grammatik und zum Gegenstand des Grammatikunterrichts. In Klaus-Michael Köpcke (Hrsg.), *Grammatik – Lehren, Lernen, Verstehen. Zugänge zur Grammatik des Gegenwartsdeutschen*, Reihe Germanistische Linguistik, Bd. 293, 17–35. Berlin: De Gruyter.

Boettcher, Wolfgang & Horst Sitta (1978): *Der andere Grammatikunterricht. U-&-S-Pädagogik: Unterricht*. München, Wien, Baltimore: Urban und Schwarzenberg.

Bortz, Jürgen (1993): *Statistik für Sozialwissenschaftler. Springer-Lehrbuch*. Berlin [u. a.]: Springer.

Bortz, Jürgen & Nicola Döring (2006): *Forschungsmethoden und Evaluation für Human- und Sozialwissenschaftler*. Springer-Lehrbuch, Heidelberg: Springer Medizin Verlag.

Bowerman, Melissa (1990): Mapping thematic roles onto syntactic functions: Are children helped by innate linking rules? In *Linguistics* 28, 1253–1290.

Bredel, Ursula (2007): *Sprachbetrachtung und Grammatikunterricht*, StandardWissen Lehramt, Bd. 2890. Paderborn: Schöningh.

Bredel, Ursula (2008): Literale Basisqualifikationen I und II. In Konrad Ehlich, Ursula Bredel & Hans H. Reich (Hrsg.), *Referenzrahmen zur altersspezifischen Sprachaneignung. Forschungsgrundlagen. Bildungsreform Band 29/II*, hrsg. vom Bildungsministerium für Bildung und Forschung, 135–162. Berlin: Bundesministerium für Bildung und Forschung (BMBF).

Bredel, Ursula (2010): Die satzinterne Großschreibung – System und Erwerb. In Ursula Bredel, Astrid Müller & Gabriele Hinney (Hrsg.), *Schriftsystem und Schrifterwerb. Linguistisch, didaktisch, empirisch*, Reihe Germanistische Linguistik, Bd. 289, 217–234. Berlin, New York: De Gruyter.

Bredel, Ursula (Hrsg.) (2011): *Weiterführender Orthographieerwerb*. Deutschunterricht in Theorie und Praxis Bd. 5. Baltmannsweiler: Schneider-Verlag Hohengehren.

Bredel, Ursula & Hans H. Reich (2008): Literale Basisqualifikationen I und II. In Konrad Ehlich, Ursula Bredel & Hans H. Reich (Hrsg.), *Referenzrahmen zur altersspezifischen Sprachaneignung. Bildungsreform Band 29/I*, hrsg. vom Bildungsministerium für Bildung und Forschung, 95–105. Bonn, Berlin: Bundesministerium für Bildung und Forschung (BMBF).

Brickenkamp, Rolf, Lothar Schmidt-Atzert & Detlev Liepmann (2010): *Test d2-Revision. Aufmerksamkeits- und Konzentrationstest*. Göttingen u. a.: Hogrefe.

Brosius, Felix (2013): *SPSS 21. [inklusive CD-ROM]*. Heidelberg u. a.: mitp.

Brügelmann, Hans (1994): *Kinder auf dem Weg zur Schrift. Eine Fibel für Lehrer und Laien*, Libelle: Wissenschaft. Bottighofen: Libelle.

Brügelmann, Hans & Erika Brinkmann (1984): *Die Schrift entdecken. Beobachtungshilfen und methodische Ideen für einen offenen Anfangsunterricht im Lesen und Schreiben*, Libelle: Wissenschaft. Konstanz: Faude.

Brügelmann, Hans & Erika Brinkmann (1998): *Die Schrift erfinden. Beobachtungshilfen und methodische Ideen für einen offenen Anfangsunterricht im Lesen und Schreiben.* Lengwil am Bodensee: Libelle.

Bruner, Jerome S. (1987): *Wie das Kind sprechen lernt. Psychologie-Sachbuch.* Bern: Huber.

Bücker, Jörg, Susanne Günthner, Susanne & Wolfgang Imo (Hrsg.) (op. 2015): *Konstruktionsgrammatik,* Stauffenburg Linguistik, Bd. 77, Tübingen: Stauffenburg.

Bühler, Karl (1934): *Sprachtheorie. Die Darstellungsfunktion der Sprache.* Jena: Fischer.

Bühner, Markus (2006): *Einführung in die Test- und Fragebogenkonstruktion.* München u. a.: Pearson Studium.

Burger, Harald & Annelies Häcki Buhofer (Hrsg.) (1994): *Spracherwerb im Spannungsfeld von Dialekt und Hochsprache.* Zürcher germanistische Studien, Bd. 38, Bern: Peter Lang.

Bußmann, Hadumod & Claudia Gerstner-Link (Hrsg.) (2002): *Lexikon der Sprachwissenschaft.* Stuttgart: Kröner, 3., aktualisierte und erw. Aufl.

Camps, Anna, Marta Milian & Teresa Ribas (2000): Metalinguistic Activity: the link between writing and learning to write. In Anna Camps & Marta Milian (Hrsg.), *Metalinguistic Activity in Learning to Write,* 103–124. Amsterdam: Amsterdam University Press.

Carigiet Reinhard, Tamara (2012): *Schulleistungen und Heterogenität. Eine mehrebenenanalytische Untersuchung der Bedingungsfaktoren der Schulleistungen am Ende der dritten Primarschulklasse.* Bern: Haupt.

Chanquoy, Lucile (2009): Revision Processes. In Roger Beard, Debra Myhill, Jeni Riley & Martin Nystrand (Hrsg.) *The SAGE handbook of writing development,* 80–97. London: SAGE Publications.

Christen, Helen (2004): Dialekt-Schreiben oder „sorry ech hassä Text schribä". In Elvira Glaser, Peter Ott & Rudolf Schwarzenbach (Hrsg.), *Alemannisch im Sprachvergleich,* 71–85. Wiesbaden: Franz Steiner Verlag.

Clahsen, Harald (1986): *Die Profilanalyse. Ein linguistisches Verfahren für die Sprachdiagnose im Vorschulalter.* Berlin: Marhold.

Clark, Eve (1978): Awareness of Language: Some Evidence from what Children Say and Do. In Anne Sinclair (Hrsg.), *The child's conception of language.* Vol. 2, 17–43. Berlin u. a.: Springer.

Cohen, Jacob (1988): *Statistical power analysis for the behavioral sciences.* Hillsdale, NJ: Lawrence Erlbaum.

Cohen, Jacob (1992): Quantitative Methods in Psychology. A Power Primer. In *Psychological Bulleti* 112(1), 155–159.

Corso, Silvia M. (2001): *Kognitive Leistungen in kulturellen Kontexten des Lernens. Untersuchungen über kognitive Leistungen von Strassenkindern mit geringer Schulerfahrung in Brasilien,* Münchner Beiträge zur Psychologie, München: Herbert Utz Verlag.

c-test.de. http://www.c-test.de/deutsch/index.php (02. 07. 2016).

Desgrippes, Magalie & Amelia Lambelet (2016): Littératie en langue d'origine et langue de scolarité, tout est-il transférable? Focus sur le transfert des éléments structuraux et des connecteurs. In Regula Schmidlin & Pascale Schaller (Hrsg.), *Auf dem Weg zum Text: Sprachliches Wissen und Schriftsprachaneignung. Savoir linguistique et acquisition de la littératie. Metalinguistic knowledge and literacy acquisition.* Bd. 103, 79–100. Neuchâtel: Bulletin suisse de linguistique appliquée.

Diehl, Erika, Helen Christen, Sandra Leuenberger, Isabelle Pelvat & Thérèse Studer (2000): *Grammatikunterricht: Alles für die Katz? Untersuchungen zum Zweitsprachenerwerb Deutsch,* Reihe Germanistische Linguistik, Bd. 220, Tübingen: Max Niemeyer.

Diessel, Holger (2008): Komplexe Konstruktionen im Erstspracherwerb. In Kerstin Fischer & Anatol Stefanowitsch (Hrsg.), *Konstruktionsgrammatik I. Von der Anwendung zur Theorie*, Stauffenburg Linguistik, Band 40, 39–54. Tübingen: Stauffenburg Verlag, 2. Aufl., Nachdr. der überarb. Aufl. 2007.

Dieth, Eugen (1938): *Schwyzertütschi Dialäktschrift. Leitfaden.* Zürich: Orell Füssli.

Dresing, Thorsten & Thorsten Pehl (2013): *Praxisbuch Interview, Transkription & Analyse. Anleitungen und Regelsysteme für qualitativ Forschende*, Marburg: Dr. Dresing und Pehl.

Dürscheid, Christa, Franc Wagner, Sarah Brommer & Saskia Waibel (2010): *Wie Jugendliche schreiben. Schreibkompetenz und neue Medien*, Linguistik – Impulse & Tendenzen, Bd. 41, Berlin: De Gruyter.

Ecarius, Jutta & Ingrid Miethe (2011): Einleitung. In Jutta Ecarius & Ingrid Miethe (Hrsg.), *Methodentriangulation in der qualitativen Bildungsforschung*, 7–15. Opladen: Budrich.

Eckes, Thomas (2011): Item banking for C-tests: A polytomous Rasch modeling approach. In Klaus D. Kubinger *Psychological Test and Assessment Modeling*, Bd. 4, 414–439. o. O.: Pabst Science Publishers.

Egli Cuenat, Mirjam (2016): Schreiben in drei Sprachen: Sprachenübergreifender Erwerb von Textkompetenz im schulischen Kontext. In Regula Schmidlin & Pascale Schaller (Hrsg.), *Auf dem Weg zum Text: Sprachliches Wissen und Schriftsprachaneignung. Savoir linguistique et acquisition de la littératie. Metalinguistic knowledge and literacy acquisition.* Bd. 103, 57–78. Neuchâtel: Bulletin suisse de linguistique appliquée.

Ehlich, Konrad (2007): Sprachaneignung und deren Feststellung bei Kindern mit und ohne Migrationshintergrund – Was man weiß, was man braucht, was man erwarten kann. In Konrad Ehlich (Hrsg.), *Anforderungen an Verfahren der regelmäßigen Sprachstandsfeststellung als Grundlage für die frühe und individuelle Förderung von Kindern mit und ohne Migrationshintergrund*, 11–75. Bonn, Berlin: Bundesministerium für Bildung und Forschung (BMBF).

Ehlich, Konrad (2009): Sprachaneignung – Was man weiß, und was man wissen müsste. In Droit Lengyel (Hrsg.), *Von der Sprachdiagnose zur Sprachförderung*, 15–33. Münster, New York, NY, München, Berlin: Waxmann.

Ehlich, Konrad (2016): Potential und Grenzen der griechisch-lateinisch-basierten Grammatikkonzeption im schulisch gesteuerten Spracherwerb. In Regula Schmidlin & Pascale Schaller (Hrsg.), *Auf dem Weg zum Text: Sprachliches Wissen und Schriftsprachaneignung. Savoir linguistique et acquisition de la littératie. Metalinguistic knowledge and literacy acquisition.* Bd. 103. Neuchâtel: Bulletin suisse de linguistique appliquée.

Ehlich, Konrad, Ursula Bredel & Hans H. Reich (Hrsg.) (2008a): *Referenzrahmen zur altersspezifischen Sprachaneignung. Bildungsreform Band 29/I*, hrsg. vom Bildungsministerium für Bildung und Forschung. Bonn, Berlin: Bundesministerium für Bildung und Forschung (BMBF).

Ehlich, Konrad, Ursula Bredel & Hans H. Reich (Hrsg.) (2008b): *Referenzrahmen zur altersspezifischen Sprachaneignung. Forschungsgrundlagen. Bildungsreform Band 29/II*, hrsg. vom Bildungsministerium für Bildung und Forschung. Berlin: Bundesministerium für Bildung und Forschung (BMBF).

Ehlich, Konrad, Ursula Bredel & Hans H. Reich (2008c): Sprachaneignung – Prozesse und Modelle. In Konrad Ehlich, Ursula Bredel & Hans H. Reich (Hrsg.), *Referenzrahmen zur altersspezifischen Sprachaneignung. Bildungsreform Band 29/I*, hrsg. vom Bildungsministerium für Bildung und Forschung, 9–34. Bonn, Berlin: Bundesministerium für Bildung und Forschung (BMBF).

Eichler, Wolfgang & Günter Nold (2007): Sprachbewusstheit. In Eckhard Klieme & Bärbel Beck (Hrsg.), *Sprachliche Kompetenzen. Konzepte und Messung. DESI-Studie (Deutsch Englisch Schülerleistungen International)*, 63–82. Weinheim u. a.: Beltz.

Erhard-Friedrich-Verlag (Hrsg.) (2011): *Nachdenken über Sprache. Grundschule Deutsch*, Heft 32, Seelze: Friedrich Verlag.

Faigley, L., R. D. Cherry, D. A. Jolliffe & A. M. Skinner (1985): *Assessing writers' knowledge and processes of composing. Writing research*. Norwood, NJ: Ablex Publishing Corporation.

Fay, Johanna (2010): *Die Entwicklung der Rechtschreibkompetenz beim Textschreiben*. Zugl.: Lüneburg, Univ., Diss., 2009, Lang.

Fay, Johanna & Kay Berkling (2013): Rechtschreibdiagnostik. In Johanna Fay (Hrsg.), *(Schrift-)Sprachdiagnostik heute. Theoretisch fundiert, interdisziplinär, prozessorientiert und praxistauglich*, 84–108. Baltmannsweiler: Schneider-Verlag.

Fayol, Michel (2012): Cognitive Processes of Children and Adults in Translating Thought Into Written Language in Real Time. Perspectives From 30 Years of Programmatic Cognitive Psychology and Linguistics Research. In Virginia Wise Berninger (Hrsg.), *Past, present, and future contributions of cognitive writing research to cognitive psychology*, 27–59. New York: Psychology Press.

Feilke, Helmuth (1993): Schreibentwicklungsforschung. Ein kurzer Überblick unter besonderer Berücksichtigung der Entwicklung prozessorientierter Schreibfähigkeiten. In *Diskussion Deutsch. Zeitschrift für Deutschlehrer aller Schulformen in Ausbildung und Praxis* 129, 17–34. Frankfurt a. M. u. a.: M. Diesterweg.

Feilke, Helmuth (1994–1996): Die Entwicklung der Schreibfähigkeiten. In Hartmut Günther & Otto Ludwig (Hrsg.), *Schrift und Schriftlichkeit. Ein interdisziplinäres Handbuch internationaler Forschung / an interdisciplinary handbook of international research*, Handbücher zur Sprach- und Kommunikationswissenschaft, Bd. 10, 1178–1191. Berlin: De Gruyter.

Feilke, Helmuth (1995): Auf dem Weg zum Text. Die Entwicklung der Textkompetenz im Grundschulalter. In Gerhard Augst (Hrsg.), *Frühes Schreiben. Studien zur Ontogenese der Literalität*, 69–88. Essen: Blaue Eule.

Feilke, Helmuth (2001): Grammatikalisierung und Textualisierung – „Konjunktionen" im Schriftspracherwerb. In Helmuth Feilke (Hrsg.), *Grammatikalisierung, Spracherwerb und Schriftlichkeit, Linguistische Arbeiten*, Bd. 431, 107–125. Tübingen: Max Niemeyer.

Feilke, Helmuth (2002): Die Entwicklung literaler Textkompetenz – Ein Forschungsbericht. *SPASS – Siegener Papiere zur Aneignung sprachlicher Strukturformen* 10, 1–24.

Feilke, Helmuth (2006): Entwicklung schriftlich-konzeptualer Fähigkeiten. In Ursula Bredel, Hartmut Günther, Peter Klotz, Jakob Ossner & Gesa Siebert-Ott (Hrsg.), *Didaktik der deutschen Sprache* Bd. 1, 178–192. Paderborn: Schöningh UTB.

Feilke, Helmuth (2007): Syntaktische Aspekte der Phraseologie III: *Construction grammar* und verwandte Ansätze. In Harald Burger, Dmitrij Dobrovolskij, Peter Kühn & Neal R. Norrick (Hrsg.), *Phraseologie / Phraseology*. Handbücher zur Sprach- und Kommunikationswissenschaft, Bd. 28, 63–76. Berlin: De Gruyter.

Feilke, Helmuth (2010): „Aller guten Dinge sind drei" – Überlegungen zu Textroutinen & literalen Prozeduren. In Iris Bons, Thomas Gloning & Dennis Kaltwasser (Hrsg.) *Fest-Platte für Gerd Fritz*. 1–23. Gießen 17. 05. 2010. URL: http://www.festschrift-gerd-fritz.de/files/feilke_2010_literale-prozeduren-und-textroutinen.pdf.

Feilke, Helmuth (2014a): Argumente für eine Didaktik der Textprozeduren. In Thomas Bachmann & Helmuth Feilke (Hrsg.), *Werkzeuge des Schreibens. Theorie und Potentiale einer Didaktik der Textprozeduren*, 11–34. Stuttgart: Fillibach bei Klett.

Feilke, Helmuth (2014b): *Können Normen Sprache bilden? Argumente zu einem didaktischen Normbegriff.* Abstract zum Hauptvortrag. Basel: Universität Basel.

Feilke, Helmuth, Klaus-Peter Kappest & Clemens Knobloch (Hrsg.) (2001): *Grammatikalisierung, Spracherwerb und Schriftlichkeit.* Linguistische Arbeiten, Bd. 431, Tübingen: Max Niemeyer.

Feilke, Helmuth & Katrin Lehnen (Hrsg.) (2012): *Schreib- und Textroutinen. Theorie, Erwerb und didaktisch-mediale Modellierung.* Forum Angewandte Linguistik, Bd. 52, Frankfurt a. M.: Lang.

Feilke, Helmuth & Regula Schmidlin (Hrsg.) (2005): *Literale Textentwicklung. Untersuchungen zum Erwerb von Textkompetenz.* Frankfurt a. M.: Peter Lang.

Ferguson, Charles A. (1959): Diglossia. In *Word* 15, 325–340.

Ferreiro, Emilia (1999): Psychogenese der Schriftsprachentwicklung. In Karl Holle & Emilia Ferreiro (Hrsg.), *Konstruktionen der Verständigung. Die Organisation von Schriftlichkeit als Gegenstand didaktischer Reflexion*, 21–36. Lüneburg: Univ., Fachbereich I.

Fidalgo, R., M. Torrance, G. Rijlaarsdam & H. van den Bergh (2011): *Analysis of Instructional Components in the Strategy Instruction in Writing.* Final Paper EARLI 2011. Exeter: o. A.

Field, Andy (2013): *Discovering statistics using IBM SPSS statistics. And sex and drugs and rock'n'roll.* Los Angeles: Sage.

Fischer, Kerstin (2014): ‚Konspirative' Relationen zwischen Konstruktionen beim Sprachlernen. In Alexander Lasch & Alexander Ziem (Hrsg.), *Grammatik als Netzwerk von Konstruktionen. Sprachwissen im Fokus der Konstruktionsgrammatik.* Sprache und Wissen, Bd. 15, 243–259. Berlin: de Gruyter Mouton.

Fisseni, Hermann-Josef (1997): *Lehrbuch der psychologischen Diagnostik. Mit Hinweisen zur Intervention.* Göttingen: Hogrefe Verl. für Psychologie, 2., überarb. und erw. Aufl.

Fitzgerald, Jill (1987): Research on revision in writing. In *Review of Educational Research*, 57(4): 481–506.

Fitzgerald, Jill & Carol Stamm (1990): Effects of Group Conferences on First Graders' Revision in Writing. *Written Communication* 7(1): 96–135.

Fix, Martin (2008a): *Texte schreiben. Schreibprozesse im Deutschunterricht.* StandardWissen Lehramt, Paderborn: Schöningh.

Fix, Ulla (2007): *Zur Kulturspezifik von Textsorten.* Textsorten, Bd. 3, Tübingen: Stauffenburg.

Fix, Ulla (2008b): *Texte und Textsorten – sprachliche, kommunikative und kulturelle Phänomene.* Sprachwissenschaft (Frank & Timme), Bd. 5, Berlin: Frank & Timme.

Flick, Uwe (2011): *Triangulation. Eine Einführung.* Qualitative Sozialforschung, Bd. 12, Wiesbaden: VS Verlag für Sozialwissenschaften, 3., aktual. Aufl.

Flower, Linda (1998): *Problem-solving strategies for writing in college and community.* Fort Worth, TX: Harcourt Brace College Publ.

Flower, Linda & John R. Hayes (1981): A cognitive process theory of writing. In *College Composition and Communication*, 32(4): 365–387.

Flower, Linda & John R. Hayes (2014): Schreiben als kognitiver Prozess. Eine Theorie. In Nadja Sennewald & Stephanie Dreyfürst, *Schreiben: Grundlagentexte zur Theorie, Didaktik und Beratung*, 35–56. Opladen [u. a.]: Budrich.

Frentz, Hartmut & Christian Lehmann (2002): *Der gymnasiale Lernbereich ‚Reflexion über Sprache' und das Hochschulzugangsniveau für sprachliche Fähigkeiten. Beitrag zur Diskussionsrunde des Staatssekretärs des Thüringer Kultusministeriums.* Arbeitspapiere des Seminars für Sprachwissenschaft der Universität Erfurt. Erfurt: o. A.

Funke, Reinold (2005): *Sprachliches im Blickfeld des Wissens. Grammatische Kenntnisse von Schülerinnen und Schülern.* Reihe Germanistische Linguistik, Bd. 254, Tübingen: Max Niemeyer Verlag.

Gaiser, Konrad (1950): Wieviel Grammatik braucht der Mensch? In Hans G. Rötzer (Hrsg.) (1973), *Zur Didaktik der deutschen Grammatik*. Darmstadt: Wissenschaftliche Buchgesellschaft, 1–15.

Galbraith, David, Luuk van Waes & Mark Torrance (2007): Introduction. In Mark Torrance, Luuk van Waes et al. (Hrsg.), *Writing and cognition*, 1–10. Amsterdam u. a.: Elsevier.

Ganzeboom, Harry B. G., Paul M. de Graaf & Donald J. Treiman (1992): A standard international socio-economic index of occupational status. In *Social science research: a quarterly journal of social science methodology and quantitative research*. 21(1), 1–56.

Gass, Susan M. & Alison Mackey (2000): *Stimulated recall in second language research. Monographs on research methodology*. Mahwah, NJ: Lawrence Erlbaum Associates, Publishers.

Gätje, Olaf & Miriam Langlotz (2016): *also* als Indikator für die Entwicklung von Textkompetenz und die Ausbildung von Literalität – ein Beitrag zur Schreibdiagnostik. In Regula Schmidlin & Pascale Schaller (Hrsg.), *Auf dem Weg zum Text: Sprachliches Wissen und Schriftsprachaneignung. Savoir linguistique et acquisition de la littératie. Metalinguistic knowledge and literacy acquisition*. Bd. 103, 33–55. Neuchâtel: Bulletin suisse de linguistique appliquée.

Gätje, Olaf, Sara Rezat & Torsten Steinhoff (2012): Positionierung. Zur Entwicklung des Gebrauchs modalisierender Prozeduren in argumentativen Texten von Schülern und Studenten. In Helmuth Feilke & Katrin Lehnen (Hrsg.), *Schreib- und Textroutinen. Theorie, Erwerb und didaktisch-mediale Modellierung*. Forum Angewandte Linguistik, Bd. 52, 125–153. Frankfurt a. M.: Lang.

Gentner, Donald R., Serge Larochelle & Jonathan Grudin (1988): Lexical, sublexical, and peripheral effects in skilled typewriting. In *Cognitive Psychology* 20, 524–548.

Goldberg, Adele E. (1995): *Constructions. A construction grammar approach to argument structure*. Chicago: University of Chicago Press.

Goldberg, Adele E. (2003): Constructions: a new theoretical approach to language. *Trends in cognitive sciences* 7(5): 219–224.

Gombert, Jean É. (1990): *Le développement métalinguistique. Psychologie d'aujourd'hui*. Paris: Presses universitaires de France.

Grabowski, Joachim (2003): Bedingungen und Prozesse der schriftlichen Sprachproduktion. In Gert Rickheit, Theo Herrmann & Werner Deutsch (Hrsg.), *Psycholinguistik. Ein internationales Handbuch*. Handbücher zur Sprach- und Kommunikationswissenschaft, Bd. 24, 355–368. Berlin, New York: De Gruyter.

Graham, Steve, Debra McKeown, Sharlene Kiuhara & Karen R. Harris (2012): A Meta-Analysis of Writing Instruction for Students in the Elementary Grades. In *Journal of Educational Psychology*. 104(4), 879–896.

Graham, Steve & Dolores Perin (2007a): A Meta-Analysis of Writing Instruction for Adolescent Students. In *Journal of Educational Psychology*, 445–476.

Graham, Steve & Dolores Perin (2007b): *Writing Next: Effective Strategies to Improve Writing of Adolescents in Middle and Writing Next: Effective Strategies to Improve Writing of Adolescents in Middle and High Schools (A Report to Carnegie Corporation of New York)*. New York: Carnegie Corporation.

Greber, Larissa (2016): Lernerlexikon in schriftlichen Nacherzählungen von GrundschülerInnen. Eine vergleichende Analyse bei Lernenden mit Deutsch als Erst- und Zweitsprache. In Regula Schmidlin & Pascale Schaller (Hrsg.), *Auf dem Weg zum Text: Sprachliches Wissen und Schriftsprachaneignung. Savoir linguistique et acquisition de

la littératie. Metalinguistic knowledge and literacy acquisition. Bd. 103, Neuchâtel: Bulletin suisse de linguistique appliquée.
Grimm, Jacob (1819): *Deutsche Grammatik.* Goettingen: in der Dieterichschen Buchhandlung.
Grotjahn, Rüdiger (Hrsg.) (1992): *Der C-Test. Theoretische Grundlagen und praktische Anwendungen.* Bd. 1, Manuskripte zur Sprachlehrforschung 39(3), Bochum: Brockmeyer.
Grotjahn, Rüdiger (Hrsg.) (1994): *Der C-Test. Theoretische Grundlagen und praktische Anwendungen.* Bd. 2, Manuskripte zur Sprachlehrforschung 39(2), Bochum: Brockmeyer.
Grotjahn, Rüdiger (Hrsg.) (1996): *Der C-Test. Theoretische Grundlagen und praktische Anwendungen.* Bd. 3, Manuskripte zur Sprachlehrforschung 39(3), Bochum: Brockmeyer.
Grotjahn, Rüdiger (Hrsg.) (2002a): *Der C-Test. Theoretische Grundlagen und praktische Anwendungen.* Bd. 4, Fremdsprachen in Lehre und Forschung (FLF) Bd. 32. Bochum: AKS-Verl.
Grotjahn, Rüdiger (2002b): Konstruktion und Einsatz von C-Tests: Ein Leitfaden für die Praxis. In Rüdiger Grotjahn (Hrsg.), *Der C-Test. Theoretische Grundlagen und praktische Anwendungen.* Bd. 4, Fremdsprachen in Lehre und Forschung (FLF) Bd. 32, 211–221. Bochum: AKS-Verl.
Grotjahn, Rüdiger (Hrsg.) (2006): *Der C-Test. Theorie, Empirie, Anwendungen. Fremdsprachen in Lehre und Forschung (FLF).* Frankfurt a. M.: AKS-Verl.
Grotjahn, Rüdiger (Hrsg.) (2010): *Der C-Test / The C-Test. Beiträge aus der aktuellen Forschung / Contributions from Current Research:* Frankfurt a. M. etc.: Peter Lang Pub Inc.
Grotjahn, Rüdiger (Hrsg.) (2014): *Der C-Test. Aktuelle Tendenzen = The C-test.* Language testing and evaluation, Bd. 34, Frankfurt a. M.: Lang.
Günthner, Susanne (2009): Konstruktionen in der kommunikativen Praxis. In *Zeitschrift für Germanistische Linguistik* 37(3), 402–426.
Günthner, Susanne (2000): Grammatik der gesprochenen Sprache – eine Herausforderung für Deutsch als Fremdsprache? *Info DaF* 27(4): 352–366.
Häcki Buhofer, Annelies (2002): Steuert Sprachbewusstheit den eigenen Sprachgebrauch? Überlegungen zum Zusammenhang an Beispielen aus der deutschen Schweiz. In *Der Deutschunterricht. Beiträge zu seiner Praxis und wissenschaftlichen Grundlegung* 54(3), 18–30. Seelze: Friedrich.
Häcki Buhofer, Annelies, Harald Burger, Hansjakob Schneider & Thomas Studer (1994): Früher Hochspracherwerb in der deutschen Schweiz: Der weitgehend ungesteuerte Erwerb durch sechs- bis achtjährige Deutschschweizer Kinder. In Harald Burger & Annelies Häcki Buhofer (Hrsg.), *Spracherwerb im Spannungsfeld von Dialekt und Hochsprache.* Zürcher germanistische Studien, Bd. 38, 147–198. Bern: Peter Lang.
Hägi, Sara & Joachim Scharloth (2013): Ist Standarddeutsch für Deutschschweizer eine Fremdsprache? Untersuchungen zu einem Topos des sprachreflexiven Diskurses. In *Linguistik online* 24(3).
Halbwachs, Maurice & Heinz Maus (1985): *Das kollektive Gedächtnis.* Fischer Wissenschaft. Bd. 7359. Frankfurt a. M.: Fischer.
Hartig, Johannes & Eckhard Klieme (2006): Kompetenz und Kompetenzentwicklung. In Karl Schweizer (Hrsg.), *Leistung und Leistungsdiagnostik,* 128–143. Heidelberg: Springer.
Hartmann, Erich (2002): *Möglichkeiten und Grenzen einer präventiven Intervention zur phonologischen Bewusstheit von lautsprachgestörten Kindergartenkindern. Theoretische Grundlagen, praktische Erprobung, empirische Evaluation und Implikationen.* Fribourg: Sprachimpuls.

Haspelmath, Martin (2002): Grammatikalisierung: von der Performanz zur Kompetenz ohne angeborene Grammatik. In Sybille Krämer & Ekkehard König (Hrsg.), *Gibt es eine Sprache hinter dem Sprechen?* Suhrkamp Taschenbuch Wissenschaft, Bd. 1592, 262–286. Frankfurt a. M.: Suhrkamp.

Hastings, Ashley J. (2002): Error analysis of an English C-Test: Evidence for integrated processing. In Rüdiger Grotjahn (Hrsg.), *Der C-Test. Theoretische Grundlagen und praktische Anwendungen.* Bd. 4, Fremdsprachen in Lehre und Forschung (FLF) Bd. 32, 53–66. Bochum: AKS-Verl.

Hauser, Stefan & Martin Luginbühl (2015): Aushandlung von Angemessenheit in Entscheidungsdiskussionen von Schulkindern. In Jürgen Schiewe & Martin Wengeler (Hrsg.), *Aptum. Zeitschrift für Sprachkritik und Sprachkultur*, 2015(2), 180–189. Bremen: Hempen.

Hayes, John R. (1996): A New Framework for Understanding Cognition and Affect in Writing. In Michael C. Levy & Sarah Ransdell (Hrsg.), *The science of writing. Theories, methods, individual differences, and applications*, 1–27. Hillsdale, NJ, US: Lawrence Erlbaum Associates, Inc.

Hayes, John R. & Linda Flower (1980): Identifying the organisation of writing process. In Lee W. Gregg & Erwin R. Steinberg (Hrsg.), *Cognitive processes in writing*, 3–30. Hillsdale, NJ: Erlbaum.

Heine, Lena (2005): Lautes Denken als Forschungsinstrument in der Fremdsprachenforschung. In *Zeitschrift für Fremdsprachenforschung* 16(2), 163–185.

Heine, Lena & Karen Schramm (2007): Lautes Denken in der Fremdsprachenforschung: Eine Handreichung für die empirische Praxis. In Helmut J. Vollmer (Hrsg.), *Synergieeffekte in der Fremdsprachenforschung: Empirische Zugänge, Probleme, Ergebnisse*, 167–206. Frankfurt a. M.: Lang.

Heinemann, Margot & Wolfgang Heinemann (2002): *Grundlagen der Textlinguistik. Interaktion, Text, Diskurs.* Reihe Germanistische Linguistik, Bd. 230, Tübingen: Niemeyer.

Hellmich, Frank (2011): Selbstkonzepte im Grundschulalter. *Modelle, empirische Ergebnisse, pädagogische Konsequenzen.* Stuttgart: Kohlhammer.

Hensel, Sonja (2016): *Rechtschreibkompetenz bei Schülern der Sekundarstufe II. Eine empirsche Studie zum Orthographieerwerb auf der Grundlage von Konzepten selbstregulierten Lernens. Oberstufe gestalten.* Bad Heilbrunn: Verlag Julius Klinkhardt.

Herdan, Gustav (1960): *Type-token mathematics. A textbook of mathematical linguistics.* Janua Linguarum. Series maior, 4. 'S-Gravenhage: Mouton.

Heringer, Hans J. (2009): *Valenzchunks. Empirisch fundiertes Lernmaterial.* München: Iudicium.

Hillocks, George Jr. (1984): What Works in Teaching Composition: A Metaanalysis of Experimental Treatment Studies. In *American Journal of Education*, 133–170.

Hoffmann-Erz, Ruth (2015): *Lernprozesse im Orthographieerwerb. Eine empirische Studie zur Entwicklung der Generalisierungskompetenz.* Zugl.: Frankfurt (Main), Univ., Diss., 2015. Berlin: wvb, Wiss. Verl.

Holle, Karl (1999): Wie lernen Kinder, sprachliche Strukturen zu thematisieren? Grundsätzliche Erwägungen und ein Forschungsüberblick zum Konstrukt *literale Sprachbewußtheit* (metalinguistic awareness). In Karl Holle & Emilia Ferreiro (Hrsg.), *Konstruktionen der Verständigung. Die Organisation von Schriftlichkeit als Gegenstand didaktischer Reflexion*, 37–111. Lüneburg: Univ., Fachbereich I, 2. Aufl.

Huisken, Freerk (2005): *Der „PISA-Schock" und seine Bewältigung. Wieviel Dummheit braucht / verträgt die Republik?* Hamburg: VSA.

Husfeldt, Vera & Thomas Lindauer (2009): Kompetenzen beschreiben und messen. Eine Problematisierung selbstverständlicher Begriffe. In *Literalität. Bildungsaufgabe und Forschungsfeld. Lesesozialisation und Medien*, Andrea Bertschi-Kaufmann (Hrsg.), 137–150. Weinheim: Juventa.

Inhoff, Albrecht W. (1991): Word frequency during copytyping. In *Journal of Experimental Psychology: Human Perception and Performance* 17, 478–487.

Initiative ‚Ja zur Mundart im Kindergarten'. http://mundart-kindergarten.ch/ (18.7.2016).

Ivo, Hubert & Eva Neuland (1991): Grammatisches Wissen. Skizze einer empirischen Untersuchung über Art, Umfang und Verteilung grammatischen Wissens (in der Bundesrepublik). In *Diskussion Deutsch* 22(121), 437–493. Frankfurt a. M.: Diesterweg.

Jechle, Thomas (1992): *Kommunikatives Schreiben. Prozess und Entwicklung aus der Sicht kognitiver Schreibforschung*. Zugl.: Diss. phil. I Freiburg i. Br. Scriptoralia, Bd. 41. Tübingen: Narr.

Karagiannakis, Evangelia (2009): Schreiben in der Gruppe. Ein kooperativer Lernprozess. *Fremdsprache Deutsch Zeitschrift für die Praxis des Deutschunterrichts* 41.

Karg, Ina (2008): *Orthographieleistungsprofile von Lerngruppen der frühen Sekundarstufe I. Befunde, Kontexte, Folgerungen*. Germanistik, Didaktik, Unterricht, Bd. 2, Frankfurt a. M., Berlin, Bern, Bruxelles, New York, NY, Oxford, Wien: Lang.

Karg, Ina (2016): Die Rolle der Sprache in Bildungstheorien und Vermittlungspraxis. In Jörg Kilian, Birgit Brouër & Dina Lüttenberg (Hrsg.), *Handbuch Sprache in der Bildung*. Handbücher Sprachwissen, Bd. 21, 229–252. Berlin, Boston: De Gruyter.

[Karikatur]. *Die Zeit 1987* November 1987.

Karmiloff-Smith, Annette (1986): From meta-processes to conscious access: Evidence from children's metalinguistic and repair data. In *Cognition* 23(2): 95–147.

Karmiloff-Smith, Annette (cop. 1992): *Beyond modularity. A developmental perspective on cognitive science*. A Bradford book. Cambridge (Mass.) u. a.: The MIT Press.

Kassis-Filippakou, Maria & Argyro Panagiotopoulou (2015): Sprachförderpraxis unter den Bedingungen der Diglossie. Zur „Sprachentrennung" bzw. „Sprachenmischung" als Normalität im Kindergartenalltag der deutschsprachigen Schweiz. *Schweizerische Zeitschrift für Bildungswissenschaften* 37(1): 113–129.

Klein-Braley, Christine (1996): Towards a theory of C-Test processing. In Rüdiger Grotjahn (Hrsg.), *Der C-Test. Theoretische Grundlagen und praktische Anwendungen*. Bd. 3, Manuskripte zur Sprachlehrforschung 39(3), 23–94. Bochum: Brockmeyer.

Knobloch, Clemens (2003): Historisch-semantischer Aufriß der psychologischen Schreibforschung. In Gert Rickheit, Theo Herrmann & Werner Deutsch (Hrsg.), *Psycholinguistik. Ein internationales Handbuch*. Handbücher zur Sprach- und Kommunikationswissenschaft, Bd. 24, 983–992. Berlin, New York: De Gruyter.

Koch, Peter & Wulf Oesterreicher (1985): Sprache der Nähe – Sprache der Distanz. Mündlichkeit und Schriftlichkeit im Spannungsfeld von Sprachtheorie und Sprachgeschichte. In *Romanisches Jahrbuch*, 15–43. Berlin, New York: De Gruyter.

Koch, Peter & Wulf Oesterreicher (1994–1996): Funktionale Aspekte der Schriftkultur. In Hartmut Günther & Otto Ludwig (Hrsg.), *Schrift und Schriftlichkeit. Ein interdisziplinäres Handbuch internationaler Forschung / an interdisciplinary handbook of international research*. Handbücher zur Sprach- und Kommunikationswissenschaft, Bd. 10, 587–604. Berlin: De Gruyter.

Konrad, Klaus (Hrsg.) (2014): *Lernen lernen – allein und mit anderen*. Wiesbaden: Springer.

Krauss, Andrea (2014). *Schriftspracherwerb als Orthographieerwerb. Reflexionen, Realisationen, Relationen, Rekapitulationen.* Baltmannsweiler: Schneider Hohengehren.

Krings, Hans P. (1986): *Was in den Köpfen von Übersetzern vorgeht. Eine empirische Untersuchung zur Struktur des Übersetzungsprozesses an fortgeschrittenen Französischlernern.* Zugl.: Bochum, Univ., Diss., 1985/86. Tübinger Beiträge zur Linguistik. Bd. 291. Tübingen: Narr.

Kruse, Norbert & Anke Reichardt (2016a): Wie viel Rechtschreibung brauchen Grundschulkinder? Entstehung und Zielsetzung dieser Publikation. In Norbert Kruse & Anke Reichardt (Hrsg.), *Wie viel Rechtschreibung brauchen Grundschulkinder? Positionen und Perspektiven zum Rechtschreibunterricht in der Grundschule*, 7–17. Berlin: Erich Schmidt Verlag.

Kruse, Norbert & Anke Reichardt (Hrsg.) (2016b): *Wie viel Rechtschreibung brauchen Grundschulkinder? Positionen und Perspektiven zum Rechtschreibunterricht in der Grundschule.* Berlin: Erich Schmidt Verlag.

Kunter, Mareike, Gundel Schümer, Cordula Artelt, Jürgen Baumert, Eckhard Klieme, Michael Neubrand, Manfred Prenzel & Ulrich Schiefele. *PISA 2000: Dokumentation der Erhebungsinstrumente. [online].* Verfügbar unter: http://edoc.mpg.de/14414 (07. 04. 2018).

Landert, Karin (2007): *Hochdeutsch im Kindergarten? Eine empirische Studie zum frühen Hochdeutscherwerb in der Deutschschweiz.* Diss., Univ. Zürich, 2007. – Ref.: Harald Burger; Korref.: Annelies Häcki Buhofer. Zürcher germanistische Studien. Bd. 62. Bern: Lang.

Langacker, Ronald W. (2000): A dynamic usage-based model. In Michael Barlow (Hrsg.), *Usage-based models of language*, 1–63. Stanford (Calif.): CSLI Publications.

Langlotz, Miriam (2014): *Junktion und Schreibentwicklung. Eine empirische Untersuchung narrativer und argumentativer Schülertexte.* Reihe Germanistische Linguistik, Bd. 300, Berlin: De Gruyter.

Lasch, Alexander & Alexander Ziem (2011): Aktuelle Fragen und Forschungstendenzen der Konstruktionsgrammatik. In Alexander Lasch (Hrsg.), *Konstruktionsgrammatik III. Aktuelle Fragen und Lösungsansätze.* Stauffenburg Linguistik, Bd. 58, 1–9. Tübingen: Stauffenburg Verlag.

Lasch, Alexander & Alexander Ziem (Hrsg.) (2014): *Grammatik als Netzwerk von Konstruktionen. Sprachwissen im Fokus der Konstruktionsgrammatik.* Sprache und Wissen, Bd. 15, Berlin: de Gruyter Mouton.

Lehmann, Christian (1995): Synsemantika. In Joachim e. a. Jacobs (Hrsg.), *Syntax. Ein internationales Handbuch zeitgenössischer Forschung*, Bd. 2, 1251–1266. Berlin: De Gruyter.

Lehnen, Katrin (2000): Kooperative Textproduktion. *Zur gemeinsamen Herstellung wissenschaftlicher Texte im Vergleich von ungeübten, fortgeschrittenen und sehr geübten SchreiberInnen.* Bielefeld: Bielefeld Dissertation.

Lehrplan für die Primarschule, Fach Deutsch. *Deutsch.* http://www.fr.ch/osso/files/pdf76/ 06_lp_deutsch.pdf (22. 6. 2016).

Leijten, Mariëlle & Luuk van Waes (2013): Keystroke Logging in Writing Research: Using Inputlog to Analyze and Visualize Writing Processes. *Written Communication* 30(3), 358–392.

Leijten, Mariëlle & Luuk van Waes (2013): Keystroke Logging in Writing Research: Using Inputlog to Analyze and Visualize Writing Processes. *Written Communication* 30(3), 358–392.

Leijten, Mariëlle & Luuk van Waes (2014): *inputlog 6.0 Help documentation*. www.inputlog.net (07. 04. 2018).

Leontev, Aleksej A. (1975): *Psycholinguistische Einheiten und die Erzeugung sprachlicher Äusserungen*. Sprache, Bd. 32, Berlin: Akademie-Verlag.

Lienert, Gustav A., Ulrich Raatz & Lienert-Raatz (1994): *Testaufbau und Testanalyse*. Weinheim: Beltz Psychologie-Verl.-Union, 5., völlig neubearb. und erw. Aufl.

Lindgren, E. & K. P. H. Sullivan (2006a): An Introduction. In K. P. H. Sullivan & E. Lindgren (Hrsg.), *Computer Key-Stroke Logging and Writing*. Methods and Applications, Bd. 18, 1–9. Oxford: Elsevier.

Lindgren, E. & K. P. H. Sullivan (2006b): Writing an the Analysis of Revision. An Overview. In K. P. H. Sullivan & E. Lindgren (Hrsg.), *Computer Key-Stroke Logging and Writing*. Methods and Applications, Bd. 18, 31–44. Oxford: Elsevier.

Linke, Angelika, Markus Nussbaumer, Paul R. Portmann, Urs Willi & Simone Berchtold (2004): *Studienbuch Linguistik*. Reihe Germanistische Linguistik, Bd. 121, Tübingen: Max Niemeyer, 5., erw. Aufl.

Loeber, Heinz-Dieter & Wolf-Dieter Scholz (2000): Von der Bildungskatastrophe zum PISA-Schock: zur Kontinuität sozialer Benachteiligung durch das Deutsche Bildungssystem. *PISA*: 241–285. Baltmannsweiler.

Lorenz, Thorsten & Jochen Grabowski (2009): Handschrift oder Tastatur in der Hauptschule. Ökonomie und Mythen von Schriftmedien. In Karl Schneider (Hrsg.), *Hauptschulforschung konkret. Themen – Ergebnisse – Perspektiven*, 147–157. Baltmannsweiler: Schneider-Verl. Hohengehren.

Lötscher, Gabi, Brigitta Blatter, Thomas Lindauer & Werner Senn (2007): *Die Sprachstarken 4. Deutsch für die Primarschule 4. Klasse*. Zug: Klett und Balmer.

Luginbühl, Martin (2012): „Ich wünsche Ihnen einen schönen Abend, uf Widerluege". Dialekt und Standard in Schweizer Medien. In Barbara Jańczak, Konstanze Jungbluth, Harald Weydt, *Mehrsprachigkeit aus deutscher Perspektive*: 195–211.

Luginbühl, Martin, Birgit Eriksson & Stefan Hauser (2014–2017): *Argumentative Gesprächskompetenz in der Schule: Kontexte, Anforderungen, Erwerbsverläufe*. SNF-Projekt.

Maas, Utz (1992): *Grundzüge der deutschen Orthographie*. Germanistische Linguistik 120, Kollegbuch, Tübingen: Max Niemeyer.

Matsuhashi, Ann (1987): Revising the plan and altering the text. In Ann Matsuhashi (Hrsg.), *Writing in real time. Modelling production processes*, 197–223. Norwood, NJ: Ablex Pub. Corp.

May, Peter (2014): KEKS: Rechtschreibdiagnostik mit echten und mit Pseudowörtern. In Katja Siekmann (Hrsg.), *Theorie, Empirie und Praxis effektiver Rechtschreibdiagnostik*. Stauffenburg Deutschdidaktik, Bd. 2, 83–110. Tübingen: Stauffenburg Verlag.

May, Peter & Jasmine Bennöhr (Hrsg.) (2013a): *KEKS, Kompetenzerfassung in Kindergarten und Schule. Handbuch; Konzept, theoretische Grundlagen und Normierung; [von Vorschule / Kita bis zum 4. Schuljahr; Deutsch, Mathematik, Englisch]*. Berlin: Cornelsen.

May, Peter & Jasmine Bennöhr (Hrsg.) (2013b): *Kompetenzerfassung in Kindergarten und Schule Deutsch. Deutsch 4 Übergang. KEKS. Durchführungshinweise mit Audio-CD*. Berlin: Cornelsen Scriptor.

Menzel, Wolfgang (2008): *Grammatik-Werkstatt. Theorie und Praxis eines prozessorientierten Grammatikunterrichts für die Prima- und Sekundarstufe*. Praxis Deutsch. Seelze-Velber: Kallmeyer.

Molitor-Lübbert, Sylvie (1989): Schreiben und Kognition. In Gerd Antos & Hans P. Krings (Hrsg.), *Textproduktion. Ein interdisziplinärer Forschungsüberblick*. Konzepte der Sprach- und Literaturwissenschaft, Bd. 48, 278–296. Tübingen: Max Niemeyer.

Molitor-Lübbert, Sylvie (2002): Schreiben und Denken. Kognitive Grundlagen des Schreibens. In Daniel Perrin (Hrsg.), *Schreiben. Von intuitiven zu professionellen Schreibstrategien*, 33–46. Wiesbaden: Westdteutscher Verlag.

Morphy, Paul & Steve Graham (2012): Word Processing Programs and Weaker Writers / Readers: A Meta-Analysis of Research Findings. *Reading and Writing: An Interdisciplinary Journal* 25(3), 641–678.

Moser, Urs (2001): *Für das Leben gerüstet? Die Grundkompetenzen der Jugendlichen – Kurzfassung des nationalen Berichtes PISA 2000. Bildungsmonitoring Schweiz*. Neuchâtel: Bundesamt für Statistik.

Mummendey, Hans D. (2003): *Die Fragebogen-Methode. Grundlagen und Anwendung in Persönlichkeits-, Einstellungs- und Selbstkonzeptforschung*. Göttingen u. a.: Hogrefe.

Myhill, Debra & Annabel Watson (2014): The role of grammar in the writing curriculum. A review of the literature. *Child Language Teaching and Therapy* 30(1): 41–62.

Myhill, Debra (2005): Ways of Knowing: Writing with Grammar in Mind. *English Teaching: Practice and Critique* 4(3). 77–96.

Myhill, Debra (2016): Writing Conversations: Metalinguistic Talk about Writing. In Regula Schmidlin & Pascale Schaller (Hrsg.), *Auf dem Weg zum Text: Sprachliches Wissen und Schriftsprachaneignung. Savoir linguistique et acquisition de la littératie. Metalinguistic knowledge and literacy acquisition*. Bd. 103, Neuchâtel: Bulletin suisse de linguistique appliquée.

Myhill, Debra, Susan Jones & Annabel Watson (2013): Grammar matters. How teachers' grammatical knowledge impacts on the teaching of writing. *Teaching and Teacher Education* 36: 77–91.

Myhill, Debra A., Susan M. Jones, Helen Lines & Annabel Watson (2012): Re-thinking grammar. The impact of embedded grammar teaching on students' writing and students' metalinguistic understanding. *Research Papers in Education* 27(2): 139–166.

Necknig, Andreas T. (2012): *Schreibkonferenz versus traditionelle Aufsatzdidaktik. Eine empirische Untersuchung*. Zugl.: Koblenz, Landau (Pfalz), Univ., Diss., 2011. Schriftenreihe Studien zur Germanistik, Bd. 44, Hamburg: Kovač.

Neef, Martin (2005): *Die Graphematik des Deutschen*. Linguistische Arbeiten, Bd. 500, Tübingen: Max Niemeyer.

Nickel, Sven (2006): *Orthographieerwerb und die Entwicklung von Sprachbewusstheit. Zu Genese und Funktion von orthographischen Bewusstseinsprozessen im frühen Rechtschreiberwerb in unterschiedlichen Lernkontexten*. Zugl.: Bremen, Univ., Diss. Norderstedt: Books on Demand GmbH.

Nitz, Lena (2010): *Texte überarbeiten – das Problem der Kohärenz in Schreibkonferenzen. Eine textlinguistische Untersuchung in der Grundschule*. Schreiben – interdisziplinär. Beihefte, Bd. 1, Berlin: Lit.

Nottbusch, Guido, Rüdiger Weingarten & Said Sahel (2007): From written word to written sentence production. In Mark Torrance, Luuk Van Waes et al. (Hrsg.), Writing and cognition, 31–53. Amsterdam etc.: Elsevier.

Ossner, Jakob (1989): Sprachthematisierung – Sprachaufmerksamkeit – Sprachwissen. In *OBST. Osnabrücker Beiträge zur Sprachtheorie*. Sprachbewußtheit und Schulgrammatik, Bd. 40, 25–38. Oldenburg: Redaktion OBST.

Ossner, Jakob (1995): Prozessorientierte Schreibdidaktik in Lehrplänen. In Jürgen Baurmann & Rüdiger Weingarten (Hrsg.), *Schreiben. Prozesse, Prozeduren und Produkte*, 31–50. Opladen: Westdeutscher Verlag.

Ossner, Jakob (2013): Grammatische Terminologie und Sprachbewusstheit. In Tatjana Heyde-Zybatow (Hrsg.), *Sprechen, Denken und Empfinden*. Germanistik, Bd. 43, 109–128. Berlin u. a.: Lit-Verlag.

Östman, Jan-Ola (op. 2015): From Construction Grammar to Construction Discourse ... and back. In Jörg Bücker, Susanne Günthner & Wolfgang Imo (Hrsg.), *Konstruktionsgrammatik*. Bd. 77, 15–43. Tübingen: Stauffenburg.

Ott, Margarete (2000): *Schreiben in der Sekundarstufe I. Differenzierte Wahrnehmung und gezielte Förderung von Schreibkompetenzen*. Deutschdidaktik aktuell, Bd. 9, Baltmannsweiler: Schneider-Verlag Hohengehren.

Pajares, Frank (2003): Self-efficacy beliefs, motivation, and achievement in writing: A review of the literature. In *Reading & Writing Quarterly* 19, 139–158.

Panagiotopoulou, Argyro & Maria Kassis (2016): Frühkindliche Sprachförderung oder Forderung nach Sprachentrennung? Ergebnisse einer ethnographischen Feldstudie in der deutschsprachigen Schweiz. In Thomas Geier & Katrin U. Zaborowski (Hrsg.), *Migration: Auflösungen und Grenzziehungen. Perspektiven einer erziehungswissenschaftlichen Migrationsforschung*. Studien zur Schul- und Bildungsforschung Bd. 51, 153–166. Wiesbaden: Springer VS.

Petkova, Marina (2012): Die Deutschschweizer Diglossie: eine Kategorie mit fuzzy boundaries. *Zeitschrift für Literaturwissenschaft und Linguistik: Lili* 42(166): 61–87.

Petkova, Marina (2013): Das Korpus des Projekts „Mischphänomene zwischen Dialekt und Standardsprache in der Deutschschweizer Diglossie". Über die Schwierigkeit, selten vorkommende Phänomene zu dokumentieren. *Linguistik online* 38(2).

Peyer, Ann (2006): „Unsere Sprache kann man ansehen als eine alte Stadt: ... ". Metaphern als Auslöser für Sprachreflexion. In *Der Deutschunterricht*. 58, 26–35.

Peyer, Ann & Paul R. Portmann (Hrsg.) (1996): *Norm, Moral und Didaktik – die Linguistik und ihre Schmuddelkinder. Eine Aufforderung zur Diskussion*. Tübingen: Max Niemeyer Verlag.

Peyer, Ann, Paul R. Portmann, Edgar R. Brütsch, Peter Gallmann, Thomas Lindauer, Angelika Linke, Markus Nussbaumer, Roman Looser & Peter Sieber (1996): Norm, Moral und Didaktik – Die Linguistik und ihre Schmuddelkinder. In Ann Peyer & Paul R. Portmann (Hrsg.), *Norm, Moral und Didaktik – die Linguistik und ihre Schmuddelkinder. Eine Aufforderung zur Diskussion*, 9–46. Tübingen: Max Niemeyer Verlag.

Pinker, Steven (1989): *Learnability and cognition. The acquisition of argument structure*. A Bradford book, Cambridge (Mass.) [etc.]: MIT Press.

Polanyi, Michael (1966): *The tacit dimension*. Garden City, NY: Doubleday & Company.

Portmann, Paul R. (2005): *Was ist Textkompetenz?* https://www.uzh.ch/ds/wiki/ssl-dir/ Textkompetenz/uploads/Main/PortmannTextkompetenz.pdf (05. 06. 2015).

Raab-Steiner, Elisabeth & Michael Benesch (2010): *Der Fragebogen. Von der Forschungsidee zur SPSS/PASW-Auswertung*. UTB. Wien: Facultas.

Raatz, Ulrich & Christine Klein-Braley (Hrsg.) (1992): *CT-D 4 Schulleistungstest Deutsch für 4. Klassen. Beiheft mit Anleitung und Normentabellen*. Deutsche Schultests. Weinheim: Beltz.

Rabardel, Pierre (1995): *Les hommes et les technologies. Une approche cognitive des instruments contemporains*. Paris: Université de Paris 8.

Rabardel, Pierre (1999): Le language comme instrument? Eléments pour une théorie instrumentale élargie. In Yves Clot (Hrsg.) *Avec Vygotski*, 241–265. Paris: La Dispute.

Reichardt, Anke (2015): *Rechtschreibung im Textraum. Modellierungen der Schreibkompetenz in der Grundschule*. Kölner Beiträge zur Sprachdidaktik: Reihe A, Bd. 9, Duisburg: Gilles & Francke Verlag.

Reichen, Jürgen (1982): *Lesen durch Schreiben. Ein informativer Querschnitt*. Bd. 1155. Zürich: Sabe.

Rezat, Sara (2014): Textprozeduren als Instrumente des Schreibens. In Thomas Bachmann & Helmuth Feilke (Hrsg.), *Werkzeuge des Schreibens. Theorie und Potentiale einer Didaktik der Textprozeduren*, 177–197. Stuttgart: Fillibach bei Klett.

Rickheit, Gert, Lorenz Sichelschmidt & Hans Strohner (2002): *Psycholinguistik. Stauffenburg Einführungen*. Tübingen: Stauffenburg.

Riegler, Susanne (2006): *Mit Kindern über Sprache nachdenken. Eine historisch-kritische, systematische und empirische Untersuchung zur Sprachreflexion in der Grundschule*. Freiburg im Breisgau: Fillibach.

Rijlaarsdam, Gert & Huub van den Bergh (2006): Writing Process Theory. In Charles A. MacArthur, Steve Graham & Jill Fitzgerald (Hrsg.), *Handbook of writing research*, 41–53. New York: The Guilford Press.

Ris, Roland (1979): Dialekte und Einheitssprache in der deutschen Schweiz. *International journal of the sociology of language* 1979 (21), 41–62.

Röber-Siekmeyer, Christa (1999): *Ein anderer Weg zur Gross- und Kleinschreibung. Forum Grundschule*. Leipzig: Klett Grundschulverlag.

Röber-Siekmeyer, Christa (2015): *Schriftsprach- und Orthographieerwerb: Erstlesen, Erstschreiben*. Deutschunterricht in Theorie und Praxis, Bd. 2, Baltmannsweiler: Schneider Verlag Hohengehren.

Röber-Siekmeyer, Christa & Helmut Spiekermann (2000): Die Ignorierung der Linguistik in der Theorie und Praxis des Schriftspracherwerbs. Überlegungen zu einer Neubestimmung des Verhältnisses von Pädagogik und Phonetik/Phonologie. *Zeitschrift für Pädagogik*, 753–771.

Roos, Jeanette & Hermann Schöler (Hrsg.) (2009): *Entwicklung des Schriftspracherwerbs in der Grundschule. Längsschnittanalyse zweier Kohorten über die Grundschulzeit*. Wiesbaden: VS Verlag für Sozialwissenschaften.

Rotzetter, Mireille (2012): Die Entwicklung der Verbverwendung in Schülertexten von der 5. zur 8. Klasse. unveröffentlichte Masterarbeit, Freiburg: Universität Freiburg.

Ryle, Gilbert (1949): *The concept of mind*. London: Hutchinson's University Library.

Schaller, Pascale (2017): Wie schreiben sprachschwache Kinder? Beitrag zum Zusammenhang zwischen explizitem und implizitem Sprachwissen. In Conny Melzer & Matthias Grünke (Hrsg.), *Diagnostik und Förderung expressiver Schreibfähigkeiten. Zeitschrift Empirische Sonderpädagogik*. Bd. 4, 386–405.

Scheele, Veronika (2006): *Entwicklung fortgeschrittener Rechtschreibfertigkeiten. Ein Beitrag zum Erwerb der „orthographischen" Strategien*. Zugl.: Diss. Hannover, 2005. Theorie und Vermittlung der Sprache, Bd. 42, Frankfurt a. M.: Peter Lang.

Schilcher, Anita & Karsten Rincke (2015): Schreiben als Motor für die Auseinandersetzung mit Fach und Sprache. Erklären und Argumentieren. In Sabine Schmölzer-Eibinger & Eike Thürmann (Hrsg.), *Schreiben als Medium des Lernens. Kompetenzentwicklung durch Schreiben im Fachunterricht*. Fachdidaktische Forschungen, Bd. 8, 99–114. Münster, New York, NY: Waxmann.

Schlobinski, Peter (2005): Mündlichkeit/Schriftlichkeit in den Neuen Medien. In Ludwig M. Eichinger (Hrsg.), *Standardvariation. Wie viel Variation verträgt die deutsche Sprache?* Jahrbuch / Institut für deutsche Sprache, Bd. 2004, 126–142. Berlin: De Gruyter.

Schmidlin, Regula (1999): *Wie Deutschschweizer Kinder schreiben und erzählen lernen. Textstruktur und Lexik von Kindertexten aus der Deutschschweiz und aus Deutschland.* Diss. Univ. Basel, 1999. Basler Studien zur deutschen Sprache und Literatur, Bd. 79. Tübingen: A. Francke.

Schneider, Hansjakob, Michael Becker-Mrotzek, Afra Sturm, Simone Jambor-Fahlen, Uwe Neugebauer, Christian Efing & Nora Kernen (2013): *Expertise Wirksamkeit von Sprachförderung.* www.stiftung-mercator.de (07.04.2018).

Schneider, Hansjakob, Esther Wiesner, Thomas Lindauer & Julienne Furger (2012): Kinder schreiben auf einer Internetplattform. Resultate aus der Interventionsstudie my-Moment2.0. *dieS-online* (2), 1–37.

Schneuwly, Bernard, Marie-Claude Rosat & Joaquim Dolz (1989): Les organisateurs textuels dans quatre types de textes. Etude chez des élèves de dix, douze et quatorze ans. In *Langue française*, 81, 40–58.

Selting, Margret, Peter Auer, Birgit Barde, Jörg Bergmann, Elizabeth Couper-Kuhlen, Susanne Günthner, Christoph Meier, Uta Quasthoff, Peter Schlobinski & Susanne Uhmann (o.J.). *Gesprächsanalytisches Transkriptionssystem (GAT).* http://universitätpotsdam.net/u/slavistik/vc/rlmprcht/textling/comment/gat.pdf (25.08.2016).

Sieber, Peter (1998): *Parlando in Texten. Zur Veränderung kommunikativer Grundmuster in der Schriftlichkeit.* Univ., Habil.-Schr. Reihe Germanistische Linguistik, Bd. 191. Tübingen: Max Niemeyer.

Sieber, Peter & Horst Sitta (1994): Sprachwandel – Sprachfähigkeiten. In Peter Sieber & Edgar R. Brütsch (Hrsg.), *Sprachfähigkeiten – besser als ihr Ruf und nötiger denn je! Ergebnisse und Folgerungen aus einem Forschungsprojekt.* Sprachlandschaft, Bd. 12, 13–50. Aarau, Salzburg u.a.: Sauerländer.

Siekmann, Katja (2014a): Kompetenzorientierte orthographische Individualförderung – Ergebnisse einer Förderstudie. Zur Förderung monolingualer und bilingualer Lerner/innen auf der Basis der OLFA. In Katja Siekmann (Hrsg.), *Theorie, Empirie und Praxis effektiver Rechtschreibdiagnostik.* Stauffenburg Deutschdidaktik, Bd. 2, 191–205. Tübingen: Stauffenburg Verlag.

Siekmann, Katja (Hrsg.) (2014b): *Theorie, Empirie und Praxis effektiver Rechtschreibdiagnostik.* Stauffenburg Deutschdidaktik, Bd. 2, Tübingen: Stauffenburg Verlag.

Siemen, Peter, Anke Lüdeling & Frank H. Müller (o.J.): *FALKO – Ein fehlerannotiertes Lernerkorpus des Deutschen.* https://korpling.german.hu-berlin.de/falko-suche/ (07.04.2018).

Slobin, Dan I. (1985): Crosslinguistic evidence for the language-making capacity. In Dan I. Slobin (Hrsg.), *The crosslinguistic study of language acquisition.* Bd. 2, 1157–1249. Hillsdale: Lawrence Erlbaum Associates.

Smagorinsky, Peter (2011): *Vygotsky and literacy research. A methodological framework.* Practice of research method. Rotterdam: Sense Publishers.

Sommer, Thomas, Afra Sturm & Robert Hilbe (2009): *Illetrismus und neue Technologien. Schriftlernen in der Nachholbildung.* Projektbericht. http://www.fhnw.ch/ppt/content/prj/p266-0018/projektbericht (05.11.2014).

Stefanowitsch, Anatol (2011): Konstruktionsgrammatik und Grammatiktheorie. In Alexander Lasch (Hrsg.), *Konstruktionsgrammatik III. Aktuelle Fragen und Lösungsansätze.* Stauffenburg Linguistik, Bd. 58, 11–25. Tübingen: Stauffenburg Verlag.

Steinhoff, Torsten (2007): *Wissenschaftliche Textkompetenz. Sprachgebrauch und Schreibentwicklung in wissenschaftlichen Texten von Studenten und Experten*. Reihe Germanistische Linguistik, Bd. 280. Tübingen: Max Niemeyer.
Steinig, Wolfgang, Dirk Betzel, Josef Franz Geider & Andreas Herbold (2009): *Schreiben von Kindern im diachronen Vergleich. Texte von Viertklässlern aus den Jahren 1972 und 2002*. Münster: Waxmann.
Stern, Clara & William Stern (1928): *Die Kindersprache. Eine psychologische und sprachtheoretische Untersuchung*. Monographien über die seelische Entwicklung des Kindes, Bd. 1, Leipzig: Johann Ambrosius Barth.
Stude, Juliane (2012): *Kinder sprechen über Sprache*. Stuttgart, Dortmund: Fillibach bei Klett.
Studer, Thomas (2013): Dialekte im DaF-Unterricht? Ja, aber ... Konturen eines Konzepts für den Aufbau einer rezeptiven Varietätenkompetenz. *Linguistik online* 10(1).
Sullivan, Kirk P. H. & Eva Lindgren (Hrsg.) (2006): *Computer Key-Stroke Logging and Writing. Methods and Applications*. Studies in Writing, Bd. 18, Oxford: Elsevier.
Thaler, Verena (2007): Mündlichkeit, Schriftlichkeit, Synchronizität. Eine Analyse alter und neuer Konzepte zur Klassifizierung neuer Kommunikationsformen. *Zeitschrift für Germanistische Linguistik* 35(1–2), 146–181.
Thomé, Günther (1999): *Orthographieerwerb. Qualitative Fehleranalysen zum Aufbau der orthographischen Kompetenz*. Theorie und Vermittlung der Sprache, Bd. 29, Frankfurt a. M.: Peter Lang.
Thomé, Günther (2013): *ABC und andere Irrtümer über Orthographie, Rechtschreiben, LRS/ Legasthenie*. Oldenburg: Institut für sprachliche Bildung, 2. überarb. Ausg.
Tomasello, Michael (2008): Konstruktionsgrammatik und früher Erstspracherwerb. Übersetzt von Stefanie Wulff und Arne Zeschel. In Kerstin Fischer & Anatol Stefanowitsch (Hrsg.), *Konstruktionsgrammatik I. Von der Anwendung zur Theorie*. Stauffenburg Linguistik, Bd. 40, 19–37. Tübingen: Stauffenburg Verlag, 2. Aufl., Nachdr. der überarb. Aufl. 2007.
Vellacott, Maja C., Judith Hollenweger, Michel Nicolet & Stefan C. Wolter (2003): *Soziale Integration und Leistungsförderung. Thematischer Bericht der Erhebung PISA 2000*. Neuchâtel: Bundesamt für Statistik.
Vockrodt-Scholz, Viola & Wolfgang Zydatiß (2010): Sprachproduktive Faktoren und die Konstruktvalidität von C-Tests: Kompetenzniveaus und Fehlerquotient in textsortengebundenen Schreibaufgaben. In Rüdiger Grotjahn (Hrsg.), *Der C-Test / The C-Test. Beiträge aus der aktuellen Forschung / Contributions from Current Research*, 1–40: Frankfurt a. M. etc.: Peter Lang Pub Inc.
Von Bredow Rafaela & Veronika Hackenbroch (2013): Die neue Schlechtschreibung. *Der Spiegel* 25: 96–104.
Vygotskij, Lev Semjonowitsch & Michael Cole (1978): *Mind in society. The development of higher psychological processes*. Cambridge: Harvard University Press.
Waes, Luuk van (Hrsg.) (2006): *Writing and digital media*. Studies in writing 17. Amsterdam u. a.: Elsevier.
Waes, Luuk van, Mariëlle Leijten & Daphne van Weijen (2009): Keystroke logging in writing research. Observing writing processes with Inputlog. In *German as a foreign language*. 2–3, 41–64.
Weder, Mirjam (2010): Keystroke-Logging und Stimulated-Recall in der Orthographie-Forschung. In *Bulletin suisse de linguistique appliquée*. Bd. 91, 85–104. Neuchâtel: Université de Neuchâtel.
Wehr, Silke (2001): *Was wissen Kinder über Sprache? Die Bedeutung von Meta-Sprache für den Erwerb der Schrift- und Lautsprache / Forschungsüberblick, theoretische Klärungen,*

Arbeitshilfen für die sprachheilpädagogische und logopädische Praxis. Beiträge zur Heil- und Sonderpädagogik, Bd. 28, Bern: Verlag Paul Haupt.

Weingarten, Rüdiger (2001): Orthographisch-grammatisches Wissen. In Sigurd Wichter & Gerd Antos (Hrsg.), *Wissenstransfer zwischen Experten und Laien. Umriss einer Transferwissenschaft*. Transferwissenschaften, Bd. 1, 209–226. Frankfurt a. M.: Lang.

Weingarten, Rüdiger, Guido Nottbusch & Udo Will (2004): Morphemes, syllables and graphemes in written word production. In Thomas Pechmann & Christopher Habel (Hrsg.), *Multidisciplinary approaches to speech production*, 529–572. Berlin: De Gruyter.

Werlen, Iwar (2004): Zur Sprachsituation der Schweiz mitbesonderer Berücksichtigung der Diglossie in der Deutschschweiz. *Bulletin Vals-Asla* 79: 1–30. Neuchâtel: Bulletin suisse de linguistique appliquée.

Wilmsmeier, Sabine, Moti Brinkhaus & Vera Hennecke (2016): Ratingverfahren zur Messung von Schreibkompetenz in Schülertexten. In Regula Schmidlin & Pascale Schaller (Hrsg.), *Auf dem Weg zum Text: Sprachliches Wissen und Schriftsprachaneignung. Savoir linguistique et acquisition de la littératie. Metalinguistic knowledge and literacy acquisition*. Bd. 103, 101–117.

Winkes, Julia (2014): *Isolierte Rechtschreibstörung. Eigenständiges Störungsbild oder leichte Form der Lese-Rechtschreibstörung? Eine Untersuchung der kognitiv-linguistischen Informationsverarbeitungskompetenzen von Kindern mit Schriftspracherwerbsstörungen*. Dissertation. Freiburg: Universität Freiburg / CH.

Winter, Alexander (1992): *Metakognition beim Textproduzieren*. Scriptoralia, Bd. 40, Tübingen: G. Narr.

Wockenfuß, Verena & Ulrich Raatz (2014): Zur Validität von muttersprachlichen C-Tests: Bedeutung von verbaler Intelligenz und Informationsverarbeitungsgeschwindigkeit unter Berücksichtigung des Lebensalters. In Rüdiger Grotjahn (Hrsg.), *Der C-Test. Aktuelle Tendenzen = The C-test*. Language testing and evaluation, Bd. 34, 189–222. Frankfurt a. M.: Lang.

Woolfolk, Anita & Ute Schönpflug (2008): *Pädagogische Psychologie*. München: Pearson Studium, 10. Aufl.

Ziem, Alexander (2014): Konstruktionsgrammatische Konzepte eines Konstruktikons. In Alexander Lasch & Alexander Ziem (Hrsg.), *Grammatik als Netzwerk von Konstruktionen. Sprachwissen im Fokus der Konstruktionsgrammatik*. Sprache und Wissen, Bd. 15, 15–34. Berlin: de Gruyter Mouton.

Ziem, Alexander & Michael Ellsworth (2016): Exklamativsätze im FrameNet-Konstruktikon am Beispiel des Englischen. In Rita Finkbeiner (Hrsg.), *Satztypen und Konstruktionen*. Linguistik – Impulse und Tendenzen, Bd. 65, 146–191. Berlin: De Gruyter.

Ziem, Alexander & Alexander Lasch (2011): Von der geschriebenen zur gesprochenen Sprache: Quo vadis Konstruktionsgrammatik? In Alexander Lasch (Hrsg.), *Konstruktionsgrammatik III. Aktuelle Fragen und Lösungsansätze*. Stauffenburg Linguistik, Bd. 58, 275–281. Tübingen: Stauffenburg Verlag.

Ziem, Alexander & Alexander Lasch (2013): *Konstruktionsgrammatik. Konzepte und Grundlagen gebrauchsbasierter Ansätze*. Germanistische Arbeitshefte, Bd. 44, Berlin u. a.: De Gruyter.

15 Abbildungs- und Tabellenverzeichnis

15.1 Abbildungsverzeichnis

Abb. 4.1	The-not-so-simple view of internal functional writing system —— 65	
Abb. 5.1	Doppelfunktionalität von Sprache —— 69	
Abb. 5.2	Übersicht über Begrifflichkeiten zu Objekt- und Metasprache —— 93	
Abb. 5.3	Metasprache im Sprachgebrauch und in der Sprachbeschreibung —— 97	
Abb. 7.1	Übersicht über die in den Teilen II und III verwendeten Termini —— 120	
Abb. 7.2	Visualisierung der drei Ebenen: Kognition/Metasprache, Prozess, Produkt —— 124	
Abb. 7.3	Übersicht über die Teilkorpora, die bearbeiteten Zusammenhänge und die Variablen —— 126	
Abb. 7.4	Zwei Untersuchungsdimensionen der Studie —— 132	
Abb. 8.1	Vorgehen bei der Annotation der transkribierten Gespräche —— 141	
Abb. 9.1	Ausschnitt aus einem deutschsprachigen C-Test —— 158	
Abb. 9.2	Boxplot zu den Ergebnissen im C-Test für die beiden Klassenstufen —— 167	
Abb. 9.3	Boxplot zu den Ergebnissen der KEKS-Untertests getrennt nach Klassenstufe —— 169	
Abb. 9.4	Erhebung verschiedener Sprachwissenstypen —— 170	
Abb. 9.5	Schreibaufgabe —— 172	
Abb. 9.6	Detaillierte Übersicht über den Flow von *inputlog* —— 174	
Abb. 9.7	Ablauf und inhaltliche Struktur der *recalls* —— 177	
Abb. 9.8	Fragen und Vorgehen bei der Auswertung der Kindergespräche —— 178	
Abb. 9.9	Ablauf der ersten Erhebungsphase —— 182	
Abb. 9.10	Ablauf der gesamten Erhebung —— 183	
Abb. 10.1	Histogramm der Verteilung des *HISEI* —— 191	
Abb. 10.2	Histogramm der Verteilung der Konzentrationsleistung (Standardwerte) —— 194	
Abb. 10.3	Verteilung der Konzentrationsleistung (Standardwerte recodiert in fünf Gruppen) —— 195	
Abb. 10.4	Dendrogramm der hierarchischen Clusteranalyse —— 197	
Abb. 10.5	Streudiagramm der Punktzahl im C-Test und der 6 gebildeten Cluster —— 199	
Abb. 10.6	Grösse der Kompetenzgruppen A–F —— 200	
Abb. 11.1	Übersicht über die Teilkorpora und die bearbeiteten Zusammenhänge —— 205	
Abb. 11.2	Leitende Fragen für die Auswertung der Kindergespräche —— 212	
Abb. 11.3	Verteilung der Kommentare über die Referenzbereiche für alle 55 Kinder —— 213	
Abb. 11.4	Diagramm zur Verteilung der annotierten Kommentare über die Kompetenzgruppen —— 216	
Abb. 11.5	Verteilung der Kommentare über die Subcodes des formalen Referenzbereichs —— 217	
Abb. 11.6	Positionierungsprozeduren —— 231	
Abb. 11.7	Boxplot Anzahl verwendeter Positionierungsprozeduren pro Klassenstufe —— 232	
Abb. 11.8	Kreisdiagramme zu Anteilen verwendeter Prozeduren pro Klassenstufe —— 233	

Abb. 11.9	Verteilung der Positionierungsprozeduren: Vergleich der Gruppe BC (links) und der Gruppe DE (rechts) —— **235**	
Abb. 11.10	Liniendiagramm zur TTR —— **238**	
Abb. 11.11	Fehlerquotient Grammatik für die Kompetenzgruppen BC und DE —— **243**	
Abb. 11.12	Boxplot zum Grammatiktest und zum Fehlerquotienten Grammatik für die Kompetenzgruppen BC und DE —— **244**	
Abb. 11.13	Boxplot zu den Fehlerquotienten Grammatik und Orthographie —— **246**	
Abb. 11.14	Fehlerquotient Orthographie für die Kompetenzgruppen BC und DE —— **247**	
Abb. 11.15	Boxplot zum Orthographietest und zum Fehlerquotienten Orthographie für zwei Kompetenzgruppen —— **249**	
Abb. 12.1	Übersicht über die untersuchten Variablen und die Ergebnisse —— **257**	
Abb. 12.2	Abhängigkeit von +explizitem und +implizitem Sprachwissen —— **261**	
Abb. 12.3	Frequenz der thematisierten Referenzbereiche —— **264**	
Abb. 17.1	Beispiel aus dem Textkorpus Text 4ws1 —— **311**	
Abb. 17.2	S-Notation des Schreibprozesses zum Text von 4ws1 —— **311**	
Abb. 17.3	Prozess-Graph des Schreibprozesses zum Text von 4ws1 —— **312**	

15.2 Tabellenverzeichnis

Tab. 3.1	Prototypische Merkmale der Mündlichkeit und der Schriftlichkeit —— **15**
Tab. 3.2	Stufenmodell zur Aneignung des argumentativen Schreibens nach August et al. 2007 —— **43**
Tab. 3.3	Übersicht über die Basisqualifikationen nach Ehlich (2007) —— **50**
Tab. 6.1	Beispiele für Konstruktionen —— **102**
Tab. 7.1	Differenzierung der Termini für die empirische Untersuchung —— **121**
Tab. 8.1	Übersicht über Codes (Referenzbereiche) und Subcodes mit Erklärungen —— **143**
Tab. 8.2	Erstmaliger Gebrauch von Positionierungsprozeduren (1.–12. Kl.) —— **147**
Tab. 8.3	Beispiele für die annotierten Nebensatztypen aus dem Korpus —— **153**
Tab. 9.1	Indikatoren des sozioökonomischen Status —— **156**
Tab. 9.2	Trennschärfen und Schwierigkeit des CT-D 4 —— **162**
Tab. 9.3	Korrelationen der globalen Sprachkompetenz und der Kompetenz in einzelnen sprachlichen Teilbereichen und Interkorrelationen der Merkmale —— **164**
Tab. 9.4	Ergebnisse der multiplen Regressionsanalyse —— **165**
Tab. 9.5	Ermittelte Kennwerte für die Texte („Superitems') 1–4 des CT-D 4 —— **166**
Tab. 9.6	Deskriptive Kennwerte zu den Ergebnissen in den KEKS-Untertests —— **168**
Tab. 9.7	Ermittelte Kennwerte der Skalen zur Messung des Selbstkonzepts —— **180**
Tab. 9.8	Übersicht über das Korpus: Form der Daten und Auswertungsmöglichkeit —— **184**
Tab. 9.9	Kompetenzgruppen, Anzahl Probanden und durchschnittlicher Wert im C-Test —— **185**
Tab. 10.1	Übersicht über das Korpus: Datenumfang —— **189**
Tab. 10.2	Sprache(n), die zuhause gesprochen wird / werden —— **190**
Tab. 10.3	Deskriptive Kennwerte des sozioökonomischen Status der Kompetenzgruppen B–E —— **191**
Tab. 10.4	Deskriptive Kennwerte zum Selbstkonzept —— **192**

Tab. 10.5	Deskriptive Kennwerte zur Konzentrationsleistung	193
Tab. 10.6	Cluster inklusive Werte im C-Test	198
Tab. 10.7	Deskriptive Kennwerte zum C-Test nach Kompetenzgruppen	201
Tab. 11.1	Deskriptive Kennwerte zur Produkt-Prozess-Ratio im Klassenvergleich	208
Tab. 11.2	Deskriptive Kennwerte zur Salvenlänge im Klassenvergleich	210
Tab. 11.3	Deskriptive Kennwerte zur durchschnittlichen Salvenlänge sortiert nach Kompetenzgruppen	211
Tab. 11.4	Gesprächskorpus: Anzahl Gespräche für die Kompetenzgruppen A bis F	215
Tab. 11.5	Anzahl Gespräche für die Kompetenzgruppen B bis E getrennt nach Klassenstufe und total	215
Tab. 11.6	Deskriptive Kennwerte zur Anzahl verwendeter Prozeduren pro Altersgruppe	232
Tab. 11.7	Deskriptive Kennwerte der TTR	239
Tab. 11.8	Deskriptive Kennwerte zum Fehlerquotienten Grammatik	241
Tab. 11.9	Deskriptive Kennwerte zum Fehlerquotienten Grammatik im Vergleich der Altersgruppen	242
Tab. 11.10	Deskriptive Kennwerte zum Fehlerquotienten Orthographie	245
Tab. 11.11	Deskriptive Kennwerte zum Fehlerquotienten Orthographie im Vergleich der Altersgruppen	246
Tab. 11.12	Ergebnisse der multiplen Regressionsanalyse zum Fehlerquotienten Orthographie	248
Tab. 11.13	Deskriptive Kennwerte zu den Nebensätzen und zum durchschnittlichen Satzgliedumfang	251
Tab. 11.14	Deskriptive Kennwerte zur syntaktischen Komplexität inkl. signifikante Gruppenunterschiede	252
Tab. 11.15	Korrelationen der Nebensatztypen und des Satzgliedumfangs mit der globalen Sprachkompetenz und Interkorrelationen der Merkmale	253
Tab. 11.16	Ergebnisse der multiplen Regressionsanalysen zur syntaktischen Komplexität	254

16 Erhebungsmaterial

16.1 Fragebogen für die Schüler und Schülerinnen

> Fragebogen für die Schüler und Schülerinnen

Nationalfondsprojekt 'Textproduktionsspezifische Schriftsprachentwicklung'.
Leitung: Prof. Dr. Regula Schmidlin, Mitarbeiterin: Pascale Schaller, Universität Freiburg

Open Access. © 2018 Pascale Schaller, publiziert von De Gruyter. [CC BY-NC-ND] Dieses Werk ist lizenziert unter der Creative Commons Attribution-NonCommercial-NoDerivatives 4.0 Lizenz.
https://doi.org/10.1515/9783110555165-016

Lieber Schüler, liebe Schülerin

Auf den folgenden Seiten findest du verschiedene Fragen, die uns interessieren. Bei einigen Fragen musst du ein Kreuz oder mehrere Kreuze machen. Dort hat es Kästchen. Bei anderen Fragen sollst du etwas hinschreiben. Dort ist eine schreibende Hand abgedruckt.

Bitte lies die Anweisungen gut durch. Lies alle möglichen Antworten, bevor du dich für eine oder mehrere entscheidest. Lass bitte keine Frage aus.

Es gibt keine richtigen oder falschen Antworten, schreib einfach, was für dich stimmt. Du kannst jederzeit fragen, wenn du etwas nicht verstehst.

Wir brauchen deine Antworten für ein Forschungsprojekt. Sie werden anonymisiert, d.h. dein Name wird durch eine Nummer ersetzt. So bleiben die Angaben "geheim" und werden an niemanden weitergegeben. Beantworte die Fragen darum möglichst ehrlich.

Vielen Dank für deine Hilfe!

Fragen zu dir

1. Vorname _____

2. Name _____

3. Bist du ein Mädchen oder ein Junge?
☐₁ ein Mädchen
☐₂ ein Junge

4. Dein Geburtsdatum _____

5. In welchem Land bist du geboren?
☐₁ in der Schweiz
☐₂ in einem anderen Land:
in welchem?
_____

6. Wenn du nicht in der Schweiz geboren bist, seit wann lebst du in der Schweiz?
(z.B.: *Seit ich zwei Jahre alt bin.*)
_____

7. Welche Sprache sprecht ihr normalerweise zuhause? Wenn es verschiedene sind, kreuze sie alle an.
☐₁ Schweizerdeutsch
☐₂ Hochdeutsch
☐₃ Französisch
☐₄ Italienisch
☐₅ Spanisch
☐₆ eine oder mehrere andere Sprachen:
welche?
_____

8. Welche Sprache hast du in deiner Familie zuerst gelernt (Muttersprache)? Wenn du zwei- oder mehrsprachig aufgewachsen bist, gib beide/alle Sprachen an.

- ☐₁ Schweizerdeutsch
- ☐₂ Hochdeutsch
- ☐₃ Französisch
- ☐₄ Italienisch
- ☐₅ Spanisch
- ☐₆ eine oder mehrere andere Sprachen: welche?

_____

9. Wenn Schweizerdeutsch nicht deine Muttersprache ist: Wann hast du begonnen, es zu lernen?

- ☐₁ bevor ich 6 Jahre alt war
- ☐₂ etwa mit 6 bis 9 Jahren
- ☐₃ später

Fragen zum Fach Deutsch

In der Tabelle stehen verschiedene Sätze. Kreuze jeweils die Antwort an, die für dich stimmt. Es gibt kein *richtig* oder *falsch*. Mach pro Zeile ein Kreuz.

10.

	stimmt gar nicht	stimmt eher nicht	stimmt eher	stimmt genau
1. Das Fach Deutsch habe ich gern.	☐₁	☐₂	☐₃	☐₄
2. Im Fach Deutsch lerne ich schnell.	☐₁	☐₂	☐₃	☐₄
3. Im Fach Deutsch erreiche ich gute Leistungen.	☐₁	☐₂	☐₃	☐₄
4. Im Fach Deutsch bekomme ich gute Noten.	☐₁	☐₂	☐₃	☐₄
5. Das Fach Deutsch ist eines meiner Lieblingsfächer.	☐₁	☐₂	☐₃	☐₄

Fragen zum Schreiben

In der Tabelle stehen verschiedene Sätze. Kreuze jeweils die Antwort an, die für dich stimmt. Es gibt kein *richtig* oder *falsch*. Mach pro Zeile ein Kreuz.

11.

	stimmt gar nicht	stimmt eher nicht	stimmt eher	stimmt genau
1. In der Schule schreibe ich besonders gern.	☐₁	☐₂	☐₃	☐₄
2. Schreiben kann ich gut.	☐₁	☐₂	☐₃	☐₄
3. Das Schreiben von Texten fällt mir besonders leicht.	☐₁	☐₂	☐₃	☐₄
4. Wenn ich wünschen könnte, würde ich gerne öfter Texte und Aufsätze schreiben.	☐₁	☐₂	☐₃	☐₄
5. Für meine Texte bekomme ich gute Noten.	☐₁	☐₂	☐₃	☐₄

12. Was sind deine Stärken im Schreiben? Beschreibe bitte möglichst genau.

13. Womit hast du beim Schreiben eher Probleme? Beschreibe bitte möglichst genau.

14. Was für Texte schreibst du am liebsten? Warum?

Du und der Computer

In den Tabellen stehen verschiedene Sätze, die den Computer betreffen (Laptops zählen auch dazu). Kreuze jeweils die Antwort an, die für dich stimmt. Es gibt kein *richtig* oder *falsch*. Mach pro Zeile ein Kreuz.

15.

	stimmt gar nicht	stimmt eher nicht	stimmt eher	stimmt genau
1. Ich arbeite gerne am Computer.	☐₁	☐₂	☐₃	☐₄
2. Ich kann den Computer gut bedienen.	☐₁	☐₂	☐₃	☐₄
3. Computer finde ich eine gute Erfindung.	☐₁	☐₂	☐₃	☐₄
4. Computer erleichtern uns das Leben.	☐₁	☐₂	☐₃	☐₄
5. Mit dem Computer umzugehen, finde ich schwierig.	☐₁	☐₂	☐₃	☐₄
6. Für mich ist das Bedienen eines Computers leicht.	☐₁	☐₂	☐₃	☐₄

16.

	stimmt gar nicht	stimmt eher nicht	stimmt eher	stimmt genau
1. Ich schreibe Aufsätze lieber auf dem Computer als von Hand.	☐₁	☐₂	☐₃	☐₄
2. Ich finde das Schreiben auf einer Tastatur schwierig.	☐₁	☐₂	☐₃	☐₄
3. Ich schreibe ohne grosse Probleme auf der Tastatur.	☐₁	☐₂	☐₃	☐₄
4. Texte schreiben dauert bei mir auf dem Computer länger als von Hand.	☐₁	☐₂	☐₃	☐₄
5. Ich finde, das Texteschreiben auf dem Computer ist anstrengender als von Hand.	☐₁	☐₂	☐₃	☐₄

Dein Zuhause

In den letzten Fragen geht es um dein Zuhause. Wenn du an verschiedenen Orten lebst, also z.B. manchmal bei deinem Vater und manchmal bei deiner Mutter, dann nimm den Ort, an dem du am häufigsten wohnst. Mach bitte pro Frage nur ein Kreuz.

17. Wie viele Bücher habt ihr zuhause? Zeitschriften und Heftli sollst du nicht mitzählen.

- ☐$_1$ keine oder fast keine
- ☐$_2$ ein Tablar voll
- ☐$_3$ zwei Tablare voll
- ☐$_4$ ein Büchergestell voll
- ☐$_5$ zwei Büchergestelle voll
- ☐$_6$ mehr als zwei Büchergestelle voll

18. Habt ihr Computer zuhause? Zähle auch Laptops dazu.

- ☐$_1$ ja, einen
- ☐$_2$ ja, mehrere
- ☐$_3$ nein, keinen

19. Hast du einen eigenen Computer zuhause?

- ☐$_1$ ja, einen nur für mich
- ☐$_2$ nein, aber einen, den ich mit Geschwistern oder Eltern teile.

20. Wie viel Zeit verbringst du zuhause durchschnittlich am Computer?

- ☐$_1$ weniger als eine halbe Stunde pro Tag
- ☐$_2$ ungefähr eine halbe Stunde pro Tag
- ☐$_3$ ungefähr eine Stunde pro Tag
- ☐$_4$ mehr als eine Stunde pro Tag

Wie würdest du 'Sprache' erklären?

21.
Stell dir eine Begegnung mit einem ausserirdischen Wesen vor, das für ganz kurze Zeit hier auf der Erde vorbeischaut. Es weiss nichts davon, wie wir Menschen sind, wie wir leben und wie wir miteinander umgehen. Nur für einen ganz kurzen Moment kann es uns überhaupt verstehen. Das Wesen interessiert sich dafür, wie wir miteinander kommunizieren. **Erkläre ihm, was 'Sprache' für dich ist und wie du sie dir vorstellst...**

_____
_____
_____
_____
_____
_____
_____
_____
_____
_____
_____
_____

16.2 Fragebogen für die Eltern

Fragebogen für die Eltern

Nationalfondsprojekt 'Textproduktionsspezifische Schriftsprachentwicklung'
Prof. Dr. Regula Schmidlin, Pascale Schaller, M.A. (Universität Freiburg)

UNIVERSITÉ DE FRIBOURG SUISSE
UNIVERSITÄT FREIBURG SCHWEIZ

Sehr geehrte Eltern

Im beiliegenden Schreiben haben wir Sie über ein Nationalfondsprojekt zur Schriftsprachentwicklung informiert, an dem auch die Klasse Ihres Kindes beteiligt ist. Sie finden im vorliegenden Dokument einige Fragen zu Ihnen und zu Ihrem Kind, für deren Beantwortung wir uns herzlich bei Ihnen bedanken. Sie leisten damit einen wichtigen Beitrag zu unserer Studie.

Wenn Sie auf den folgenden Seiten jeweils als „Mutter" oder „Vater" angesprochen werden, dann gilt diese Bezeichnung auch für Bezugspersonen, die mit dem Kind zusammenleben.

Es gibt für die aufgeführten Fragen keine erwünschten oder unerwünschten, richtigen oder falschen Antworten, sondern es geht um Ihre persönliche Meinung und Einschätzung. Für eine ehrliche Beantwortung bedanken wir uns daher bereits im Voraus.

Wir bitten Sie, diese Hinweise zu befolgen:

- Beantworten Sie die Fragen der Reihe nach und lassen Sie keine Frage aus.
- Machen Sie Kreuze nur in und nicht zwischen die Kästchen.

Selbstverständlich werden wir Ihre Angaben ausschliesslich in anonymisierter Form verwenden und Ihren Namen nach Abgabe des Bogens durch ein Kürzel ersetzen. Weder werden Rückschlüsse auf Sie möglich sein, noch werden die Daten an Dritte weitergegeben, auch nicht an die Schule oder die Lehrpersonen.

Wir bitten Sie, den Fragebogen zusammen mit der unterschriebenen Einverständniserklärung Ihrem Kind im beigelegten <u>verschlossenen</u> Umschlag in die Schule mitzugeben. Die Lehrperson wird die Umschläge an uns weiterleiten.

Wir bedanken uns für Ihr Interesse und Ihre Mitarbeit!

Angaben zu Ihrer Person

1. Vorname und Name   ✎ _____

2. In welcher Beziehung stehen Sie zum Kind?

    ☐$_1$ Mutter
    ☐$_2$ Vater
    ☐$_3$ Stiefmutter
    ☐$_4$ Stiefvater
    ☐$_5$ Pflegemutter
    ☐$_6$ Pflegevater
    ☐$_7$ Grossmutter
    ☐$_8$ Grossvater
    ☐$_9$ andere:

    ✎ _____

3. Vorname und Name des Kindes, das den Fragebogen nach Hause gebracht hat   ✎ _____

4. Wie häufig haben Sie und Ihr Partner zusammen Ihrem Kind vorgelesen, als es noch nicht lesen konnte?

    ☐$_1$ fast täglich
    ☐$_2$ einmal oder mehrmals pro Woche
    ☐$_3$ einmal oder mehrmals pro Monat
    ☐$_4$ weniger als einmal pro Monat
    ☐$_5$ selten

Fragen zu beiden Eltern / Bezugspersonen des Kindes

Die folgenden Fragen betreffen jeweils beide Eltern oder Bezugspersonen des Kindes.

Wenn Sie alleinerziehende Mutter oder alleinerziehender Vater sind, kreuzen Sie das bitte hier an und beantworten Sie die folgenden Fragen nur bezogen auf Sie persönlich:

☐₁ Ich bin alleinerziehende Mutter.

☐₂ Ich bin alleinerziehender Vater.

5. Welche Schule haben Sie zuletzt abgeschlossen? Bitte geben Sie nur Ihren höchsten Schulabschluss an.

	Mutter	Vater
1. keinen Schulabschluss	☐₁	☐₁₁
2. Abschluss der obligatorischen Schule (9 Schuljahre)	☐₂	☐₁₂
3. Berufslehre / Berufsschule / Handelsschule / Diplommittelschule	☐₃	☐₁₃
4. Maturitätsschule / Gymnasium / Lehrerseminar	☐₄	☐₁₄
5. Fachhochschule / Pädagogische Hochschule / Technikum	☐₅	☐₁₅
6. Universität / ETH	☐₆	☐₁₆
7. andere:	☐₇	☐₁₇

6. Sind Sie zurzeit erwerbstätig?

	Mutter	Vater
Ja, ich bin zurzeit erwerbstätig.		
1. Ich bin Vollzeit angestellt.	☐₁	☐₁₁
2. Ich bin Teilzeit angestellt.	☐₂	☐₁₂
Nein, ich bin zurzeit nicht erwerbstätig.		
3. Ich bin auf Stellensuche.	☐₃	☐₁₃
4. Ich bin beurlaubt (z.B. Mutterschaftsurlaub).	☐₄	☐₁₄
5. Ich bin erwerbsunfähig infolge von Krankheit / Unfall.	☐₅	☐₁₅
6. Ich befinde mich in Ausbildung, Weiterbildung, Umschulung.	☐₆	☐₁₆
7. Ich bin Hausfrau / Hausmann.	☐₇	☐₁₇
8. Ich bin pensioniert (Vorruhestand, Ruhestand).	☐₈	☐₁₈

7. Welchen Beruf üben Sie im Moment aus? Bitte geben Sie den Beruf möglichst genau an.

> *Falls Sie derzeit nicht erwerbstätig sind, geben Sie den Beruf an, den Sie zuletzt ausgeübt haben.*

Beruf der Mutter: _____

Beruf des Vaters: _____

8. Wenn Sie einer Erwerbstätigkeit nachgehen: Welche Funktion haben Sie derzeit inne?

	Mutter	Vater
1. Direktorin, Direktor	☐$_1$	☐$_{11}$
2. Leitende Angestellte / Beamtin, leitender Angestellter / Beamter (höheres Kader)	☐$_2$	☐$_{12}$
3. Angestellte / Beamtin, Angestellter / Beamte mit Vorgesetztenfunktion (mittleres Kader)	☐$_3$	☐$_{13}$
4. Angestellte / Beamtin, Angestellter / Beamte in Expertenfunktion	☐$_4$	☐$_{14}$
5. Arbeiterin / Beamtin, Arbeiter / Beamte	☐$_5$	☐$_{15}$
6. Selbstständig erwerbend	☐$_6$	☐$_{16}$
7. andere: _____	☐$_7$	☐$_{17}$

9. Sind Sie anderen bei der Arbeit vorgesetzt? Wie viele Personen arbeiten nach Ihren Anweisungen?

	Mutter	Vater
1. keine	☐$_1$	☐$_{11}$
2. 1-10 Personen	☐$_2$	☐$_{12}$
3. mehr als 10 Personen	☐$_3$	☐$_{13}$

Fragen zu Ihrem Kind

10. Wurden die Sprachkompetenzen Ihres Kindes irgendwann von einer Fachperson (Logopädin/Logopäde, Kinderarzt/Kinderärztin usw.) abgeklärt?

☐₁ Nein, es wurde keine Abklärung gemacht. ⇒ *Sie sind am Ende des Fragebogens angelangt.*

☐₂ Ja, unser Kind wurde abgeklärt. ⇒ *Bitte beantworten Sie die Fragen 11 bis 15.*

11. Wenn ja: Von wem wurde Ihr Kind abgeklärt?
_____

12. In welchem Alter wurde Ihr Kind abgeklärt?
_____

13. Aus welchen Gründen wurde Ihr Kind abgeklärt?
_____

14. Was war der Befund der Abklärung?
_____

15. Besuchte/besucht Ihr Kind regelmässig eine Fachperson?

☐₁ Nein, es gab nach der Abklärung keine weiteren Sitzungen. ⇒ *Sie sind am Ende des Fragebogens angelangt.*

☐₂ Ja. ⇒ *Bitte beantworten Sie die Fragen 16 und 17.*

16. Wenn ja: Von was für einer Fachperson wurde/wird Ihr Kind betreut?
_____

17. Während/seit wie vielen Schuljahren besuchte/besucht Ihr Kind die Fachperson?
_____

Herzlichen Dank für Ihre Angaben!

17 Exemplarische Auszüge aus dem Datenkorpus
17.1 Textkorpus

Ich finde das ist eine schlechte Idee,weil die kinder sollten ihre Sprache sprechen. Mir selber geht das besser. Also ich sage dazu nur:NEIN!Die schlechteste Idee aller Zeiten.Das geht gar nicht! Wenn wir Standardsprache sprechen,dann machen wir mehr Fehler denje. Zumeispiel sage ich: Meine Katze trinkte gestern Milch. Meine Meinung :Nein,das kommt nicht in Frage! Das wäre wie wenn man Sport ausfallen lässt. Lieber türkisch als Standartsprache. Keine Chance! Warum wollen sie das eigentlich einführen lassen? Ich spreche zuhause Mundart und in der Schule Standartsprache. Kommen sie wirklich zu uns ? Wenn ja,bringen sie Kekse mit ? Ja oder nein ? Die Antwort können sie mir schicken(mit einem Brief). Meine Adresse: ADRESSE

Abb. 17.1: Beispiel aus dem Textkorpus Text 4ws1.

17.2 Schreibprozess

Der Schreibprozess wurde anhand der Produkt-Prozess-Ratio sowie anhand des Salvenumfangs operationalisiert, deren Herleitung in der Arbeit ausführlich beschrieben wurde. Einsichten in den Schreibprozess einzelner Kinder ermöglichen die durch *inputlog* (Leijten & van Waes 2014) aufgezeichneten Daten darüber hinaus in Form der sogenannten S-Notation (Abb. 17.2) sowie in Form einer Visualisierung des Prozesses anhand eines Prozess-Graphs (Abb. 17.3).

[r]1|1Ich·finde·das·i[n]2|2st·eine·schlechte·[idee]3|3Idee[·]4|4,weil·die·kinder·sollten·ihre·S[chp]5|5prache·sprechen[·]6|6.·[N]7|7Mir·selber·geht·das·besser.·Also·ich·sage·dazu·n[e]8|8ur[·]9|9:NEIN!Die·schlechteste·Idee·aller·Zeiten.[··]10|10Das·geht·gar·[nicht!·[·Grüsse·▮▮▮▮▮▮▮▮▮▮▮▮12|12·Lieber·Gruss▮▮▮▮▮▮▮▮▮13|13icht![Wenn·wi]14|14·Wenn·wir·[hochdeus]15|15Standardsprache·sprechen[·dann]16|16,dann·mach[eb]17|17n·wir·mehr·[fe]18|18Fehler·denje.·Zumeispiel·sage·ich[[·]19|19:[[[["]20|20·[[[["]21|21*]22|22"]23|23"]24|24·[*]25|25"]26|26"]27|27"]28|28"]29|29:[[']30|30·[[[["]31|31"]32|32"]33|33"]34|34"]35|35"]36|36·[·meine·]37|37Meine·Katze·trinkte·gestern·Mil[s]38|38ch.·[["]39|39·]40|40·Meine·Meinung·[·]41|41:Nein,d{,d}47as·kommt·nicht·in·Frage![[[[z]42|42·j]43|43··]44|44D[A]45|45as]46|46|47·Das·wäre·wie[·Kat]48|48·wenn·man·Sport·ausfallen·lässt.[·[········]49|49·]50|50·Lieber·tür kisch·als·Sta[b]51|51ndartsprache.[keine]52|52·Keine·C[ance]53|53hance!·Warum·wollen·sie·das·eige[b]54|54ntlich·einfü[ren]55|55hren[·[aaa]56|56lassen?[[']57|57"]58|58""]59|59·Ich·spreche·[n]60|60zuhause·[m]61|61Mundart·und·in·der·[sc]62|62Schule·Standart[·]63|63sprache.·Kommen·sie·wir[j]64|64klich·zu·uns·[?]65|65?·Wenn·ja,bringen·sie·Kekse·mit·?se·mit·?·Ja·oder·nein·?[·[aaaaaaaaa aaaaaaaaa]66|66Die·antwort·]67|67·Die·Antwort·können·sie·mir·schicken[·]68|68{(mit·einem·Brief)}71|72.[M]69|69·Meine·Adresse[·]70|70:▮▮▮▮▮▮▮▮▮▮▮▮▮▮▮▮▮▮▮▮▮▮▮▮▮▮▮▮▮▮▮

Abb. 17.2: S-Notation des Schreibprozesses zum Text von 4ws1.

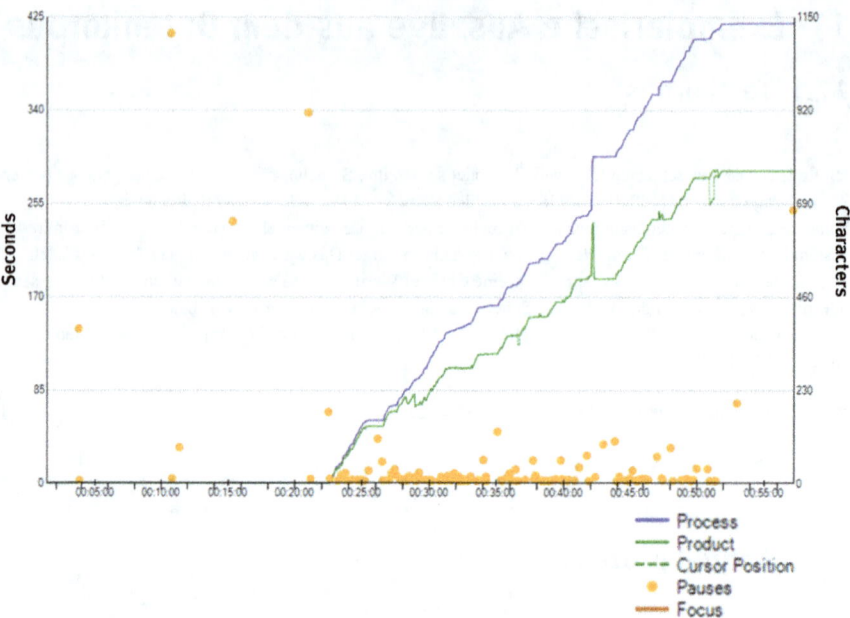

Abb. 17.3: Prozess-Graph des Schreibprozesses zum Text von 4ws1.
Anm.: Da die Kinder während der Erhebung zuerst durch die Lehrperson in die Thematik eingeleitet wurden und erst danach den vorbereiteten Raum für die Schreibstunde betraten, ergab sich eine bestimmte Zeitspanne, in der die Software den Zeitverlauf bereits aufzeichnete, die Kinder aber noch nicht mit dem Schreiben angefangen hatten.
In der Graphik ersichtlich wird dieser Umstand dadurch, dass eine Tippaktivität erst nach einer bestimmten Zeit einsetzt (Beginn der grünen und blauen Kurve).

17.3 Gesprächskorpus

Transkript[86] des Gesprächs mit 4ws1 (transkribiert mit *f4*):

[Begrüssung, Erklärung]
ul: chasch mer chùrz sääge was dù zù däm vorschlaag deychsch?
4ws1: aso (...) i säge ifach (.) das isch a (.) pff idee

---

86 Die Gespräche wurden mit der Transkriptionssoftware f4 (Dresing & Pehl 2013) transkribiert. f4 war am besten geeignet, weil sie mit MaxQda (verwendet in der Version 11) kompatibel ist. Die in f4 gesetzten Zeitmarken werden von MaxQda übernommen. Zudem macht es die Transkriptionssoftware möglich, mp4-Dateien zu verwenden. Das war notwendig, da während

```
ul:     (lacht) isch a schlächti idee
4ws1:   (mhm (zustimmend))
ul:     wärum de?
4ws1:   (...) i han uufgschrübe dass (.) d chinn setti si (.) iras igeti
        spraach spräche
ul:     (ja (fragend))
4ws1:   damit (.) si o leere di jùsche vokau z benùtze oder di jùsche sache
ul:     ja (.) okay (..) chaschù de vùrstaa dass si de vorschlag macht
        ùberhoupt?
```

---

des Transkribierens nicht nur die Tonspur, sondern auch der Film einsehbar sein musste. Die Transkriptionssoftware f4 sieht eine andere Formatierung der Transkripte vor, als es in der sprachwissenschaftlichen Forschung üblich ist (vgl. etwa Selting et al. o. J.). Das betrifft speziell die Zeilennummerierung, das Einrücken der Sprecherkennzeichnung und aller Zeilen eines Turns sowie die untereinanderstehende Markierung von Überlappungen.

Die Transkripte werden für eine inhaltliche Analyse verwendet und daher nur mit einer Genauigkeit erstellt, die dafür notwendig ist. Verständigungssignale, nonverbale Äusserungen, Wiederholungen, Wort- und Satzabbrüche und Überlappungen werden ebenfalls erfasst. Die Gespräche werden vollständig transkribiert; eine Ausnahme davon bilden sehr seltene längere Ausführungen der Gesprächsleiterin oder Gesprächssequenzen. Diese Auslassungen werden durch eckige Klammern und eine kurze Beschreibung der Sequenz markiert.

Es wird grundsätzlich Kleinschreibung verwendet. Majuskeln werden für die Markierung der Betonung verwendet. Kursiv stehen standardsprachliche Wörter oder Satzteile. Es handelt sich dabei um von den Kindern vorgelesene Sequenzen aus dem beobachteten Schreibprozess oder um standardsprachliche Kommentare.

Die Interviews wurden auf Schweizerdeutsch geführt. Die Dialekt-Schreibweise richtet sich nach dem Dieth'schen Prinzip: Sie ist möglichst nahe an der Lautung, orientiert sich aber gleichzeitig so weit wie möglich am gewohnten und dem Leser vertrauten (standardsprachlichen) Schriftbild (Dieth 1938).

Interpunktion wird nicht verwendet, eine Ausnahme bildet die Verwendung des Fragezeichens zur Markierung einer Frage (meistens werden Fragen von der Untersuchungsleiterin gestellt), die syntaktisch als solche deutlich erkennbar ist. Werden einzelne Wörter, Satzteile oder Sätze fragend angemerkt, dann werden sie markiert. Pausen werden durch Punkte in Klammern markiert. Es werden drei Längen unterschieden. Verständigungssignale des gerade nicht Sprechenden wie *mhm*, *aha*, *ja* werden nicht transkribiert, ausser es handelt sich um eine Antwort, die allein aus einem solchen Signal besteht. Sie werden dann als (xxx (zustimmend)) oder (xxx (verneinend)) erfasst.

Unverständliche Wörter werden wie folgt markiert: (xxx / yyy) wenn zwischen zwei Varianten nicht zweifelsfrei entschieden werden kann, +++ wenn ein Wort oder eine Äusserung überhaupt nicht verständlich ist (die drei Pluszeichen stehen dabei, anders als in GAT Selting et al. (o. J.), entweder für ein einzelnes vermutetes Wort oder für mehrere vermutete Wörter). Überschneidungen werden mit zwei Querstrichen zu Beginn und am Schluss der entsprechenden Passagen markiert. An einzelnen Stellen der Transkripte wird mit [SP] markiert, dass das Kind den Schreibprozess auf dem Bildschirm beobachtet und währenddessen während einer längeren Zeit nichts sagt. Diese Angabe wurde in die Transkripte aufgenommen, um deren Annotation zu erleichtern.

4ws1: (..) ja damit si besser hochtütsch leere
ul: heschù de ds gfüu dass du wùrdisch besser leere we dù mee müesstisch hochtütsch rede
4ws1: nähä
ul: nid wärùm nid?
4ws1: (...) ehm (.) i chan scho schùsch guet tütsch (cha) mache
ul: ischs isch gar nid nötig i dem fau
4ws1: nei as isch igentlich nid nötig
ul: guet (.) wi isch es gsyy mitem briefschryybe hesch wi giischù da vor oder wi heschù da mit däm text (.) isch es schwirig gsy oder
4ws1: nei as isch nid schwirig gsy
ul: isch nid schwirig gsy
4ws1: i glùùbe i han ds schnäle schryybe vum mami ggerbt i chan zää +++ fingerschrüft mache tschuhu nai het si a text schrùbe
ul: cha dis mami so schnäu schryybe
4ws1: ja
ul: itz hesch demfau o scho chli abggùgget
4ws1: ja si macht de so tschuhu
ul: giit ganz schnäu gau
4ws1: ja
ul: gseet nai lùschtig uus (.) guet ù de ähm hesch ds gfüu wi schribsch ù so epis we dù itz da (.) uf de tastatur schribsch oder vilich o mit bliistift ù papier tùschù wiisch ù ging grad sofort was dù schribsch oder machsch vùù pouse oder tuesch vùù korrigiere oder nid aso
4ws1: i tue vùù korrigiere
ul: scho bùsch eper wo vùù korrigiert
4ws1: ja (..) i han iinisch a text gschrùbe (..) u dä hiist *im flugzeug* ù nai han i scho de erscht feeler gmacht (.) nach *flug* hani nai *TZ* gschrùbe
ul: hesch scho *TZ* gmacht nai heschs no chöne korrigiere
4ws1: ja nai han i gsiit das wort tönt irgendwie komisch han i s korrigiert
ul: [Erklärung zum weiterem Vorgehen] itz hesch da aagfange isch mit em *R* hesch ommi glöscht (.) itze [SP] was heschù da gmacht grad?
4ws1: *idee* schribt mù (groos (lachend))
ul: wärùm?
4ws1: (..) wyl es *die idee* isch
ul: was bedütet *die idee* chasch es no erkläare kennschù a regla dezue oder
4ws1: nei
ul: wenn es *die idee* isch chùnntes groos

4ws1: *der die das* chùnnt groos [Wiederholungen dazu] [SP] (lacht)
ul: was machschù da?
4ws1: i han *sprache* mit (.) as (*CH* gschrùbe (lachend))
ul: (ù das macht mù nid (fragend)) (.) isch es so richtig oder
4ws1: (.) ja so isch es richtig
ul: wärum de nid mit *SCH* ma siit ja schpraache
4ws1: (...) mhm (..) as isch ifach aso
ul: (ja (fragend)) bùsch mit ùm erschte satz zfrùde (..) fùnsches guet fùr ne brief (..) oder wùrdsch itz epis andersch mache oder
4ws1: i fùnes guet
ul: fùnsch guet (...) was hesch der ùberliit dass dù de erscht satz grad dää (...) grad aso hesch gmacht?
4ws1: ähm (...) aso i han ùberliit ù ùberliit ù nai isch mer dä satz yygfale
ul: nai heschù dä so gschrùbe [SP] itz was schribschù da (...) chasch mau
di erschte drùù sätz vorlääse (..) grad vo aafang aa vom brief
4ws1: *i fin* (.) *ich finde dass es eine schlechte idee weil die kinder sollten ihre sprache sprechen mir selber geht das besser also ich sage dazu nur* (.) *nein* (laut und betont ausgesprochen)
ul: wärùm schribschù das aso (..) chasch mer e chli (.) erklääre was dù da (.) was d idee dehinter isch ma cha ja aso ù ganz andersch schryybe wisch inhautlich was isch da d idee (..) dass dù das aso uufbuusch dä brief
4ws1: (...) auso (...) mit däm *nein* miineni natùrlich wier setti o (.) schwyzertùtsch ide (.) schuu rede wil (.) de leere mer o mee
ul: mhm
4ws1: mit schwyzertùtsch wyl i verstaas fasch besser aso mit schwyzertùtsch
ul: mhm
4ws1: ùnd (..) ja (...) hoschtùtsch verstaan i fasch nid
ul: ok
4ws1: zum bispùù (.) *wir luden die anderen ein* (..) das tönt irgendwie komisch ùnd ùf youtube han i mau a satz köört *die rettungskräfte schicken spezielles bergungsgerät*
ul: ù dä hesch speziell gfùne dä satz?
4ws1: ja
ul: aha wärùm de?
4ws1: wyl da (.) wyl das ùf schwyzertùtsch epa aso isch (.) d rettigschräft schùcke as spezieus bärgigsgräät

ul: das es ifach andersch isch isch spezieu demfau oder was minsch?
4ws1: ja es isch ifach spezieu
ul: ja (.) spezieu itz dä letscht satz würd mi nomau interessiere ähm (.) du hesch ja das ganz betont vori das *nein* (..) *ich sage dazu nur* (.) *nein* (.) ähm (.) das isch ja no a speziela satz oder (..) fünsch nid oder?
4ws1: ja
ul: wärùm de wi isch er spezieu
4ws1: (...) aso (...) *keine ahnung*
ul: itz chùnnt no as usruefeziiche (..) wärùm?
4ws1: wyl as isch ehm so (..) *nein*
ul: (lacht) [SP] was machschù itz da dù machsch a pousa was machschù da i de pousa?
4ws1: ehm da überliit
ul: was hesch überliit chasch di no erinnere?
4ws1: ehm ha mier überliit für de nächscht satz [SP]
ul: (lacht)
ul: was isch was schrybschù da tuesch mau lääse?
4ws1: *die schlechteste idee aller* (*zeiten* (lachend))
ul: (lacht) bùsch zfrùde mitùm satz?
4ws1: ja (lacht)
ul: guet (...) itz heschù a nùa absatz gmacht wärùm de?
4ws1: (...) das hani ehm nid extra gmacht wenn
ul: aha isch das iifach passiert
4ws1: ja i han iigentlich wele zrùggga
ul: ok (...) das hiist itz giischù zrùgg ù tuesch dete wyterschryybe wo dù gsyy bisch
4ws1: ja
ul: bi däm satz giits itz sofort wyter
4ws1: ou (lacht) (..) nei (lacht) (..) i han teicht das weri scho fertig nai hani gsiit ooo (.) o i chennti ja no mee schryybe (.) zzzz
ul: nai hesch no mee gschrùbe?
4ws1: ja
ul: ja dasch no interessant die brief isch scho fertig i bù iinisch dedùrglùffe [Vorwand, aufgrund der Zeitangaben ist klar, dass der Brief länger war] nai hesch no mee ghääbe
4ws1: ja
ul: was heschù de itz gmacht?
4ws1: nai hani ommi nai hani ommi zrùgg wöüe nai hani ommi aagfange
ul: auso hesch das ommi gglöscht hesch a huufe gglöscht wiischùs no?

4ws1: (lacht) as chùnnt schommi
ul: was heschù da zerscht heschù eppis ggänderet *liebe grüsse [Name]* itz heschù *lieber gruss [Name]*
4ws1: (lacht) ja i han (..) jaaa i
ul: wärùm de
4ws1: i han doch ki (aanig (lachend)) (..) mengisch bŭni nid ganz da i mym chopf
ul: bùsch nid konzentriert [SP] itz löscheschù grad ommi aus hä? itz hesch hie bis hie gglöscht ù nai ds glyyche ommi gschrùbe (..) heschù a bitz zvŭü gglöscht oder
4ws1: ja
ul: ja guet was machschù de itze?
4ws1: [SP] (lacht) [SP]
ul: was isch ja itz hie passiert
4ws1: i han *fehler* chlyy gschribe
ul: ok ùnd itz ischs groos ù itz ischs richtig oder itz isch fausch?
4ws1: richtig
ul: ischs groos wärùm?
4ws1: (..) *der fehler* [SP] ou i han de B (vergässe (lachend))
ul: de was hesch vergässe itz han di nid verstane
4ws1: de B
ul: wo no?
4ws1: (*zum eispiel* (lachend))
ul: aha was müesstis de B no *zum beispiel* müesstis syy ok
4ws1: (lacht) (jitz hanys a eppa hùndert stùne lang probiert (lachend))
ul: was heschù de gsuecht?
4ws1: ds öhm füessly ùnenaa
ul: ahaa ah ds isch ds isch nä mengysch normau ygstöut ds es nùme obe möglech isch z mache ds isch mengysch bim computer eso etz machsch es ifach obe oder wy hesch es am schlùss gmacht?
4ws1: (lacht) (i has ifach la syy (lachend))
ul: (heschs ifach wäg gla (fragend))
4ws1: (lacht)
ul: ja itz suech da grad lang itz laaschs +++ hä (..) wrùm hesch itz ùmmi gross ta +++ plötzlech? (...) ähm *meine*
4ws1: will es zwŭ pùnktli ùmmi het
ul: chasch mau de satz vorläse?
4ws1: *zum beispiel sage ich meine katze trinkte gestern milch*
ul: siischù das ùf hochdütsch oder ùf dialäkt?
4ws1: hochdütsch

ul: ok
4ws1: s hani nid guet hochdütsch
ul: werùm (.) minschù?
4ws1: +++
ul: werùm miinschù dass dù itz oder werùm siisch itz das? hesch ds hye wöle ziige dass dù s nid guet +++ chasch?
4ws1: neei ds/ öhm (..) di meischte mache bim dütsch mee feeler
ul: //aha//
4ws1: //we sy// müesse zùm bispùù müssa a tegscht schryybe näy ds (.) tüe sy ging öhm *sie essten* ùnd *sie trinkten* //eifach//
ul: //ahaa// ok ù hye isch de itz eppis fausch oder aus richtig?
4ws1: fautsch
ul: was isch de fautsch?
4ws1: *trinkte*
ul: ok ùnd heschs de g/ egschtra fausch gmacht?
4ws1: ja
ul: (itz zùm ziige (fragend)) //(ah ok/auso)//
4ws1: //ja// (...) was hany itz fùrne sch/ (..) stùmmt (lacht)
ul: was machsch itz wiischù no was dù vo/ was dù machsch da? (..) oder was dù ùberliisch?
4ws1: (lacht) (ja i ùberleit was +++ (lachend)) (lange Pause)
ul: itz hesch hye chasch mau lääse was dù itz hye schrùbsch?
4ws1: *nein das kommt nicht in frage*
ul: (mhm (zustimmend)) *meine meinung nein das kommt nicht in frage* was de was chùnnt de nid i frag? sti/ stiit das amene ort? (..) hesch das o amnen ort gschrùbe?
4ws1: hä?
ul: oder was was isch das wisch *nein das kommt nicht in frage* (.) was m/ isch //mit *das* gmeint?//
4ws1: //ds me// dass ma hochdütsch öhm tüe rede
ul: ja ok (..) itz chùnnd ùmmi es ufrue/ usruefeziiche hä wy obe (lange Pause) was hesch itz da gmacht? (lange Pause)
4ws1: (lacht) (lange Pause)
ul: chasch mer ds erklääre?
4ws1: mh nä/ (.) wenn sport wùrd usfale das isch ds schlùmmschte wo (aune (unv.)) uf de wäut chönnt passiere
ul: ok das miinsch so es bispùù wy ds o so schlùmm we?
4ws1: ja
ul: ok (lange Pause)
4ws1: (ah irngendwenn (unv.)) chùnnt no a paar *As* (lacht) (+++ bitzeli gspùne (lachend))

ul: hm (...) hesch öppis gsuecht oder öppis überliit oder was hesch de //da gmacht?//
4ws1: //hän eppis// überliit nä bùny ne bùny ùm mitemne (knörpeli (unv.)) hya (in berùerig cho na han no es bitzli aso //gma/ (lachend))//
ul: //ahaa// itze wy giits wyter?
4ws1: *lieber türkisch als (standardsprache* (lachend))
ul: wärùm?
4ws1: tùrkisch chany //(lacht)//
ul: (//chasch// tùrkisch (fragend)) auso
4ws1: s bitzeli
ul: (bitzeli (fragend)) (...) faut der da öppis uf isch da aus richtig oder (..) däm satz?
4ws1: mmh (...) mir faut kena feeler uf
ul: guet (lange Pause) itz hye machsch e plötzlech e andere satz was isch i däm anders? (...) oder hesch ingendeppis a de struktur isch itz
grad anders faut der öppis uf?
4ws1: *warum wollen sie das ei/ eigentlich einführen?*
ul: was isch das fùrne satz?
4ws1: *lassen*
ul: ok
4ws1: *o mein (gott* (lachend))
ul: (dä (unv.)) macht nüt (..) etz hesch e frag gstöùd warùm de?
4ws1: wyny my efach gfragt han warùm (lacht)
ul: ja
4ws1: nei d/ es chùnnt (..) (jitz hany ùmmi gspùne (lachend)) (...) (itz chùnnd ine vo myne lieblingssätz (lachend))
ul: was isch wiischù s wiisch (na ifach (unv.)) no uswenig oder isch er itz?
4ws1: aso
ul: //werùm ers isch//
4ws1: //är chùnnt// är chùnnt itz de
ul: ùnd wärùm isch er dyne lieblingssatz itz nùme fùr dä bryef oder sùsch?
4ws1: ifach my lieblingssatz i däm bryef
ul: (i däm bryef (fragend)) wärùm wiischù de das no so genau? (.) hesch ifech dä
4ws1: jaa i cha my efch dran erinnere *photographisches gedächtnis*
ul: (hesch es *photographisches gedächtnis* (fragend)) (.) wy giit er de d satz wo itz chùnnt chasch mer mau sääge?

4ws1: *kommen sie wirklich? (.) wenn ja bringen sie k/* nei *sprech/ ich spreche zu* nei (.) näi da hany gsiit (...)
ul: denaa chùnnt ersch de lieblingssatz?
4ws1: ja
ul: ah *ich spreche zuhause mundart* (.) *und in der schule* (.) *standard*
4ws1: (*sprache* (lachend))
ul: *sprache* (.) (lacht) (..) pùnkt
4ws1: (pùnkt (lachend))
ul: ù chùnnd itz de satz?
4ws1: ja (*kommen sie* (lachend)) (lange Pause)
ul: werùm ischs de dy lieblingssatz? (lacht) chasch mau erklääre?
4ws1: wil y bùn so ufgregt gss/ ùnd so (.) WAAS epper chùnnt zù üs (juhu (lachend))
ul: ahaa ah (bùsch grad ufgregt gsy (fragend))
4ws1: (lacht)
ul: was schrybschù itz da?
4ws1: (lacht)
ul: a dasch o e fraag aha (..) *oder nein* (..) (lacht) (.) ù de wy giits itz wyter?
4ws1: (lacht) ou
ul: u was isch da passiert hesch öppis drùckt?
4ws1: eh nid gwùsst wo ds +++ o huu
ul: hesch da *die antwort* ù nä hesch ùmmi glöscht (...) warùm?
4ws1: ja wil y gwartet (.) ùnd y o öppis überliit han
ul: (öppis anders wöle mache (fragend)) (lange Pause)
4ws1: han öppis überleit (lange Pause)
ul: itz machschù itz da?
4ws1: (myny adrässe ufsääge (lachend))
ul: (mhm (zustimmend)) (lange Pause)
4ws1: nä han no es bitzeli überliit überliit überliit
ul: was heschù überliit?
4ws1: aso na han ifach (.) f öppis gwartet
ul: ùf was gwartet?
4ws1: mengysch chùnnt wenn y lang tue warte d sanduur ù das gseet myer so hou us we sy tuet dreye
ul: ah ufem computer hesch öppis //(gwa/ (unv.)) ahaa//
4ws1: //ja//
ul: (lacht) (lange Pause)
4ws1: (lacht) (hany gùgget wy läng dass +++ (lachend))

ul: (as ds blatt no isch (fragend)) (...) machschù de itze? itz hesch da
ganz öppis (...) was heschù itz gmacht?
4ws1: i ha gschrübe *mit einem* (*brief* (lachend))
ul: wo hesch es gschrübe aber itz nid ehm (.) da hesch nid ifech wyter gschrübe sondern bùsch zùm i tegscht yygange?
4ws1: ja
ul: (heschs ifach ergänzt (fragend)) (.) ok hesch werùm hesch es so ergänzt?
4ws1: es macht ja ke sinn *es ist meine adresse* ù nay tuenis hye ùnne schrybe
ul: aha (lange Pause)
4ws1: ja
ul: ù itze bùsch fertig oder?
4ws1: ja
ul: (scho (fragend)) chùnnd no öppis? //chasch dy no erinnere?//
4ws1: //nei// fertig
ul: ok (.) itz hesch ehm vory hesch mau *liebe grüsse* oder *lieber gruss VORNAME* no gha
4ws1: jaa
ul: itz hesch das nüme isch das egschtra gsy oder?
4ws1: (das (unv.)) extra //gsy//
ul: //egschtra// gsy werùm de?
4ws1: cha my haut ging besser konzentriere wenn y öppis liebs tue schryybe (..) de chany my ja besser konzentriere +++ starren y ging eso druf (.) mingysch muess y o alles nomau mach/ nomau mache wenn y (.) wenn y eppis zùm bispùù (..) i hocke dette
ul: (mhm (zustimmend))
4ws1: ù ney geny i ds schuelzùmmer wùy (.) ù nä hany denn dett eppis wöle mache ù näy wiiss ys grad nüme nä muess y ùmmi widerhole +++ vilech wiiss ys de ùmmi
ul: ahaa d/ auso miinsch de heschùs itz vergässe z schryybe ifach?
4ws1: ja
ul: aha ù was würdisch itz de wääle *freundliche g/ mit freundliche/* oder wy wùdschs de sääge liebe (.) *freundliche grüsse* o/ *lieber gruss* oder?
4ws1: *lieber gruss VORNAME*
ul: *lieber gruss VORNAME* aso dù heschs ifach vergässe quasi?
4ws1: ja
ul: ok guet (.) super (.) faut der eppis uf im ufbuu vom bryef wùdsch no öppis ändere itze? //im nachhinein//

4ws1: //eh i wùrd nüt ändere//
ul: wùdysch nüt ändere isch so guet bisch zfrùde?
4ws1: (mhm (zustimmend))
ul: guet danke vùù mau i bù gspannt i lises de nomau i rue dedùr
4ws1: (*zum eispiel* (lachend))
ul: *zum beispiel* wùdsch ändere ja dsch nid so schlùmm ds cha passiere guet danke viù mau
[Verabschiedung]

Register

Aktualgenese 12, 37, 63, 108, 114
Altersdimension 1, 3, 45, 53, 56, 122, 125, 128–129, 131–132, 185, 230, 255–259, 266, 268
Aneignungsdynamik 39, 41, 47, 224–225
Arbeitsgedächtnis 64–65, 110, 181
Aufgaben mit Profil 171
Ausbauphase 45–46
Ausgliederung/ausgliedern 65, 77, 79, 89, 222–223

Basisqualifikation 48–51, 53, 56
Bewusstwerdung 71, 77, 79
bottom-up- 123, 159
Burst 135, 138–139

CT-D 4 158, 161–162, 166, 183, 195, 255
C-Test 4, 155, 157–165, 167, 170, 180, 184–185, 187, 189–190, 192–193, 196–201, 209–210, 214, 216, 240, 255, 266

Deautomatisierung 88–90, 97, 141, 144–145, 222, 226
declarative knowledge/deklaratives Wissen 71, 83
Defizit-Hypothese 18
Dekontextualisierung 88–90, 97, 142, 144–145, 172, 222, 226
Deutschschweizer Sprachsituation 17, 21
Dialekt/dialektal 1, 17–21, 145, 153, 172, 182, 188, 218–221
Diglossie 17, 20, 172
Distanzierung 88–90, 97, 141, 144, 222, 226
Doppelfunktionalität 68–70, 74

eigenaktiv 10–11, 25–27, 33, 36, 40, 45, 57, 80, 86, 131, 151, 223, 228, 265–266
Entwicklungsdimension 9, 12, 48
Entwicklungsphase 37, 39, 41, 46, 53, 113
expliziertes Sprachwissen 127, 170
explizites grammatisches Wissen 130, 241, 262
explizites lexikalisches Wissen 130, 241, 262
explizites orthographisches Wissen 130, 245

explizites Wissen 24, 33, 39, 82–83, 86, 94, 121, 131, 170, 224, 237, 256, 261–264

Fehlerquotient 151–152, 160, 241–249
Fehlersensibilität 51, 145, 225, 227
Fibel 27–28

Gebrauchsbasiertheit/gebrauchsbasiert 13, 22–23, 38, 53, 100–101
geronnener Diskurs 21, 103
globale Sprachkompetenz 1, 3, 57, 123, 125–131, 157, 163, 165, 185, 209–211, 231, 240, 242, 247–248, 252, 255, 258, 267–268
Grammatikalisierung/Grammatikalisierungstheorie 22, 82–83, 112, 114
grammatische Qualität 129–130, 241, 244, 262
griechisch-lateinisch-basierte Grammatikkonzeption 23

implizites grammatisches Wissen 130, 241
implizites lexikalisches Wissen 129, 237
implizites orthographisches Wissen 130, 245
implizites Wissen 1, 39, 60, 81, 83, 94, 121, 170, 237, 256, 261–262
individuelle Dimension 9, 12, 35–37
inputlog 134, 136, 138–139, 173–174, 185, 188, 210, 311
Interpunktion 38, 140, 143, 214–215, 217, 313

KEKS (Kompetenzerfassung in Kindergarten und Schule) 54, 121, 152, 163, 167–169, 183–184, 189, 236–237, 240, 243, 249, 256
Keystroke Logging 67, 84, 121, 138, 173–176, 206
knowing how 83, 85, 224
knowing that 83, 85
Kodifizierung 22, 87
kognitive Stile 18
Kompetenzbegriff 53, 55, 72

Konstruktionsgrammatik/konstruktionsgrammatisch 22, 24, 79, 99–108, 110–112, 114–115, 127, 137, 145, 260–261
konzeptionell mündlich / konzeptionelle Mündlichkeit 13–14, 16–17, 38, 113, 147
konzeptionell schriftlich / konzeptionelle Schriftlichkeit 12–14, 16–17, 21, 44, 74, 84, 107, 113–114, 130, 148, 269

language awareness 72, 75
Lernalter 1, 3–4, 40–41, 45, 56, 127, 132–133, 255, 258–260, 267–268
Lernervarietät 47, 57, 100, 151, 224, 228, 266
lexikalische Varianz 121, 129, 135, 145, 149–150, 236–237, 239–240
literale Prozedur 106–109, 111, 114, 122, 146, 232
longitudinal/pseudolongitudinal 33, 37, 42, 47, 59, 109, 129, 132, 147

metakommunikativ 73, 92
Metasprache 57, 69–71, 74–75, 92–94, 96–97, 119, 124, 134, 140, 225, 227, 257, 265, 267
metasprachliche Reflexion 1, 34, 36, 57, 74, 78, 92, 260
Muster 3, 12, 14, 21–22, 40, 99, 101–102, 106–108, 122, 171, 173, 179

Objektsprache 69–70, 74, 92–94, 119
Ontogenese 3, 5, 9–10, 12, 14, 16, 18, 20, 45–46, 48, 56, 58–59, 61, 65–66, 73, 76–77, 113, 128, 135, 150, 218, 225, 227, 235
orthographische Qualität 130, 152, 245, 248, 250

phonologische Bewusstheit 72
Phylogenese 12
PISA-Studie 9, 155–156, 179, 190
Positionierungsprozedur 106, 113, 128–129, 145–148, 150, 229–236, 259
procedural knowledge / prozedurales Wissen 35, 83, 108
Produkt-Prozess-Ambiguität 61

Produkt-Prozess-Ratio 135–136, 194, 206–209, 211, 239
prototypische Mündlichkeit / prototypisch mündlich 14–15
prototypische Schriftlichkeit / prototypisch schriftlich 14–15

Quant- 78–79, 90, 92, 95, 98–99

Rating/raten 54–55, 160–161
Recall 89, 115, 121, 176–177, 182, 184, 189, 198, 214
Referenzbereich 88, 91–92, 98, 127, 140–144, 177–178, 183, 185, 211–218, 226, 228–229, 263–264
Revision 3, 48, 62–64, 67, 109, 121, 128, 135–140, 144, 174, 177–178, 180, 207, 209, 218–220, 223, 228, 255, 260, 263

Salve 64, 67, 110, 121, 127, 134–136, 138–139, 174, 185, 206–207, 209–211, 260–261, 311
Schreibaufgabe 21, 109, 148, 160, 171–173, 180, 182, 207
Schreibhandlung 2–4, 11, 34, 36, 38, 56–60, 62, 67, 89, 94, 98, 122–123, 125, 128, 139, 143, 145, 212, 218, 220–221, 223–224, 227–228, 255, 264, 268
Schreibstrategie 66, 139, 144
Schreibumgebung 63
Schulgrammatik 23–24, 49, 78, 98
Selbstkonzept 52–53, 178–180, 186, 189, 192–194, 206–209
Selbstkorrektur 75–76
soziale Dimension 12, 22, 36
Soziogenese 5, 9–10, 12, 66, 128
sozioökonomischer Status / ISEI 155–157, 176, 189–192
Sprachbetrachtung 1, 13, 24, 30, 68–69, 74, 83, 89, 95
Sprachbewusstheit 50, 71, 74–77, 79–80, 97, 123, 175, 223, 225
Sprachbewusstsein 71, 74–75, 80–81, 96, 223, 226
Sprache der Distanz 13–14, 16
Sprache der Nähe 13–14, 16
Spracherfahrungsansatz 11, 26, 32

Sprachhandeln 30, 33, 35, 69–71, 87–88, 92–94, 119, 176
Sprachproduktion/sprachproduktiv 3, 11, 14, 22, 24, 34, 37–38, 48, 66, 68, 71, 79, 89–90, 95, 97, 99, 105, 114, 130, 136, 138, 160, 165, 176–177, 223, 226
Sprachreflexion 24–25, 30–32, 34, 36, 69, 73, 77, 79
Sprachstandsdiagnostik 224
Sprachstandsmessung 5, 49, 73, 134, 148, 159, 163, 169–170, 183, 187, 237, 249
Sprachwandel 69, 82
Sprachwissen 1, 3–5, 23–24, 33, 48, 57, 66, 68, 70–71, 74, 76–77, 80–84, 86–88, 90, 92–94, 96–97, 99, 101, 104, 108, 111, 113–115, 119–120, 122–123, 127–128, 134–135, 138, 140, 149, 169–170, 175, 185, 211, 222–223, 225–226, 255–256, 261–263, 265–268
Stadientheorie 42
Stufenmodell 40–45, 47, 56

syntaktische Komplexität 131, 152, 236, 250–251, 253

Tastaturschreiben 137, 179, 192–193, 206–209
Textmuster 3, 12, 21–22
Textproduktionsmodell 60, 62
Textsorte 2–3, 12, 16–17, 21–23, 42, 46, 54, 56, 84, 106, 108, 122, 143, 160, 173, 214, 228
top-down- 123, 159
type-token-ratio/TTR 121, 135, 150, 237–240

U-Kurve 47, 96, 224–225
Umbauprozesse 47, 83, 88, 225
usage-based 22, 100, 114

Wissensvoraussetzungen 12, 35, 37, 68, 261

Zone der nächsten Entwicklung 41, 227
Zweidimensionalität 68–69

www.ingramcontent.com/pod-product-compliance
Lightning Source LLC
Chambersburg PA
CBHW061932220426
43662CB00012B/1878